高等学校应用型人才培养经管类系列教材

国际金融

（第二版）

主　编　唐学学

副主编　秦选龙

参　编　张元芳　史雨灵　涂玉侠

西安电子科技大学出版社

内容简介

本书共 11 章,内容包括导论、国际收支、外汇与汇率、外汇市场、外汇衍生品市场、外汇风险管理及管制、国际金融市场、国际资本流动与国际金融危机、国际货币体系、国际金融机构、"一带一路"与中国金融开放。除导论外,每章后均配有相关习题,以帮助学生更好地掌握该章的知识点。另外,本书采用了很多国际金融领域最新的阅读材料和案例,清楚透彻地阐释了金融学原理,综合全面、重点突出地介绍了国际金融理论与实务,以利于学生知识面的拓展及实际业务能力的提高。

本书适合作为普通高等院校经济管理类本、专科学生的教材,也可供相关专业人员学习使用。

图书在版编目(CIP)数据

国际金融 / 唐学学主编. --2 版. --西安:西安电子科技大学出版社,2019.1(2024.8重印)
ISBN 978 - 7 - 5606 - 5173 - 6

Ⅰ.① 国… Ⅱ.① 唐… Ⅲ.① 国际金融 Ⅳ.① F831

中国版本图书馆 CIP 数据核字(2019)第 011059 号

策　　划　李惠萍
责任编辑　李惠萍
出版发行　西安电子科技大学出版社(西安市太白南路 2 号)
电　　话　(029)88202421　88201467　　　邮　　编　710071
网　　址　www.xduph.com　　　　　　电子邮箱　xdupfxb001@163.com
经　　销　新华书店
印刷单位　陕西天意印务有限责任公司
版　　次　2019 年 1 月第 2 版　　2024 年 8 月第 5 次印刷
开　　本　787 毫米×1092 毫米　1/16　　印张　17.5
字　　数　414 千字
定　　价　39.00 元
ISBN 978 - 7 - 5606 - 5173 - 6
XDUP　5475002 - 5
*** 如有印装问题可调换 ***

前　言

近十余年来，我国新建本科院校数量迅速增加到 700 多所，它们以应用型本科教育为发展目标，培养掌握高新技术并能熟练应用相关知识的高级专门人才。但应用型本科院校配套的教材建设相对落后，理论过多过深，应用案例不多，不太适应应用型本科的教学和学习。目前应用型本科经济管理类专业的国际金融教材同样如此。

鉴于以上原因，编者根据多年教学和实践经验，针对应用型本科教学的特点，组织编写了本书。本书的特点可概括为"新、透、全、易"四个字。"新"表现为资料新，本书采用了国际金融领域最新的案例，使学生能够运用所学理论知识分析实际问题；"透"表现为清楚透彻地阐释经济学、金融学原理，既利于专业学生巩固已有知识，又利于非专业学生了解相关专业背景，为在大专及本科院校的通识教育中普及国际金融学相关知识扫清障碍；"全"表现为综合全面、重点突出地介绍国际金融理论与实务，克服了目前多数教材不是过于注重理论，就是过于注重实务的缺陷；"易"表现为用通俗易懂的语言阐述理论和实践知识，便于学生理解。除导论外，每章前将学习目标明确化，每章后配有知识归纳和习题与思考题，便于学生在理解理论知识的同时，自查学习效果。

根据来自教学第一线的反馈，此次修订时对第一版教材内容进行了较大幅度的调整与改写，整合了原书的部分章节，将原书中的第二章和第三章合并为一章、第五章和第六章合并为一章，并新增了导论、外汇衍生品市场和"一带一路"与中国金融开放三个章节，同时也对其他章节的案例和数据进行了调整，使国际金融课程的重点与特点更加突出。

本书分为 11 章，各章内容及建议学时分配如下：

各 章 内 容	建议学时	各 章 内 容	建议学时
第〇章　导论	1	第六章　国际金融市场	4
第一章　国际收支	5	第七章　国际资本流动与国际金融危机	6
第二章　外汇与汇率	4	第八章　国际货币体系	4
第三章　外汇市场	4	第九章　国际金融机构	4
第四章　外汇衍生品市场	6	第十章　"一带一路"与中国金融开放	4
第五章　外汇风险管理及管制	6	合　计	48

本书由西安培华学院唐学学、秦选龙、张元芳、史雨灵和涂玉侠等五位老师编写而成，其中唐学学担任主编，秦选龙担任副主编，各章节编写分工如下：唐学学编写了第二、四、六、七、八、九章，秦选龙编写了第五章，张元芳编写了第〇章、第三章，史雨灵编写了第一章，涂玉侠编写了第十章。唐学学对全书进行了审阅、修改及补充。

　　在本书的编写过程中，我们参阅了部分国内外书刊中的资料，限于篇幅，恕不一一列出，谨向相关作者表示感谢。本书的编写得到了西安培华学院的大力支持，特此致谢。

　　由于国际金融的发展日新月异，加之编者的水平有限，书中可能还有不足和疏漏之处，敬请广大读者批评指正。

编　者

2018 年 10 月

目　录

第○章 导 论

一、金融学概述

(一) 金融学的历史起源

金融、金融学均为现代经济的产物。古代以农耕、农业经济为主，主要是易货和简单的货币流通，根本不存在金融和金融学。例如在中国，一些金融理论观点散见在论述"财货"问题的各种典籍中。金融学(Finance)作为一门独立的学科，最早形成于西方，称为"货币银行学"。近代中国的金融学是从西方介绍来的，涵盖了从古典经济学直到现代经济学的各派货币银行学说。

20 世纪 50 年代末期以后，"货币信用学"的名称逐渐被广泛采用。这时，学者们开始注意对金融问题进行综合分析，并结合中国实际提出了一些理论问题并加以探讨，如人民币的性质问题，货币流通规律问题，银行的作用问题，财政收支、信贷收支和物资供求平衡问题，等等。但实际上，这时候金融学没有受到很大的重视。

自 20 世纪 70 年代末以来，中国的金融学建设进入了新阶段，一方面结合实际经济运行现状，重新研究和阐明金融学相关理论学说，另一方面则扭转了对当代金融学的倾向，并展开了深层次的研究和评价；同时，随着经济生活中金融活动作用的日益增强，金融学科受到了广泛的重视，这就为以中国实际为背景的金融学的迅速发展创造了有利条件。

金融学研究的内容极其丰富，它不仅限于金融理论方面的研究，还包括金融史、金融学说史、当代东西方各派金融学说以及对各国金融体制、金融政策的分别研究和比较研究，证券、信托、保险等理论也属于金融学的研究范畴。

在金融理论方面的主要研究课题有：货币的本质、职能及其在经济中的地位和作用；信用的形式、银行的职能以及它们在经济中的地位和作用；利息的性质和作用；在现代银行信用基础上组织起来的货币流通的特点和规律；通过货币对经济生活进行宏观调控的理论；等等。

(二) 金融学的主要分类

金融就是资金的融通，即由资金融通的工具、机构、市场和制度构成的有机系统，是经济系统的重要组成部分。金融学是从经济学中分化出来的应用经济学，是以融通货币和货币资金的经济活动为研究对象,具体研究个人、机构、政府如何获取、支出和管理资金以及其他金融资产的学科。

金融学主要分为微观金融学和宏观金融学两个部分。

微观金融学也即国际学术界通常理解的 Finance,主要含公司金融、投资学和证券市场微观结构(Securities Market Microstructure)三个大的方向。微观金融学是目前我国金融学界和国际学界差距最大的领域,急需改进。

国际学术界通常把与微观金融学相关的宏观问题研究称为宏观金融学(Macro Finance),可以分为两类:第一类是微观金融学的自然延伸,包括以国际资产定价理论为基础的国际证券投资和公司金融(International Asset Pricing and Corporate Finance)、金融市场和金融中介机构(Financial Market and Intermediation)等;第二类包括"货币银行学"和"国际金融"等专业,涵盖有关货币、银行、国际收支、金融体系稳定性、金融危机的研究。

二、国际金融学概述

国际金融学是金融学研究领域的一个重要分支,现如今已经成为各高校的基础专业课程或素质教育课程,国际金融学教科书也越来越受到人们的重视。国际金融学是从货币金融角度研究开放经济下内外均衡同时实现问题的一门独立学科。国际金融学本质上是开放经济的货币宏观经济学,主要关心的是在一个资金广泛流动和灵活多变的汇率制度环境下,同时实现内外均衡的条件和方法。

国际金融学是在国际贸易理论的基础上逐步形成和发展起来的,作为国际贸易学的一部分而处于从属地位,这是因为当时的国际经济关系以商品贸易关系为主。

20 世纪 60 年代前后,国际金融开始成为一门新兴的学科,但其研究范围尚未明确界定。

20 世纪 70 至 80 年代,由于生产和资本国际化的迅速发展,国际经济学应运而生,国际金融研究又从属于国际经济学。

20 世纪 80 年代以来,经济和金融全球化、自由化、投资机构化、交易电子化等趋势的发展所引起的一系列问题,成为国际金融理论迅速发展并形成一门独立学科的重要推动力。

国际金融学研究的对象是国际货币金融关系,包括国际货币流通与国际资金融通两个方面,其目标是阐述国际金融关系发展的历史与现状,揭示国际货币流通与国际资金融通的基本规律。

国际金融学作为一门新学科,因本身的复杂性质,决定了它在研究对象问题的确定上难度较大,这也是迄今为止人们对国际金融学的研究对象没有形成一个比较公认的看法的重要原因。

(一) 国际金融学的学科性质

(1) 国际金融学是一门涉及面广并且十分复杂的学科。这表现为:第一,国际金融学要研究一个开放型经济体的对外全部金融关系和经济状况及其经济决策,这使它具有宏观经济学的性质;第二,国际金融学要研究国际经济学的货币面,这使它与只研究商品、劳务、技术及对外贸易关系的国际贸易学有所区别而成为国际经济学中一门新的分支学科;

第三，国际金融学与货币银行学有本质区别。例如，国际金融学涉及了不同的货币或第三国货币，进而又涉及了汇率和国际货币体系问题；再如，国际金融学也涉及了影响国际资本流动的各国制度、法律及政策问题，这些都使国际金融学的内涵远比货币银行学丰富、复杂得多。

(2) 国际金融学所研究的国际金融活动的中心是国际间的货币运动。没有这种货币运动就难以有国际金融活动发生，而且这种国际间运动的货币既包括作为资本的货币也包括作为货币的货币，因此可称之为国际资本流动。当经济的开放性超越了商品跨国流动这一较低层次时，资本流动真正使各国经济紧密联为一体。在各种类型的国际资本流动中，金融性资本流动特别值得注意，这些主要活动于国际金融市场上的资本流动与传统的贸易性资本流动、国际直接投资不同，它们流动非常迅速，对利率、汇率、股价等金融市场上各种行市的变化非常敏感，并且近年来发展极为迅猛，日益与实物经济基础相脱离而具有自己的独特规律。

(3) 国际金融学研究的实质是"生产的国际关系"的货币表现。"生产的国际关系"这一概念是马克思在《政治经济学批判》一书导言中谈到政治经济学体系的分篇时提出的，他认为要对"生产的国际关系、国际分工、国际交换、输出输入、汇率"等问题进行专门的研究。这里提出的"生产的国际关系"即各国之间在物质生产中所表现出来的相互关系，"汇率"则是"生产的国际关系"的货币表现。当然，在马克思生活的时代，"生产的国际关系"的货币面仅仅表现为各国金本位制下的汇兑和国际借贷等问题，而没有今天我们所遇到的如此丰富且复杂的内容。

(二) 国际金融学的学科特点

1. 宏观性

国际金融学应集中于经济的宏观方面，从国民经济整体角度来分析和解决问题，使之具有高度的理论概括性以及统一的分析框架。目前国内的国际金融学教科书大都强调宏观与微观的统一、理论与实务的并重，这种做法是否合理仍值得商榷。一方面，作为宏观分析的国际金融学理论与微观分析的金融市场操作、金融工具之间缺少必要的有机联系，难以组织到一个统一的分析框架中，由此编写的将宏观与微观、理论与实务合一的国际金融学教科书，难免显得有较强的堆砌感，篇幅过长并容易冲淡核心理论的学习；另一方面，许多国际金融实务问题与国际投资学、金融市场学、国际信贷学及国际结算学等学科的内容重复交叉的现象十分突出，完全可以而且应该在上述课程中进行相应扩展以包涵进去，这样在学科体系上更加自然，更符合开放经济社会的经济环境，也有利于学生学习掌握。

2. 综合性

国际金融学是一门具有交叉性质的边缘性学科，这种综合性可以从国际金融学与其他学科的研究性质的横向比较和与其他学科的研究范围的纵向比较两方面来认识。从横向比较看，尽管国际金融学是研究国际经济的货币面，但在实际研究中又不能不带有一定的综合性。例如，分析国际资本流动对经济的影响问题时，势必要突破货币银行学只对经济的货币面进行分析的做法，而是比较广泛地涉及宏观经济的各个方面。从纵向比较看，国际金融学的研究范围覆盖了一个开放经济体经济的内部部分、外部部分以及国际间的经济关系这一传统上由不同学科进行分工的领域，并且要找出将这三者贯穿起来的一条主线。

3. 政策导向性

国际金融学自产生起就具有非常强烈的政策意义，这一特点是许多其他学科所不具备的。例如，从流行于 20 世纪 60、70 年代的国际金融教材看，是以布雷顿森林体系及固定汇率下的政策分析为导向，而 80 年代国际金融学又是以浮动汇率制及汇率政策理论为导向。再如，在国际金融学中处于基础地位的重要理论，如蒙代尔-弗莱明模型、多恩布什模型、丁伯根模型等均为政策导向型。

三、经济全球化与国际金融学的地位

在日益全球化的世界里，国际金融作为一门学科，重要性日益凸现。这不仅是针对中国等发展中国家而言，即使在美国等市场经济发达的国家中，亦是如此。在西方很多高等学府中，国际金融都是最受欢迎的课程之一。

经济全球化的含义是指世界经济活动超越国界，通过对外贸易、资本流动、技术转移、提供服务、相互依存、相互联系而形成全球范围的有机经济整体的过程，是商品、技术、信息、服务、货币、人员等生产要素跨国跨地区的流动(简单地说也就是世界经济日益成为紧密联系的一个整体)。经济全球化的主要目的是占领更大的市场份额，获得更多廉价的原材料并分散风险，最终达到使世界各个国家都被纳入新的国际分工体系的结果。

"经济全球化"这个词最早是由 T. 莱维于 1985 年提出的，至今没有一个公认的定义。国际货币基金组织(IMF)认为："经济全球化是指跨国商品与服务贸易及资本流动规模和形式的增加，以及技术的广泛迅速传播使世界各国经济的相互依赖性增强。"而经济合作与发展组织(OECD)认为："经济全球化可以被看作是一种过程，在这个过程中，经济、市场、技术与通讯形式都越来越具有全球特征，民族性和地方性在减少。"为此，可从三方面理解经济全球化：一是世界各国经济联系加强和相互依赖程度日益提高；二是各国国内经济规则不断趋于一致；三是国际经济协调机制强化，即各种多边或区域组织对世界经济的协调和约束作用越来越强。总的来讲，经济全球化是指以市场经济为基础，以先进科技和生产力为手段，以发达国家为主导，以最大利润和经济效益为目标，通过分工、贸易、投资、跨国公司和要素流动等，实现各国市场分工与协作的相互融合的过程。

经济全球化的动因包括以下六个方面：

(1) 国际政治格局的变迁。和平与发展成为时代的潮流，发达国家与发展中国家的经济相互依存和渗透，为世界经济全球化的发展提供了前提条件。

(2) 通信和运输技术革命。信息技术的飞速发展在很大程度上降低了国际经济活动的成本，为各国经济交往提供了便利，为经济全球化提供了技术和物质基础，加快了世界经济全球化的进程。

(3) 经济活动的自由化和市场化。各国国内的市场化改革以及对贸易投资领域管制的解除或放松，促进了商品、服务和生产要素在世界范围内的流动，从而在很大程度上加速了世界经济全球化的进程。

(4) 跨国公司的全球生产经营活动。跨国公司是当今世界经济中集生产、贸易、投资、金融、技术开发和转移于一体的经营实体，是世界经济全球化的主要体现者。

(5) 国际经济组织自身的发展和完善。

① 国际货币基金组织(International Money Fund，IMF)：其职责是监察货币汇率和各国贸易情况，提供技术和资金协助，确保全球金融制度运作正常，我们常听到的"特别提款权(SDR)"就是该组织于 1969 年创设的。

2015 年 10 月 1 日，中国首次开始向国际货币基金组织申报其外汇储备，这是中国向外界披露一项重要经济数据的里程碑式事件。

2015 年 11 月 30 日，国际货币基金组织执董会批准人民币加入特别提款权货币篮子，新的货币篮子于 2016 年 10 月 1 日正式生效。IMF 将篮子货币的权重调整为：美元占 41.73%，欧元占 30.93%，人民币占 10.92%，日元占 8.33%，英镑占 8.09%。

② 世界银行(World Bank，WB)：是世界银行集团的简称、国际复兴开发银行的通称，是联合国经营国际金融业务的专门机构，同时也是联合国的下属机构。世界银行由国际复兴开发银行、国际开发协会、国际金融公司、多边投资担保机构和国际投资争端解决中心这五个成员机构组成，成立于 1945 年，1946 年 6 月开始营业。

③ 世界贸易组织(World Trade Organization，WTO)：简称世贸组织，于 1994 年 4 月 15 日在摩洛哥马拉喀什市举行的关贸总协定乌拉圭回合部长会议上成立，以取代成立于 1947 年的关贸总协定。世界贸易组织是当代最重要的国际经济组织之一，拥有 164 个成员，成员贸易总额达到全球的 98%，有"经济联合国"之称。

世界银行与国际货币基金组织和世界贸易组织一道，成为国际经济体制中最重要的三大支柱。

(6) 气候变化和环境压力带动全球产业转移。新一轮的以气候变化和环境保护为核心的国际产业大转移，进一步加速了经济全球化的发展。

经济全球化有利于资源和生产要素在全球的合理配置，有利于资本和产品的全球性流动，有利于科技的全球性扩张，有利于促进不发达地区经济的发展，是人类发展进步的表现，是世界经济发展的必然结果。但它对每个国家来说，都是一把双刃剑，既是机遇，也是挑战，特别是对经济实力薄弱和科学技术比较落后的发展中国家，面对全球性的激烈竞争，所遇到的风险、挑战将更加严峻。经济全球化中急需解决的问题是建立公平合理的新的经济秩序，以保证竞争的公平性和有效性。经济全球化是指贸易、投资、金融、生产等活动的全球化，即生存要素在全球范围内的最佳配置。从根源上说是生产力和国际分工的高度发展，要求进一步跨越民族和国家疆界的产物。进入 21 世纪以来，经济全球化与跨国公司的深入发展，既给世界贸易带来了重大的推动力，同时也给各国经贸带来了诸多不确定因素，使其出现了许多新的特点和新的矛盾。

"经济全球化"的代价之一是全球经济的不稳定将成为一种常态。在"经济全球化"过程中，各国经济的相互依赖性空前加强。不少国家的对外贸易依存度已超过 30%，个别国家则达到了 50%～60%。在这种环境下，经济波动和危机的国际传染便成为经常性的而且是不可避免的事情。任何一个国家的内部失衡都会反映成为外部失衡，进而很快影响到与其具有紧密贸易和投资关系的国家，最后极有可能将所有国家不同程度地引入失衡与危机的境地。2008 年美国的次贷危机，很快传染到整个欧洲地区以及东南亚，从而形成严重的地区性金融危机，随后又波及拉美地区，形成了事实上的全球性金融动荡。

国际游资的存在是全球经济不稳定的重要根源之一。作为一种超越国界的巨大的金融力量，国际制造者一次又一次地扮演了全球性金融动荡的制造者或推动者，扮演了危机传染的主要媒介物。20 世纪 60 年代的美元危机，70 年代初布雷顿森林体系的瓦解，80 年代初的拉美债务危机，90 年代初的欧洲货币体系危机，1994 年的墨西哥汇率危机，1997 年的东南亚金融危机，到 2008 年的美国次贷危机以及衍生的欧债危机，每次都表现了国际游资令人震惊的巨大破坏力。自 20 世纪 60 年代起，尽管各国经济学家们一直在探索对国际游资实施控制和监管的方法，许多深受游资冲击之苦的国家也曾努力加强资本管制，但总体而言，这些探索和努力收效并不明显。因此，在经济全球化的大背景下局部地区的经济震荡很可能引起全球范围内的金融危机。

由于经济背景、历史习惯的差异，中西方对国际金融范畴的理解相差甚远。西方的国际金融理论着眼于讨论跨国经营的公司为实现股东价值最大化的目标，如何在一体化程度不断增强的国际市场中做出尽量正确的财务决策。而我国的国际金融课程传统上倾向于从货币金融角度，研究开放经济背景下内外均衡目标同时实现的问题。随着中西方经济与学术交流的日益频繁，国际金融学科体系进一步融合的要求越来越迫切。

第二节　变革中的国际金融市场

在国际领域中，国际金融市场显得十分重要，商品与劳务的国际性转移，资本的国际性转移、黄金输出输入、外汇的买卖以至于国际货币体系运转等各方面的国际经济交往都离不开国际金融市场，国际金融市场上新的融资手段、投资机会和投资方式层出不穷，金融活动也凌驾于传统的实质经济之上，成为推动世界经济发展的主导因素。

一、国际金融市场的发展历程

首先，第一次世界大战前英国于 19 世纪 30 年代完成工业革命，经济较早较快地得到发展，对外扩张从海外殖民地掠夺了大量巨额利润，资金实力雄厚，GBP 逐渐成为世界主要结算货币，成为货币霸主，伦敦率先发展为国际金融中心。

其次，第二次世界大战时期英国参与了战争，加之许多殖民地国家独立和世界殖民者的争夺瓜分，其经济力量大为削弱，而美国未参与战争，发了战争财，实力猛增，美元逐步取代英镑，瑞士作为中立国，经济、货币都较稳定，逐渐形成了纽约、苏黎世、伦敦三大国际金融中心。

最后，战后各国经济恢复和快速发展，形成了法兰克福、卢森堡、日本、亚太地区等国际金融中心，特别是日本的迅速崛起，东京成为继伦敦、纽约之后的第三大国际金融中心。

第二次世界大战之后，国际金融市场发生的最突出变革，无疑表现为离岸金融市场的横空出世。无论是离岸市场，还是在岸市场，都没有能逃脱 20 世纪 60 年代初兴起的金融创新浪潮的冲击。国际金融市场创新，体现为新的金融工具、新的交易技术、新的组织机构与市场的创造，其中最核心是金融工具的创新。国际金融创新使国际金融市场发生了深刻变革，在交易方式更加灵活、交易工具更加丰富的同时，也加大了市场价格变动的剧烈程度。20 世纪 90 年代以来，金融衍生工具已经引发了一系列的金融动荡。

二、国际金融市场变革的重大影响

国际金融创新使得国际金融市场发生了深刻的变革，在交易方式更加灵活、交易工具更加丰富的同时，也加大了市场价格变动的剧烈程度。虽然衍生性金融工具设计的初衷都是为了提供更为有效的风险管理工具，但由于这些交易的杠杆比率很高，可能的盈利与亏损程度都相当大，随着合同标的物价格的变动，合约价值的变动可能几十倍甚至几百倍于所缴纳的保证金，于是，金融衍生交易无可辩驳地成为国际金融市场最具风险的交易。20 世纪 90 年代以来，金融衍生品工具已经引发了一系列金融动荡。在金融全球化程度日益增强的今天，衍生工具交易所产生的风险已经威胁到全球金融体系的稳定。

当代金融创新种类多、范围广、速度快，可以从不同的角度加以分类。分类方法多种多样，可以按创新活动本身的性质，分为主动性创新和适应性创新；从导致金融创新的起源和诱因角度可分为需求诱发创新和约束诱发创新；按创新的目的分为逃避管制、降低成本、避免风险三大类；按创新的程度分为变革性和创造性两类，前者是指在现有的业务活动、管理方式、机构设置等基础上进行变革，后者是指创造出全新的业务、方式或机构等。1986 年 4 月，国际清算银行在一份报告中将金融创新的种类归纳为风险转移型、增加流动型、信用创造型和股权创造型创新。

1．金融工具创新

金融工具创新指金融业能为各种信用形式的演变和扩展而适时地创造新的多样化的金融产品，如支付方式、期限性、安全性、流动性、利率、收益等方面具有新特征的有价证券、汇票、金融期货等交易对象。金融工具的创新是金融创新最主要的内容，它是所有其他金融创新的基础。例如，金融工具创新导致在传统金融产品和一般商品期货的基础上产生了金融期货，主要有利率期货、货币期货和股票指数期货。

2．金融市场创新

金融市场创新指金融业通过金融工具创新而积极扩展金融业务范围，创造新的金融市场。欧洲证券市场源于 20 世纪 70 年代初期美国的证券公司首先在伦敦的欧洲债券市场，然后在世界各地设立分支机构进行国际证券交易，其他国家纷纷仿效。到了 80 年代，随着证券交易的国际化和技术的不断进步，金融业不仅可以从事跨越国境的股票交易和债券交易，而且也可以在其他国家发行本国的债券与股票，基本形成了一个全球性的证券市场。欧洲票据市场就是在原有的欧洲银团贷款市场和欧洲债券市场的基础上形成的，把信贷和债券流动结合起来，具有短期银行信贷和流动性有价证券的双重属性。

3．金融制度创新

金融制度创新是指在金融组织或金融机构方面所进行的制度性变革。它既指各国金融当局调整金融政策、放松金融管制所导致的金融创新活动，如建立新的组织机构、实行新的管理方法来维护金融体系的稳定，也包括金融组织在金融机构制度方面所做的改革。

经济全球化已经构成当代世界经济发展最主要的趋势性特征，作为推动这一趋势的两股主要力量，跨国公司的全球投资以及全球资本的跨国流动也引起了普遍关注。人们常常把前者称为生产一体化(或全球化)，把后者称为金融一体化，其中又以金融一体化的发展尤为引人注目。概括地说，当前的金融一体化趋势有几个比较明显的特征：一是金融市场的一体化程度加深。各个地区之间的以及全球不同类型的金融市场相互贯通，联系密切，金融风险的"传染"效应增大。二是私人资本流动成为国际资本流动的主力，大约占全球资本流动的3/4，其中相当大一部分流向了新兴经济地区。三是跨国银行呈现出"全能化"发展趋势，业务趋于综合化。四是大规模的银行兼并风起云涌，仅1999年就发生了七起大规模的金融机构兼并案。我国当前正在通过不断的改革与发展谋求融入世界经济、贸易和金融体系。全球金融的一体化在给我国的金融业带来机遇的同时，也将带来挑战，因而有必要结合我国金融开放的进程，认真分析，提早应对。

金融开放已经使我国在吸引外资及促进经济增长方面获得了巨大收益。从长期看，逐步扩大金融开放，并最终融入全球金融体系不仅可以使我国继续获得这些收益，也有助于加快国内金融业的改革与发展，增强国际竞争力。不过同时也应看到，由于一体化是以全方位的高度开放为前提的，这一过程必然会使我国的银行、保险及证券等相关行业在国内金融市场面临日趋激烈的国际竞争，从业务、人才、管理等方面给我国金融产业的各个领域带来直接冲击，并将进一步对我国的宏观金融调控和金融监管提出新的挑战。因此，对我国的金融业而言，全球金融一体化既是机遇，也是挑战。

针对全球金融一体化带来的机遇和挑战，我们应该未雨绸缪，积极准备，以趋利避害，加快我国的经济发展和金融现代化进程。这要求我们除了要积极审慎地扩大对外资金融机构的开放外，更重要的是要采取切实措施加快我国金融业的健康发展，改善货币政策的调控机制，提高金融监管水平。

JJ00 案例

第一章 国际收支

教学目的和要求

通过本章学习，掌握国际收支的概念、国际收支平衡表的主要内容以及国际收支平衡表的编制、国际收支的分析方法，掌握国际储备的概念、国际储备的作用，掌握国际收支不平衡的原因、影响因素及调节政策与措施。

重点与难点

国际收支不平衡的原因、影响因素及调节政策与措施

关键词汇

经常项目(Current Account)；资本和金融项目(Capital and Financial Account)；自主性交易(Autonomous Transactions)；补偿性交易(Compensatory Transactions)；顺差(Favorable Balance)；逆差(Unfavorable Balance)；贸易差额(Trade Balance)；经常项目差额(Current Account Balance)；资本和金融账户差额(Capital and Financial Account Balance)；国际储备(International Reserves)；特别提款权(Special Drawing Rights)，综合差额(Overall Balance)；支出变更政策(Expenditure-changing Policy)；支出转换政策(Expenditure- switching Policy)

引子案例

2015 年上半年中国国际收支报告

2015 年上半年，国内外经济金融环境依然复杂，主要经济体经济运行存在差异，货币政策继续分化，国际资本流动的波动性加大。国内经济运行缓中趋稳，总体处于合理区间，人民币汇率保持基本稳定。

我国经常账户持续较大顺差，但仍处于国际公认的合理水平之内。2015 年上半年顺差1486 亿美元，较 2014 年同期增长 85%，与 GDP 之比为 3.1%，同比上升 1.3 个百分点。2015 年上半年国际收支逆差主要是由于货物贸易顺差 2566 亿美元，较上年同期大幅增长 73%。此外，服务贸易逆差 945 亿美元，较上年同期进一步扩大 53%。跨境资本延续净流出态势，但第二季度趋向基本平衡。2015 年上半年，资本和金融账户(不含储备资产，下同)逆差 1256 亿美元，其中，第一和第二季度逆差分别为 981 亿美元和 275 亿美元。2015 年上半年的资本和金融账户逆差主要反映了境内主体本外币资产负债结构的优化调整。一方面，境内机

构和个人的境外资产有所增多，体现了"藏汇于民"的积极效果；另一方面，境内主体进一步减少境外负债，逐步降低高杠杆经营等风险。2015 年上半年，我国外汇储备资产减少666 亿美元，其中，第一季度下降 795 亿美元，第二季度增加 130 亿美元。

2015 年下半年，预计我国国际收支将延续"经常账户顺差、资本和金融账户逆差"的格局，国际收支自主平衡能力进一步提高。外汇管理部门将坚持统筹兼顾、改革创新，继续大力简政放权，深化外汇管理重点领域改革；完善跨境资金流动监测分析预警，严厉打击外汇领域违法违规行为，强化风险防范。

【资料来源：国家外汇管理局 http://www.safe.gov.cn/】

案例评析

国际收支双顺差是指经常项目顺差与资本和金融项目顺差，在理论上经常项目和资本与金融项目是互补的，所以不可能同时出现顺差。但自 1999 年以来，我国经常项目与资本和金融项目除个别年份外均呈现"双顺差"现象，这对我国国内经济正常运转和与国外经济交往产生了不利影响。

2015 年上半年，我国国际收支出现新变化，从长期以来的基本"双顺差"转为"一顺一逆"，即经常账户顺差、资本和金融账户逆差，预计 2015 年下半年我国国际收支将延续"经常账户顺差、资本和金融账户逆差"的格局，国际收支自主平衡能力进一步提高。

第一节　国际收支与国际收支平衡表

一、国际收支的概念及其解释

(一) 国际收支的概念

国际货币基金组织在 1993 年出版的《国际收支手册(第五版)》中给国际收支下了一个较为详细和统一的定义："国际收支是特定时期内的一种统计报表，它反映：① 一国与世界其他国家之间的商品、劳务和收益等的交易；② 该国所持有的货币黄金、特别提款权的所有权，以及与世界其他国家债权债务关系的变化；③ 凡不需要偿还的单方面转移的项目和会计上必须用来平衡的相对应的科目，以及无法相互抵消的交易和变化。"

根据国际货币基金组织的定义，可以将国际收支概念简单地作如下概括：所谓国际收支，指的是在一定时期内(通常为一年)一国居民与非居民之间发生的全部经济交易的系统记录。

(二) 对国际收支概念的理解

国际收支这一概念的内涵十分丰富，应当从以下几个方面来加以理解：

第一，国际收支是一个流量的概念。流量与存量的主要区别在于，流量指的是一段时期内经济发生的情况，而存量则指的是某一时点经济发生的情况。所以，当人们谈及国际收支时，必须要指明是属于哪一段时期的。这一时期可以是一年，也可以是半年、一个季度或一个月等，完全根据分析的需要和资料来源的可能性来确定，但通常以一年较常见。要注意国际收支和具有存量性质的国际借贷的区分，国际借贷指的是一定时点上一国居民对外国资产和负债的累积总和。

第二，国际收支所反映的内容是国际间的经济交易。所谓国际间的经济交易，指的是经济价值(如商品、资产和服务等)的所有权从一国居民向另一国居民的转移。根据经济价值转移的内容和方向，国际经济交易主要可以划分为五类：① 商品之间、商品和服务之间、服务之间的交换，如易货贸易、补偿贸易等；② 金融资产和商品、服务之间的交换，如商品和劳务的进出口贸易等；③ 金融资产和金融资产之间的交换，如货币资本借贷、国际直接投资、有价证券投资和无形资产(如专利权、版权)的转让买卖等；④ 无偿的、单项的商品和服务的转移，如无偿的物资捐赠、服务和技术援助等；⑤ 无偿的、单项的金融资产的转移，如债权国对债务国的债务豁免、高收入国家对低收入国家的投资捐赠等。

第三，国际收支所记录的经济交易必须是在一国的居民与非居民之间发生的。在国际收支概念中，对居民(Resident)和非居民的界定所依据的是居民原则，而非公民原则。也就是说，判断一项经济交易是否应当包括在国际收支范围内，所依据的不是交易双方的国籍，而是依据其中是否有一方是该国的居民。只有发生在居民和非居民之间的经济交易才是国际经济交易。

居民与非居民依据经济利益中心(Center of Economic Interest)划定。所谓经济利益中心，是指单位或个人长期在一国从事生产、消费及其他经济活动。原则上，居住在该国的人均为该国之居民，除非是短暂停留或居住未满一年者。外国企业及非营利组织在本国的分支机构视为居民；反之，本国企业及非营利组织在国外的分支机构视为非居民。有两种例外情况：① 政府机构(包括中央与地方政府及政府驻外机构)不论在何地均为其所属国家的居民，这是因为政府代表一个国家；② 国际组织，如联合国、国际货币基金、世界银行等，其会员国为各国政府，因此该国际机构并不属于任何一国的居民，但其受雇人员居住满一年者，可视为该国际机构所在国家的居民。

二、国际收支平衡表的概念

国际收支平衡表是指依据一定的编制原则和格式，将一定时期内(通常为一年)一国与其他国家之间所发生的国际经济交易，按照某种适合于经济分析需要的形式编制出来，以全面地反映该国的国际收支状况的统计报表。它是对一个国家在一定时期内所发生的国际收支行为的具体和系统的统计与记录，集中地反映了该国国际收支的具体构成和全部内容。

按照国际货币基金组织章程的规定，各会员国必须定期向 IMF 报送本国的国际收支平衡表。为了便于各会员国编制平衡表，并使各国的平衡表具有可比性，IMF 出版了《国际收支手册》，对编制平衡表所采用的概念、准则、惯例、分类方法和标准构成等都作了统一的规定和说明。各国可以按照《国际收支手册》的规定，结合本国的实际情况，编制本国的国际收支平衡表。

三、国际收支平衡表设置

根据国际货币基金组织《国际收支手册(第五版)》的分类，国际收支平衡表中的基本内容可以概括为三大类：经常项目、资本和金融项目以及误差和遗漏项目。

(一) 经常项目

经常项目(Current Account)反映了一国与他国之间实际资源的转移，包括货物、服务、收入和经常转移四个子项目。

1．货物

货物(Goods)包括一般商品、用于加工的货物、货物修理、各种运输工具、港口购买的货物和非货币黄金。货物项下登录商品的出口或进口的外汇收支，即一国的对外贸易收支，或称有形贸易(Visible Trade)收支。原则上，货物的出口和进口应在货物的所有权从一居民转移到另一居民时记录下来。按照国际贸易业务惯例，商品出口以离岸价格(FOB)来计算，而商品进口则以按照"成本＋保险费＋运输费"计价的到岸价格(CIF)来计算。但是 IMF 建议，商品进出口均按离岸价格(FOB)来计算。至于运输费和保险费，则列入服务项目。

2．服务

服务(Services)包括运输、旅游、通信服务、建筑服务、保险服务、金融服务、计算机和信息服务、专有权利使用费和特许费、个人和文化与娱乐服务、其他商业服务以及政府服务。服务收支是经常项目中的第二大子项目，又称为无形贸易(Invisible Trade)收支。

3．收入

收入(Income)包括职工报酬(Compensation of Employees)和投资收入(Investment Income)两部分。职工报酬包括以现金或实物形式支付给非居民雇员(含在使馆工作的当地工作人员)的工资、薪金和其他福利。投资收入包括居民因拥有国外金融资产而得到的收入，包括直接投资收入、证券投资收入和其他投资收入三部分。

4．经常转移

经常转移(Current Transfers)包括所有非资本转移的转移项目，如各类政府和私人的无偿转移(Unrequited Transfers)等。它主要记录商品、服务或金融资产在居民与非居民之间转移而不要求获得对等报偿的外汇收支。根据实施转移主体的不同，它又可以分为政府单方面转移(Official Unilateral Transfers)和私人单方面转移(Private Unilateral Transfers)两个子项目。

(二) 资本和金融项目

资本和金融项目(Capital and Financial Account)包括资本项目和金融项目两大部分，主要是对资产所有权在国际间的流动行为进行记录。

1．资本项目

资本项目包括资本转移和非生产、非金融资产的收买或放弃。资本转移包括涉及固定资产所有权的转移，与固定资产收买或放弃相联系的或以其为条件的资金转移，以及债权人不索取任何回报而取消的债务。非生产、非金融资产的收买或放弃，总体来说，包括各种无形资产，如注册的单位名称、租赁合同、专利、版权、商标、经销权或其他可转让的合同和商誉等。

2．金融项目

金融项目包括一个经济体对外资产和负债所有权变更的所有交易。根据投资类型和功能，金融项目可以分为直接投资、证券投资、其他投资和储备资产四类。

1) 直接投资

直接投资(Direct Investment)反映某一经济体的居民单位(直接投资者)对另一经济体的居民单位(直接投资企业)的永久权益。直接投资者须拥有投资企业10%或10%以上的普通股权或投票权。直接投资又包括股本投资、利润收益再投资和其他资产投资等。

2) 证券投资

证券投资(Portfolio Investment)也称为间接投资(Indirect Investment)，是指为取得预期的货币收入而进行的投资，包括股票、中长期债券、货币市场工具(如大额存单、商业票据等)和衍生金融工具(如期权等)等方面的投资。它对所投资的企业没有直接的经营控制权。注意，证券投资的本金记录在金融项目下，但利息收入或支出按净额记录在经常项目下。

3) 其他投资

其他投资(Other Investment)是一个剩余项目，包括所有直接投资、证券投资或储备资产未包括的金融交易，包括长短期的贸易信贷、贷款、货币和存款以及应收款项和应付款项。不同于直接投资和证券投资，其他投资要考虑长短期的期限划分。长期投资是合同期限为一年以上或无限期的投资。短期投资包括货币，是随时可能支付或期限为一年或一年以下的投资。

4) 储备资产

储备资产(Reserve Assets)又称为官方储备(Official Reserves)或国际储备(International Reserves)，包括货币当局认为可以用来满足国际收支调节和在某些情况下满足其他目的的外部资产，包括货币黄金、特别提款权、在基金组织的储备头寸、外汇资产以及其他债权。

(三) 误差和遗漏项目

误差和遗漏(Errors and Omissions)是一个平衡科目。国际收支表是根据复式记账制度记载的，原则上借方合计数应等于贷方合计数。但在实际中，由于编制国际收支所利用的资料大部分是为其他目的而编制的，因而常不合乎国际收支的概念要求，因此在使用时需依国际收支的定义再加以调整；同时，由于各种交易的统计资料来源不一、资料不全(如以掩蔽形式进行的资本外逃、走私贩私等非法的或地下的交易所造成的无法统计)、资料不准(如有些估算的数据)、记录时间不同以及其他一些人为因素(如虚报、伪报、篡改或出于保密目的不宜公布等)等原因，致使国际收支借贷双方合计数不可能相等，需以"误差和遗漏"

科目来平衡。如果借方总额大于贷方总额,误差和遗漏这一项应在贷方列出这一差额;反之,如果贷方总额大于借方总额,则应将差额列入该项目的借方。

误差和遗漏净额的合理水准并没有绝对的标准。国际货币基金根据其经验法则认为误差和遗漏净额若占商品出口与进口总值之 5%以上,可能表示该国际收支的资料或统计方法出了问题。

四、国际收支平衡记账规则

国际收支平衡表是按照现代会计学的复式记账原理来编制的,即以借、贷作为符号,每个项目都有借方和贷方两栏,借方(Debit)记录资产的增加和负债的减少,贷方(Credit)记录资产的减少和负债的增加。每一笔交易都会产生一定金额的一项借方记录和一项贷方记录,即"有借必有贷,借贷必相等"。对于只有一方的单向性交易(如本国侨民的汇款等),需要使用特种项目(如"无偿转移"和"对应项目"等)来进行抵消性记录。

阅读材料

中国 2017 年国际收支平衡表

单位:亿美元

项　　目	行次	差额	贷 方	借 方
一、经常项目	1	1649	27 089	−25 440
A. 货物和服务	2	2107	24 229	−22 122
a. 货物	3	4762	22 165	−17 403
b. 服务	4	−2654	2065	−4719
1. 加工服务	5	179	181	−2
2. 维护和维修服务	6	37	60	−23
3. 运输	7	−561	−2577	−933
4. 旅行	8	−2251	326	−2577
5. 建设	9	36	122	−86
6. 保险和养老金服务	10	−74	41	−115
7. 金融服务	11	18	34	−16
8. 知识产权使用费	12	−239	48	−287
9. 电信、计算机和信息服务	13	77	270	−193
10. 其他商业服务	14	160	586	−426
11. 个人、文化和娱乐服务	15	−19	8	−27
12. 别处未提及的政府服务	16	−18	17	−35
B. 收入	17	−345	2573	−2918
1. 职工报酬	18	150	217	−67

续表

项　目	行次	差额	贷方	借方
2. 投资收益	19	-499	2349	-2848
3. 其他初次收入	20	5	7	-3
C. 经常转移	21	-114	286	-400
1. 个人转移	22	-25	70	-95
2. 其他部门转移	23	-89	216	-305
二、资本和金融项目	24	570	4355	-3785
A. 资本项目	25	-1	2	-3
B. 金融项目	26	571	4353	-3782
1. 非储备性质的金融账户	27	1486	4353	-2867
1.1 直接投资	28	663	1682	-1019
1.2 证券投资	29	74	1168	-1094
1.3 金融衍生工具投资	30	5	15	-10
1.4 其他投资	31	744	1513	-769
2. 储备资产	32	-915	22	-937
2.1 货币黄金	33	0	0	0
2.2 特别提款权	34	-7	0	-7
2.3 在基金组织的储备头寸	35	22	22	0
2.4 外汇储备	36	-930	0	-930
2.5 其他储备资产	37	0	0	0
三、净误差和遗漏	38	-2219	0	-2219

【资料来源：国家外汇管理局，http://www.safe.gov.cn/】

　　根据上述原理和方法，对于每一笔国际经济交易，其记入国际收支平衡表中的原则如下：凡是反映进口实际资源的经常项目，反映资产增加或负债减少的金融项目，记入借方项目，用负号(-)表示，又称为"负号项目"(Minus Items)；凡是反映出口实际资源的经常项目，反映资产减少或负债增加的金融项目，记入贷方项目，用正号(+)表示，又称为"正号项目"(Plus Items)。具体地说，主要原则有：

　　(1) 进口商品属于借方项目；出口商品属于贷方项目。

　　(2) 非居民为本国居民提供劳务或从本国取得收入属于借方项目；本国居民为非居民提供劳务(如运输、保险和旅游等)或从外国取得投资及其他收入属于贷方项目。

　　(3) 本国居民对非居民的单方面转移属于借方项目；本国居民收到国外的单方面转移属于贷方项目。

　　(4) 本国居民获得外国资产(包括财产和对外国居民债权)属于借方项目；外国居民获得本国资产或本国投资属于贷方项目。

　　(5) 本国居民偿还非居民债务属于借方项目；非居民偿还本国居民债务属于贷方项目。

(6) 官方储备增加属于借方项目；官方储备减少属于贷方项目。

第二节　国际收支与国际储备管理

一、国际储备概述

(一) 国际储备的概念

国际储备(International Reserves)一般是指一国货币当局为弥补国际收支逆差、维持本国货币汇率的稳定以及应付各种紧急支付而持有的、为世界各国所普遍接受的资产。对国际储备的定义，学术界曾经有过争论，认为它有狭义与广义之分。

20 世纪 60 年代中期后，国际储备的定义逐渐趋于统一，并且主要是从狭义的角度来定义国际储备的。例如，1965 年"十国集团"对国际储备做出了如下定义："国际储备是指该国货币当局占有的那些在国际收支出现逆差时可以直接地或通过同其他资产有保障的兑换性来支持该国汇率的所有资产。"IMF 在《国际收支手册》当中也指出：国际储备是"中央当局实际直接有效控制的那些资产"，"储备资产是由黄金、特别提款权、在 IMF 的储备头寸、使用该组织的信贷和非居民现有的债权组成。"可见，IMF 不仅规定了估计储备的性质，也明确了它的主要构成。目前，从狭义的角度给出的国际储备概念，已被各国普遍接受。

(二) 国际储备的特征

国际储备具有如下典型的特征：

(1) 官方持有性：作为国际储备的资产必须是中央货币当局直接掌握并予以使用的。非官方金融机构、企业和私人持有的黄金、外汇等资产，不能算作国际储备，该特点使国际储备又被称为官方储备。

(2) 自由兑换性：作为国际储备的资产必须可以自由地与其他金融资产相交换，充分体现储备资产的国际性。缺乏自由兑换性，储备资产的价值就无法实现，也就无法用于弥补国际收支逆差及发挥其他作用。

(3) 充分流动性：作为国际储备的资产必须是随时都能够动用的资产。当一国国际收支失衡或汇率波动过大时，可以动用这些资产来平衡国际收支或干预外汇市场来维持本国货币汇率的稳定。

(4) 普遍接受性：作为国际储备的资产必须被世界各国普遍认同、接受和使用。如果一种金融资产仅在小范围或区域内被接受和使用，尽管它也具有可兑换性和充分流动性，仍不能称为国际储备资产。

(三) 国际储备与国际清偿能力的区别

国际清偿能力(International Liquidity)是指该国无须采取任何影响本国经济正常运行的特别调节措施，即能平衡国际收支逆差和维护其汇率的总体能力。它与国际储备既相互联系又相互区别。

(1) 从内容上看,国际清偿能力除了包括该国货币当局直接掌握的国际储备资产外,还包括国际金融机构向该国提供的国际信贷以及该国商业银行和个人所持有的外汇和借款能力。因此,国际清偿能力的范围要比国际储备大。

(2) 从性质上看,国际储备是一个国家货币当局直接掌握持有的,其使用是无条件的。而对于国际清偿能力其他构成部分的使用,通常是有条件的。因此,从总体来讲,可以认为一个国家清偿能力的使用是有条件的。

(3) 从两者的数量关系上看,一个国家的国际清偿能力是该国政府在国际经济活动中所能动用的一切外汇资源的总和,而国际储备只是其中的一部分。

二、国际储备的构成

国际储备的构成,是指充当国际储备资产的资产种类。在不同的历史时期,充当国际储备资产的资产种类有所不同。发展到今天主要有四种形式:黄金储备(Gold Reserves)、外汇储备(Foreign Exchange Reserves)、在国际货币基金组织的储备头寸(IMF Reserve Position)、在国际国币基金组织的特别提款权(Special Drawing Rights)。

1. 黄金储备

黄金是现实的货币商品,作为储备资产的黄金则是一国货币当局持有的货币黄金的总额。但是,并不是一国货币当局持有的全部黄金都可以充当国际储备资产,因为某些国家往往规定以黄金作为国内货币发行的准备。因此,充当国际储备资产的黄金储备是货币当局持有的全部黄金储备扣除其中充当国内货币发行准备后的剩余部分。

2. 外汇储备

外汇储备是一国货币当局持有的国际储备货币。外汇储备是当今国际储备的主体,是因为就金额而言,它超过所有其他类型的储备。而充当国际储备资产的货币必须具备下列条件:能自由兑换成其他储备货币;在国际货币体系中占据重要地位;其购买力必须具有稳定性。

3. 在国际货币基金组织的储备头寸

所谓储备头寸,就是指该国在国际货币基金组织的储备档头寸加上债权头寸。储备档头寸又称"储备档贷款",是指成员国以储备资产(黄金、外汇、特别提款权)向国际货币基金组织认缴的那部分资金,其额度占基金组织分配给该国配额的25%。而债权头寸又称"超黄金档贷款",是指基金组织因将某一成员国的货币贷给其他成员国使用而导致其对该国货币的持有量下降到不足该国本币份额的75%的差额部分以及成员国在国际货币基金组织超过份额的贷款部分(最高为份额的125%)。

4. 在国际货币基金组织的特别提款权

在国际货币基金组织的特别提款权是国际货币基金组织为了解决国际储备不足问题,于1969年在国际货币基金组织第24届年会上创设的新的国际储备资产,实质上是补充原有储备资产的一种国际流通手段。它是国际货币基金组织分配给成员国的在原有的一般提款权以外的一种资金使用权利。它按一篮子主要国际货币计价,并被基金组织及多个国际组织作为记账单位。基金组织每 5 年就对一篮子货币进行调整，确保所包含的货币具有代表性，是国际交易中常用的主要货币，以及有关货币所占比重适当地反映其在全球贸易与金融体制中的相对重要性。特别提款权的价值每日计算，并且以美元列示。计算方法是根据美元、欧元、日元以及英镑这四种货币与每日中午在伦敦市场所报汇率计算等值美元总额，其所得即为特别提款权的价值。

三、国际储备与国际收支平衡

国际储备是一个国家经济实力的重要标志之一。各国保持国际储备有各种各样的出发点，但就国际储备的基本作用而言，主要有以下几点：

(1) 国际储备可以维持一国的国际支付能力，调节临时性的国际收支不平衡。这是持有国际储备的首要作用。当一国发生国际收支困难，通过动用外汇储备，减少在基金组织的储备头寸和特别提款权持有额，在国际市场上变卖黄金来弥补国际收支赤字所造成的外汇供求缺口，能够使国内经济免受采取调整政策而产生的不利影响，有助于国内经济目标的实现。

(2) 缓冲作用。当国家的国际收支发生结构性失衡而需要进行紧急的或长期的调整时，国际储备可以缓和调整过程的冲击，起到一定的缓冲作用，也为该国政府赢得了时间，从而降低了各种调整措施对国内供求均衡所带来的负面效应。

(3) 干预市场外汇，维持本国汇率稳定。国际储备可用于干预外汇市场，影响外汇供求，将汇率维持在一国政府所希望的水平。然而国际储备发挥其干预资产的效能，要以充分发达的外汇市场和本国货币的完全自由兑换为前提条件。当然，外汇干预只能在短期内对汇率产生有限的影响，它无法从根本上改变汇率变动的长期趋势。

(4) 国际储备是一国向外举债和偿债能力的保证。国际储备充足，可以加强一国的资信，吸引外国资金流入，促进经济发展。国际金融机构和银行在对外贷款时，往往要事先调查借债国偿还债务的能力。一国持有的国际储备状况是资信调查、评价国家风险的重要指标之一。在国际上，有专门机构或重要的金融杂志每年就各国借款资信进行评定，确定贷款的安全系数，一般包括经常账户收支的趋势、外债还本付息占该国出口收入的比重以及国际储备状况等，由此可见，国际储备是向国外借款和还本付息的一项重要保证。

第三节　国际收支的失衡与调节

国际收支平衡表全面反映了一国在一定时期内所有对外经济往来的情况。国际收支平衡表中的每项账户都反映着一定性质的经济行为，不同账户之间有密切的联系。所以，分析国际收支平衡表对研究一个国家的国际经济状况及预测国际经济发展趋势，制定本国对外经济和金融政策，发展本国经济具有重要意义。

一、国际收支失衡的标准

国际收支平衡表是根据复式记账原理编制的，每一笔国际经济交易都会以相同的金额记入借贷双方，所以总体来看表中的借方总额和贷方总额一般总是相等的。也就是说，经常账户若有差额，必由资本与金融账户与中央银行准备资产的变动所抵消。但是，这种簿记上的平衡并不意味着一国的国际收支处于均衡的水准。相反，许多国家通常处于国际收支失衡的状态，不是存在顺差，就是存在逆差。所以，对一国国际收支的平衡与否，不能仅仅根据国际收支平衡表上的借贷总额来判断，而必须有另一种经济意义上的判断方法。下面介绍两类判断国际收支平衡与否的方法。

(一) 国际收支平衡与否的理论判断方法

理论上流行较广的判断方法，是按照交易主体和交易目的的不同，将所有交易项目分为自主性交易(Autonomous Transactions)和补偿性交易(Compensatory Transactions)两大类，然后根据自主性交易情况，来判断国际收支是否平衡。

自主性交易指一国居民根据自主的或自发的获取商业利润等动机而进行的交易。补偿性交易又称调节性交易，是指为调节或弥补自主性交易不平衡而进行的交易，这种交易本身并无经济动机。

自主性交易所产生的货币收支并不必然相抵，由此可能导致对外汇的超额需求或超额供给，引起汇率的变动。在这种情况下，一国货币当局或是必须允许汇率变动，使自主性交易收支自动趋向平衡；或是必须运用调节性交易，向国外借款或增减外汇储备来弥补自主性交易收支不平衡所造成的超额外汇供给或需求，以维持固定的汇率。也就是说，在维持汇率固定的前提下，一国政府必须运用调节性交易(如动用官方储备或向外国政府、国际金融机构借款等)，最终使国际收支达到平衡。可见，一国的国际收支不平衡，实际上指的是自主性交易不平衡。这就是理论上的国际收支不平衡的概念。由此，可以在国际收支平衡表上划出一条水平线，让所有自主性交易项目处于水平线之上，而调节性交易项目则处于水平线之下，当线上差额为零时，我们称国际收支实现了平衡；当线上项目出现了盈余或赤字时，我们称国际收支出现了顺差或逆差。

这种按有无自主的交易动机而划分的自主性交易与调节性交易，在理论上看虽然很有道理，但在实际中有时界限模糊，存在统计操作上的技术性困难。这种界限模糊尤其表现在对于短期资本流动究竟是属于自主性交易还是属于调节性交易的判断上。例如，一国货币当局因自主性交易不平衡而向国外金融市场私人借款，从本国的角度看，属补偿性交易，但从对方国角度看，这一短期资本流出是为了追逐利润，被视为自主性交易。这样就出现了国与国之间的不一致。又例如，一国为弥补自主性交易赤字，采取紧缩货币、提高利率的政策，引起了短期资本流出的减少和流入的增加，从货币当局的角度看，这种事后的政策行为引起的交易显然属于补偿性交易，但从私人交易主体的角度看，其交易的动机是逐利，具有自主性交易性质。这样，统计中应如何将这种交易归类，就成为一个有争议的问题。所以，这种识别国际收支差额的方法仅仅提供了一种思维方式，迄今为止，还无法将这一思维付诸实践。

(二) 国际收支平衡与否的实践判断方法

由于在实践中无论将水平线划在哪两个项目之间，都无法使线上项目准确地表示自主性交易，线下项目准确地表示调节性交易，所以各国在实践中根据对国际收支平衡分析的需要，采用几种局部差额判断法。

我们知道，从总体看国际收支平衡表中的借方总额和贷方总额一般总是相等的，但国际收支平衡表中包含了许多项目，其中的每个项目都可能会产生一定的差额，即其借方和贷方不一定相等。以货物贸易项来说，在一定时期内，商品出口和商品进口往往并不完全相等，可能会出现商品出口大于商品进口的情况，也可能会出现商品出口小于商品进口的情况。于是，就出现了贸易差额。国际收支平衡表中的其他项目也会出现类似的局部差额(Partial Balance)。

国际收支平衡表中有许多项目，但是从分析的需要来看，真正重要的差额主要包括贸易差额、经常项目差额、资本和金融项目差额以及综合差额等几个方面。我们通常所说的国际收支顺差或逆差，指的就是诸如商品贸易差额、经常项目差额、资本和金融项目差额以及综合差额等方面的局部差额。当出现差额时，如果贷方大于借方，则出现盈余(Surplus)，称为顺差(Favorable Balance)；如果贷方小于借方，则出现亏损(Deficit)，称为逆差(Unfavorable Balance)。

1. 贸易差额

贸易差额(Trade Balance)即商品出口与商品进口之间的差额。由于商品进出口情况综合地反映了一国的产业结构、产品质量、技术进步和劳动生产率以及由这些因素决定的商品在国际市场上的竞争能力状况，因此，它是备受各国重视的指标。

2. 经常项目差额

经常项目差额(Current Account Balance)是包括货物、服务、收入和经常转移在内的所有经常项目内各子项目加总的差额，即贸易差额再加上服务、收入和经常转移的差额。经常项目差额反映了实际资源在一国和他国之间的转让净额，也即反映了一国国外净财富的变化。因此，利用它来衡量和预测经济发展与政策变化，相比其他差额更具有实际意义。实际上，经常项目差额的预期完成情况，已经成为各国制定国际收支政策和产业政策的重要依据。同时，国际经济协调组织也经常采用这一指标对成员国经济进行衡量，国际货币基金组织就特别重视各国经常项目的收支状况。

3. 资本和金融项目差额

资本和金融项目差额(Capital and Financial Account Balance)是该项目下资本项目、直接投资、证券投资、其他投资(包括贸易信贷、贷款和存款等)和储备资产的差额。它记录了一国对其他国家的资本和金融要素流动的净额。资本和金融项目差额的状况，反映了一国的金融和资本市场的发达与开放程度以及国际融资水平，并对一国调整货币和汇率政策具有重要的参考借鉴价值。

资本和金融项目具有比较复杂的经济含义。资本和金融项目差额分析的重点，是要考虑影响国内和国外资产的投资收益率与风险的各种因素，包括利率、各种投资的回报率、预期的汇率走势和税收方面的规定等。这些决定金融流量的诸因素，不仅直接决定了资本和金融项目差额的状况，而且对经常项目也有重要的影响。

资本和金融项目同经常项目的关系主要表现为利用金融资产的净流入或动用储备资产为经常项目融资。从长远来看，如果金融资产的净流入有助于大幅度地提高本国的生产力水平和偿债能力，那么说明这种融资是有效率的。或者说，资本输入国的经常项目赤字表明了资金的有效配置。相反，则说明这种融资是无效率的，利用这种方式融资可能会加剧经常项目赤字。

当利用国际融资不足以弥补经常项目赤字时，就需要动用储备资产来发挥作用。尤其是当出现由于季节性变化或暂时性冲击造成的融资困难时，动用储备资产可以起到很好的缓冲作用。然而，一国的储备资产毕竟是有限的。因此，在这种情况下，就需要调整吸引外资政策或国际收支调节政策。当然，在现代开放的国际经济条件下，金融资本的国际流动已经具有相对独立的运动规律，因此资本和金融项目已经不再被动地由经常项目决定。所以，当出现经常项目赤字时，无论采取何种方式融资，都需要认真分析导致赤字的原因，以便采取相应的措施加以解决。

4. 综合差额或总差额

综合差额(Overall Balance)是经常项目和资本与金融项目中排除储备资产项目的差额，包括经常项目、资本项目、直接投资、证券投资、其他投资的差额。通常人们所说的国际收支盈余或赤字，指的就是综合差额盈余或赤字。由于综合差额必然导致官方储备的反方向变动，因而它反映了一国动用或获取储备资产来弥补国际收支不平衡的能力。如果综合差额为正，则储备资产增加；如果综合差额为负，则储备资产减少。综合差额概念比较综合地反映了自主性国际收支的状况，是全面衡量和分析国际收支状况的指标，具有重大的意义。

以上介绍了国际收支差额的概念，国际收支分析的重点就是要分析国际收支差额的数量、性质及其产生的原因，以及国际收支平衡表上所列示的各种数据的情况，从中得出一些必要的结论。具体分析时，可以采取静态、动态和比较分析方法，从不同角度进行分析。静态分析是对一国某个时期国际收支平衡表进行的分析。动态分析是对一国若干连续时期的国际收支平衡表进行的分析。比较分析是对一国不同时期或不同国家相同时期的国际收支平衡表进行的比较分析。通过不同方法的分析，可以全面地了解国际收支平衡表的情况，以便得出正确的分析结论和政策建议。

二、国际收支失衡的成因

导致国际收支不平衡的原因是多种多样的：有经济因素，也有非经济因素；有货币因素，也有非货币因素；有来自内部的因素，也有来自外部的因素；等等。根据原因不同，可将国际收支不平衡分为如下六种类型。

(一) 临时性不平衡

临时性不平衡，是指由短期的、非确定的或偶然的因素引起的国际收支不平衡。这种性质的国际收支不平衡一般程度较轻，持续时间不长，具有可逆性。其中主要包括季节性不平衡和偶然性不平衡。季节性不平衡指由生产和消费的季节性造成的国际收支不平衡。对以农产品为主要出口品的发展中国家，季节性不平衡较为明显。偶然性不平衡指由天灾人祸造成的一次性、无规律的不平衡，一旦有关天灾人祸的因素消失，国际收支就会恢复到正常状态。在浮动汇率制度下，这种类型的国际收支不平衡有时根本不需要政策调节，市场汇率的波动有时就能将其纠正。在固定汇率制度下，一般也只需暂时动用官方储备便能加以克服。

(二) 周期性不平衡

周期性不平衡是指一国经济周期波动所引起的国际收支不平衡。当一国经济处于衰退期时，国内社会总需求下降，进口需求也相应下降，经常项目往往会出现盈余；反之，如果一国经济处于繁荣期，国内社会总需求上升，对进口的需求也相应上升，经常项目则可能出现逆差。再从资本来看，经济繁荣时期，投资前景看好，资本流入增加；萧条时期，投资前景暗淡，资本流出增加。二战前，资本项目在各国国际收支中所占比重一般并不突出，故总的来说，一国在经济周期的萧条期国际收支易出现顺差，在经济周期的繁荣期国际收支易出现逆差。二战后，资本项目地位愈益突出，这种国际收支顺差或逆差与一国经济周期的萧条或繁荣之间不再必然存在这种简单的对应关系。

(三) 货币性不平衡

货币性不平衡是指一定汇率下国内货币供应量增长率变化引起国内物价水平变化从而导致的国际收支失衡。换言之，货币性不平衡主要是由通货膨胀或通货紧缩引起的。当一国货币供应量增长率过高，引起国内物价水平上升和货币成本上升，并高于其他国家时，会导致出口减少；同时，进口则因价格相对低廉而受到鼓励。这样，经常项目收支便会恶化，造成国际收支逆差。反之，一国货币供应量增长率过低，则易造成国际收支顺差。

(四) 收入性不平衡

收入性不平衡是一个笼统的概念，统指一国经济条件、经济状况的变化引起国民收入变动从而产生的国际收支不平衡。引起国民收入相对快速增长的原因是多样的，可以是周期性的、货币性的或劳动生产率的提高等各方面原因。一般而言，当一国经济迅速发展，经济增长率提高，国民收入较快增加时，国内总需求随之增加，进口增加，从而易造成国际收支逆差。不过，若一国经济增长，国民收入增加主要是由劳动生产率上升或出口增加所致，则国民收入的上升也可能伴随着国际收支顺差。

(五) 结构性不平衡

结构性不平衡是指国内经济、产业结构不能适应世界市场及其变化而发生的国际收支不平衡。结构性不平衡有两层含义：第一层含义是指由经济结构和产业结构变动的滞后和困难所引起的国际收支失衡。世界各国由于自然资源和其他生产要素禀赋的差异而形成了一定的国际分工格局，这种格局随要素禀赋和其他条件的变化将会发生变化。此外国际需求结构也会发生变化，如果一个国家的经济结构、产业结构不能随国际分工格局和需求而变化，即世界市场的变化不按比较利益原则得到及时的调整，则原有的贸易平衡会遭到破坏，可能导致国际收支逆差。第二层含义是指由一国进出口商品所面临的特定需求的收入弹性和价格弹性特点所致的国际收支失衡。具体来说，有些国家出口商品需求的收入弹性低，而进口商品需求的收入弹性高，所以净出口很难大量增加；出口商品需求的价格弹性大，而进口商品需求的价格弹性小，这样在进口商品价格上涨大于出口商品价格上升时，贸易条件恶化，引起国际收支的失衡。发展中国家容易发生结构性不平衡，尤其是第二层含义的结构性不平衡。

(六) 投机、保值性不平衡

投机、保值性不平衡是指在浮动汇率制下因汇率变动而产生的获利机会和风险所带来的国际收支不平衡。投机、保值性不平衡均产生于短期资本流动。在短期资本流动中投机性资本流动和保值性资本流动占有很大比重。投机性资本流动和保值性资本流动均对汇率(及相应利率等)的变动非常敏感，前者是为了投机牟利，而后者是为了资本保值而实施的资本逃避。投机性和保值性短期资本流动具有数量大、突发性强的特点，在 20 世纪 90 年代尤甚，往往成为一国国际收支不平衡的重要原因。

三、国际收支失衡的影响

如果一国发生持续性国际收支逆差，则会引起本币下浮的压力。若货币当局想稳定本币汇率，则势必耗费国际储备，这将引起货币供应量的缩减，影响本国生产和就业，使国民收入趋降。同时，官方储备的下降还影响到一国的对外金融实力和国家信用，降低政府将来弥补国际收支逆差的能力，而这又反过来引起新的国际收支逆差。

如果一国发生长期或巨额国际收支顺差，也会给国内经济带来不良影响。这是因为累积的国际储备增加所造成的货币供应增长会带来物价水平的上升，加剧通货膨胀。如果国际收支盈余是由出口过多造成的，则本国在此期间可供使用的生产资源就会减少，长期如此，势必影响本国的经济发展速度。同时，一国国际收支盈余过多则意味他国国际收支赤字过多，这将引起国际摩擦，不利于国际经济关系。

一般来说，国际收支顺差若不是长期且巨额的，则货币当局不认为其构成什么问题。适当的顺差，增加官方储备，在某些时期是符合官方目标的。国际收支逆差则往往成为货币当局亟待解决的问题。

阅读材料

正视中国国际收支脆弱性

连续近 20 年的资本项目和经常项目 "双顺差"、外汇储备高居世界之冠让中国摆脱了时时困扰其他绝大多数发展中国家的国际收支危机，也给中国带来了宏观经济平衡的"冲销"压力，更给西方政客提供了要求人民币汇率立即大幅度升值的借口。其实，只要深入探究中国国际收支，特别是贸易收支构成，就不难发现其脆弱性仍不可忽视。

中国国际收支的脆弱性首先在于，中国贸易顺差绝大多数来自外资企业的加工贸易而不是内资企业的一般贸易，中国从中收获的不过是一点可怜的加工费。2010 年 1 至 5 月，中国出口 5677.4 亿美元，增长 33.2%，这一增幅被外界某些势力解读为人民币必须大幅度升值的强有力依据。其实，且不提这一貌似可观的增幅很大程度上不过是在去年同期危机高潮时低基数上的恢复，其中一般贸易出口增幅也只有 32.5%，低于出口增额增幅，导致一般贸易项下出现 381.3 亿美元逆差，2009 年同期则为顺差 119.6 亿美元。也正因为一般贸易收支从顺差转为巨额逆差，尽管前 5 个月加工贸易项下顺差达到 1100.8 亿美元，增长 12.6%，但同期总体顺差仍下降了 59.9%。我们不难理解中国上述贸易收支格局的风险。相比之下，无论是 1985 年《广场协议》之前的日本，还是今天的各主要发达国家，都是依靠内资企业通过一般贸易途径出口拥有自主知识产权的商品赢得贸易顺差的。

也正是由于中国对外贸易由外资企业和加工贸易主导的特征，在这个全球供应链的时代，倘若按照增值标准衡量，中国的贸易顺差规模理应比按现行标准统计的数据大大缩小。这一点，学术界是有共识的，世贸组织近期又对此作出了定量分析。按照世贸组织的结论，按照增值标准衡量，现行标准统计的中国对美贸易顺差被高估了一倍。

中国对外贸易由外资企业和加工贸易主导的特征，还进一步对资本项目收支构成了潜在风险。在直接投资项目下，包括汇率升值在内的成本上升压力正在驱使一部分外资企业和内资企业努力寻求向其他国家和地区转移，外资投资企业上千亿美元的巨额留存收益，更有可能因一两起突发事件而在短时间内集中外流，进而对中国国际收支和金融市场产生巨大冲击。正因为如此，我们才称这种资本流动为"类短期资本流动"。

在证券投资项下，组合投资的波动性及其对东道国经济的冲击，世人早已有目共睹，尽管中国金融服务业开放度不高，但投机性资本完全可以假货物贸易和外商直接投资渠道改头换面出入中国市场。固然这两年来在人民币升值预期下资本流入是主流，但只要以美元为核心的现行国际货币体系不彻底更改，发展中国家就时刻面临潜在或现实的国际收支危机风险，中国就随时可能面临投机热钱流动大规模逆转的冲击。而美元的货币霸权又立足于美国的政治和军事霸权，要动摇、彻底更改它绝非易事。在这次全球金融危机之前，美元何尝不显得虚弱？一旦次贷危机从美国国内危机陡然升级成为全球危机，全球投资者们就纷纷"逃向美元"，贸易逆差国也纷纷被列为候补"主权破产"国家。假如某个主要新兴市场经济体因资产泡沫破灭等原因而爆发货币危机，即使中国经济基本面尚好，金融市场上的"唤醒效应"也将驱使投资者在恐慌之中争先恐后夺路出逃。假如某个主要发达国家经济果真二次探底，母公司的危局也将逼迫投机资本纷纷回流。从前两年韩资企业接二连三半夜出逃，到危机高潮时外资流入锐减，我们都看到了这一点。

【资料来源：上海证券报，2010-06-29】

四、国际收支失衡的市场调节

国际收支失衡的市场调节是指不考虑政府干预的情况下，市场系统内其他变量与国际收支相互制约和相互作用的过程，实质是国际收支失衡引起的国内经济变量对国际收支的反作用过程。根据作用的变量不同，可以分为收入调节机制、价格调节机制和利率调节机制三大类。

(一) 收入调节机制

收入调节机制是指在市场经济体系中，国际收支失衡引起的国民收入自发性变动对国际收支的调节。假定所有价格保持不变，则当国际收支出现逆差时，表明该国的国民收入水平下降，国民收入的下降会引起社会总需求的下降，进口需求下降，从而贸易收支得到改善。同时，国民收入下降会使对外国服务和金融资产的需求不同程度地下降，经常项目和资本项目收支得到改善，从而使整个国际收支得到改善；反之，顺差情况正好相反。

(二) 价格调节机制

价格调节机制是指国际收支失衡引起的一般价格水平或相对价格水平的变动对国际收支的调节。价格调节机制在固定汇率制度(如金本位)和浮动汇率制度下的运作是不同的。

在金本位制度下的自动价格调节机制实质上就是大卫·休谟的"物价与金币流动机制"。当一个国家的国际收支发生逆差时，意味着对外的支出大于收入，本国的黄金外流，在其他条件既定的情况下，货币供给减少，从而引起国内一般物价水平下降，本国的出口商品的价格也会下降，于是出口增加，进口受到抑制，国际贸易收支得到改善。当国际收支发生顺差时，则出现相反的自动价格调节。

在浮动汇率制度下，类似"物价与金币流动机制"的自动调节机制也会发生作用。但它表现为相对价格水平的变动。当国际收支发生逆差时，对外支出大于收入，对外币的需求增加导致本国货币的汇率下降，从而引起本国出口商品价格的相对下降，进口商品的价格相对上升，致使出口增加，进口减少，国际贸易收支得到改善。当国际收支发生顺差时，则出现相反的自动价格调节。

(三) 利率调节机制

利率调节机制是指国际收支失衡引起的利率变动对国际收支的调节。利率调节机制从经常账户和资本账户两个方面产生作用。当一国出现国际收支逆差时，本国货币供应量相对减少，利率上升，表明本国金融资产收益率上升，从而对本国金融资产的需求增加，资金外流减少或资金流入增加，改善国际收支。除此以外，利率的变动还会影响国内的投资和消费、物价的涨跌，直至影响到进出口的变化。

以上我们把收入、价格和利率三种自动调节手段分开来讲，但在现实生活中，国际收支的失衡不仅影响国民收入，也对汇率、价格、工资、利率产生影响，收入、价格以及利率调节手段可能是共同起作用的。

市场调节机制可以自发促成国际收支的平衡，但是现实生活中市场体系的不健全性限制了调节机制的效果。事实上，只有在纯粹的市场经济模型中才能产生理论上所描述的那些作用。正因为市场调节的局限性，各国政府往往根据各自的利益和需要采取不同的政策调节措施。另一方面，一国政府的某些宏观经济政策也会干扰市场调节过程，使其作用削弱或失效。

五、国际收支失衡的政策调节

(一) 国际收支调节政策

政府调节国际收支的各种政策，可以分为需求调节政策、供给调节政策和资金融通政策。需求调节政策由凯恩斯提出，主要有支出变更政策和支出转换政策。供给调节政策由供给学派提出，主要有产业政策、科技政策。资金融通政策指以筹措资金的方式来填补国际收支不平衡的缺口。下面介绍需求调节政策。

1. 支出变更政策

支出变更政策(Expenditure-changing Policy)是改变社会总需求或国民经济总支出水平的政策，旨在通过改变社会总需求或总支出水平来改变对外国商品、服务和金融资产的需求，从而调节国际收支。这类政策主要包括财政政策和货币政策。

财政政策通过调整税收和政府支出实现对国民经济的需求管理。当国际收支出现逆差时，政府运用紧缩性财政政策，削减财政预算，压缩财政开支，同时提高税率，通过支出和赋税乘数效应，减少国民收入，使物价下跌，有利于扩大出口，抑制进口，缩小国际收支逆差。

货币政策则通过调整货币供应量对国民经济需求进行管理。常见的有再贴现率、存款准备金率、公开市场业务三种货币政策工具。当一国出现国际收支逆差时，货币当局可以采取紧缩性的货币政策，如提高再贴现率、提高存款准备金率、在公开市场上出售有价证券等，以此方式紧缩信贷规模，影响利率、物价和国民收入，减少国际收支逆差。这些政策的效应往往要通过市场机制(如收入、利率和价格机制)才能实现，而且实施后不能立即奏效，发挥效应的过程较长。

2. 支出转换政策

支出转换政策(Expenditure-switching Policy)是指不改变社会总需求和总支出水平而改变其方向的政策，也就是将国内支出从外国商品和劳务转移到国内的商品和劳务上来。这类政策主要包括汇率政策和直接管制政策。

所谓汇率政策，即通过货币的升贬值，改变进口商品和进口替代品的相对价格，调节国际收支。国际收支出现逆差时，可调低本币汇率或使本币贬值，起到抑制进口、刺激出口的作用。汇率政策的效果与进出口商品的需求弹性有关，缺乏需求弹性，本币汇率下降不一定能奏效。而且汇率变动改善贸易收支需要一定的时间，存在"时滞效应"。关于这方面的内容，可参考国际收支理论中的阐述。20 世纪 30 年代，西方许多国家为了求得国际收支盈余，竞相将本币贬值，损害了他国的利益，因此又把竞争性货币贬值称为"以邻为壑政策"。

直接管制政策比较灵活，可以针对不同的进出口项目和资本流动区别实施，见效快，但是弊端也很明显：不利于自由竞争和资源的最佳配置，而且作为一种容易察觉的歧视性措施，会遭到其他国家的报复。

(二) 国际收支调节政策的配合使用

一国政府和金融当局在运用调节政策时，必须进行相机抉择，争取以最小的经济和社会成本获得最大的收益。

第一，按照国际失衡的性质选择适当的政策调节方式。例如：暂时性的失衡可以通过资金融通政策，如用官方储备来弥补外汇短缺缺口；出现货币性失衡，主要采取汇率调整政策；收入性失衡主要用财政政策调节；结构性失衡则需要通过适当的产业和科技政策来进行结构调整。

第二，国际收支的调节不仅要从国别入手，还必须进行国际协调，以维护世界经济的正常秩序。这主要表现在三个方面：协调经济政策、谋求恢复贸易自由和促进生产要素的自由转移。

第三，调节国际收支失衡还要兼顾国内经济平衡。每一种国际收支调节政策都会对一国宏观经济带来或多或少的调节成本，都是有代价的，为了实现内外经济均衡目标，可以选择适当的政策搭配。一国(地区)的国际收支调节政策，不是以国际收支平衡为目标，而是把国际收支置于该国(地区)经济中，以实现宏观经济的均衡为目标。若把充分就业和物价稳定目标归结为内部经济均衡目标，而国际收支平衡目标可以视为外部经济均衡目标，这样，一国的宏观经济政策目标可以用内部经济均衡和外部经济均衡这两个目标来替代。国际收支调节的政策目标，就是实现内外均衡。首届(1969 年)诺贝尔经济学奖获得者荷兰经济学家 J.丁伯根提出了一般性的政策分析原则：要实现 N 个独立的目标，就要有 N 种有效的政策工具，要同时实现内部经济与外部经济的均衡，必须或至少需要运用两个相对独立的国际收支政策。

✦✦✦✦ 知 识 归 纳 ✦✦✦✦

国际收支指的是在一定时期内(通常为一年)一国居民与非居民之间发生的全部经济交易的系统记录。国际收支平衡表是对一个国家在一定时期内所发生的国际收支行为的具体和系统的统计与记录，集中地反映了该国国际收支的具体构成和全部内容。其基本内容可以概括为三大类：经常项目、资本和金融项目、误差和遗漏项目。国际收支平衡表是根据复式记账原理编制的，每个项目都有借方和贷方两栏，借方记录资产的增加和负债的减少，贷方记录资产的减少和负债的增加，并遵守"有借必有贷，借贷必相等"的会计原则来记录资产状况的变化。

国际储备一般是指一国货币当局为弥补国际收支逆差、维持本国货币汇率的稳定以及应付各种紧急支付而持有的、为世界各国所普遍接受的资产。国际储备的构成主要有四种形式：黄金储备、外汇储备、在国际货币基金组织的储备头寸、在国际国币基金组织的特别提款权。

判断国际收支是否平衡是编制国际收支平衡表的重要作用。理论上多用自主性交易平衡与否作为判断国际收支平衡的方法，但由于缺乏可操作性，故在实践中各国多通过贸易差额、经常项目差额、资本和金融项目差额以及综合差额等几个方面来分析国际收支的顺差和逆差状况。根据原因的不同，国际收支的不平衡主要分为六种类型：临时性不平衡，收入性不平衡，周期性不平衡，货币性不平衡，结构性不平衡，投机、保值性不平衡。

国际收支长期顺差和逆差都会对一国经济的长期稳定发展带来不利的影响，国际收支失衡可以通过市场自发进行调节或者由各国政府进行政策性调节。市场调节的实质是国际收支失衡引起的国内经济变量对国际收支的反作用过程，主要分为收入调节机制、价格调节机制和利率调节机制三大类。而政府调节国际收支的各种政策，可以分为需求调节政策、供给调节政策和资金融通政策。

习题与思考题

一、不定项选择题

1. 最早的国际收支概念是指(   )。

A. 广义国际收支　　　　　　　　　　B. 狭义国际收支

C. 贸易收支　　　　　　　　　　　　D. 外汇收支

2. 判定一项交易是否属于国际收支范围的依据是(   )。

A. 国籍　　　B. 地理位置　　　C. 民族　　　　D. 经济利益中心

3. 为使国际收支的借贷数额相等而人为设立的抵消账户是(   )。

A. 经常账户　　　　　　　　　　　　B. 误差和遗漏账户

C. 官方储备账户　　　　　　　　　　D. 资本和金融账户

4. 根据国际交易性质和内容的不同，国际收支账户所记录的交易项目可分为(   )。

A. 经常账户　　　　　　　　　　　　B. 误差和遗漏账户

C. 资本和金融账户　　　　　　　　　D. 官方储备账户

5. 经常账户的内容包括(   )。

A. 经常转移　　　B. 货物　　　　　C. 服务　　　　D. 收入

6. 自主性交易亦称"事前交易"，自主性交易的内容实际上就是国际收支平衡表中的(   )。

A. 经常项目　　　B. 资本项目　　　C. 误差和遗漏账户　　D. 官方储备账户

7. 以减少财政支出，提高税率、再贴现率和法定存款准备金率等方法来对国际收支赤字进行调整的政策是(   )。

A. 外汇缓冲政策　　　　　　　　　　B. 直接管制

C. 财政和货币政策　　　　　　　　　D. 汇率政策

8. 国际收支出现顺差时应采取的调节政策有(   )。

A. 扩张性的财政政策　　　　　　　　B. 紧缩性的货币政策

C. 鼓励出口的信用政策　　　　　　　D. 降低关税

9. 运用汇率的变动来消除国际收支赤字的做法，叫做(   )。

A. 外汇缓冲政策　　　　　　　　　　B. 直接管制

C. 财政和货币政策　　　　　　　　　D. 汇率政策

10. 直接管制是指政府通过发布行政命令，对国际经济交易进行行政干预，以使国际收支达到平衡，主要包括(   )。

A. 金融管制　　　B. 财政管制　　　C. 贸易管制　　　　D. 行政管制

二、简答题

1. 简述国际收支平衡的分析目的和分析方法。

2. 简述国际储备资产的特征。

3. 简述国际收支不平衡的原因。

4. 简述国际收支失衡的政策调节措施。

5. 近几年，我国的国际收支状况有何特点？

6. 一国国际收支平衡表的经常账户是赤字的同时，该国的国际收支是否可能盈余？为什么？

7. 汇率在国际收支失衡的协调中究竟意义何在？

三、技能训练

2015 年第三季度与前三季度中国国际收支平衡表

单位：亿美元

项　目	2015 年第三季度	2015 年前三季度
1. 经常账户	634	2120
贷方	6666	19 394
借方	−6032	−17 274
1.A 货物和服务	927	2548
贷方	6153	17 387
借方	−5226	−14 839
1.A.a 货物	1591	4157
贷方	5594	15 707
借方	−4004	−11 550
1.A.b 服务	−664	−1609
贷方	559	1681
借方	−1223	−3289
1.B 初次收入	−236	−340
贷方	416	1726
借方	−652	−2066
1.C 二次收入	−57	−88
贷方	97	281
借方	−154	−369
2. 资本和金融账户	−634	−1219
2.1 资本账户	−0.2	3
贷方	1	4
借方	−1	−1
2.2 金融账户	−634	−1221
2.2.1 非储备性质的金融账户	−2239	−3498
2.2.2 储备资产	1605	2277
3. 净误差与遗漏	/	−901

注：1. 根据《国际收支和国际投资头寸手册》(第六版)编制。

【资料来源：国家外汇管理局 http://www.safe.gov.cn】

根据 2015 年第三季度和前三季度我国国际收支平衡表，回答下面的问题：

1. 上表中的经常项目包括哪几个子项？

2. 2015 年第三季度经常项目与资本和金融项目差额分别是多少？

3. 上表中的资本和金融项目包括哪几个子项？

4. 我国 2015 年第三度和前三季度国际收支为顺差还是逆差？

5. 为什么会有净误差和遗漏项目？

JJ01 案例　　　　　　　　JJ01 习题及参考答案

第二章　外汇与汇率

教学目的和要求

通过本章的学习，了解和掌握外汇的概念、汇率的标价方法、汇率的种类，掌握汇率的决定基础，熟悉影响汇率变动的主要因素和汇率变动对经济的影响，了解中国外汇管理与人民币汇率制度的发展与现状，在此基础上能够对主要货币汇率变动进行分析和预测。

重点与难点

外汇汇率的基本分类、汇率决定的基础、影响汇率变动的因素与汇率效应、汇率决定的基本理论、人民币汇率制度改革的内容和趋向

关键词汇

汇率(Foreign Exchange Rate)；直接标价法(Direct Quotation)；间接标价法(Indirect Quotation)；美元标价法(U.S.Dollar Quotation)；基础汇率(Basic Rate)；套算汇率(Cross Rate)；外汇倾销(Exchange Dumping)

引子案例

人民币加入特别提款权货币篮子：根源于影响

特别提款权(SDR)是 IMF 根据会员国认缴份额进行分配的、可用于偿还国际货币基金组织债务、弥补会员国政府之间国际收支失衡的一种账面资产。人民币于 2015 年 11 月获准加入 SDR 货币篮子并成为第三大货币，2016 年 10 月 1 日正式实施。人民币加入特别提款权货币篮子整体有利于提高我国在国际货币体系中的话语权，有利于统筹国内外经济两个大局，有利于深化我国经济转型发展和金融体系改革。普通居民亦将因人民币更加国际化而享受更多的使用和服务便利，有利于促进我国居民的对外交流。

特别提款权(SDR)是国际货币基金组织根据会员国认缴份额进行分配的、可用于偿还国际货币基金组织债务、弥补会员国政府之间国际收支失衡的一种账面资产。SDR 最初主要是为了补充美元国际流动性和储备的不足，替代美元国际货币职能而产生的，设立初始就

是基于超主权货币的考虑。但是，由于美国等经济体的反对，当时 SDR 仅主要作为记账单位，并少量用于政府之间国际收支失衡的调节，不能用于私人部门，这大大限制了其应有职能的发挥。

理论上，国际储备货币应该具有三个基础条件：一是币值具有稳定的基准及其明确的发行规则；二是供给总量可以根据需求的变化及时、灵活调节；三是供给规模调整基于全球经济，超脱了单一经济体的基础和利益。虽然，目前 SDR 主要承担计价单位、政府间调节和储藏手段的功能，市场化程度低，但是，SDR 及其设计框架符合国际储备货币的基础条件，可以为国际货币体系提供新的"锚"。

SDR 最早发行于 1969 年，目前其计值是基于一篮子货币的利率和汇率加权得出的。SDR 创立之初，其价值由黄金决定，当时规定 35 特别提款权单位等于 1 盎司黄金，即与当时美元黄金官方价格等值。在这一情况下，SDR 没有也不需要货币篮子进行定值，故其"货币篮子"中只有一个货币，即美元。

SDR 的定值方式随着布雷顿森林体系的崩溃而不断演进。1971 年，美国政府宣布黄金与美元挂钩之后，国际货币体系陷入混乱。1973 年国际货币基金组织(IMF)秋季会议上，国际货币体系及其相关改革委员会提出了基于 SDR 和替代账户机制的国际货币体系改革方案，其中委员会认为 SDR 的定值方式缺乏弹性，建议用"一篮子"货币作为 SDR 的定值标准。1974 年 7 月，IMF 正式宣布由于主要货币实现自由浮动，SDR 与黄金脱钩，改由"一篮子"货币作为定值标准，至此，SDR 货币篮子应运而生。

1974 年，IMF 规定：货币篮子的组成货币为 1968—1972 年这 5 年中在全球商品和服务出口总额中占比超过 1%的 IMF 成员国货币。当时符合要求的货币有 16 种：美元、马克、日元、英镑、法国法郎、加拿大元、里拉、荷兰盾、比利时法郎、瑞典克朗、澳大利亚元、挪威克朗、丹麦克朗、西班牙比塞塔、南非兰特以及奥地利先令。货币的权重根据商品和服务出口总额的相对大小设定。IMF 每天根据外汇市场的行情，公布 SDR 的价格。

1980 年 9 月，IMF 简化了 SDR 的定值方法，将 SDR 的货币篮子简化为 5 种主要国际货币：美元、马克、日元、法郎和英镑，权重分别为：42%、19%、13%、13%和 13%。欧元全面流通之后，马克和法郎由欧元替代，货币篮子改由美元、欧元、英镑和日元 4 种货币组成。

SDR 的货币篮子及其权重每 5 年审议一次。2001 年、2006 年以及 2011 年的三次调整仅涉及货币篮子的权重。2011 年 1 月 1 日实行调整后，美元、欧元、日元和英镑的占比由 2006 年的 44%、34%、11%和 11%调整为 41.9%、37.4%、9.4%和 11.3%，但 SDR 的货币篮子币种及数量的调整一直没有进展，直到 2015 年人民币获准加入。

2005 年 11 月，IMF 执行董事会明确表示了 SDR 货币篮子组成货币遴选的两个原则：第一，货币必须是 IMF 成员国货币或是成员国组成的货币联盟所发行的货币，该经济体在 5 年考察期内是全球领先的商品和服务贸易出口地；第二，该经济体的货币必须为《基金组织协定》第 30 条第 6 款所规定的可自由使用的货币(Freely Usable Currency)。IMF 执行董事会同时明确了 SDR 货币篮子权重的决定主要考察两个指标：其一，该成员国或货币联盟的商品与服务的出口值及其全球占比；其二，该经济体货币作为国际储备货币被其他经济体所持有的数量。

2011 年，SDR 货币篮子遴选标准进一步明确，强化了自由使用货币的标准。对于自由使用标准，主要以在各国外汇储备中的比重(外汇储备标准)、在国际银行债务中的比重、在国际债券中的比重以及即期外汇市场交易规模等 4 个指标为衡量标准。对于外汇储备标准，除了主要考察相关货币在各国外汇储备中的比重之外，还考察相关货币在外汇衍生品及场外交易市场的份额，是否具备较完备的利率市场工具以及即期外汇市场交易规模。

2010 年，IMF 做出暂时不会讨论人民币是否纳入 SDR 货币篮子的决定，其根源在于"人民币在外汇交易或其他金融市场交易中都尚未成为被广泛使用的货币，即未能实现在全球市场自由流通。"，"人民币的问题是不能自由兑换，而且中国的资本市场在很大程度上处于封闭状态……至少人民币被纳入 SDR 的那部分(相关的交易)应实现可自由兑换。"其潜在含义就是截至 2010 年，人民币不符合"自由使用货币"标准。

自 2010 年底开始，中国政府针对"自由使用货币"标准，采取了一系列举措，以积极姿态期望人民币能够早日加入 SDR 货币篮子大家庭。在之后的 5 年，我国在人民币汇率形成机制改革、资本项目开放和人民币国际化等方面取得了显著成效，人民币在国际金融市场体系的地位和作用明显提升，人民币已经成为全球第二大贸易融资货币、第四大支付货币和第六大外汇交易货币。最终，2015 年 11 月 30 日，国际货币基金组织正式宣布人民币 2016 年 10 月 1 日加入 SDR(特别提款权)。由于这是历史上第一次增加 SDR 篮子货币，为给 SDR 使用者预留充裕时间做好会计和交易的准备工作，新的 SDR 篮子生效时间被定为 2016 年 10 月 1 日，新的 SDR 汇率计算方法在 2016 年 9 月 30 日开始执行。根据 2016 年 9 月 30 日的汇率，1 单位 SDR 约相当于 1.395810 美元。

2016 年 10 月 1 日，特别提款权的价值是由美元、欧元、人民币、日元、英镑这五种货币所构成的一篮子货币的当期汇率确定，所占权重分别为 41.73%、30.93%、10.92%、8.33% 和 8.09%，对应的货币数量分别为 0.58252、0.38671、1.0174、11.900 和 0.085946。

人民币加入 SDR 充分体现了我国在全球治理体系中的建设性作用。人民币加入 SDR 为中国参与国际货币体系的改革与合作提供了一个新的机制。在美元公信力遭到严重质疑的背景下，人民币加入 SDR，不仅有利于 SDR 定值的长期稳定性，还有利于中国参与全球经济规则制定和全球治理体系改革。人民币加入 SDR 将会提升人民币的国际地位和作用，一方面，这将会大大加速人民币国际化的进程，另一方面，这将为国内金融体系的改革提供新动力。

更重要的是，人民币纳入 SDR 将为国内金融体系改革带来极为深远的影响，是国内完善金融市场体系的催化剂。虽然 SDR 尚不能直接用于交易和支付，不能用于私人部门，SDR 的需求和使用在短期内是有限的，短期内对我国国际贸易成本和收益的影响也都是有限的，但是，人民币加入 SDR 后，人民币国际化程度将有较大幅度提升，人民币资产在中长期将会迎来一个需求提升的过程。如果国内金融改革能够与人民币纳入 SDR 的相关制度安排相匹配，那人民币纳入 SDR 的象征意义将演变成为真正的"金融 WTO"。

为更好地发挥人民币加入 SDR 货币篮子的积极作用，中国市场还需做以下 4 方面的调整与完善。

一是加快推进利率市场化进程。2015 年 10 月，人民币存款利率上限取消，利率市场化的"面子工程"基本完成，但是，国内仍然缺乏基准利率，市场化程度最高的上海同业拆借利率仍然不是完全的市场化利率和基准利率，国债收益率由于其收益率曲线不合理亦难以成为基准利率。人民币加入 SDR 后，由于 SDR 利率定值的需要，人民币市场化基准利率的形成更加重要，这要求我们加快利率市场化的进程。利率市场化是金融要素价格改革和发挥市场在资源配置中决定性作用的基础，对于完善金融市场体系而言是第一支柱，对金融改革与发展意义重大。

二是深化人民币汇率形成机制的改革。人民币加入 SDR 意味着人民币汇率的变化将会直接导致 SDR 价值的变化，人民币汇率形成机制的透明度面临更加直接而多元的压力，现有机制的适用性可能受到制约，汇率形成机制的完善需要加速。汇率形成机制的完善是内外两个大局、两个市场和两种资源统筹的关键，只有完善、弹性的汇率机制，才能调节好内外经济的互动。

三是金融市场完善和开放。人民币成为 SDR 篮子货币后，国际上对于人民币的需求将会提升，这要求人民币资产规模要大幅扩大，期限要更加多元，市场要更加开放，而目前我们的市场上没有充分的能力提供足够的人民币资产，特别是债券。2016 年 8 月 31 日，世界银行在我国银行间债券市场发行了 5 亿 SDR 计价债券，即木兰债。随着金融市场的开放，要求我国深化金融市场体系建设，加快金融市场内外互联互通，而金融市场体系的建设则是我国金融发展以及发挥金融支持实体经济的基础设施。

最后是金融风险的管理和防范。人民币加入 SDR 后，内外资源互动将强化，内外市场风险共振问题将日益凸显，这就要求我们要强化对短期资本流动管理机制、金融风险跨境传染应对以及宏观审慎管理框架的建设，坚决守住不发生区域性和系统性风险的底线，确保金融稳定与金融安全。特别是，资本项目开放是一个长期过程，不能因人民币纳入 SDR 就不顾国内金融稳定和安全的现实情况盲目加速资本开放项目，资本项目开放与国内金融稳定、内外经济互动应相互统筹。

人民币加入 SDR 货币篮子将提升人民币的使用范围。一是官方储备带来的直接运用规模大致是 310 亿美元。截至 2016 年 3 月底，所有 SDR 的价值约为 2850 亿美元，人民币权重为 10.92%，这意味着人民币加入 SDR 将可能使得各国央行累计持有人民币资产规模达到 310 亿美元。二是人民币成为重要的国际货币，将会明显提升人民币在跨境贸易结算、外商直接投资以及海外直接投资中的应用。三是人民币资产扩张将迎来重大的历史机遇，债券或将成为人民币国际化最为重要的核心资产品种。

人民币日益成为重要的国际货币，居民在海外使用人民币将逐步便利化。虽然，SDR 不能直接用于私人部门，居民无法直接使用 SDR，但是，不论是官方储备导致的需求增加、在贸易和资产项目下的运用，还是债券市场的发展，都需要匹配支付清算、信息系统以及机构服务等基础设施，这些都有助于提高对居民的金融服务能力。

在看到利好消息的同时，随着人民币不断市场化和国际化，汇率波动水平可能会增加，这要求普通居民具有风险意识。人民币加入 SDR 使得其在跨境资本流动中的地位上升，而利率和汇率定价更加市场化就会使得人民币及其相关资产价格波动加剧，特别是外部风险的外溢效益以及内外风险的共振问题。比如美联储加息可能对人民币造成贬值压力，人民币贬值可能导致资本流出、资产估值下移以及诸如股票、房地产市场价格下跌等风险。

人民币加入 SDR 货币篮子整体有利于提高我国在国际货币体系中的话语权，有利于统筹国内外经济两个大局，有利于我国经济转型发展和金融体系改革，但是，相关的风险防范亦是需要重视的。

【资料来源：http://www.dangjian.cn/djw2016sy/djw2016wkztl/wkztl2016djzzwk/.shtml】

案例评析

人民币纳入 SDR 是人民币国际化的里程碑，是对中国经济发展成就和金融业改革开放成果的肯定，有助于增强 SDR 的代表性、稳定性和吸引力，也有利于国际货币体系改革向前推进。中国将以人民币入篮为契机，进一步深化金融改革，扩大金融开放，为促进全球经济增长、维护全球金融稳定和完善全球经济治理作出积极贡献。

第一节 外汇的概念与分类

一、外汇的概念

通常意义上，我们对外汇(Foreign Exchange)最直观的认识，就是那些承担着国际结算职能的世界性货币，如美元、欧元等。然而，外汇的概念比这种简单的理解更宽泛。外汇的概念具有双重含义，即动态和静态的外汇概念。

(一) 外汇的静态概念

外汇的静态概念强调的是外汇作为一种金融工具所具有的功能，一般是指以外国货币表示的、被各国普遍接受的、可用于国际间债权债务结算的支付手段。

根据哪些支付手段是外汇，产生了广义的和狭义的静态外汇两种概念。

广义的静态外汇是指一切用外币表示的资产。当一国货币或若干金融工具作为具有清偿超国界债务效力的支付手段时，它便具有外汇的基本职能。

我国于 1996 年 1 月 8 日公布的《中华人民共和国外汇管理条例》中规定，外汇是指：① 外国货币，包括钞票、铸币等；② 外币支付凭证，包括票据、银行存款凭证、邮政储蓄凭证等；③ 外币有价证券，包括政府债券、公司债券、股票等；④ 特别提款权、欧洲货币单位；⑤ 其他外汇资产。

国际货币基金组织曾就"国际清偿力"项下的外汇含义对静态外汇作过明确的界定："外汇是货币行政当局(中央银行、货币管理机构、外汇平准基金组织和财政部)以银行存款、财政部库券、长短期政府证券等形式所保有的在国际收支逆差时可以使用的债权。"

狭义的静态外汇是指以外币表示的、可直接用于国际结算的支付手段和工具。从这个意义上讲，只有存放在国外银行的外币存款，以及索取这些存款的外币票据和外币凭证才是外汇，主要包括：银行汇票、支票、本票和电汇凭证等。其中国外银行存款是狭义外汇的主体，因为银行汇票等外汇支付凭证需以外币存款为基础，而且外汇交易主要是运用国外银行的外币存款来进行的。我们通常所说的外汇，是狭义的静态外汇概念。

实际上，可用作国际结算支付手段或可用作国际汇兑手段的货币和其他资产也不是一成不变的。总的趋势是这些支付手段和资产在不断增加和扩大，因此外汇的外延概念也在增加和扩大。

(二) 外汇的动态概念

从动态角度来理解，外汇是指货币在国际间的自由流动，以及把一个国家的货币兑换成另一个国家的货币，用来清偿国际间债权债务关系的一种专门性的经营活动或过程。所以，外汇的动态概念指的是国际汇兑。国际汇兑就是指一个国家的货币兑换成另一个国家的货币，并转移至另一个国家以清偿债权债务关系的一种国际金融活动。

一般来讲，国际间发生的贸易和非贸易的经济往来和交流都会引起货币收支和债权债务关系。由于各国实行不同的货币制度，使用不同的货币，国际间的货币收支和债权债务的清偿，就必须通过银行把本国货币兑换成外国货币或把外国货币兑换成本国货币，以国际间通用的支付手段来实现国际结算活动。国际汇兑的"汇"是指国际间异地移动，"兑"是指货币种类的交换，这种国家货币相互兑换的金融活动叫国际汇兑，简称外汇。

(三) 外汇的一般特征

一般来说，外汇必须具备以下三个特征：

第一，非本币性。即外汇必须是以外币表示的资产、债权或支付手段。在理解外汇的定义时，要先区分外国货币和外汇的概念。外国货币指本国以外的主权国家(或地区)的货币当局发行的货币。外汇一般指可自由兑换的外国货币，但不仅仅局限于货币形态，以可自由兑换货币为面值的银行存款、政府债券、公司债券等有价证券也是外汇。如我国的外汇定义中对外汇形态的界定：外汇指的是可自由兑换的外币和以这些外币为面值的各种金融资产，人民币不视为外汇。但是，IMF 的外汇定义在非本币性方面有所不同，IMF 的外汇定义突出强调了"官方持有性"，认为外汇货币形态为可自由兑换货币和相应的金融资产，其债权可以是外币，也可以是本币以及不在市场上流通的特别提款权(SDR)。

第二，可自由兑换性。即外汇必须是其持有者可自由地将其兑换成其他货币或以其表示的支付手段的资产。外汇的本质，就是对外国商品和劳务的要求权，即外汇是以本国的商品和劳务换来的别国的商品和劳务。可兑换性是外汇的最基本特征。一种货币只有当它能够自由兑换成另一种货币时，才能将一国的购买力转换为另一国的购买力，从而才能清偿国际债务，不同国别的居民才会接受它作为国际支付和国际汇兑的手段，这种货币才能成为外汇。

第三，可偿性。即外汇这种资产是一种在国外能得到偿付的货币债权，能确保其持有人拥有对外币发行国商品和劳务的要求权。这意味着该种资产的面值货币国在国际上经济实力较强，该国在国际贸易、国际金融中占有较大的份额，有一定的影响力；同时其政治、经济是开放的、稳定的，使用该国货币结算国际交易时，由货币引起的各种风险相对较小。

由上可知，之所以当今世界真正成为国际货币的仅有美元、欧元、日元、英镑、人民币等少数货币，是因为这些国家(地区)在政治和经济方面具备了上述三个条件。一国(地区)货币的国际地位是和该国(地区)政治、经济等领域的国际地位密切相关的。

二、外汇的种类

(一) 按货币兑换限制程度分类

外汇按货币兑换限制程度分为自由外汇、有限自由外汇和记账外汇。

1. 自由外汇

自由外汇是指不需经货币发行国当局批准，可以自由兑换成其他货币或支付给第三者以清偿债务的外国货币及其他支付手段。例如，美元、欧元、英镑、日元、加拿大元等西方主要工业国家货币表示的外汇即属自由外汇。

2. 有限自由外汇

有限自由外汇指未经货币发行国批准，不能自由兑换成其他货币或对第三国进行自由支付的外汇。这些货币在交易时受到一定限制。IMF 规定，凡对国际性经常往来的付款和资金转移有一定限制的货币均属于有限自由货币。世界上许多国家的货币属于此类。

3. 记账外汇

记账外汇也称不可兑换外汇、双边外汇、协定外汇或清算外汇，是指在两国政府间签订的双边贸易或多边清算协定中所引起的债权债务，不是用现汇逐笔结算，而是通过在对方国家的银行设置专门账户进行相互冲销所使用的外汇。这种外汇不能兑换成自由外汇，也不能对第三国进行支付，只能在双方银行专门账户上使用。当存在经常性贸易往来的两国缺乏自由外汇时，可彼此采用记账外汇进行交易。一般在年度终了时，双方对进出口额及相关费用进行账面轧抵，结算差额。对差额的处理方式包括：① 转入下一年度贸易项下平衡；② 采用双方预先商定的自由外汇清偿；③ 以货物清偿。

(二) 按外汇买卖之间交割期限分类

外汇按买卖之间交割期限划分为即期外汇和远期外汇。

1. 即期外汇

即期外汇亦称现汇，是指外汇买卖成交后两个营业日内办理交割的外汇。

2. 远期外汇

远期外汇亦称期汇，是指买卖外汇的双方先按商定的汇价签订合同，预约到两个营业日以后的某一时间或一定期限办理交割的外汇。

(三) 按外汇来源或用途分类

外汇按来源或用途不同划分为贸易外汇和非贸易外汇。

1. 贸易外汇

贸易外汇是指因进出口贸易及其从属费用而收付的外汇，包括对外贸易中的收付贸易货款、交易佣金、运输费和保险费等。

2. 非贸易外汇

非贸易外汇是指由非贸易业务往来而发生收付的外汇，主要是由于资产流动而产生的外汇,如捐赠、侨汇、旅游、海运、保险、银行、海关、邮电、工程承包、资本流动等收付的外汇。

三、常见的自由兑换货币及符号

1973 年国际标准化组织(International Organization for Standardization,ISO)第 68 届技术委员会在其他国际组织的通力合作下,制定了一项适用于贸易、商业和银行使用的货币和资金代码,即国际标准 ISO-4217 三字符货币代码。该代码的前两个字符代表该种货币所属的国家和地区,在此基础上,再加上一个字符表示货币单位。常用的自由兑换货币名称及标准代码见表 2.1。

表 2.1 常用自由兑换货币名称及标准代码

货币符号	货币名称(英文)	汉译	习惯写法
USD	US Dollar	美元	$/US$
EUR	EURO	欧元	€
GBP	Pound Sterling	英镑	£
JPY	YEN	日元	JP¥
CHF	Swiss France	瑞士法郎	SF
SEK	Swedish Krona	瑞典克朗	SKr
NOK	Norwegian Krone	挪威克朗	NKr
CAD	Canadian Dollar	加拿大元	Can$
AUD	Australia Dollar	澳大利亚元	A$
SGD	Singapore Dollar	新加坡元	S$
HKD	Hong kong Dollar	香港元	HK$
MOP	Pataca	澳门元	P/Pat
MYR	Malaysian Ringgit	马来西亚林吉特	M$
THB	Thai Baht	泰国铢	B
KRW	Korea Won	韩国元	W
SDR	Special Drawing Right	特别提款权	SDRs

第二节 汇率标价法与分类

汇率(Foreign Exchange Rate)又称外汇行市,是两种货币之间的兑换比率,也可以说是以一种货币单位表示另一种货币的价格。外汇是实现两国之间商品交换和债务清偿的工具,汇率是买卖外汇的价格。

一、汇率的标价方法

汇率是两种货币折算的比率。折算两国货币时，首先要确定以哪一国货币作为标准，确定的标准不同，汇率的标价方法也就不同。

(一) 直接标价法

直接标价法，又称应付标价法，是以一定单位的外币为标准，折合成一定数量的本币来表示其汇率，即单位外币的本币价格的标价方法。其标价方法是将外国货币视为一种普通商品，按本国普通商品的标价法进行标价。

这种标价法的特点是：外国货币的数额固定不变(为一定单位)，其折合成本国货币的数额则随着本币与外币的相对价值变化而变动。如果一定单位外国货币所折算的本币增多，则说明外国货币币值上升，外国货币汇率上涨；或者说本国货币币值下降，本国货币汇率下跌。反之，本币额越低，表明外币贬值、本币升值。可见，在直接标价下，汇率的升降与本币对外价值的高低成反比。目前，除英镑、欧元、美元外，世界上绝大多数国家的货币都采用直接标价法，我国也采用直接标价法。例如，在香港外汇市场上：USD 100 = HKD 783.64。

(二) 间接标价法

间接标价法，又称为应收标价法，是以一定单位的本国货币为标准，折算成一定数额的外国货币。间接标价法的特点正好与直接标价法相反，即本币的数额固定不变，其折合成外币的数额随本币与外币相对价值的变化而变动。在间接标价法下，外币额越高，表示单位本币能兑换的外币越多，说明本币币值越高、外币币值越低。外币数额越低，表明本币贬值、外币升值。

显然，在直接标价法和间接标价法两种标价法下，汇率互为倒数。二者只表明汇率表示方法上的不同，并没有实质性的区别。两国货币之间的汇率对一个国家是直接标价法，对另一个国家则是间接标价法。如 USD 100 = CNY 691.54，在美国看来是间接标价法，对中国则是直接标价法。例如，在伦敦外汇市场上：GBP 100 = CNY 911.93。

(三) 美元标价法

美元标价法是指以一定单位的美元为标准来计算能兑换多少其他货币。美元标价法下，美元的单位始终不变，美元与其他货币的比值是通过其他货币的量的变化来表现的。由于美元在世界经济中占据支配地位，为便于在国际间进行外汇交易，西方各国银行间的报价都以美元为标准来表示各国货币的价格。国际上大银行公布的外汇牌价，都是美元对其他主要货币的汇率，非美元货币之间的汇率则是通过各自对美元的汇率套算得出的。

各种标价方法下数量固定不变的货币为标准货币或被报价货币，数量不断变化的货币为标价货币或报价货币。上述三种标价方法的共同点，是以标价货币的数量表示标准货币的价格。而不同之处在于：直接标价法下，标准货币是外币，标价货币是本币；间接标价法下，标准货币是本币，标价货币是外币；美元标价法下，美元是标准货币，其他各国货币是标价货币。例如，在纽约外汇市场上：USD 100 = CAD 130.07。

二、汇率的分类

在实际业务中，外汇汇率可从不同角度，划分为不同种类。

(一) 按制定方法不同进行分类

汇率按制定方法的不同分为基础汇率和套算汇率。

1. 基础汇率

基础汇率(Basic Rate)又称基准汇率，是指一国货币与关键货币的比率。关键货币(Key Currency)是指本国国际收支中使用最多、在外汇储备中所占比重最大，同时又可以自由兑换、国际上可以普遍接受的货币。第二次世界大战后，美元在国际汇兑中使用得最多，在各国外汇储备中所占比重最大，也是各国普遍接受的可以自由兑换的货币，因此，大多数国家都把美元当做关键货币，制定基础汇率。

2. 套算汇率

套算汇率(Cross Rate)又称交叉汇率，是指通过基础汇率套算出来的本国货币对其他国家货币的汇率。

(二) 依据银行买卖外汇的角度分类

从银行买卖外汇的角度汇率分为买入汇率、卖出汇率、中间汇率和现钞汇率。

1. 买入汇率

买入汇率(Buying Rate)亦称买入价，是指银行向客户买入外汇时的汇率。

2. 卖出汇率

卖出汇率(Selling Rate)亦称卖出价，是指银行向客户卖出外汇时的汇率。外汇银行等金融机构买卖外汇是以营利为目的的，卖出价与买入价的差价就是银行的收益，因此银行的卖出价必然高于买入价，二者差价一般在1‰～5‰之间。外汇市场越发达，交易量越大，这个差价就越小。西方主要货币间的交易差价大都小于 1‰。银行同业间进行批量外汇交易时使用的买入价、卖出价称为"同业汇率"，其差价相对更小，由交易量与外汇供求而定。

3. 中间汇率

中间汇率(Middle Rate)又称中间价，是指买入价与卖出价的算术平均数，即中间汇率 = (买入汇率 + 卖出汇率)/2。中间汇率不是在外汇交易中使用的实际成交价，而是为了方便计算(如套算汇率、计算远期升贴水率)或使报道更简洁而使用的汇率。国际货币基金组织公布的各国汇率标中，均采用中间汇率。

4. 现钞汇率

现钞汇率(Bank Notes Rate)是指银行买卖外国货币现钞时使用的汇率，亦称现钞价。一般国家都规定不允许外国货币在本国流通，只有将外汇兑换成本国货币，才能购买本国的商品和劳务，因此产生了买卖外币现钞的汇率。一般外汇现钞的卖出价与现汇卖出价相同，而外汇现钞的买入价比现汇(汇票等支付凭证)的买入价低。这是因为银行买入汇票等支付凭证后,可以很快存入外国银行获取利息或调拨使用;而银行买入外币现钞则要经过一定时间,待积累到一定数额后,将其运送到该种外币的发行国方能使用。在此期间,买进现钞的银行要承受一定的利息损失,并要支付运送费,银行便将此损失转嫁给卖出现钞的客户。

中国银行人民币即期外汇牌价

日期:2018 年 4 月 19 日 星期四 　　　　　　　　　　单位:人民币/100 外币

货币名称	现汇买入价	现钞买入价	现汇卖出价	现钞卖出价	中行折算价
USD(美元)	626.72	621.62	629.38	629.38	628.32
JPY(日元)	5.8283	5.6472	5.8712	5.8712	5.8557
EUR(欧元)	773.97	749.92	779.68	781.23	777.57
GBP(英镑)	887.5	859.92	894.04	895.99	892.23
AUD(澳大利亚元)	487.72	472.56	491.3	492.38	489.24
MOP(澳门元)	77.67	75.07	77.98	80.48	77.75
HKD(港币)	79.84	79.21	80.16	80.16	80.05
KRW(韩国元)	0.5888	0.5681	0.5936	0.6151	0.5885
CAD(加拿大元)	495.64	479.99	499.29	500.39	497.42
RUB(卢布)	10.24	9.61	10.32	10.71	10.32
南非兰特	52.33	48.31	52.69	56.71	52.68
NOK(挪威克朗)	80.6	78.11	81.24	81.41	80.96
SEK(瑞典克朗)	74.53	72.23	75.13	75.28	74.78
CHF(瑞士法郎)	645.85	625.92	650.39	652.01	648.69
THP(泰国铢)	20.03	19.41	20.19	20.81	20.12
土耳其里拉	154.66	147.08	155.9	163.48	156.31
SGD(新加坡元)	477.71	462.97	481.07	482.27	479.57
新台币	—	20.65	—	22.26	21.41
NZD(新西兰元)	457.38	443.27	460.6	466.24	459.85

(三) 按汇付方式分类

汇率按外汇汇付方式不同分为电汇汇率、信汇汇率和票汇汇率。

1. 电汇汇率

电汇汇率(Telegraphic Transfer Rate,T/T Rate)是指银行在收到(或支付)本币、卖出(或买入)外汇后,以电信方式通知国外分行或代理行,委托其向收款人付款(从付款人国外银行账户转出相应外汇数额)的汇兑方式下所使用的汇率。电汇外汇的交收时间最快,一方面可使客户减少或避免汇率变动风险,另一方面,银行一般不能占用客户资金。现代国际结算中绝大多数外汇收付都以电汇方式进行，以避免汇率波动风险。因此，电汇汇率是外汇市场的基准汇率，其他汇率的确定都以电汇汇率为基础。一般公布的汇率指的都是电汇汇率。

2. 信汇汇率

信汇汇率(Mail Transfer Rate，M/T Rate)是指银行收到(或支付)本币、卖出(或买入)外汇后，以信函方式(邮寄支付委托书)通知国外分行或代理行，委托其向收款人付款的汇兑方式下所使用的汇率。由于航邮比电汇通知的时间长，银行在卖出外汇时，可在一定时间内占用客户资金，银行应少收客户本币；银行买入外汇时，客户占用银行资金。因此，信汇汇率比电汇汇率要低一些。信汇汇率主要用于中国香港和东南亚地区。

3. 票汇汇率

票汇汇率(Demand Draft Rate，D/D Rate)是指银行买卖外汇汇票、支票和其他票据时所使用的汇率，现钞汇率也列入此范围。票汇方式是汇出行应汇款人的申请，开立以其国外分行或代理行为付款人的银行汇票，交给汇款人，由汇款人自行寄给国外收款人，或由汇款人亲自携带交给收款人，收款人凭该银行汇票向汇入行提取款项。票汇从卖出外汇到支付外汇有一定时间，因此，票汇汇率也比电汇汇率低。票汇的凭证主要是银行汇票，有即期和远期之分，相应地票汇汇率也有即期票汇汇率和远期票汇汇率之分，通常后者要在即期票汇汇率的基础上扣除远期付款的利息，因此，远期票汇汇率要更低一些。

(四) 按买卖交割时间分类

按外汇买卖交割时间不同，汇率分为即期汇率和远期汇率。

1. 即期汇率

即期汇率(Spot Exchange Rate)又叫现汇汇率，是指在外汇市场上，买卖双方成交后，两个营业日内交割所使用的汇率，反映了外汇市场上绝大多数交易者对交割日的即期汇率的预期。

2. 远期汇率

远期汇率(Forward Exchange Rate)也称期汇汇率，是外汇买卖双方约定在未来某一时间进行外汇交割，而事先签订协议的汇率。

(五) 按汇率用途分类

按汇率是否适用于不同用途分为单一汇率和复汇率。

1. 单一汇率

单一汇率(Single Rate)是指一国货币兑换某一外国货币的汇率只有一种，各种不同来源和用途的外汇收付都按此汇率计算。

2. 复汇率

复汇率(Multiple Rate)是指一国货币兑换某一外国货币的汇率因外汇用途或交易项目不同而规定有两种或两种以上。

(六) 按是否经过通货膨胀分类

按汇率是否经过通货膨胀调整可分为名义汇率、实际汇率和有效汇率。

1. 名义汇率

名义汇率(Nominal Exchange Rate)是由官方公布的，或在市场上通行的、没有剔除通货膨胀因素的汇率，它是银行买卖外汇的汇率或一般市场汇率。它表示一个单位的某种货币名义上等于多少个单位的另一种货币，至于所兑换到的这另一种货币实际上能购买多少商品和劳务，则未能表示出来。

2. 实际汇率

实际汇率(Real Exchange Rate)又称真实汇率，指名义汇率经由两国价格调整后的汇率。它反映了本国商品的国际竞争力。

3. 有效汇率

有效汇率(Effective Exchange Rate)指某种加权平均汇率。它是一种货币相对于其他多种货币双边汇率的加权平均数。有效汇率与双边汇率的关系类似价格指数与各种商品价格的关系，因此又称汇率指数。我们知道，在一段时期内，某种货币可能相对于若干货币的汇率上升，而相对于另一些货币的汇率下降，这时该货币相对于任何货币的双边汇率变动趋势和幅度都不能全面反映该货币的变动趋势和幅度，有效汇率便能较好地度量这种货币的走势。

(七) 按国际汇率制度分类

按国际汇率制度不同，汇率分为固定汇率和浮动汇率。

1. 固定汇率

固定汇率(Fixed Rate)指基本固定的、波动幅度限制在一定区间的两国货币之间的汇率，在金本位制度和二战后的布雷顿森林体系下世界各国基本上采用这种汇率。

2. 浮动汇率

浮动汇率(Floating Rate)指不由货币当局制定，而是听任外汇市场的供求自发决定的两国货币之间的比率。

汇率的划分方法还有：按银行营业时间不同划分为开盘汇率和收盘汇率。开盘汇率是指外汇银行在每个营业日开始营业时进行首批外汇买卖的汇率，亦称开盘价。收盘汇率是指外汇银行在每个营业日结束营业时的外汇买卖的汇率，亦称收盘价。按外汇买卖的对象不同划分为同业汇率和商人汇率。同业汇率是指银行与银行之间买卖外汇的汇率。一般报刊上刊登的汇率是银行同业间电汇汇率的中间价。商人汇率是指银行对客户(主要指进出口商)买卖外汇的汇率。

第三节　汇率的决定基础与汇率变动

汇率是一国宏观经济中的重要变量，它与多种经济因素有着密切关系。这种关系不仅表现在许多经济因素的变化导致汇率水平的变化，而且表现在汇率的变化对其他经济因素具有不同程度、不同形式的作用或影响，使其发生相应的变化。

一、汇率决定的基础

汇率作为两种货币之间的交换比例，其本质是两国货币各自所代表或所具有的价值比例。因此，两国货币各自所代表或所具有的价值是决定汇率水平的基础。在不同的货币制度下，汇率具有不同的决定基础。下面我们分别对不同的国际货币制度下汇率决定的基础进行分析。

(一) 金本位制下汇率决定的基础

金本位制下汇率决定的基础是铸币平价。在金本位制下，金币由一定重量和成色的黄金铸成，每一金币单位所包含的黄金重量与成色即含金量就表示金币所代表的价值。各国货币间的相对价值由它们各自所包含的含金量的多寡加以折算。因此，两个实行金本位制国家货币单位的含金量之比即铸币平价就是决定其汇率的物质基础。例如：英国货币 1 英镑铸币的重量为 123.27447 格令(grain)，成色为 22 开金(24 开为纯金)，即含金量为 113.0016 格令。美国货币 1 美元铸币的重量是 25.8 格令，成色为 90%，即含金量为 23.22 格令。根据含金量对比，两国货币的铸币平价就是 $113.0016 \div 23.22 = 4.8665$，即 1 英镑 = 4.8665 美元。

(二) 布雷顿森林体系下汇率决定的基础

在布雷顿森林体系下，世界建立了以美元为中心的双挂钩的固定汇率制，国际货币制度在 IMF 的监督下协调运转。因此，国际上把各国单位货币的美元价值或黄金价值称为国际货币基金平价，简称基金平价，汇率由各国货币的基金平价的比值来决定，即汇率决定的基础是基金平价。

(三) 牙买加国际货币体系下汇率决定的基础

随着布雷顿森林货币制度的崩溃，各国货币基本与黄金脱钩，即不再在法律上规定货币的法定含金量。汇率已经不再是由各国货币的含金量或基金平价来决定的，而应当是各国纸币所代表的实际价值来决定汇率。

那么纸币所代表的实际价值是什么？在实际经济生活中，单位纸币所代表的价值通常表现为一定量的商品。我们把单位纸币所代表的一定量商品称为该纸币的购买力平价，它实际是商品价格的倒数。在这种情况下，通过比较两国纸币的购买力平价就能得出两国纸币相互间交换的比例，即汇率。也就是说，在纸币本位制下两国货币汇率决定的基础是购买力平价。不过在这里需要强调的是，通过购买力平价来确定汇率有一个前提条件，那就是两国同种商品的价值量应当相同。因为如果两国同种商品的价值量不同，那么两国货币购买力的不同，就可能不是由于纸币所代表的价值量不同而造成的，而是由于商品在两国间具有不同的价值量所造成的。然而，现实的经济情况是，除了少数例外情况，大部分国家的生产条件、劳动强度、劳动生产率等相互间都相差甚大，因此，在不同的国家，生产同样产品所消耗的单位劳动不同，从而同种同量商品所包含的价值量客观上也存在着差别。

此外，由于历史的原因或社会经济制度方面的原因，不少国家相互间的价格机制和价格体系也存在着很大的不同，在这种情况下，以直接比较两国纸币的购买力所得出的两国货币的比价，自然就不那么适宜了。解决这一问题的方法，在于选择适当种类的可比较的商品，这些商品在两国最具有相同的价值或被算作具有相同的价值。十分明显，它们应是那些能够进入世界市场，从而进行国际交换的商品。因为在世界市场上，具有不同国别价值的同种商品被当做具有相同的国际价值量。这时各国货币对这些具有相同国际价值量的商品的交换比价的不同实际上也就是体现了各国货币本身所代表的价值量的不同，从而，两国货币各自所包含的贸易商品的国际价值量的比值就是两国货币之间的汇率。因此，现行国际货币制度下汇率决定的基础是货币的购买力平价，即单位货币所能购买到国际商品的价值量。

二、影响汇率变动的因素

前面所探讨的汇率决定的基础，解决的是各国货币汇率的价值基础问题。在现实中，市场汇率经常以此为基础上下波动，接下来要探讨的是汇率变动的原因以及影响汇率变动的主要因素。

(一) 外汇市场供求关系决定汇率的过程

汇率作为一国货币的价格，其变动的基本特点与一般商品的价格变动一样，以两国货币之间的价值比率为基础，随着供求波动而相应升降。认识汇率变动的原因关键在于把握影响供求关系背后的因素，这些因素通过影响外汇市场的供求关系来影响一国的货币汇率。

外汇市场决定汇率的过程是这样的：市场汇率是外汇需求等于供给时的均衡水平，当外汇的需求增加而供给不变时，外汇汇率上升；当外汇需求不变而供给增加时，则外汇汇率下跌。

(二) 影响汇率变动的因素

一国外汇供求的变动要受到许多因素的影响，这些因素既有经济的，也有非经济的，各个因素之间又有相互联系、相互制约，甚至相互抵消的关系。影响汇率变动的原因极其错综复杂，我们在分析汇率波动的原因时，应把握一个基本点，即货币供求关系的变动。这是最直接、最根本的原因，各种因素都是通过影响货币供求对汇率产生影响的。下面我们从经济、政府干预以及其他因素等方面作一些具体分析。

1. 影响汇率变动的经济因素

1) 国际收支状况

国际收支是一国对外经济活动的综合反映，一国国际收支状况直接决定外汇的供求状况从而影响本国货币的汇率。一国国际收支持续顺差，该国货币汇率将随之上升；一国国际收支持续逆差，则该国货币有贬值的趋势。例如，自 20 世纪 80 年代中后期开始，美元在国际经济市场上长期处于下降的状况，而日元正好相反，一直不断升值，其主要原因就是美国长期以来出现国际收支逆差，而日本持续出现巨额顺差。但某些国际收支状况是否必然会直接影响到汇率发生变动还要看国际收支差额的性质。长期的巨额国际收支逆差，一般来说肯定会导致本国汇率下降，而暂时的小规模的国际收支差额可以比较容易地被国际资本流动等有关因素所抵消，不一定会最终影响到汇率。

在国际间资本流动的规模不大时，国际收支的经常账户，尤其是贸易收支是影响汇率变动的最重要因素。随着国际间资本流动的加速发展，国际收支的资本与金融账户对汇率的影响越来越重要，仅仅是贸易额的变动已不能决定汇率变动的基本走势。

2) 通货膨胀率的差异

一国货币币值的变动是影响汇率变动的最基本因素。在纸币流通条件下，两国货币的汇率是由各自所代表的实际价值量决定的，因此一国货币价值的总水平是影响汇率变动的主要因素。当一国发生通货膨胀时，该国货币所代表的价值量就会减少，物价相应上涨，即货币对内贬值；而该国货币的购买力随物价上涨而下降，于是该国货币的汇率就会趋于下跌，即货币对外贬值。但是，如果贸易伙伴国也发生通货膨胀，并且两国的通货膨胀率相同，那么两国货币的名义汇率和实际汇率就不受影响。因此，通货膨胀对汇率的影响实际上表现为两国间通货膨胀的相对水平对汇率的影响。

一国货币从对内贬值到对外贬值要有一个过程，因而通货膨胀对汇率的影响也要经过一段时间(往往在半年以上)才能显露出来。但这种影响一旦起作用，其延续的时间会比较长，有时可能会持续好几年。

3) 利率的差异

利率的高低代表了一国金融资产对外的吸引力，会直接引起国际间套利资本的流动，并导致汇率波动。考察利率因素，依然要考察两国货币的相对利率。当一国货币资金的利率相对提高时，使用本国货币的资金成本相对上升，使得在外汇市场上本国货币的供应相对减少；同时，当利率相对提高时，会吸引外资内流，使得外汇市场上外国货币的供应增加。这样，本国利率的相对上升会从两方面推动本国货币汇率的上升；反之，该国货币的汇率会下降。

相应要注意的是，短期资金在不同国家间流动时，除了受利率影响之外，还要考虑汇率变动。当国际利差导致套利资金流动而促使汇率变化后，汇率的变动往往会反过来遏制资金的进一步流动，这就是利率平价理论。只有当一国利率加上汇率的预期变动率之和是有利可图时，才会吸引资金的不断流入。利率对汇率的长期影响是十分有限的。与国际收支、通货膨胀不同，利率在很大程度上属于政策工具范畴，它具有一种被动性，因而对短期汇率会产生较大的影响。

4) 经济增长率的差异

经济增长率差异对汇率的影响是多方面的。就经常账户而言，一国经济增长率高时，意味着收入增加从而进口增加，本国外汇支出增加，本币趋于贬值；另一方面，高增长率伴随着劳动生产率提高、生产成本降低，从而本国产品竞争力提高，出口增加，本国外汇收入增加，本币有升值的趋势。最终结果要看这两方面作用的强度对比。就资本与金融项目而言，增长率高时，国内对资本需求加大，外国资本也会因有利可图而进入本国，从而资本流入增加，本币有升值趋势。总体来看，高增长率对本币具有支撑作用，且持续时间较长。

2. 影响汇率变动的政府干预因素

汇率波动对一国经济会产生重要影响，目前各国政府(中央银行)为稳定外汇市场，维护经济的健康发展，经常对外汇市场进行干预。政府对外汇市场的干预主要出于如下一些目的：一是防止汇率在短期内过分波动；二是避免汇率水平在中长期失调(所谓汇率失调，是指短期波动的汇率在中长期的平均水平及变动趋势明显处于定值不合理状态)；三是进行政策搭配或是达到特定政策目标的需要，如人为造成本币低估以刺激出口、增加外汇储备或调整外汇储备结构等。

通常，一国中央银行干预外汇市场的措施有如下四种：

(1) 直接在外汇市场上买卖外汇，这种方式对汇率的影响最明显；

(2) 调整国内财政和货币等政策；

(3) 在国际范围内公开发表具有导向性的言论以影响市场心理；

(4) 与国际金融组织和有关国家配合进行直接和间接干预。

政府对外汇市场干预的类型，按是否引起货币供应量的变化可分为冲销式干预和非冲销式干预。非冲销式干预就是指中央银行在干预外汇市场时不采取其他金融政策与之配合，即不改变因外汇干预而造成的货币供应量的变化；反之，冲销式干预就是指中央银行在干预外汇市场的同时，采取其他金融政策工具与之配合，例如在公开市场上进行逆向操作，以改变因外汇干预而造成的货币供应量的变化。一般来说，由于非冲销式干预直接改变了货币供应量，从而有可能改变利率以及其他经济变量，所以它对汇率的影响是比较持久的，但会导致国内其他经济变量的变动，干扰国内金融政策目标的实现；冲销式干预由于基本上不改变货币供应量，从而也很难引起利率的变化，所以它对汇率的影响是比较小的，但它不会干扰国内金融的其他政策目标的实现，不会牺牲宏观经济的稳定性。

3. 影响汇率变动的其他因素

1) 资本流动

资本在不同国家之间大量流动会使汇率发生较大变动。资本的大量流入会增加对流入国货币的需求，使流入国外汇供应增加，使本币升值，外汇汇率下降；反之资本大量流出，就会出现外汇短缺，使本币币值下降，外汇汇率就上升。

2) 投机活动

随着浮动汇率制度在世界的推行，西方各国对外汇管制和国际资本流动管制的放松，外汇市场上各种投机活动日益普遍。在外汇市场的投机活动中，投机基金、跨国公司占有主要地位，它们凭借广泛的联络网和雄厚的资金实力，利用汇率、利率的变化获取巨额利润。这些投机行为一方面会使外汇汇率跌宕起伏，起到加剧市场动荡的不稳定作用；另一方面当外汇市场汇率高涨或暴跌时，投机性套利活动会起到平抑行市的稳定作用。

3) 心理预期因素

外汇市场的参与者往往根据对汇率走势的预期而决策持有何种货币。当交易者预期某种货币的汇率下跌时，为了保值或获得投机利益，会大量抛售该种货币；而预期某种货币汇率趋升，则会大量买入该种货币。这种预期影响了外汇市场的供求变化，使汇率发生波动。心理预期具有很大的脆弱性和易变性，会因各种突发事件而随时发生变化，有时甚至一个谣言或传闻也会改变人们的预期。在目前传播媒介特别发达、信息传递迅速的情况下，政府金融主管人员的政策性讲话对国际外汇市场的影响也是很大的。国际外汇市场在心理预期的支配下，转瞬之间就会诱发大规模的资金转移，一些外汇专家甚至认为外汇交易者的心理预期已是决定汇率短期变动的最主要因素。但是心理预期受到各种因素的影响，它对汇率变动的影响通常难以捉摸。

三、汇率变动对经济的影响

汇率变动会对一国国际收支的诸项目以及一国的利率水平、经济增长、资源配置、产业结构调整以及国民收入再分配等产生深刻的影响。

(一) 在不同货币制度和汇率制度下汇率变动的表现方式

汇率的变动表现为货币的升值(Revaluation)与贬值(Devaluation)。作为两种货币之比价，汇率的上升或下降必然是一种货币的升值，同时也是另一种货币的贬值。货币的升贬值在不同的货币制度和汇率制度下有着不同的方式。

在第二次世界大战以前的金本位制度下，由于汇率取决于货币的含金量之比，那么，汇率的升贬值也就取决于各国货币法定含金量的变化。如果一种货币法定含金量减少，则它对黄金和其他货币贬值，其他货币对其升值。

在第二次世界大战后的布雷顿森林体系下，实行的是金汇兑本位制，各国货币之间保持固定汇率，汇率水平以各种货币法定代表的黄金价值(即金平价)为标准来确定，所以汇率的调整也就以官方确定的金平价的高低为准。尽管在金本位制和金汇兑本位制下也存在外汇市场和市场汇率的波动，但货币的升贬值主要是指法定的升值、贬值，这实际上就是政府对货币的价值调整。

在牙买加汇率制度下，西方国家货币汇率的变动主要是外汇市场上汇率的变动，它表现为汇率随市场上外汇供求关系的变化而随时上下波动。因此，在这些国家中货币的升贬值已不再是法定的升贬值，而是指市场汇率的上浮(Appreciation)、下浮(Depreciation)。目前也有不少的国家尤其是发展中国家仍然实行比较固定的汇率制度，货币的升贬值主要取决于货币当局法定的汇率调整。

(二) 汇率变动对国际收支的影响

1. 汇率变动对贸易收支的影响

汇率变动一个最为直接也是最为重要的影响就是对贸易的影响。汇率变动对贸易产生的影响一般表现为：一国货币对外贬值后，有利于本国商品的出口；而一国货币对外升值后，则有利于外国商品的进口，不利于本国商品的出口，因而会减少贸易顺差或扩大贸易逆差。

1) 本币贬值起到改善贸易收支作用的实现条件

本币贬值起到改善贸易收支作用不是在任何条件下都能实现的，这里需要注意以下两个问题：

第一，"弹性"问题。对出口来说，本币贬值以后，一国商品出口数量虽有增加，但是同时其外币价格却在下跌。因此，随着出口数量的增加，所得的外汇收入却不一定增加，只有在出口需求的价格弹性大于 1 的条件下，本币贬值才可以提高出口外汇收入；对进口来说，因为本币贬值会限制进口规模，同时进口商品外汇价格一般不会上升反而会下降一些，因此本币贬值对进口规模和进口外汇支出的影响方向是一致的。综合考虑进出口收支，本币贬值改善外汇收支的条件就可以比出口增加和外汇收入提高的条件松一些。一国货币贬值能否改善贸易收支，要看是否满足进出口商品需求价格弹性之和的绝对值大于 1，即"马歇尔-勒纳条件"(Marshall-Lener Condition)。

第二，"时间滞后"问题。即使一国进出口商品需求的价格弹性满足"马歇尔-勒纳条件"，本币贬值后其贸易收支也不会立即得到改善，而是需要滞后一段时间才慢慢地开始改善。因为在贬值初期，该国进口商品的本币价格已经提高，出口商品的外币价格已经下降，但是该国的进出口规模却不可能马上改变，其原因有：① 贸易进出口合同均有一定期限，贬值后初期出口商品不可能按新汇率结算，即新汇率不会影响到贬值初期的进出口价格。② 即使汇率已经使进出口商品价格发生变化，但人们认识和决策、信息传递、生产改变等过程也有延迟的可能，这就推迟了汇率变化对贸易改善正效应的实现。③ 如果出口以本币计算，进口以外币计算，在汇率变化前签订的长期合同在合同期内由于汇率变化反而会使外汇收入减少，支出增加，贸易逆差扩大。因为在原定合同期内，出口本币价格不变但同量本币因汇率改变所能代表的外币减少；而进口外币价格不变但同量外币需支付的本币增多。对贬值国来说，货币贬值对贬值前签订的合同起副作用，贸易逆差会因此而暂时性地扩大。④ 另一种情况是，如果进口商预测汇率会进一步贬值，就会加速商品进口的订货并缩短订货期限，造成短期内进口需求扩大。所以，在贬值初期，一国的贸易收支状况不但很难立刻改善，而且可能会趋于恶化。只有经过一段时间以后，贬值国的贸易收支才会慢慢好转，这种时间滞后现象称为"J 曲线效应"(J-curve Effect)。另外，货币贬值后，贸易收支改善时滞的长短主要取决于国内传导机制完善的程度及国内市场完善的程度，因而各国差异很大。据统计，发达资本主义国家的时滞一般在九个月左右，而发展中国家的时滞超过一年，甚至达到一年半左右。

2) 外汇倾销与改善贸易收支

所谓外汇倾销(Exchange Dumping)是指货币当局通过促使本币对外贬值，且货币对外贬值的程度大于对内贬值的程度，借以用低于原来在国际市场上的销售价格倾销商品，从而达到提高商品的海外竞争力、扩大出口、增加外汇收入和最终改善贸易差额的目的。

由于本币对外贬值在一定条件下有促进商品出口的功能，因而许多国家便以外汇倾销作为促进出口、改善贸易状况的重要手段。在这里，外汇倾销的手段就是本币对外贬值，但需要具备的条件是本币对外贬值程度大于对内贬值程度。也就是说，因国内通货膨胀引起货币购买力下降、纸币对内贬值程度不能超过汇率下降幅度，这样才能达到实际的贬值，否则倾销便无效。

一国外汇倾销条件具备并实施倾销手段后，要达到预期目的还需要一个收效期，收效期约为 6 个月到 9 个月。在这个收效期内，外汇倾销还可能受到一些因素的干扰而失效，这主要有两方面的因素：一方面是来自国内的干扰，如果国内物价上涨持续发展，使货币对内进一步贬值，且对内贬值程度赶上或超过对外贬值程度，则倾销的条件逐步消失，外汇倾销失效，因此在收效期内需采取措施保持国内物价水平的稳定。另一方面是来自国外的干扰，外汇倾销会使本国产品冲击对方国家市场，并抢占其他国家在国外市场上的地位，因而很容易遭到倾销对象国和其他有关国家的反对，它们会相应地采取一些反倾销措施，从而使外汇倾销失效。

2．汇率变化对非贸易收支的影响

当一国货币贬值后，一方面，外国货币的购买力相对提高，贬值国的商品、劳务、交通、旅游和住宿等费用变得相对便宜，这对外国游客无疑增加了吸引力，因此会促进贬值国的旅游业发展以及相关收入的增加；另一方面，由于本币的购买力相对下降，国外的商品、劳务价格变得相对昂贵，进而抑制了本国的服务进口。所以若不考虑贬值国国内物价水平的变动，贬值所形成的国内外相对价格的变化，将有利于一国非贸易收支的改善。

3．汇率变化对资本流动的影响

汇率变化不仅受资本流动的影响，而且也是影响资本流动的直接因素。其作用表现在：本币对外贬值后，1 单位外币折合更多的本币，会促使外国资本流入增加，国内资本流出减少；但是，本币对外价值将贬未贬时，也就是外汇汇价将升未升时，会引起本国资本外逃。本币对外升值后，1 单位外币折合更少的本币，外国资本流入减少，资本流出增加；但是本币将升未升时，也就是外汇汇价将跌未跌时，会引起外国资本流入。

因汇率变化带来的资本流出流入变化可以通过资本投资，也可以通过旅游、商品采购等方式进行。这些变化最终体现在国际收支的不同项目上，其中主要体现在资本项目差额的变化上。汇率变化对资本流动的影响一方面表现在货币升贬值后带来的资本流出或流入增加，另一方面也表现在汇率预期变化即汇率将升未升或将跌未跌对资本流动的影响。当一国外汇市场上出现本国货币贬值的预期时，会造成大量抛售本币、抢购外汇的现象，资本加速外流(或外逃)，这与贬值预期后资本流入增加的结果正相反；当一国外汇市场上出现本国货币升值预期时，则会形成大量抛售外汇、抢购本币的现象，使资本流入增加，这与本币升值后资本流出增加的结果正相反。

汇率变化对于资本流动既有流向上的影响又有流量上的影响，影响程度有多大，或者说资本流动对于汇率变化的敏感性如何则还要受其他因素的制约，其中最主要的因素是一国政府的资本管制。资本管制严的国家，汇率变动对资本流动影响较小；资本管制松的国家，汇率变动对资本流动影响较大。除此之外，资本投资的安全性也是一个重要因素，如果一国货币贬值使资本流入有利可图，但同时该国投资安全性差，那么资本流入也不会成为现实。

4．汇率变化对外汇储备的影响

本币汇率变动，通过影响进出口贸易、非贸易资本流动，直接影响国际收支账户，从而影响外汇储备的增减。此外，储备货币贬值，则以该种货币持有的外汇储备价值下降，使保有该储备货币的国家遭受损失，而储备货币发行国则因此而减轻了债务负担，转嫁了货币贬值的损失，并从中获利。因此，应尽可能选择持有币值稳定的储备货币，并尽量使储备货币多元化，通过分散化投资保持储备资产的稳定。

(三) 汇率变动对国内经济的影响

1. 汇率变动对国内物价水平的影响

货币贬值会给一国通货膨胀带来压力，引起物价上涨。这点一直被认为是货币贬值最主要的一个负面影响。货币贬值引起物价上涨，可从下面几个角度来看：

(1) 从进口的角度来看，货币贬值会导致进口商品本币价格的提高，若进口的是原材料、中间产品，则会导致国内用这些原材料、中间产品进行生产的商品成本提高，进而使这些商品的价格上升，引发成本推进型通货膨胀。若进口的是消费品等制成品，一方面本身会带来消费市场物价上涨；另一方面会对国内相同的产品带来示范效应，提高销售价格。

(2) 从出口角度来看，货币贬值带动出口增加，而一国生产的扩大在短期内有一定的困难，因而会加剧国内市场的供求矛盾，从而引起出口商品国内价格的飞涨，尤其是出口的产品本来就是国内短缺的初级产品，那将会对国内制成品以及相关产品的物价上涨产生压力。

(3) 从货币发行量来看，货币贬值可增加一国的外汇收入，改善外汇收支状况，从而该国的外汇储备也会有一定程度的增加，而外汇储备增加的另一面是一国中央银行增加发行相同价值的本币，因而货币贬值会扩大一国货币的发行量。这显然也会给通货膨胀带来压力。例如，1994 年我国货币供应量超常增长，其主要原因就是 1994 年年初的人民币汇率并轨，外汇收入剧增，进而外汇储备高速增长。总之，货币贬值有推动国内物价总水平上涨的倾向。现实中，一国发生通货膨胀会导致本币对外贬值，本币贬值又会产生物价上涨的压力。如果政府当局不能有效地加以控制，则会陷入"贬值→通货膨胀→贬值"的恶性循环中。

2. 汇率变动对产业结构的影响

一方面，本币贬值以后，出口商品的国际竞争力增强，出口扩大，出口产品的生产企业、贸易部门的收入会增加，这将促使其他产品部门转向从事出口产品的生产。由此引起资金和劳动力从其他行业流向出口产品制造和贸易部门。另一方面，本币贬值以后，进口商品成本增加，价格上升，会使原来对进口商品的一部分需求转向国产的替代品，于是国内进口替代品行业会繁荣起来。也就是说，在一定程度上，本币贬值具有保护民族产业的作用。但货币的过度贬值，使以高成本低效益生产出口产品和进口替代品的那些企业也得到鼓励，因此，它具有保护落后的作用，不利于企业竞争力的提高，同时也使社会资源的配置得不到优化。而且，货币的过度贬值，使本该进口的那些商品尤其是高科技产品或因国内价格变得过于昂贵而进不来，或是虽然进来了，但需支付高昂的进口成本，不利于通过技术引进实现经济结构的调整和劳动生产率的提高。可见，汇率的变动会引起一国生产结构的调整和生产资源的重新配置。相应地，各部门的收入也会重新分配，同时会影响就业状况。

3. 汇率变动对证券市场的影响

外汇行情与证券市场行情有着密切联系。一般来说，如果一国货币实行升值的基本方针，股价便会上涨；而货币贬值则会导致股价随之下跌。

汇率变动对股价的影响，最直接地体现在那些从事进出口贸易的股份公司。若公司的产品相当大一部分销售海外市场，那么当汇率提高时，该产品在海外市场的竞争力受到削弱，公司盈利情况下降，股票价格下跌；若公司的某些原料依赖进口，产品主要在国外销售，那么汇率提高，使公司进口原料成本降低，盈利上升，从而使公司的股价趋于上涨。

以上分析了汇率变动的一般经济影响，对不同的国家或对同一国家的不同时期而言，这些经济影响的相对重要性可能很不一样。在有的国家，一段时间内可能以某些影响为主，另一段时间内可能以另一些影响为主。而在别的国家则可能与此大不相同，甚至完全相反。也可能汇率变动的某些经济影响在一些国家中非常强烈，在别的国家则很弱，甚至根本没有。例如，在某些发达国家，汇率变动会极大影响国内金融资产吸引力，促使公众改变手中所持国内金融资产和外国金融资产的结构；而在大部分发展中国家，由于国内没有证券市场，或者证券市场不完善，公众不能自由地购买外国的证券或其他投资工具，因而汇率变动方面的影响就几乎无从谈起。可见汇率变动对经济的影响在各国来说很不相同，各国在利用汇率政策来调节经济时，一定要根据各自的具体特点，选择正确的汇率政策，以达到预期的经济效果。

第四节　中国的外汇管理与人民币汇率制度

一、中国外汇管理体制

(一) 中国外汇管理体制沿革

改革开放以前，中国实行高度集中的计划经济体制，由于外汇资源短缺，中国一直实行比较严格的外汇管制。1978 年实行改革开放战略以来，中国外汇管理体制改革沿着逐步缩小指令性计划，培育市场机制的方向，有序地由高度集中的外汇管理体制向与社会主义市场经济相适应的外汇管理体制转变。1996 年 12 月中国实现了人民币经常项目可兑换，对资本项目外汇进行严格管理，初步建立了适应社会主义市场经济的外汇管理体制。

新中国成立以来，中国外汇管理体制大体经历了三个阶段。

1. 计划经济时期的中国外汇管理体制(1949—1978 年)：高度集中、计划控制

新中国成立初期，即国民经济恢复时期，中国实行外汇集中管理制度，通过扶植出口、沟通侨汇、以收定支等方式积聚外汇，支持国民经济恢复和发展。1953 年起，中国实行计

划经济体制，对外贸易由国营对外贸易公司专管，外汇业务由中国银行统一经营，逐步形成了高度集中、计划控制的外汇管理体制。国家对外贸和外汇实行统一经营、用汇分口管理的办法。贸易外汇由外贸部统一管理；财政部主要管理中央部门的非贸易外汇；中国人民银行则负责地方非贸易外汇和私人外汇。

这一阶段外汇管理主要靠行政手段，很少运用经济手段，外汇收支实行指令性计划管理，一切外汇收入必须售给国家，需用外汇按国家计划分配和批给。实行独立自主、自力更生的方针，不借外债，不接受外国来华投资。人民币汇率作为计划核算工具，要求稳定，逐步脱离了进出口贸易的实际，形成汇率高估。

2. 经济转型时期的中国外汇管理体制(1979—1993 年)：向市场化过渡

1978 年十一届三中全会后，我国开始进行经济体制改革，逐步向社会主义市场经济体制转型，在外汇管理体制方面的改革措施主要有如下几个方面：

(1) 实行外汇留成制度。为改革统收统支的外汇分配制度，调动创汇单位的积极性，扩大外汇收入，改进外汇资源分配，从 1979 年开始实行外汇留成办法。在外汇由国家集中管理、统一平衡、保证重点的同时，实行贸易和非贸易外汇留成，区别不同情况，适当留给创汇的地方和企业一定比例的外汇，以解决发展生产、扩大业务所需要的物资进口。

(2) 建立和发展外汇调剂市场。随着外汇留成制度的实施，1980 年 10 月起中国银行开办外汇调剂业务，允许持有留成外汇的单位把多余的外汇额度转让给缺汇的单位。开始时只限于国有企业和集体企业的留成外汇，以后扩大到外商投资企业的外汇、国外捐赠的外汇和国内居民的外汇，调剂外汇的对象和范围逐步扩大。调剂外汇所使用的汇率，开始是在国家规定的官方汇率的基础上加一定的幅度，1988 年 3 月后放开，由买卖双方根据外汇供求状况议定，中国人民银行适度进行市场干预，并通过制定"外汇调剂用汇指导序列"对调剂外汇的用途加以引导，市场调节的作用日益增强。从 1980 年 10 月到 1993 年 12 月 30 日，外汇调剂市场与我国官方外汇市场并存，从而形成两个市场、两个汇价并存的局面，受供求关系决定的调剂汇价与调剂市场所起的作用日益增大，至 1993 年底外汇调剂市场的成交额已占我国进出口外汇成交额的 80%。

(3) 允许多种金融机构经营外汇业务。1979 年前，外汇业务由中国银行统一经营。为适应改革开放以后的新形势，在外汇业务领域中引入竞争机制，改革外汇业务经营机制，我国允许国家专业银行业务交叉，并批准设立了多家商业银行和一批非银行金融机构经营外汇业务；允许外资金融机构设立营业机构，经营外汇业务，形成了多种金融机构参与外汇业务的格局。

(4) 建立对资本输出输入的外汇管理制度。对资本与金融项目下的外汇实行严格管理，并执行三个共同原则：一是除国务院另有规定外，资本与金融项目外汇收入均需调回境内；二是境内机构(包括外商投资企业)的资本与金融项目下外汇收入均应在银行开立外汇专用账户，外商投资项下外汇资本金结汇可持相应材料直接到外汇局授权的外汇指定银行办理，其他资本项下外汇收入经外汇管理部门批准后才能卖给外汇指定银行；三是除外汇指定银行部分项目外，资本项目下的购汇和对外支付，均需经过外汇管理部门的核准，持核准件方可在银行办理售付汇。

(5) 放宽对境内居民的外汇管理。个人存放在国内的外汇,准许持有和存入银行,但不准私自买卖和私自携带出境。对个人收入的外汇,视不同情况,允许按一定比例或全额留存。1991 年 11 月起允许个人所有的外汇参与外汇调剂。如个人出国探亲、移居出境、去外国留学、赡养国外亲属需用外汇,可以凭出境证件和有关证明向国家外汇管理局申请,经批准后卖给一定数额的外汇,但批汇标准较低。

(6) 外汇兑换券的发行和管理。为了便利旅客,防止外币在国内流通和套汇、套购物资,1980 年 4 月 1 日起中国银行发行外汇兑换券,外汇兑换券以人民币为面额。外国人、华侨、港澳台同胞、外国使领馆、代表团人员可以用外汇按银行外汇牌价兑换成外汇兑换券并须用外汇券在旅馆、饭店和指定的商店、飞机场购买商品和支付劳务、服务费用。未用完的外汇兑换券可以携带出境,也可以在不超过原兑换数额的 50% 以内兑回外汇。

3. 1994 年开始建立社会主义市场经济以来的中国外汇管理体制

随着改革的深入和对外开放程度的加大,1994 年至今,围绕外汇体制改革的目标,按照预定改革步骤,中国外汇管理体制主要进行了以下改革:

(1) 1994 年对外汇体制进行重大改革,实行人民币经常项目有条件可兑换。

第一,实行银行结售汇制度,取消外汇上缴和留成,取消用汇的指令性计划和审批。1994 年我国对外汇体制进行重大改革。从 1994 年 1 月 1 日起,取消各类外汇留成、上缴和额度管理制度,对境内机构经常项目下的外汇收支实行银行结汇和售汇制度。除实行进口配额管理、特定产品进口管理的货物和实行自动登记制的货物须凭许可证、进口证明或进口登记表、相应的进口合同和与支付方式相应的有效商业票据(发票、运单、托收凭证等)到外汇指定银行购买外汇外,其他符合国家进口管理规定的货物用汇、贸易从属费用、非贸易经营性对外支付用汇,凭合同、协议、发票、境外机构支付通知书到外汇指定银行办理兑付。为集中外汇以保证外汇的供给,境内机构经常项目外汇收入,除国家规定准许保留的外汇可以在外汇指定银行开立外汇账户外,都须及时调回境内,按照市场汇率卖给外汇指定银行。

第二,汇率并轨,实行以市场供求为基础的、单一的、有管理的浮动汇率制度。1994 年 1 月 1 日,人民币官方汇率与市场汇率并轨,实行以市场供求为基础的、单一的、有管理的浮动汇率制,并轨时的人民币汇率为 1 美元 = 8.70 元人民币。人民币汇率由市场供求形成,中国人民银行公布每日汇率,外汇买卖允许在一定幅度内浮动。通过汇率并轨,以银行间统一的外汇市场取代了外汇调剂市场,消除了汇率地区间差异,使外汇资源从两个市场的分配统一到一个市场,在外汇分配领域取消了审批制度,充分发挥了市场机制的作用,符合《国际货币基金组织协定》第 8 条款的有关规定,有利于我国与国际经济规则接轨。同时,通过汇率浮动可以在一定程度上对国际收支起到自动平衡的作用,也有利于我国的企业参与国际竞争,有利于改善投资环境、吸引外资等。但是,此次改革也不可避免地造成了一定的负面效应,汇率并轨后,人民币对西方主要国家货币都发生了不同程度的贬值,加重了我国的外债负担。此外,汇率形成机制市场化后,人民币汇率随外汇供求变化经常调整,汇率风险也加大了,对我国涉外企业的经营管理提出了严峻的挑战。

第三，建立统一的、规范化的、有效率的外汇市场。从 1994 年 1 月 1 日起，中资企业退出外汇调剂中心，外汇指定银行成为外汇交易的主体。1994 年 4 月 1 日银行间外汇市场——中国外汇交易中心在上海成立，连通全国所有分中心，4 月 4 日起中国外汇交易中心系统正式运营，采用会员制，实行撮合成交集中清算制度，并体现价格优先、时间优先原则。中国人民银行根据宏观经济政策目标，对外汇市场进行必要的干预，以调节市场供求，保持人民币汇率的稳定。

第四，对外商投资企业外汇管理政策保持不变。为体现国家政策的连续性，1994 年在对境内机构实行银行结售汇制度时，对外商投资企业的外汇收支仍维持原来办法，准许保留外汇，外商投资企业的外汇买卖仍须委托外汇指定银行通过当地外汇调剂中心办理，统一按照银行间外汇市场的汇率结算。

第五，禁止在境内以外币计价、结算和流通。1994 年 1 月 1 日，中国重申取消境内外币计价结算，禁止外币境内流通和私自买卖外汇，停止发行外汇兑换券。对于市场流通的外汇兑换券，允许继续使用到 1994 年 12 月 31 日，并于 1995 年 6 月 30 日前可以到中国银行兑换美元或结汇成人民币。

第六，加强对金融机构外汇业务的监督和管理。建立银行间外汇市场和实现经常项目可兑换后，经常项目的外汇收支基本上直接到外汇指定银行办理；资本项目的外汇收支经外汇管理部门批准或核准后，也可在外汇指定银行办理。银行在办理结售汇业务中，必须严格按照规定审核有关凭证，防止资本与金融项目下的外汇收支混入经常项目结售汇，防止不法分子通过结售汇渠道骗购外汇。

(2) 1996 年取消经常项目下尚有的其他汇兑限制，实现人民币经常项目完全可兑换。

第一，将外商投资企业外汇买卖纳入银行结售汇体系。1996 年 7 月 1 日起，外商投资企业外汇买卖纳入银行结售汇体系，同时外商投资企业的外汇账户区分为用于经常项目的外汇结算账户和用于资本项目的外汇专用账户。外汇局核定外汇结算账户的最高金额，外商投资企业在核定的限额内保留经常项下的外汇收入，超过部分必须结汇。外商投资企业经常项目下的对外支付，凭规定的有效凭证可直接到外汇指定银行办理，同时，继续保留外汇调剂中心为外商投资企业外汇买卖服务。1998 年 12 月 1 日外汇调剂中心关闭以后，外商投资企业外汇买卖全部在银行结售汇体系内进行。

第二，提高居民用汇标准，扩大供汇范围。1996 年 7 月 1 日，大幅提高居民因私兑换外汇的标准，扩大了供汇范围。

第三，取消尚存的经常性用汇限制。1996 年，中国还取消了出入境展览、招商等非贸易非经营性用汇的限制，并允许驻华机构及来华人员在境内购买的自用物品、设备、用具等出售后所得的人民币款项可以兑换外汇汇出。

经过上述改革后，中国取消了所有经常性国际支付和转移的限制，达到了《国际货币基金组织协定》第 8 条款的要求。1996 年 12 月 1 日，中国正式宣布接受第 8 条款，实现人民币经常项目完全可兑换。

(二) 当前中国外汇管理体制的主要内容

2008 年 8 月 1 日国务院第 20 次常务委员会修订通过的《中华人民共和国外汇管理条例》，国务院外汇管理部门及其分支机构依法履行外汇管理职责，对境内机构、境内个人的外汇收支或外汇经营活动，以及境外机构、境外个人在境内的外汇收支或外汇经营活动进行管理，其主要内容包括以下三方面。

1. 人民币经常项目可兑换

对于经常项目下的外汇收入，实行限额结汇制度。除国家另有规定外，经常项目下的外汇收入都需及时调回境内。凡经国家外汇管理局及其分支局批准开立经常项目外汇账户的境内机构(包括外商投资企业)，可在核定的最高金额内保留经常项目外汇收入，超过限额部分按市场汇率卖给外汇指定银行，超过核定金额部分最长可保留90天。

境内机构经常项目用汇，除个别项目须经外汇局进行真实性审核外，可以直接按照市场汇率凭相应的有效凭证，用人民币向外汇指定银行购汇或从其外汇账户上对外支付。同时，实行进出口收付汇核销制度。货物出口后，由外汇局对相应的出口收汇进行核销；进口货款支付后，由外汇局对相应的到货进行核销。

2. 资本项目部分管制

按照"循序渐进、统筹规划、先易后难、留有余地"的改革原则，中国逐步推进资本项目可兑换。

目前，除国务院另有规定外，资本项目外汇收入均需调回境内。境内机构(包括外商投资企业)的资本项目下外汇收入均应向注册所在地外汇局申请在外汇指定银行开立外汇专用账户进行保留。外商投资项下外汇资本金结汇可持相应材料直接到外汇局授权的外汇指定银行办理，其他资本项下外汇收入经外汇管理部门批准后才能卖给外汇指定银行。除外汇指定银行部分项目外，资本项目下的购汇和对外支付，均需经过外汇管理部门的核准，持核准件方可在银行办理售付汇。

在证券资金流入环节，境外投资者可直接进入境内B股市场，无需审批；境外资本可以通过合格境外机构投资者(QFII)间接投资境内A股市场，买卖股票、债券等，但合格境外机构投资者的境内证券投资必须在批准的额度内；境内企业经批准可以通过境外上市(H股)，或者发行债券，到境外募集资金调回使用。证券资金流出管理严格，渠道有限。除外汇指定银行可以买卖境外非股票类证券、经批准的保险公司的外汇资金可以开展境外运用外，其他境内机构和个人不允许投资境外资本市场。

中国对外债实行计划管理，金融机构和中资企业借用1年期以上的中长期外债需纳入国家利用外资计划。1年期以内(含1年)的短期外债由国家外汇管理局管理。外商投资企业借用国际商业贷款不需事先批准，但其短期外债余额和中长期外债累计发生额之和要严格控制在其投资总额与注册资本额的差额内。所有的境内机构(包括外商投资企业)借用外债后，均需及时到外汇局定期或者逐笔办理外债登记。实行逐笔登记的外债，其还本付息都需经外汇局核准(银行除外)。地方政府不得对外举债。境内机构发行商业票据由国家外汇管理局审批，并占用其短贷指标。

3. 对金融机构外汇业务的监督和管理

对金融机构外汇业务的管理包括以下两个方面：

第一，对金融机构经营外汇业务的规定。金融机构经营或者终止经营结汇、售汇业务，应当经外汇管理机关批准；经营或者终止经营其他外汇业务，应当按照职责分工经外汇管理机关或者金融业监督管理机构批准。外汇管理机关对金融机构外汇业务实行综合头寸管理，金融机构的资本金、利润以及因本外币资产不匹配需要进行人民币与外币间转换的，应当经外汇管理机关批准。

第二，对金融机构经营外汇业务的检查、监督。外汇局在 2016 年年报中提出，2017年金融机构外汇业务监管的主要思路包括不断充实创新监管工具，逐步建立科学有效的金融机构外汇业务宏观审慎管理框架。其中，针对金融机构的外汇业务建立宏观审慎管理框架是一种新提法。在内控管理方面，2017 年还将新增"全行内部支持'外汇管理工作牵头部门'工作情况"考核指标，强调牵头工作的重要性，督促完善外汇管理政策的传导机制，完善现有"配合监管情况"考核的内容，促使银行更加积极主动地配合外汇管理阶段性调控工作，新增"配置外汇业务政策合规专门岗位"考核要求，切实保障内控管理水平。

二、人民币汇率形成机制的改革

(一) 人民币汇率制度的发展历史(1949—1993 年)

1．人民币汇率初始制定和连续大幅度调整阶段(1949—1952 年)

1949 年为了扶持出口，更多地积累外汇资金，实行的是"奖出限入，照顾侨汇"的汇率政策。1950 年 3 月至 1952 年年底，由于中国国内物价下跌，国外物价上涨，人民币汇率有所上升，到 1952 年 12 月，人民币与美元的比价为 1 美元 = 26 170 元旧人民币。为了避免外币贬值所造成的损失，同时也为了打破国外对我国的"封锁禁运"，我国汇率制度的方针有所改变，由原来的"奖出限入"改为"兼顾进出口，照顾侨汇"。

2．人民币汇率僵化不变阶段(1953—1973 年)

从 1953 年开始，我国开始实行计划经济体制，全面进入了社会主义经济建设时期，国民经济实行集中计划的管理体制。这一时期，西方各国普遍实行以美元为中心的固定汇率制度，国际金融秩序稳定，汇率的波动幅度不大。与此相适应，我国的人民币汇率也采取稳定的方针，几乎不作调整，人民币汇率仍沿用物价对比法制定，并高估人民币币值。1955年 3 月人民币进行币制改革，1 元新币 = 10 000 元旧币，直到 1973 年间，人民币对美元汇率一直保持在 1 美元 = 2.4618 元人民币的水平。

3．人民币汇率双轨制阶段(1973—1993 年)

1973 年布雷顿森林体系崩溃后，世界各国普遍实行了浮动汇率制度，汇率开始频繁波动。为了避免汇率波动对我国对外经济活动带来的不利影响，人民币汇率的确定也发生了变化，由过去按国内物价比改为按篮子货币确定，货币篮子中选用的币种、数量和权数根据我国的对外贸易国别对象适时调整，美元、日元、英镑、联邦德国马克、瑞士法郎一直是货币篮子中的重要币种。为了鼓励出口、限制进口，1981 年开始实行贸易内部结算价和对外公布双重汇率制度。1981 年 1 月制定了一个贸易结算价，按当时全国出口商品平均换汇成本加 10%利润计算，定为 1 美元 = 2.8 元人民币，适用于进出口贸易的结算；同时继续公布官方汇率，1 美元 = 1.5 元人民币，沿用原来的篮子货币计算和调整,用于非贸易外汇的结算。1985 年 1 月 1 日,我国正式取消了贸易外汇内部结算价,人民币对外公开牌价为 1 美元 = 2.8 元人民币,人民币汇率由双重汇率变为单一汇率。1986 年 1 月开始实行人民币管理浮动汇率制度,以取代原来的钉住篮子货币汇率制度。由于外汇调剂市场和外汇调剂价的存在,人民币汇率仍具有双重汇率的性质,即官方汇率与市场汇率并存。

(二) 人民币汇率形成机制的改革(1994 年至今)

1. 1994 年 1 月 1 日人民币汇率形成机制的改革

1994 年 1 月 1 日开始的外汇体制改革,实行"以市场供求为基础的、单一的、有管理的浮动汇率制",并根据当时的国际收支状况和体制环境,对外汇指定银行实行结售汇周转头寸外汇限额管理,银行用于结售汇业务周转的外汇资金不得超过核定的区间,否则需进入银行间外汇市场进行平补。这一制度下,境内企事业单位需将外汇收入按银行挂牌汇率,全部结售给指定银行(结汇)。对于在经常项下正常对外支付用汇的企业只需凭有效凭证和商业票据,即可到外汇指定银行购买外汇(售汇),而不必经过用汇审批。实行银行结售汇制后,建立了全国统一的银行间外汇市场,改进了汇率形成机制。

在该种外汇体制下我国人民币汇率形成机制是:各外汇指定银行根据企业在银行的结售汇情况和中国人民银行对其核定的结售汇周转头寸限额在银行间外汇市场买卖外汇,平补头寸,形成外汇供求。中国人民银行每天根据前一个营业日银行间外汇市场成交汇率的加权平均数,公布当天人民币与美元、港币、日元、欧元的基准汇率,并参照国际外汇市场上美元的汇率,同时公布当天人民币对其他货币的汇率。公布的汇率主要供各银行制定外汇买卖牌价时参考用,度量单位为 100 单位外币合人民币。并且规定银行间外汇市场人民币对美元买卖价可以在中国人民银行公布的市场交易中间价上下 0.3%的幅度内浮动,对欧元、港元和日元的买卖可以在中国人民银行公布的市场交易中间价上下 1%的幅度内浮动。外汇指定银行在规定的浮动范围内确定挂牌汇率,对客户买卖外汇。各银行挂牌的美元现汇买卖价不得超过中国人民银行公布的市场交易中间价上下 0.15%,欧元、港元、日元现汇买卖价不得超过中国人民银行公布的市场交易中间价的 1%。四种货币以外的其他外币汇率,则按美元市场交易中间价,参照国际市场外汇行市套算中间汇率,买卖汇率之间的差价不得超过中间汇率的 0.5%。中国人民银行对人民币汇率进行宏观调控和必要的市场干预,以保持汇率的合理和稳定。

从实际操作和汇率的实际变动来看,人民币汇率波动幅度很小,对美元的汇率一直保持在相对稳定的状态。正因为如此,国际货币基金组织于 1999 年按照汇率形成机制和实现政策目标的差异对汇率制度重新进行分类,我国的汇率制度被列入"固定钉住汇率制度"之列。虽然我国的汇率制度被称为"有管理的浮动汇率制",但实质是钉住美元的汇率制度。

从汇率水平考察,当时实行的结售汇制度以及人民银行被迫买汇托市现象使得人民币汇率无法充分反映外汇市场上的供求关系。这是由于外汇银行结售汇余额实行比例管理的规定,迫使人民银行在国际收支持续出现大量顺差或逆差时,只能进入外汇市场进行被动干预，否则汇率将无法稳定。1994 年 4 月至 2000 年 6 月，我国经常账户持续顺差，中国人民银行从外汇市场上的净购汇额约为 1451.5 亿美元，占同期我国银行外汇市场交易量的 43.1%(3368 亿美元)。这种外汇管理体制下的人民币汇率只能代表中国人民银行对目标汇率的看法，而非所有市场参与者的共识。这使得汇率的价格机制不再存在，也就丧失了通过汇率政策调节国际收支和配置金融资源的功能；还会弱化中国人民银行实现内外均衡政策目标时货币政策的有效性；此外，由于人民币汇率过于稳定，淡化了金融机构和企业的外汇风险意识，为规避风险而设立的金融产品和金融工具在我国难以得到推广和使用。更为严重的是，一旦出现国际收支持续大量逆差，现行汇率制度将面临极大风险，中国人民银行将不得不大量售汇救市，这会导致外汇储备和本币供应量的迅速减少。在市场开放和资本流动自由的环境中，这将加大维持汇率稳定的难度，凸现金融危机隐患。

2. 2005 年 7 月 21 日人民币汇率形成机制的改革

2005 年 7 月 21 日，中国人民银行宣布放弃一直以来的钉住美元的汇率制度，而采用参照由多种货币组成的货币篮子来决定汇率的政策，开始实行"以市场供求为基础、参考一篮子货币进行调节、有管理的浮动汇率制度"。

关于货币篮子，以美元、欧元、日元和韩元四种货币为中心构成，同时还将考虑到贸易、资本交易(对外债权债务)、直接投资等因素。2005 年 7 月 21 日人民币汇率形成机制改革后，中国人民银行于每个工作日闭市后公布当日银行间外汇市场美元等交易货币对人民币汇率的收盘价，作为下一个工作日该货币对人民币交易的中间价。

在人民币汇率形成机制改革的同时，外汇管理体制改革的步伐也在加快。首先是外汇资金运用的理念由"宽进严出"转变为平衡式的外汇流入流出管理思路，强制结售汇正在积极向意愿结售汇转型，逐步放宽企业和居民的用汇限制。其次是有序拓宽外汇资金流出渠道，积极开展合格境内机构投资者(QDII)，拓展银行外汇理财业务，研究在风险可控的前提下开展境内个人直接对外证券投资业务试点。

3. 2006 年 1 月 4 日人民币汇率中间价形成机制改革

2005 年 7 月 21 日人民币汇率形成机制改革后，在主动性、可控性和渐进性原则的指导下，人民币汇率制度改革稳步推进。人民币汇率形成机制改革的内容包括增强人民币汇率浮动弹性、完善人民币远期汇率定价机制、改革中央银行外汇公开市场操作方式。

人民币汇率中间价形成机制改革：自 2006 年 1 月 4 日起，中国人民银行授权中国外汇交易中心于每个工作日上午 9 时 15 分对外公布当日人民币对美元、欧元、日元、港币(从 2006 年 8 月 1 日起又增加了英镑)汇率中间价，作为当日银行间即期外汇市场(含场外交易市场(OTC)方式和撮合方式)以及银行柜台交易汇率的中间价。

4. 2010 年 6 月 19 日增强人民币汇率弹性的改革

中国人民银行 2010 年 6 月 19 日宣布，根据国内外经济金融形势和中国国际收支状况，决定进一步推进人民币汇率形成机制改革，增强人民币汇率弹性。

第一，进一步推进人民币汇率形成机制改革的主要内容和特点。此次在 2005 年汇改基础上进一步推进人民币汇率形成机制改革，人民币汇率不进行一次性重估调整，重在坚持以市场供求为基础，参考一篮子货币进行调节。

第二，参考一篮子货币而不是以单一美元来看待人民币汇率水平的原因。随着对外开放程度不断提高，我国主要经贸伙伴已呈现明显的多元化态势。2010 年 1～5 月前五位贸易伙伴(欧盟、美国、东盟、日本和我国香港地区)进出口已分别占同期我国进出口总值的16.3%、12.9%、10.1%、9.4%和 7.5%。同时，资本往来也呈现多样化和多区域特征。在此背景下，人民币汇率如果钉住单一货币变化，既不适应贸易投资货币多元化的需要，也不能反映汇率的实际水平，多种货币组成的货币篮子及其变化更能准确反映真实的汇率水平。因此，人民币汇率需要以市场供求为基础、参考一篮子货币进行调节，这有利于形成更为科学合理的汇价水平。对企业和居民来说，在当前贸易和资本往来多元化的格局下，不宜单纯依据美元来衡量人民币汇率，而应从双边汇率转向多边汇率，更多关注篮子汇率变化，以人民币相对一篮子货币的变化来看待人民币汇率水平。

中国人民银行强调，当前人民币汇率不存在大幅波动和变化的基础。目前我国进出口渐趋平衡，2009 年我国经常项目顺差与国内生产总值之比已经显著下降，2010 年以来这一比例进一步下降，国际收支向均衡状态进一步趋近。中国人民银行将继续按照已公布的外汇市场汇率浮动区间，对人民币汇率浮动进行动态管理和调节，提高调控水平，改进外汇管理，将人民币汇率保持在合理、均衡水平上，维护宏观经济和金融市场稳定。我国将积极有效地实行促进经济结构调整、转变发展方式的各项宏观经济政策、稳步推进各项改革，为人民币汇率稳定提供良好的政策环境。

5. 人民币汇率制度改革仍面临严峻挑战

始于 2005 年的人民币汇率形成机制改革是在中国双顺差规模持续增长、全球国际收支失衡日益加剧的环境下进行的一场意义深远的改革。它使我国成功地从固定汇率制度中退出。从长远看，这也是人民币国际化的一个重要步骤。目前，人民币汇率制度改革仍然面临着严峻的挑战：

第一，资本项目开放、汇率稳定与货币政策的独立性。资本账户开放是一个国家经济发展到一定阶段，与世界经济、贸易进一步融合所必须面临的问题，是全方位参与世界竞争的必然要求。特别是在经常项目可兑换情况下，随着对外开放的不断深入，资本流动的管制效率会愈来愈低，资本账户开放已经成为一国经济融入全球化的必然结果。根据"不可能三角模型"，在资本项目开放和汇率稳定的同时，追求货币政策的有效性是不现实的。因此，在外汇储备持续上升的背景下，在一段时期内保持汇率的稳定还是保持货币政策的有效性将是一个宏观的政策权衡过程。

第二，本外币差别性的利率政策。本外币差别性的利率政策，导致对人民币汇率变动的预期。目前，我国对本币与外币的利率政策是不对等的。在 2000 年，我国已经对外币利率实行了开放政策，而对人民币的利率仍然没有实行市场化。那么，目前我国国内外币利率与国际市场近似，但本币利率不能由市场供求反映，按"利率平价"理论，本币与外币的利率差必然会引起大规模投机资金的流动，对远期汇率产生升水和贴水的影响。

第三，国际游资对汇率的冲击会影响经济稳定。在金融全球化的背景下，一国货币往往会引起国际游资的冲击。20 世纪日本的汇率变化就是一个很好的例子，1985 年美国、德国、日本、法国、英国五国财长签订了"广场协议"，决定同意美元贬值。随后，大量国际资本进入日本的房地产行业，更加刺激了日本房价的上涨。日元对美元在不足 10 年的时间里升值 4 倍多，1991 年后，随着国际游资获利后撤离，由外来资本推动的日本房地产泡沫迅速破灭，房地产价格随即暴跌，日本经济也陷入衰退，导致了长达 15 年的萧条。

第四，确定合理的人民币汇率水平。人民币汇率问题是关系我国目前经济内外平衡的重大问题。人民币到底应该升值、贬值还是稳定，已有相当多的研究模型与文章，结论不尽相同。究其原因，有假设条件与参数的不同，也有研究者出发点与视角的不同。从理论上讲，能够寻找到充分体现市场均衡的人民币汇率水平，但是，这是以具有充分的外汇供给与需求的市场条件为假设前提的。因此，在我国人民币资本项目未完全开放的条件下，要寻找在一定时期内正确、合理的汇率水平，并不是一件轻松的事情。

✦✦✦✦ 知 识 归 纳 ✦✦✦✦

本章首先介绍外汇、汇率的基本概念、标价方法及其分类，然后从汇率变动对经济的影响和经济状况对汇率的影响两方面，进行汇率的经济分析，最终了解中国外汇管理与人民币汇率制度的发展与现状。

汇率作为两种货币之间的交换比例，其本质是两国货币各自所代表或所具有的价值的比例。在不同的货币制度下，汇率具有不同的决定基础。金本位制下汇率决定的基础是铸币平价。布雷顿森林体系下汇率决定的基础是各国单位货币的美元价值或黄金价值即基金平价。而牙买加国际货币体系下由各国纸币所代表的实际价值，即购买力平价来决定汇率。现实生活中，市场汇率是经常以购买力平价为基础上下波动的，各种因素都会通过影响货币供求因素进而对汇率产生影响，如经济因素(外汇市场的供求关系、国际收支状况、通货膨胀率、利率、经济增长率等方面的差异)、政府干预和其他因素等。

汇率变化会对一国国际收支的诸项目产生重要影响。汇率变化最为重要的影响就是对贸易的影响。一国货币对外贬值后，有利于本国商品的出口；而一国货币对外升值后，则有利于外国商品的进口，不利于本国商品的出口。所以，贬值常被用来改善一国的贸易收支，尽管存在"弹性"问题和"时间滞后"问题。此外，汇率的变化还会对一国的利率水平、经济增长、资源配置、产业结构调整以及国民收入再分配等产生深刻的影响。并且汇率变动对经济的影响在各国来说很不相同，在利用汇率政策来调节经济时，各国应该根据各自的具体特点，选择正确的汇率政策，以达到预期的经济效果。

自 2005 年 7 月 21 日以来，我国对完善人民币汇率形成机制进行改革。人民币不再盯住单一美元，而是选择若干种主要货币组成一个货币篮子，同时参考一篮子货币计算人民币多边汇率指数的变化，实行以市场供求为基础的、参考一篮子货币进行调节的、有管理的浮动汇率制度。

习题与思考题

1. 试述外汇、汇率的基本含义和不同汇率标价法。
2. 试列举 20 世纪 90 年代以来的一些重大金融事件，说明汇率波动对经济的影响。

3. 某银行的汇率报价如下,若询价者买入美元,汇率如何?若询价者买入被报价币,汇率如何?若询价者买入报价币,汇率又如何?

$$AUD/USD \quad 0.6480/90$$

$$USD/CAD \quad 1.4040/50$$

$$USD/SF \quad 1.2730/40$$

$$GBP/USD \quad 1.6435/45$$

4. 我国现行的外汇管理体制和人民币汇率制度主要包括哪些内容?主要存在哪些问题?其改革方向是怎样的?

JJ02 案例   JJ02 习题及参考答案

第三章 外汇市场

教学目的和要求

通过本章的学习，了解外汇市场的概念、特点、分类；理解即期外汇的原理、交易流程和即期外汇交易的运用；掌握即期外汇交易的计算方法；掌握外汇掉期交易的运用；掌握套汇与套利的相关概念。

重点与难点

即期外汇交易的计算、套汇与套利交易的操作原理

关键词汇

外汇交易(Foreign Exchange)；即期外汇交易(Spot Exchange Transaction)；掉期交易(Swap Transaction)； 套汇、套利(Arbitrage)

引子案例

美国量化宽松导致美元波动加剧

2008 年 11 月，为应对美国次贷危机导致的经济衰退，美联储宣布将购买国债和抵押贷款支持证券(MBS)，这标志着首轮量化宽松政策(QE)的开始。在经济不景气的情况下推出 QE 可以向市场投放流动性，增加资本供应量，从而刺激内需，带动经济的发展。外汇市场对 QE 作出了激烈反应，美元指数大幅走弱。当第一轮 QE 宣布推出时，美元指数在一个月内走低 12%，而各非美货币走势趋强。由于许多国家都持有占本国外汇储备比例很大的美国国债，此次超常规的量化宽松政策导致美国国债收益率下降，从而使相应持债国家的外汇资产存在非常大的贬值风险。

随着美国经济形势改善，失业率逐渐向正常水平靠拢，美联储自 2013 年 12 月以来开始退出 QE，市场流动性逐步趋紧，这将推动美元升值。

由于美元全球储备货币的地位，美国国内货币政策的溢出效应给其他国家的带来了风险。目前，已有相当多的国家采取战略性措施规避美元带来的风险，如通过货币互换协议绕开美元，直接采取双边货币进行结算。

当今不确定的地缘政治与经济气候导致对风险管理及套期保值工具的需求不断增长，丰富的产品对于寻求新工具来管理风险的投资组合经理、交易者、投资银行家、首席财务官、企业财务主管等来说越来越重要，而全球最大的期货交易平台——芝商所通过丰富的

外汇产品，提供投资及风险管理的交易机会，为全球外汇市场提供了高效并迅速的风险转移途径。

【资料来源：国泰君安期货】

案例评析

量化宽松政策(QE1)耗资 6000 亿美元，收购了包括 Fannie Mae 和 Freddie Mac 在内的政府支持房贷机构发行的债券（ABS）及抵押贷款支持证券(MBS)。这项应对政策在弥补流动性稀缺资本和刺激经济复苏方面起到了积极的作用。

第一节　外汇市场概述

外汇市场是指进行外汇买卖的交易场所或网络交易系统，包括个人外汇买卖交易场所、外币期货交易所等。外汇市场是以外汇专业银行、外汇经纪商、中央银行等为交易主体，通过电话、电传、交易机等现代化通信手段实现交易的无形的交易市场。

一、外汇市场的特点

(一) 无形的交易市场

与交易所交易市场不同，国际外汇交易没有固定的场所，所谓的市场只不过是一个交易信息传递系统。国际外汇市场的交易系统主要有三种：路透社终端、美联社终端和德励财经终端。一般来说，交易系统会为每个交易成员设定代号和密码，所有主要交易商会在该信息系统上显示出自己对各主要货币的买卖报价。但是由于外汇市场通常瞬息万变，这只是一个参考价格，交易对手往往还得通过电话或者电脑指令进行询价并成交，资金的划拨则通过各主要的清算系统进行，例如环球金融电讯网(SWIFT)或者美国银行间交易系统(CHIPS)。另一方面，随着信息技术的发展，像股票交易的那种指令驱动的自动撮合系统也逐渐普及开来。

(二) 24 小时交易

外汇市场又称"决不睡觉"的市场。由于外汇市场的主要交易产品(即主要国际货币，如美元、日元、欧元以及英镑等)和交易规则都是一致的，全球各金融中心的位置不同，亚洲市场、欧洲市场、美洲市场存在时间差，其开市和闭市的时间相互交错连成了一个全天24 小时连续作业的全球性外汇市场。一天之中最早的外汇市场是新西兰惠灵顿，接下来是悉尼、巴黎、东京、新加坡和中国香港、法兰克福、伦敦，最后是纽约外汇市场。各外汇市场的交易时间如表 3-1 所示。

表 3-1　全球主要外汇市场的开市与收市时间

地 区	城 市	开市时间	收市时间
大洋洲	惠灵顿	4:00	13:00
	悉尼	6:00	15:00
亚洲	东京	8:00	15:30
	新加坡	9:00	16:00
	中国香港	9:00	17:00
欧洲	巴黎	7:00	15:00
	法兰克福	14:30	23:30
	伦敦	15:30	00:30
北美洲	纽约	20:30	4:00 （次日）

(三) 银行市场和客户市场

除银行以外的其他企业或者个人要进行外汇交易时多半是与银行进行交易，这种银行与客户之间进行外汇交易的市场叫做客户市场。在客户市场上，客户可以主动地对外汇头寸进行套头交易或者为获得汇率差价收益而调整头寸，而银行只能根据客户的交易被动地持有外汇头寸。银行为了调整在客户市场上持有的头寸，或者主动调整头寸以获取差价，会在银行市场上与其他银行进行外汇交易。

(四) 品种少，便于操作

外汇市场主要的交易品种为美元/欧元、美元/英镑、美元/瑞郎、美元/日元、美元/澳元、美元/加元等 6 个货币对，相对来说便于操作。而股票市场有成百上千只股票，选股难度可想而知。

(五) 成交量大不易被操纵

外汇市场是全球最大的金融市场，国际清算银行每三年公布一次全世界的外汇交易额。1989 年 4 月统计每日交易额为 6200 亿美元，1992 年 4 月统计每日交易额为 8800 亿美元，1995 年 9 月统计每日交易额为 10 000 亿美元，1998 年统计每日交易额为 14 280 亿美元，2001 年统计每日交易额为 14 000 亿美元，2004 年统计每日交易额为 18 800 亿美元(相当于美国国债日交易额的 4 倍)，2007 年统计每日交易额为 32 100 亿美元(比 2004 激增约 70%)。由于外汇市场交易量大，参与者非常广泛，如商业银行、基金公司、企业、个人甚至中央银行，因此无论是小户还是大户，都很难对外汇市场造成持续的影响。不像股市中存在着庄家操纵股市、信息不对称、不透明等问题，会对普通投资人造成不利。

二、外汇市场的分类

按照不同的划分标准，外汇市场可有多种不同的分类。

(一) 有形市场与无形市场

所谓的有形市场，是指有供交易者进行交易的固定场所，由一些指定的银行、外汇经纪人和客户共同参与组成的外汇交易场所。交易所内有固定的营业日和开盘、收盘时间，经营外汇业务的双方在营业日规定的时间里集中到交易所进行所需交易，交易方式为封闭式。目前世界上这种有形的外汇市场还比较少。由于这种市场主要集中在欧洲，多为欧洲大陆各国所采用，故又称为大陆式市场。目前中国外汇市场也属于有形市场。随着通信技术的发展，有形市场的信息传递已经越来越落后了。

无形市场是指没有具体交易场所的外汇市场，在这类市场中，外汇买卖采用电话、电报及其他通信工具，由外汇经纪人充当买卖中介或由外汇交易员使交易得以进行。在无形市场中，外汇买方和卖方不需要面对面交易，所有的交易均在一个通信系统网络中进行。这种通过经纪人进行银行同业间外汇交易的方式，由1929年以前伦敦银行界的一项"君子协定"沿袭而来，故国际上称其为"英国方式"。无形市场中的交易不受时间和空间的限制，形成发行不间断的市场，是整个世界外汇市场的主体。这类市场主要有伦敦、纽约、东京和苏黎世等。

(二) 区域性外汇市场和国际性外汇市场

区域性外汇市场一般规模比较小，参与者主要为本地或本国的外汇供需者，在市场上使用的货币也只限于本国货币与少数几种外国货币，如目前我国的外汇市场即属于此类。

国际性外汇市场一般多位于世界金融中心，交易货币种类众多，交易额巨大。目前主要的国际性外汇市场有伦敦、纽约、东京、巴黎、中国香港、新加坡等。

(三) 自由外汇市场和官方外汇市场

自由外汇市场是指任何外汇交易都不受所在国主管当局控制的外汇市场，即每笔外汇交易从金额、汇率、币种到资金出入境都没有任何限制，完全由市场供求关系决定。在许多国家取消管制之后，自由外汇市场已由过去的次要地位成为占主导地位的外汇市场。目前，伦敦、纽约、苏黎世、法兰克福、东京等地外汇市场已成为世界上主要的自由外汇市场。

官方外汇市场是指受所在国政府主管当局控制的外汇市场。目前仍实行外汇管制的国家的外汇市场大多是官方外汇市场。但有些国家的官方外汇市场正在渐渐地向自由外汇市场转化。一些国家对从事外汇业务银行等金融机构的最低资本额、每笔交易的最高限额等仍有严格的限制，但外汇交易市场上可进行交易的币种、汇率的高低已由市场供求关系决定，政府不再有任何限制，从而转化成为官方控制的自由外汇市场。

(四) 批发外汇市场和零售外汇市场

批发外汇市场是指银行之间进行外汇交易的行为和场所，也称为狭义的外汇市场。而银行之所以进行交易是为弥补银行与客户交易出现的差额需要，包括银行为了避免由这些差额而引起的汇率变动风险，以及银行自身的各种外汇自主性调整交易需求。

零售外汇市场是指企业和个人为了自身需要而进行外汇交易的场所，比如某公司要进口一批货物，个人出国旅游以及个人收到的外币收入等。此类外汇交易是外汇市场的一个重要的组成部分，亦称广义的市场。在我国，随着金融体制改革的深入和外汇市场的进一步开放，各大商业银行已经推出了面向个人的外汇交易业务。

(五) 即期外汇市场和远期外汇市场

即期外汇市场是指从事即期外汇买卖的外汇市场，又叫现汇交易市场。即期外汇市场是外汇市场上最经济、最普通的形式。世界即期外汇市场每天进行着数量巨大的交易，而且交易笔数也是世界之最，这个市场容量巨大、交易活跃而且报价容易，易于捕捉市场行情，是最主要的外汇市场形式。

即期外汇市场交易并不是在达成外汇买卖协定后立即进行交割，通常在当日或者两个营业日内交割，一般在成交后的第二个营业日内进行交割，如伦敦、纽约、巴黎等市场。在中国香港市场，港元兑换美元的交易是在当天交割的，而港元兑换日元、新加坡元、澳元等则在次日交割，除此之外的其他货币则在第三天即成交后的第二个营业日交割。

即期外汇市场是一个高度专业化的市场，由银行和外汇经纪商组成，公司和个人只能作为银行的客户，通过银行进行即期外汇买卖，他们不能成为市场的直接成员。目前即期外汇市场无论在总交易额上还是每笔交易的平均交易额上都远远超过外汇市场上的其他交易方式，如期货、远期和期权。在我国，个人外汇交易主要是在即期外汇交易市场上进行的，个人不能直接进行交易，必须通过银行，想从事这一业务的个人可以到已开展外汇交易业务的银行去开户。

远期外汇市场是指远期外汇交易的场所，又叫期汇交易市场。远期外汇交易市场是在外汇买卖时，双方先签订合约，规定交易货币的种类、数额及适用的汇率和交割时间，并于将来约定的时间进行交割的外汇交易。它的期限一般有 30 天、60 天、90 天、180 天及 1 年，其中最常见的期限是 90 天。在国际汇率变动频繁的今天，远期外汇交易的主要功能是发现汇价，防范化解汇率风险，同时兼有外汇投机的功能，是外汇投机的主要手段之一。其操作方法与商品期货相似。

三、外汇市场的参与者

外汇市场的参与者众多，为了更好地认识外汇市场的主体活动，可以把外汇市场的参与者概括地分为以下五类。

(一) 外汇银行

外汇银行是指中央银行或货币当局指定或授权经营外汇业务的银行，是外汇市场的主要参与者。外汇银行有三种类型：专门经营外汇的本国银行、兼营外汇业务的本国银行和在本国的外国银行分行。外汇银行从事外汇交易，一方面在零售市场上为客户提供服务，进行外汇买卖，赚取汇率差价，并收取手续费；另一方面在批发市场上直接进行自营外汇买卖，调整自身外汇头寸以盈利或规避外汇风险。外汇银行都在国外分支行或代理行开立外汇账户。

（二） 外汇经纪人和外汇交易员

外汇经纪人(Broker)是专门介绍外汇买卖业务、促使买卖双方成交的中间人。外汇经纪人分为两类，一类叫做一般经纪人，他们要用自有资金参与买卖中介活动，并承担损益。另一类叫做跑街经纪人，俗称掮客，他们不参与外汇买卖活动，仅凭提供信息收取佣金，代客户买卖外汇。外汇经纪人主要依靠提供最新、最可靠、对客户最有利的信息而生存，因此他们拥有庞大的信息网和先进的通信网，善于捕捉并利用信息，开发获利渠道。外汇经纪人在外汇市场上是一支非常活跃的队伍，即使许多大银行能够独立进行外汇买卖，他们也愿意通过经纪人进行交易，因为经纪人不仅能报出最有利的价格，而且大银行免于暴露自己的经营活动，可以保护自己，顺利实施其市场战略。

外汇交易员(Dealer)是外汇银行中专门从事外汇交易的人员，交易员向客户报价，代银行进行外汇买卖。根据承担工作的责任不同，交易员可分为首席交易员、高级交易员、交易员、初级交易员和实习交易员。首席交易员一般负责好几种主要外汇的买卖，交易金额不受限制。高级交易员负责较重要的外汇交易，在交易金额上也很少受限制。交易员、初级交易员和实习交易员则负责一种货币的交易，而且根据经验规定交易限额，超限额时要请示高级交易员或首席交易员。

（三） 一般客户

一般客户指外汇市场上除外汇银行之外的企业、机关、团体，他们是外汇的最初供应者和最终需求者，比如从事进出口贸易的企业、进行跨国投资的企业和偿还外币负债的企业以及需要汇款的个人等。一般客户的外汇买卖活动反映了外汇市场的实质性供求，尽管这部分交易在外汇市场交易中比重不大，但对一个国家的国民经济却会产生实际影响。

（四） 投机者

外汇投机者(Speculator)是通过预测汇率的涨跌趋势，利用某种货币汇率的时间差，低买高卖，赚取投机利润的市场参与者。外汇投机者对外汇并没有真实的需求，如调整头寸或清偿债权债务，他们参与外汇买卖纯粹是为了寻找因市场障碍而可能利用的获利机会，这些机会是隐蔽的，难以被发现。外汇投机者通常以风险承担者的形象出现在外汇市场上，他们出入于各个外汇市场，频繁地买卖外汇，使各外汇市场的汇率趋于一致，汇率更接近外汇供求状况。因此，外汇投机者是外汇市场上不可缺少的力量，投机活动是使外汇市场完善的有效途径。但是，外汇投机者往往操纵大量的巨额资金，对某种币种发动突然袭击，影响某种货币的正常趋势，加剧外汇市场的动荡。尤其是当今世界，国际游资规模日增，在先进的通信工具辅佐下，可以十分迅速地流进或流出某个外汇市场，成为一股势不可挡的投机力量。

（五） 中央银行

中央银行是外汇市场的特殊参与者，它进行外汇买卖不是为了谋取利润，而是为了监督和管理外汇市场，引导汇率变动方向，使之有利于本国宏观经济政策的贯彻或符合国际协定的要求。中央银行一般设立外汇平准基金，专门用于买卖外汇，以实现干预外汇市场的目的。中央银行还利用利率工具，调整银行利率水平，直接干预远期汇率的决定。中央银行干预外汇市场时，买卖外汇金额非常庞大，而且行动迅速，对外汇市场的供求有很大影响。当今世界，各国中央银行间的合作不断加强，常常联合行动干预外汇市场，成为外汇市场的领导者。中央银行的货币政策是决定汇率的一个重要因素。

四、全球主要外汇市场

全球外汇市场是由各国的外汇市场构成的。目前，全球共有 30 多个外汇市场，其中最重要的有伦敦、纽约、东京、苏黎世、新加坡、中国香港、法兰克福和巴黎等，它们各具特色，共同形成了全球统一的外汇市场。

(一) 伦敦外汇市场

伦敦外汇市场由经营外汇业务的银行及外国银行在伦敦的分行、外汇经纪人、其他经营外汇业务的非银行金融机构和英格兰银行构成。伦敦外汇市场有约 300 家领有英格兰银行执照的外汇指定银行，其中包括各大清算银行的海外分行。世界 100 家最大的商业银行几乎都在伦敦设立了分行。它们向顾客提供各种外汇服务，并相互间进行大规模的外汇交易。伦敦外汇市场上的外汇经纪人有 90 多家，这些外汇经纪人组成经纪协会，支配了伦敦外汇市场上银行间同业之间的交易。

伦敦外汇市场没有固定的交易场所，而是用电传、电报、电话及电子计算机控制系统进行交易，因此它是一个抽象市场。市场上的交易货币几乎包括所有的可兑换货币，规模最大的是英镑兑美元的交易，其次是英镑兑欧元和日元的交易。此外，像美元兑欧元、欧元兑日元、日元兑美元等多边交易在伦敦外汇市场上也普遍存在。

在伦敦外汇市场上的外汇交易类别有即期外汇交易、远期外汇交易和掉期外汇交易等。除了外汇现货交易外，伦敦也是最大的外汇期货和期权交易市场。

(二) 纽约外汇市场

纽约外汇市场不仅是美国外汇业务的中心，也是世界上最重要的国际外汇市场之一，从其每日的交易量来看，居世界第二位。纽约外汇市场也是全球美元交易的清算中心。

纽约外汇市场是抽象的外汇市场，它通过电报、电话、电传、电脑终端机与国内外联系，没有固定的交易场所。参加市场活动的有联邦储备银行、美国各大商业银行的外汇部门、外汇银行在美国的分支与代理机构、外汇经纪人、公司财团、个人等。联邦储备银行执行中央银行的职能，同许多国家银行订有互惠信贷，可以在一定限度内借入各种货币，干预外汇市场，维持美元汇率的稳定。纽约外汇市场上的大商业银行是最活跃的金融机构，外汇买卖和收付通过它们在国内外的分支行和代理机构进行。

纽约外汇市场由三部分组成：第一是银行与客户之间的外汇交易市场；第二是纽约银行间的外汇交易市场；第三是纽约各银行与国外银行间的外汇交易市场。其中纽约银行间的外汇交易市场是交易量最大的市场，占整个外汇市场交易量的 90%。因此，商业银行在外汇交易中起着极为重要的作用，外汇交易主要通过商业银行办理。

在经营业务方面，美国没有外汇管制，任何一家美国的商业银行均可自由地经营外汇业务。

在纽约外汇市场上交易的货币，主要有欧元、英镑、加拿大元、日元等。据纽约联邦储备银行的数据，在纽约外汇市场上，交易量最大的是欧元，占40%；其次为日元，占23%，英镑占19%，加拿大元占5%。

(三) 东京外汇市场

东京外汇市场是随着日本对外经济和贸易发展而发展起来的，是与日本金融自由化、国际化的进程相联系的。

在交易方式上，东京市场与伦敦市场、纽约市场相似，是无形市场，交易利用电话、电报等电信方式完成。在外汇价格制定上，东京市场又与欧洲大陆的德国、法国市场相似，采取"定价"方式：每个营业日的上午10点，主要外汇银行经过讨价还价，确定当日外汇价格。

从交易货币和种类看，因为日本的进出口贸易多以美元结算，所以东京外汇市场90%以上是美元对日元的买卖，日元对其他货币的交易较少；交易品种有即期、远期和掉期等。即期外汇买卖又分为银行对客户当日结算和银行同业间的次日结算交易。东京外汇市场上即期、远期交易的比重都不高，掉期业务量很大，而其中又以日元兑美元的掉期买卖业务量为最大。

(四) 新加坡外汇市场

新加坡外汇市场是随着亚洲美元市场的发展而发展起来的。它是全球第四大外汇市场，日平均交易量仅次于东京。新加坡外汇市场的主要参与者是外汇银行、外汇经纪人、商业客户和新加坡金融管理局。新加坡外汇市场上银行间的交易都通过经纪人进行，但外汇经纪人只获准作为银行的代理进行外汇交易，不能以本身的账户直接与非银行客户进行交易。新加坡的银行与境外银行的外汇交易一般直接进行。新加坡金融管理局以监督和管理外汇银行、干预外汇市场的方式参与外汇交易。新加坡外汇市场属于无形市场，通常上午9点开市交易，下午4点收市。

(五) 中国香港外汇市场

中国香港是个自由港，是世界第五大外汇交易中心。每天开市的正式时间是上午9点，但许多金融机构半小时以前就有行市显示。下午5点，各大银行都已冲平当日外汇头寸，基本上不再作新的成交，一般可以认为下午5点是收市时间。但实际上，许多机构在香港的外汇市场结束后，继续在相继的伦敦市场、纽约市场完成交易，直到纽约市场收市才停止。

香港外汇市场由两个部分构成：一是港元兑外币的市场，其中包括美元、日元、欧元、英镑、加元、澳元等主要货币和东南亚国家的货币，当然也包括人民币；二是美元兑其他外汇的市场，这一市场的交易目的在于完成跨国公司、跨国银行的资金国际调拨。

在香港外汇市场中，美元是所有货币兑换的交易媒介。港元与其他外币不能直接兑换，必须通过美元套购，先换成美元，再由美元折成所需货币。

(六) 苏黎世外汇市场

苏黎世外汇市场没有外汇经纪人，所有外汇交易都在银行同业之间直接进行，参与的外汇银行有瑞士银行、瑞士信贷银行、瑞士联合银行等，还有外国银行在瑞士的分行、国际清算银行和瑞士中央银行(即瑞士国家银行)。外汇交易中主要是瑞士法郎对美元的交易，对其他货币通过美元进行交叉买卖，因此瑞士法郎对美元的汇率是苏黎世外汇市场的主要汇率，瑞士法郎对其他货币的汇率以美元进行套算。

(七) 法兰克福外汇市场

法兰克福是德国中央银行(德国联邦银行)所在地。法兰克福外汇市场分为定价市场和一般市场。定价市场由官方指定的外汇经纪人负责撮合交易，它们分属法兰克福、杜赛尔多夫、汉堡、慕尼黑和柏林五个交易所，它们接受各家银行外汇交易委托，如果买卖不平衡，汇率就继续变动，一直到买和卖相等，或中央银行干预以达到平衡，定价活动方结束，时间大约是中午 12:45。德国联邦银行派有专业人员参加法兰克福外汇市场的交易活动，以确定马克的官价。中央银行干预外汇市场的主要业务是美元对马克的交易，其中 70%为即期外汇，30%为远期外汇，有时也对外币与外币之间的汇率变动进行干预。外汇经纪人除了撮合当地银行外汇交易外，还随时与各国外汇市场联系，促进德国与世界各地的外汇交易活动。

(八) 巴黎外汇市场

巴黎外汇市场由 15 家左右的大商业银行和为数不少的外汇经纪人组成。法兰西银行也是外汇市场的重要参与者，其目的是对外汇市场进行监督，必要时进行市场干预，以维持法郎汇价的稳定。

巴黎外汇市场为有形市场和无形市场的结合。有形市场的交易项目仅限于对客户的交易，执行公定汇率，业务量不大。实际的交易大部分还是在无形市场上进行的。与此相适应，巴黎外汇市场分为两个部分：一部分是每日的定价市场，即每日在巴黎外汇交易所中通过拍卖外汇的方式确定法郎对各主要国家货币的当日汇价；另一部分是一般的外汇市场，银行通过电话、电传等按定价市场确定的价格进行交易。

小资料 ✎

2018 年前三季度外汇供求基本平衡 我国跨境资金流动总体平稳

"今年前三季度，我国跨境资金流动总体平稳，外汇供求基本平衡。"国家外汇管理局新闻发言人王春英在 2018 年 10 月 25 日召开的新闻发布会上表示，今年以来外部环境的复杂性明显上升，但我国国际收支仍保持自主平衡，外汇市场运行总体平稳。

2018 年以来，全球贸易摩擦加剧，国际金融市场波动加大，跨境资金流动情况备受关注。对于前三季度情况，王春英说："当前我国跨境资金流动总体平稳，外汇供求基本平衡。"

从外汇局公布的数据看，前三季度银行结售汇和代客涉外收付款逆差较上年同期均显著收窄。其中，银行结售汇逆差下降 75%，银行代客涉外收付款逆差下降 49%。

外汇资金流动呈现双向波动。从银行结售汇数据看，第一季度月均逆差 61 亿美元，第二季度月均顺差 107 亿美元，第三季度月均逆差 139 亿美元；从银行代客涉外外汇收付款数据看，1月份顺差257亿美元，2月份、3月份月均逆差49亿美元，二季度月均顺差15亿美元，三季度月均逆差126亿美元。初步统计，10月上中旬银行结售汇和银行代客涉外外汇收付款均呈现小幅顺差。

在中美经贸摩擦背景下，各方的担忧对我国跨境资金流动产生影响。对此，王春英表示，目前中美经贸摩擦对我国跨境资金流动的影响总体可控。这个结论，来自于"6个稳定"。

(1) 我国外贸增长依然稳定。根据海关统计，前三季度我国进出口总额同比增长9.9%，其中出口增长6.5%，进口增长14.1%。

(2) 我国利用外资依然稳定。近期联合国贸发会议的报告显示，2018年上半年全球外国直接投资总额同比下降41%，但我国吸引外资规模逆势增长6%，成为全球最大的外商直接投资流入国。

(3) 企业跨境融资依然稳定。2016年二季度起，我国外债去杠杆进程结束，外债规模由降转升，今年以来逐步达到去杠杆前的水平后增幅趋稳，6月末全口径外债余额较3月末增长1.5%，而且结构优化，主要源自境外非居民机构增持境内人民币债券。

(4) 企业对外投资依然稳定。前9个月商务部统计的非金融类对外直接投资820亿美元，同比增长5.1%。

(5) 个人购汇持汇依然稳定。前三季度，我国居民个人购汇规模同比下降7%，其中，第三季度居民个人购汇同比下降5%，9月份下降20%。居民个人外汇存款余额基本稳定，上半年小幅上升26亿美元，第三季度累计下降47亿美元。

(6) 人民币汇率在新兴市场货币中的表现依然稳定。前三季度，很多新兴经济体货币大幅贬值，新兴市场货币指数(EMCI)下跌超过10%。人民币对美元汇率中间价累计贬值5.0%，CFETS货币篮子指数小幅下跌2.6%，人民币属于相对稳定的货币。

"总体看，今年以来外部环境的复杂性明显上升，包括美元汇率走势、新兴市场风险状况以及中美经贸摩擦等，但我国国际收支仍保持自主平衡，外汇市场运行总体平稳。"王春英表示，虽然今后一段时期外部环境比较复杂，不确定性因素继续存在，但我国经济基本面的固有优势仍较明显，在对外开放、市场机制等方面也进一步形成了新的有利因素，未来有利于我国跨境资金流动平稳运行的条件依然充分。

【资料来源：中国经济网，2018年10月26日】

五、我国外汇市场

改革开放前，与计划经济管理体制以及外汇收支实行统收统支相适应，人民币汇率由国家确定和调整，我国没有外汇市场。1979年，随着对出口企业实行外汇留成制度，允许留成的外汇相互调剂，在其基础上逐渐产生了外汇调剂市场。为顺应社会主义市场经济发展的需要，1994年我国外汇管理体制进行了重大改革，建立了全国统一的银行间外汇市场。中国外汇交易中心暨全国银行间同业拆借中心(简称交易中心)为中国人民银行直属事业单位，主要职能是：提供银行间外汇交易、人民币同业拆借、债券交易系统并组织市场交易；办理外汇交易的资金清算、交割，提供人民币同业拆借及债券交易的清算提示服务；提供网上票据报价系统；提供外汇市场、债券市场和货币市场的信息服务；开展经人民银行批准的其他业务。外汇交易市场无论结构、组织形式、交易方式和交易内容都与国际规范化的外汇市场更加接近。从此，我国外汇市场进入了新的发展阶段。

从市场机构来看，我国外汇市场有两个层次：第一个层次是客户与外汇指定银行之间的零售市场，又称银行结售汇市场；第二个层次是银行之间买卖外汇的同业市场，又称银行间外汇市场，包括银行与银行相互之间进行的外汇交易，以及外汇指定银行与中央银行之间进行的外汇交易。另外，与官方外汇市场相对应的，还有从事非法外汇交易的场所，即外汇黑市。

(一) 银行间外汇市场

1．银行间外汇市场的基本框架

(1) 市场采取有固定交易场所的有形市场的组织形式。我国银行间外汇市场又称中国外汇交易中心系统。上海为我国外汇交易总中心，在全国若干大中城市设立分中心，总、分中心之间计算机联网。1994 年年底我国外汇交易系统已连接全国 22 个中心城市，目前已扩大到全国主要城市，基本上形成了一个覆盖全国的外汇交易系统。

(2) 市场实行会员制。凡是在中国境内注册、经主管机关批准设立，并允许经营外汇业务的金融机构及其授权代表上述金融机构在外汇交易中心系统进行交易的分支机构，均可以向中国外汇交易中心提出会员资格申请，经外汇交易中心审核批准后，即成为交易中心的会员。

(3) 市场的交易原则。市场实行分别报价、价格优先、时间优先以及计算机撮合成交的交易原则。

(4) 市场实行本外币集中清算。会员在交易市场进行的外汇交易，都通过中国外汇交易中心统一清算。

目前，银行间市场交易币种主要有人民币、美元、欧元、港币、日元等。银行间市场采用直接标价方式，即每一单位外币等于若干元人民币，人民币元以后保留四位小数。

2．银行间外汇市场的运行状况

中国人民银行按照"市场运行、市场监督、市场控制分开"的原则来构建银行间外汇市场。其具体分工是：中国外汇交易中心负责市场运行，国家外汇管理局负责市场监督，中央银行操作室负责对外汇市场的宏观调控。凡是在中国境内营业的金融机构之间的外汇交易，均应通过银行间外汇市场进行。

(二) 银行结售汇市场

1994 年外汇体制改革，我国取消了外汇留成与上缴，实行银行结售汇制度。银行结售汇市场是我国的外汇零售市场。在结售汇制度下，办理结售汇业务的银行是外汇指定银行。外汇指定银行根据中国人民银行公布的基准利率，在规定的幅度内制定挂牌汇率，办理对企业和个人的结售汇。

银行结售汇包括结汇、售汇和付汇。其中结汇是指企业和个人通过银行或其他交易中介卖出外汇换取本币；售汇是指企业和个人通过银行或其他交易中介用本币买入外汇；付汇是指企业和个人通过金融机构对外支付外汇。

在现行"人民币经常项目可兑换，资本项目外汇实行管理"的外汇管理框架下，人民币还不能与外币自由兑换，但随着我国金融业对外开放步伐的加快，人民币兑换外汇的限制将逐步缩小。

小资料 ✍

外汇管理局公布 2018 年 9 月中国外汇市场交易概况数据

　　国家外汇管理局统计数据显示，2018 年 9 月中国外汇市场（不含外币对市场，下同）总计成交 15.91 万亿元人民币（等值 2.32 万亿美元）。其中，银行对客户市场成交 2.38 万亿元人民币（等值 3481 亿美元），银行间市场成交 13.53 万亿元人民币（等值 1.98 万亿美元）；即期市场累计成交 6.54 万亿元人民币（等值 9560 亿美元），衍生品市场累计成交 9.37 万亿元人民币（等值 1.37 万亿美元）。

　　2018 年 1 至 9 月，中国外汇市场累计成交 133.53 万亿元人民币（等值 20.47 万亿美元）。

【资料来源：国家外汇管理局，2018 年 10 月 26 日】

第二节　即期外汇交易

　　即期外汇交易(Spot Exchange Transaction)是指在外汇买卖成交后，在两个营业日内办理交割的外汇交易。营业日不包括银行节假日，若正逢银行节假日，则交割日顺延。即期外汇交易是外汇市场上最常见的一种交易方式，主要用于满足机构与个人因从事贸易、投资等国际经济活动而产生的外汇供求。

一、即期外汇交易的交割日期

　　交割就是交易双方各自按对方的需要，将卖出的货币及时解入对方指定的账户的处理过程。进行交割的日期称为交割日或起息日。不同外汇市场规定的即期交易的交割日是不同的。一般有下面三种情况。

1. 标准起息交易

　　标准起息交易(Value Spot)即交割日为成交日后的第二个营业日。如在星期一达成一笔即期交易，应在星期三交割。目前，国际外汇市场普遍应用的是标准即期起息交易。

　　若在两天中逢两个结算国中某国银行(美国银行除外)的假日则交割时间顺延。有两种情况：① 如果成交后的第一天是两个结算国中某国银行的假日，这一天不算营业日，交割时间顺序推迟。② 成交后的第一天是两国银行的营业日，但第二天是其中某一国银行的假日，这一天不算营业日，交割时间顺序推迟。

　　当交易涉及美元的时候，如果两天之中的头一天在美国是银行的假日，但在另一国不是，这一天也算作营业日。这样在对美元进行的即期交易中，交割日的确定可能出现四种情况。例如，假定交易国是美国和德国，某交易者以美元买入即期欧元，星期一成交，可能会出现以下四种情况：

(1) 星期二、三两国银行都营业，交割日为星期三；

(2) 星期二是德国银行的假日，交割日推迟到星期四；

(3) 星期二是美国银行的假日，交割日不受影响，仍为星期三；

(4) 星期二已确定为营业日，星期三在美国或德国任何一国的银行是假日，交割日都要顺延到星期四。

2. 明天起息交易

明天起息交易(Value Tomorrow，Value Tom)即交割日为成交日后的第一个工作日，这在东京和新加坡等远东市场上使用。

3. 当天起息交易

当天起息交易(Value Today)即交割日为成交日的当天。香港外汇市场上，对不同的货币是区别对待的。港币兑美元的交割是在当天进行的；港币对日元、新加坡元、马来西亚林吉特和澳大利亚元是在次日交割的；港币对其他货币的交易则在成交日后的第二个营业日交割。

二、即期外汇交易的相关术语和惯例

即期外汇交易是外汇市场上最常见的交易形式。其交易量居各类外汇交易之首。为此必须清楚与其相关的概念及报价惯例。

1. 即期外汇交易的相关术语

1) 营业日

营业日(Business Day)指两个清算国银行都开门营业的日期，一国若遇节假日，交割日按节假日顺延。

2) 交易员

交易员(Traders)指外汇市场上的经办人。其职责是每天将企业、公司或私人客户买卖外汇的命令集中起来，按各种外汇将这些用书面或电话陆续发给银行的命令进行登记，尔后根据头寸和价格决定买进或卖出，使银行之间很快地找到对象而成交。外汇交易员之间，往往使用专门的技术语言(行话)，并且要在几秒钟之内当机立断，交易技术性强。例如，客户向一家银行询价，银行交易员必须考虑对方的资信、买入或卖出的币别和数量、银行本身外汇头寸情况以及市场汇率趋势等，立即决定报价。

3) 基本点

基本点(Point)简称点，指表示汇率的基本单位。在一般情况下，一个基本点为万分之一货币单位，即汇率小数点后第四个单位数(0.0001)。极少数货币因面额较大，其基本点有些不同，如日元的价格变动主要在小数点后的两位数上，因此它的基本点为 0.01 单位货币。

2. 即期外汇交易的报价惯例

(1) 采用双向报价，指外汇银行在交易中报出买入和卖出外汇的价格。如 USD 1 =

CNY 6.8094/6.8366,前者为买入价,后者为卖出价。银行的买卖价格之差(spread),就是外汇银行买卖外汇的收益,一般为1‰~5‰。

(2) 报价时只报出汇率的最后两位数字。汇率的标价通常为5位有效数字,在实际操作中,外汇交易员不申报全价,只报出汇率小数点后的最后两位数。如果 USD 1 = HKD 7.7516/7.7526,则香港银行接到询问时就仅报出16~26或16/26。这是因为外汇汇率变化一天之内一般不会超过最后两位数,用不着报全价,这也是银行报价的习惯。如果汇率在一天内暴涨暴跌,打破惯例,则另当别论。

(3) 交易用语规范化。为节约交易时间,交易员常使用规范化的简语,如:"1 dollar"表示100万美元,"six yours"表示"我卖给你600万美元","four mine"表示"我买入400万美元"。

三、即期外汇交易的基本程序

一笔完整的外汇交易通常包括5个步骤:询价、报价、成交、证实及交割,其中报价是关键。外汇交易员在报价时需要根据市场条件和自身情况,在盈利机会和竞争之间取得权衡:既要提供有竞争力的报价来吸引交易,又要通过报价来保护自己,在承担风险的同时获取相应的盈利。

小资料 ✍

外汇交易实例

实　例	译　文
A: Spot USD/JPY pls ? B: MP, 55/60. A: Buy USD2. B: OK, done. I sell USD 2 Mine JPY at 154.60 value 27/6/90. JPY pls to ABC BK Tokyo, A/C No.12345. A: USD to XYZ BK New York A/C 654321, Tks for the deal BIBI.	A:请问即期美元兑日元报价? B:等一等,55/60。 A:买进200万美元。 B:好的,成交啦。卖给你200万美元买进日元,汇率是154.60,起息日1990年6月27日。我们的日元请付至东京ABC银行,账号是12345。 A:我们的美元请付至纽约XYZ银行,账号654321,多谢你的交易,再见。

(一) 询价

当外汇银行接到客户的委托代其买卖外汇,或是该外汇银行为平衡外汇头寸需要与同业银行进行外汇交易时,往往要先通过电传或电话的方式,向其他外汇银行或外汇经纪人询问价格,该外汇银行通常不会透露自己是要买进或卖出外汇,以避免对方抬高或压低价格。询价方须报清所询价格的交易类型、交易货币和交易金额。

(二) 报价

报价是指一家外汇银行或外汇经纪人接到询价时所作出的回答,报价方一般会以最快的速度进行报价。报价是外汇交易的关键环节,因为报价的合理与否会直接关系到外汇交易是否成功。报价方同时报出买价和卖价,买价和卖价之间的差额是经营者的毛利。买卖差价的幅度随市场稳定程度、交易的货币种类和交易量的大小而发生波动。一般情况下,市场稳定性越高,越常用的货币,交易量越大,其差额越小;反之,其差额越大。报价时必须遵守"一言为定"的原则,询价方一旦接受报价方报出的交易汇率,报价方就要承担按此报价成交的责任,不得反悔和变更。

在外汇市场上,了解即期汇率的买卖价格时,要考虑到所采用的标价法。在直接标价法下,外汇银行报出的外汇汇率买价在前、卖价在后;在间接标价法下,外汇银行报出的汇率卖价在前、买价在后。在报价中,等式左边数额不变的货币为基础货币,右边数额变动的货币为报价货币。

报价是外汇交易中的关键环节,报价是否具有竞争力直接关系到交易是否达成,这就要求外汇交易员具有丰富的经验和熟练的技巧。从实务角度来说,差价越小,报价越具有竞争力。通常外汇交易员在报价时要考虑以下几个因素:

(1) 汇率的市场走向。外汇市场的最新行情是交易员报价的最关键因素。交易员通过考虑其他外汇市场的最新交易价格,来了解外汇市场的变动趋势。如果外汇市场处于牛市行情,则交易员可以偏高报价;如果在熊市阶段,交易员则要使报价偏低,从而提高报价的竞争力,增加外汇交易量。但交易员在偏高或偏低报价时,也要考虑到银行自身的利益,避免报价可能产生的损失。

(2) 交易员持有的外汇头寸。例如,某个外汇市场交易员持有日元多头,为了平衡头寸,抛出日元,他必须报出具有吸引力的日元卖出汇价,即报出较小的买卖差价。交易员可以通过报出较低的卖出价格(相对于客户来说就是较低的买进价格),以吸引更多的日元买方。例如,如果市场上的日元汇价是 55/70,该交易员为了抛出日元,会缩小差价,报价为 55/65,这样,就能以具有竞争力的卖出价格吸引日元的买方客户;如果持有空头,则采取相反的操作来吸引更多的日元卖方,可以报价为 60/70。这样,外汇交易员通过考虑自身的仓位,适当缩小买卖价差,提高报价的竞争力,从而平衡其外汇头寸。

(3) 货币的风险性。不同的货币币种本身具有不同的风险特征。市场稳定性高的货币,自身具有的风险较小,汇率的价差也就越小;相反,市场稳定性低的货币,价差也就越大。所以,外汇交易员在进行外汇报价时要充分了解各种货币的风险特性,从而使报价具有竞争力。

(4) 银行同业市场的报价情况。银行同业市场的报价是即期外汇市场的基准水平,外汇交易员在报价时要以它为基础,并根据自身的外汇头寸、客户的需求等各方面的情况,适当缩小买卖差价,以提高报价的竞争力。

(三) 成交

在报价方报出买价和卖价后,询价方应立即作出答复。若接受报价,询价方应告知对方买进还是卖出,以及交易货币和交易金额;若不接受报价,询价方可谢绝交易,此时报价对双方无效,不应与报价方讨价还价。

按照惯例,询价方应立即作出决定,或接受(Done)或放弃(Nothing)。因为即期汇价瞬息万变，询价方的迟疑可能给报价方造成很大的损失。如果询价方迟疑，报价方会取消刚才的报价，行话表示为 "UR RISK" (YOUR RISK 的缩写)。如果询价方还想交易，必须重新询价，通常说 "ANY CHANGE"。如果询价方不满意报价，可以说 "MY RISK" 来表明本次报价不再有效，可以再次询价，或放弃询价则说 "SORI NTH" (SORRY NOTHING 的缩写)。如果询价方满意报价并愿意成交，表达买入意愿可以说 BUY、IBUY、MINE 等；表达卖出意愿可以说 SELL、ISELL、YOURS 等。

一旦成交，已经确定的汇率、交易币种和金额等内容对交易双方都具有约束力，任一方不得擅自改动或否认。

(四) 证实

若询价方接受报价，报价方应作出交易承诺。此时，交易双方还应把交易的货币、汇率、金额、起息日期及结算方法等交易细节相互证实或确认一遍。因为询价、报价和成交都是在极其快速简捷的过程中进行的，大量地使用了缩语和行话，为了避免错误，便于日后的清算工作和查询，交易双方必须就交易的具体内容进行全面的重复、确认。需要证实的内容必须包括交易汇率、交易币种、交易金额、起息日、收付账户。注意，在证实时，交易汇率必须包括大数和小数；交易币种必须明确交易双方买入的币种和卖出的币种；交易金额必须明确哪种货币的金额。交易员应仔细证实交易内容，避免出错。如果发现证实有错，必须及时联系对方重新证实，并在得到双方同意后，新的证实才生效。

(五) 交割

这是即期外汇交易中的最后一个环节，即双方交易员将双方交易的文字记录交给交易后台，交易后台根据交易要求指示其代理行将卖出的货币及时准确地划入对方指定的银行账户。由于外汇市场的价格瞬息万变，交割时间的差异会使交易的一方遭受损失。为了避免这种情况，外汇市场的交割几乎都遵循价值抵偿原则(Compensated Value Principle)，即交易双方在同一时间进行交割，如果该时间在双方任一结算国为银行的非营业日，则交割日期顺延。

四、即期汇率的套算

外汇交易中常会涉及两种非美元货币的交易，而国际金融市场的报价多是美元对另一种货币的报价，此时，需要进行汇率套算，得出不同货币之间的套算汇率，或称为交叉汇率。汇率套算在实际中有三种情况。

1. 基准货币相同，报价货币不同

两对汇率中，基准货币相同，报价货币不同，求报价货币之间的比价时交叉相除，报价货币的买入价或卖出价做分子。

【例 3-1】 国际外汇市场某银行的报价如下：

美元兑港元(USD/HKD)为 7.7596/7.7603

美元兑日元(USD/JPY)为 83.58/83.78

港元兑日元(HKD/JPY)的交叉汇率计算如下：

USD/HKD	7.7596	7.7603

交叉相除

USD/JPY	83.58	83.78

港元兑日元的银行买入价＝美元兑日元买入价÷美元兑港元卖出价

$$= 83.58 \div 7.7603$$

$$= 10.77$$

港元兑日元的银行卖出价＝美元兑日元卖出价÷美元兑港元买入价

$$= 83.78 \div 7.7596$$

$$= 10.80$$

因此，HKD/JPY 的交叉汇率为 10.77/10.80。

【例3-2】为什么港元兑日元的银行买入价＝美元兑日元买入价÷美元兑港元卖出价？

因为银行买入港元，同时卖出日元，可以分为两步：

(1) 银行买入港元同时卖出美元，因此选择美元兑港元汇率中的银行卖出汇率，银行按 7.7603 的汇率卖出美元，买入港元，即 1 USD = 7.7603 HKD。

(2) 银行买入美元同时卖出日元，因此选择美元兑日元汇率中的银行买入汇率，银行按 83.58 的汇率买入美元，卖出日元，即 1 USD = 83.58 JPY。

将两者汇率相除，即得到港币兑日元的银行买入汇率。

【例3-3】 为什么港元兑日元的银行卖出价＝美元对日元卖出价÷美元兑港元买入价？

因为银行卖出港元，同时买入日元，可以分为两步：

(1) 银行卖出港元同时买入美元，因此选择美元兑港元汇率中的银行买入汇率，银行按 7.7596 的汇率买入美元，卖出港元，即 1 USD = 7.7596 HKD。

(2) 银行卖出美元同时买入日元，因此选择美元兑日元汇率中的银行卖出汇率，银行按 83.78 的汇率卖出美元，买入日元，即 1 USD = 83.78 JPY。

将两者汇率相除，即得到港币兑日元的银行卖出汇率。

2. 基准货币不同，报价货币相同

两对汇率中，基准货币不同，报价货币相同，求基准货币之间的比价时交叉相除，基准货币的买入价或卖出价做分子。

【例3-4】 国际外汇市场某银行的报价如下：

欧元兑美元(EUR/USD)为 1.3622/1.3636

英镑兑美元(GBP/USD)为 1.5802/1.5836

英镑兑欧元(GBP/EUR)的交叉汇率计算如下：

EUR/USD	1.3622	1.3636

交叉相除

GBP/USD	1.5802	1.5836

英镑兑欧元银行的银行买入价＝英镑兑美元的买入价÷欧元兑美元的卖出价

$$= 1.5802 \div 1.3636$$

$$= 1.1588$$

英镑兑欧元银行的银行卖出价 = 英镑兑美元的卖出价 ÷ 欧元兑美元的买入价

$$= 1.5836 \div 1.3622$$

$$= 1.1625$$

因此，GBP/ EUR 的交叉汇率为 1.1588/1.1625。

当基准货币不同而报价货币相同时，求两种基准货币之间的汇率，其计算方法的推理过程与上例相同。

3. 基准货币与报价货币为同一币种

两对汇率中，基准货币与报价货币为同一币种，求另一基准货币与另一报价货币之间的比价时同向相乘。

【例3-5】 国际外汇市场某银行报价：

美元兑日元(USD/JPY)为 83.58/83.78

英镑兑美元(GBP/USD)为 1.5802/1.5836

英镑兑日元(GBP/JPY)的交叉汇率计算如下：

USD/JPY	83.58	83.78

同向相乘

↓ ↓

GBP/USD	1.5802	1.5836

英镑兑日元的银行买入价 = 美元兑日元买入价 × 英镑兑美元买入价

$$= 83.58 \times 1.5802$$

$$= 132.07$$

英镑兑日元的银行卖出价 = 美元兑日元卖出价 × 英镑兑美元卖出价

$$= 83.78 \times 1.5836$$

$$= 132.67$$

英镑兑日元(GBP/JPY)交叉汇率为 132.07/132.67。

【例3-6】 为什么英镑兑日元的银行买入价 = 美元兑日元买入价 × 英镑兑美元买入价？

因为银行买入英镑，同时卖出日元，可以分为两个步骤：

(1) 银行先买入英镑，同时卖出美元，因此选择英镑兑美元汇率的银行买入汇率，按 1.5802 的汇率买入英镑，卖出美元，即 1 GBP = 1.5802 USD。

(2) 银行买入美元，同时卖出日元，因此选择美元兑日元汇率中的银行买入汇率，按 83.58 的汇率买入美元，卖出日元，即 1 USD = 83.58 JPY。

将两汇率相乘，即得到英镑兑日元的银行买入汇率。

【例3-7】 为什么英镑兑日元的银行卖出价 = 美元兑日元卖出价 × 英镑兑美元卖出价？

因为银行卖出英镑，同时买入日元，可以分为两个步骤：

(1) 银行先卖出英镑，同时买入美元，因此选择英镑兑美元汇率的银行卖出汇率，按 1.5836 的汇率卖出英镑，买入美元，即 1 GBP = 1.5836 USD。

(2) 银行卖出美元，同时买进日元，因此选择美元兑日元汇率中的银行卖出汇率，按

83.78 的汇率卖出美元，买入日元，即 1 USD = 83.78 JPY。

将两汇率相乘，即得到英镑兑日元的银行卖出汇率。

五、即期外汇交易的应用

即期外汇交易可以满足临时性的支付需要，可以将一种货币兑换成另一种货币，用来支付进出口贸易、投标、海外工程承包等的外汇结算或归还外汇贷款。即期外汇交易可以调整所持有的不同货币的比例，规避外汇风险。通过即期外汇交易也可进行外汇投机。

第三节　外　汇　掉　期

一、外汇掉期交易的基本介绍

外汇掉期交易是交易双方约定以货币 A 交换一定数量的货币 B，并以约定价格在未来的约定日期用货币 B 反向交换同样数量的货币 A。外汇掉期形式灵活多样，但本质上都是利率产品。首次换入高利率货币的一方必然要对另一方予以补偿，补偿的金额取决于两种货币间的利率水平差异，补偿的方式既可通过到期的交换价格反映，也可通过单独支付利差的形式反映。

简单地说就是外汇交易者在外汇市场上买进(或卖出)某种外汇的同时，卖出(或买进)金额相等、期限不同的同一种外国货币的外汇交易活动。掉期交易的目的主要在于避免外汇汇率变动的风险，轧平外汇头寸，而并不是为了套汇。

外汇掉期是金融掉期产品的一种。金融掉期又称金融互换，是指交易双方按照预先约定的汇率、利率等条件，在一定期限内，相互交换一组资金，达到规避风险的目的。掉期业务结合了外汇市场、货币市场和资本市场的避险操作，为规避中长期的汇率和利率风险提供了有力的保障工具。作为一项高效的风险管理手段，掉期的交易对象可以是资产，也可以是负债；可以是本金，也可以是利息。

外币兑人民币的掉期业务实质上是外币兑人民币即期交易与远期交易的结合，具体而言，银行与客户协商签订掉期协议，分别约定即期外汇买卖汇率和起息日、远期外汇买卖汇率和起息日。客户按约定的即期汇率和交割日与银行进行人民币和外汇的转换，并按约定的远期汇率和交割日与银行进行反方向转换的业务。外汇掉期是国际外汇市场上常用的一种规避汇率风险的手段。

例如，一家广东省内贸易公司向美国出口产品，收到货款 100 万美元。该公司需将货款兑换为人民币用于中国国内支出。同时，公司需从美国进口原材料，将于 3 个月后支付 100 万美元的货款。此时，这家贸易公司是持有美元，短缺人民币资金，若当时的美元兑人民币为 8.10，公司以 8.10 的价格将 100 万美元换成了 810 万人民币，三个月后需要美元时，公司还要去购汇(用人民币换回美元用于支付)。这样，公司在做两笔结售汇交易的同时，承担着汇率风险。如果三个月后人民币贬值为 8.15，公司就必须用 815 万人民币换回 100 万美元，产生了 5 万人民币的损失。在中国银行开办掉期业务后，这家公司可以采取以下措施来对冲风险：叙做一笔 3 个月美元兑人民币掉期外汇买卖：即期卖出 100 万美元买入相应的人民币，同时约定 3 个月后卖出人民币买入 100 万美元。假设美元三个月年利率为 3%，人民币三个月年利率为 1.7%，中国银行利用利率平价理论加之风险预期再加之金融产品风险等级得出的掉期点数为 –450，则客户换回美元的成本就固定为8.055。如此，公司不仅解决了流动资金短缺的问题，还达到了固定换汇成本和规避汇率风险的目的。

二、外汇掉期交易的特点与类型

(一) 外汇掉期交易的特点

外汇掉期交易有以下几个特点：一是买卖同时进行；二是买卖某种货币的数额相等；三是交易的期限不同。凡符合这三个条件的，都可视为外汇掉期交易。

例如，一家美国贸易公司在 1 月份预计 4 月 1 日将收到一笔欧元货款，为防范汇率风险，公司按远期汇率水平同银行叙做了一笔 3 个月远期外汇买卖，买入美元卖出欧元，起息日为 4 月 1 日。但到了 3 月底，公司得知对方将推迟付款，在 5 月 1 日才能收到这笔货款。于是公司可以通过一笔 1 个月的掉期外汇买卖，将 4 月 1 日的头寸转换至 5 月 1 日。

若客户持有甲货币而需使用乙货币，但在经过一段时间后又收回乙货币并将其换回甲货币，也可通过叙做掉期外汇买卖来固定换汇成本，防范风险。

一家日本贸易公司向美国出口产品，收到货款 500 万美元。该公司需将货款兑换为日元用于国内支出。同时公司需从美国进口原材料，并将于 3 个月后支付 500 万美元的货款。此时，公司可以采取以下措施：叙做一笔 3 个月美元兑日元掉期外汇买卖；即期卖出 500 万美元，买入相应的日元，3 个月远期买入 500 万美元，卖出相应的日元。通过上述交易，公司可以轧平其中的资金缺口，达到规避风险的目的。

掉期交易只做一笔交易，不必做两笔，交易成本较低。

(二) 外汇掉期交易的类型

外汇掉期交易的主要类型有：

(1) 即期对远期掉期交易，指一笔为即期交易，另一笔为远期交易的外汇组合交易。

(2) 隔日掉期交易，指一笔交易在成交后第一个营业日(次日)交割，而另一笔则于成交后第二个营业日交割的外汇组合交易。

(3) 远期对远期掉期交易，指在买进或卖出一种期限较短的货币远期时，卖出或买进期限较长的该货币远期的掉期交易。

(三) 外汇掉期交易的应用

外汇掉期交易主要用于以下几个方面：

(1) 可降低筹资成本。筹资者在筹资时只需要考虑采用能借取低成本资金的方式，其后再通过调换将该资金转为最终需要的货币，不必过多考虑其他限制。

(2) 有助于投资者对冲货币风险。掉期交易可以使投资者将闲置的货币转换为所需要的货币得以运用，并从中获取利益。许多公司、银行及其他金融机构就在利用这项新的投资工具进行短期对外投资。在进行这种短期对外投资时，必须将本币兑换为另一国货币，然后调往投资国或地区，但在资金回收时，有可能发生外币汇率下跌使投资者蒙受损失的情况。因此，就需要利用掉期交易避开这种风险。

(3) 可使外汇银行通过掉期交易进行外汇头寸和外汇资金的结构调整，也可通过掉期交易的运用获得利润，还可解决外汇合约的延期问题。

例如，一家日本的贸易公司收到 500 万美元的货款，在 3 个月之后又有一笔 500 万美元的采购，如果该企业不将这部分美元换成日元，那么就不会存在外汇风险。但此时，该企业缺乏流动资金，需要将这部分美元换成日元使用，而该企业又担心一旦将美元换成日元，3 个月后再用日元换美元时，美元升值而遭受损失。此时该企业便可以进行一笔掉期交易，卖出美元取得日元来使用，同时买进 3 个月之后的美元，这样由于 3 个月之后将日元换回美元的汇率在当前就固定了下来，汇率风险得到规避。与分开的一笔即期交易和远期交易相比，掉期交易一次就完成交易，成本更低。

三、外汇掉期交易的历史沿革

外汇掉期是交易双方约定以货币 A 交换一定数量的货币 B，并以约定价格在未来的约定日期用货币 A 反向交换同样数量的货币 B。外汇掉期形式灵活多样，但本质上都是利率产品。20 世纪 80 年代以来，外汇掉期市场迅猛发展，全球外汇掉期日均交易量从 1989 年的 1900 亿美元增长到 2004 年的 9440 亿美元，从 1995 年起，全球外汇掉期交易的日交易量已超过外汇即期交易和远期交易，至 2004 年，全球外汇掉期交易的日交易量分别为外汇即期交易和远期交易日交易量的 1.5 倍和 4.5 倍。2005 年 8 月 2 日，中国人民银行下发《关于扩大外汇指定银行对客户远期结售汇业务和开办人民币与外币掉期业务有关问题的通知》，允许符合条件的商业银行开办人民币与外币掉期业务。

外汇掉期也被中央银行作为货币政策工具，用于从市场上收回流动性或向市场投放流动性。一些国家(如瑞士、德国、英国、新加坡、泰国等)中央银行都曾(或正在)使用外汇掉期作为公开市场操作的工具。以瑞士中央银行为例，由于瑞士政府财政赤字很小，央行公开市场操作缺乏短期政府债券工具，因此瑞士央行曾主要运用外汇掉期来调节银行体系的流动性，1993 年瑞士央行未平仓外汇掉期合约金额最高曾达到基础货币的 50%左右。

2005 年 11 月底，经过连续 12 次升息，美国联邦基金利率已从 1%上升到 4%。同期，美元一年期 Libor 也达到 4.70%左右，高出相应期限的人民币货币市场利率2%～3%。外汇资金运用能力较强的商业银行倾向于增持美元资产，提高盈利能力，缓解人民币流动性带来的短期投资压力；同时，为规避汇率风险，商业银行希望在未来仍然能以当前汇率水平换回人民币，并愿意从美元资产的投资收益中拿出一部分补偿交易对手。在这种情况下，2005 年 11 月 25 日，为适度回收流动性，保持货币市场利率的平稳运行，中国人民银行选择国家开发银行等 10 家银行开展外汇掉期交易，央行即期卖出美元，同时约定 1 年后以相同汇率买回美元，并相应收取美元与人民币的利差补偿。该次掉期交易量为 60 亿美元，央行收回基础货币 484.83 亿元人民币。

美国联邦基金利率已达 4.5%，且市场普遍预期 3 月份将进一步升到 4.75%的水平。伴随美元与人民币利差的进一步拉大，商业银行希望通过外汇掉期交易买入美元、投资境外美元资产，提高资产收益率和资产配置效率的意愿越来越强烈，相应愿意补偿交易对手的利差也就越大。

四、外汇掉期交易的影响

1．对汇率的影响

随着市场对掉期的逐步认识，如果央行再次进行掉期操作，对即期市场汇率水平不会发生太大的影响。同时，央行将会继续通过在外汇市场发表声明，来进行口头影响，以稳定汇率水平。正如前文所述，如果央行对远期汇率的确定主要根据利率平价理论客观的进行定价，并且即期外汇市场中，央行参与买卖没有发生大的变化，那么掉期操作中的远期汇率将会进一步稳定远期汇率价格——在市场客观条件的定价基础上，通过央行权威者的使用，打击市场投机资金，使远期汇率更加趋向其均衡水平。

2．对国内利率水平的影响

通过对利率平价中影响中国利率水平的各个因素分析，不难得出，外汇掉期推出的短期内(一周左右的时间)由于即期汇率的明显下降导致中国短期利率的上升。2005 年内和2006 年年初，从利率平价角度来看，中国国内利率水平稳定的可能性会大一些。市场利率水平主要是由市场资金量和央行对利率水平的态度所决定——债券市场资金量供大于求局面不会迅速转变，经济改革金融改革要求市场低利率环境，随着 2005 年 10 月中旬央行对市场低水平利率的调整来看，利率水平应该距央行的低水平利率低限相距不远。

3．对外汇市场的影响

外汇掉期中的远期汇率是基于市场中的远期汇率报价，这必然强调了远期交易得以有效运用的要求——价格稳定，相关远期市场的深度和报价的及时获得性。这自然需要中国外汇远期市场继续朝着纵深方向发展。因此，开展外汇掉期操作为推动中国远期外汇市场的进一步发展带来了又一个需求动力。同时，开展外汇掉期操作也有助于提高远期外汇交易的流动性，两者是相辅相成的。

随着外汇掉期市场和远期外汇市场的逐渐规范，今后外汇期货、外汇期权等一系列的外汇市场衍生产品具有了良好的客观定价环境，这有利于中国外汇市场的进一步发展，有利于各种外汇避险工具的应用，有利于中国汇率形成机制的早日完全市场化，有利于中国资本的自由流动早日实现。

第四节　套汇与套利

一、套汇的概述

(一) 套汇的基本概念

套汇(Arbitrage)是指利用不同的外汇市场，不同的货币种类，不同的交割时间以及一些货币汇率和利率上的差异，进行从低价一方买进，高价一方卖出，从中赚取利润的外汇买卖。套汇一般可以分为地点套汇、时间套汇和套利三种形式。地点套汇又分两种，第一种是直接套汇，又称为两地套汇，是利用在两个不同的外汇市场上某种货币汇率发生的差异，同时在两地市场贱买贵卖，从而赚取汇率的差额利润。第二种是间接套汇，又称三地套汇，是在三个或三个以上地方发生汇率差异时，利用同一种货币在同一时间内进行贱买贵卖，从中赚取差额利润。时间套汇又称为掉期交易，它是一种即期买卖和远期买卖相结合的交易方式，以保值为目的，一般在两个资金所有人之间同时进行即期与远期两笔交易，从而避免因汇率变动而引起的风险。套利又称利息套汇，是利用两个国家外汇市场的利率差异，把短期资金从低利率市场调到高利率的市场，从而赚取利息收入。

举例来说，1 美金可以买到 0.7 英镑，1 英镑可以买到 9.5 法郎，而 1 法郎则可以买到 0.16 美金。一个实行这种交易方式的人可以靠着 1 美金而得到 1.064 元美金，获利率是 6.4%。

一次成功的三地套汇交易必须以一种货币开始，并且以同一种货币为结束。但是任何货币都可以作为初始的货币种类。

一般来说，要进行套汇必须具备以下三个条件：

首先，存在不同的外汇市场和汇率差价；

其次，套汇者必须拥有一定数量的资金，且在主要外汇市场拥有分支机构或代理行；

最后，套汇者必须具备一定的技术和经验，能够判断各外汇市场汇率变动及其趋势，并根据预测迅速采取行动。否则，要进行较为复杂的套汇将事倍功半。

(二) 套汇的分类

在套汇中由于涉及的外汇市场多少不同，分为两地套汇、三地套汇和多角套汇，我们这里主要对两角套汇和三角套汇进行介绍。

1．两地套汇

两地套汇，是利用两地间的汇率差价，在一个外汇市场上以低价买入一种货币，同时在另一个外汇市场以高价卖出该种货币，以赚取利润。由于是在两个市场之间，套汇者直接参加交易，所以又叫直接套汇。

比如，在伦敦外汇市场上，英镑对美元的即期汇率为：

£1 = \$1.98 或 \$1 = £0.505

在纽约外汇市场上，英镑与美元的即期汇率为：

£1 = \$2.00 或 \$1 = £0.5

很明显，在伦敦外汇市场上，由于英镑是本国货币，供给充足，英镑的价格低。在纽约外汇市场，英镑是外汇，供给不足，英镑价格高。同理，美元在纽约外汇市场上价格低，在伦敦外汇市场上价格高。

如果某一套汇者在伦敦花 1980 美元买 1000 英镑，同时在纽约卖 1000 英镑收 2000 美元。这简单的一买一卖使套汇者就赚得 20 美元。一些套汇者在伦敦花美元低价买英镑，英镑需求增加，推动英镑的价格上涨。套汇者在纽约卖英镑，英镑供给增加，促使英镑的价格下跌。可见套汇者的投机行为会自发地把伦敦和纽约两个外汇市场的价格拉平，自发地使两个外汇市场的供求关系协调一致起来，使两个外汇市场更有效地运行。根据这一点，西方人认为套汇对调节外汇供求关系来说是不可缺少的，套汇活动是正当的。在买卖外汇时是要花手续费的，套汇者的净利润等于毛利润减去买卖外汇时所花的手续费。

已知两地存在汇率差异，在套汇前先计算电传、佣金等套汇费用。如果套汇利润大于套汇费用，则可套汇，否则无利可图。

【例 3-8】 同一时间内，伦敦和纽约外汇市场汇率如下：

伦敦市场　　　GBP/USD　　　1.5320/1.5240
纽约市场　　　GBP/USD　　　1.5260/1.5270

请计算一下能否进行套汇。如果用 100 万英镑入市，套汇毛利是多少？如果交易费用共 1000 英镑，套汇获利多少？

两地外汇市场不均衡是套汇的前提条件，具体进行套汇时，只有当经过计算的汇率差额足以弥补资金调动成本时，才可以异地套汇。

套汇者可在纽约外汇市场用 100 万英镑买进 152.6 万美元，立即通知在伦敦的分行或代理行卖出 152.6 万美元，买进 100.1312 万英镑(即 152.6/1.5240)。经过这一贱买贵卖，共赚取 1312 英镑。如果套汇费用是 1000 英镑，那么这次两地套汇只赚取了 312 英镑。套汇者也可以在伦敦外汇市场用 152.4 万美元买进 100 万英镑，在纽约外汇市场卖出，得到 152.6 万美元，可赚 2000 美元。如果套汇费用为 1524 美元，则净赚 476 美元。

当然，这种套汇活动必然导致伦敦市场对英镑的需求增加，从而使英镑的汇率上升，使两地间的汇率差距逐渐缩小直到平衡，套汇交易自行终止。

2. 三地套汇

三地套汇是指利用三个外汇市场上外汇的差价，在三个外汇市场同时进行贱买贵卖，以赚取利润的活动。三地套汇又叫间接套汇。

假设：伦敦外汇市场上￡1 = \$2

巴黎外汇市场上￡1 = Fr10

纽约外汇市场上\$1 = Fr5

在这种情况下，如果不考虑买卖外汇的手续费，某套汇者在伦敦以 100 英镑买 200 美元，同时在纽约外汇市场用 200 美元买 1000 法国法郎，在巴黎外汇市场以 1000 法郎再买 100 英镑。交易结束，套汇者拿出 100 英镑收回 100 英镑，一个便士没有增加而且还白花电报费和手续费。

这个例子说明三地套汇值不值得进行，不像两地套汇那样分明。首先要看上面涉及的英镑、法郎、美元这三种货币之间的交叉汇率与公开汇率是否一致。交叉汇率也称套算汇率，两种货币之间的汇率是通过二者各自与第三国货币间的汇率间接计算出来的。根据上面的情况，在伦敦外汇市场上，￡1 = \$2，在巴黎外汇市场上￡1 = Fr10，由此可得\$2 = Fr10，\$1 = Fr5。

这\$1 = Fr5 是利用英镑与美元的公开汇率、英镑与法郎的公开汇率套算出来的。这个套算汇率与公开汇率 \$1 = Fr5 完全一致。同样，根据美元与法郎的汇率，美元与英镑的汇率也能算出英镑与法郎之间的套算汇率与公开汇率完全一致。由此可以得出结论，如果套算汇率与公开汇率完全一致，就不存在三地套汇的条件，不能进行三地套汇。只有套算汇率与公开汇率不一致的情况下，才可以进行三地套汇。比如说：

在伦敦外汇市场上 £1 = $2

在巴黎外汇市场上 £1 = Fr10

在纽约外汇市场上 $1 = Fr6

根据伦敦和巴黎外汇市场上英镑与美元的汇率，英镑与法郎的汇率，套算出的美元与法郎的套算汇率为 $1 = Fr5，而美元与法郎的公开汇率为 $1 = Fr6。可见套算汇率与公开汇率不一致，为从事三地套汇提供了条件。套汇者在伦敦花 100 英镑买 200 美元，同时在纽约外汇市场上用 200 美元买 1200 法郎，在巴黎外汇市场上用 1200 法郎买 120 英镑。套汇者拿出 100 英镑，收回 120 英镑，三地套汇利润为 20 英镑。

三地套汇的步骤如下：

第一步，判断是否存在套汇机会。

(1) 换成同一标价法且用外汇卖率，同时将被表示的货币单位数量统一为 1。

(2) 将得到的各汇率值相乘，视连乘积是否等于 1，若不等于 1，则存在套汇机会；若等于 1，则不存在套汇机会。

第二步，确定套汇线路。

(1) 若连乘积大于 1，以你手中拥有的货币为准，从汇率等式的左边开始找，你手中有什么货币就从有这种货币的市场做起。

(2) 若连乘积小于 1，以你手中拥有的货币为准，从汇率等式的右边开始找，你手中有什么货币就从有这种货币的市场做起。

第三步，计算套汇收益。

(1) 在直接标价法下

① 当连乘积大于 1 时，

$$收益 = 手中拥有的货币数额 \times (买率连乘积 - 1)$$

② 当连乘积小于 1 时，

$$收益 = 手中拥有的货币数额 \times (卖率倒数连乘积 - 1)$$

(2) 在间接标价法下

① 当连乘积大于 1 时，

$$收益 = 手中拥有的货币数额 \times (卖率连乘积 - 1)$$

② 当连乘积小于 1 时，

$$收益 = 手中拥有的货币数额 \times (买率连乘积 - 1)$$

【例 3-9】 假设以下三个外汇市场某日即期汇率如下：

香港市场：USD 1 = HKD 7.7804/7.7814

纽约市场：GBP 1 = USD 1.520/1.5215

伦敦市场：GBP 1 = HKD 11.0723/11.0733

解法一 第一步，统一为直接标价法，且用外汇的卖率。

香港市场：USD 1 = HKD 7.7814

纽约市场：GBP 1 = USD 1.5215

伦敦市场：HKD 1 = GBP (1/11.0723)

第二步，计算连乘积。

$$7.7814 \times 1.5215 \times \frac{1}{11.0723} = 1.06928$$

连乘积大于1,从第一步的汇率等式左边开始。

第三步,若你手中有 USD 100 万元,从左边找,从香港市场抛出。

第四步,计算收益。

$$收益 = 100 \times (外汇买率连乘积 - 1)$$

$$= 100 \times \left(7.7804 \times 1.5205 \times \frac{1}{11.0733} - 1\right) = 6.8344 \, 万 \, USD$$

解法二 第一步,统一为间接标价法,且用外汇的卖率。

香港市场:HKD 1 = USD (1/7.7814)

纽约市场:USD 1 = GBP (1/1.5215)

伦敦市场:GBP 1 = HKD 11.0723

第二步,计算连乘积。

$$\frac{1}{7.7814} \times \frac{1}{1.5215} \times 11.0723 = 0.93521$$

连乘积小于1,从第一步的汇率等式右边开始。

第三步,若你手中有 USD 100 万元,从右边找,从香港市场抛出。

第四步,计算收益。

$$收益 = 100 \times (外汇买率连乘积 - 1)$$

$$= 100 \times \left(7.7804 \times 1.5205 \times \frac{1}{11.0733} - 1\right) = 6.8344 \, 万 \, USD$$

由以上介绍可以看出,套汇产生于各个市场上汇率的不一致,使得在不同市场上贱买贵卖有利可图,而套汇活动本身又会使得市场不均衡消失,促使市场实现均衡。由于现代通信手段的发达和外汇交易人员业务能力的增强,全球外汇市场一体化,全世界各大银行的即期汇率报价都可在同一屏幕上显示,原来意义上进行区域性外汇市场之间的套汇实际已不存在。即使存在这种可能,不同地点之间的套汇活动也会瞬间消失,机会很不容易把握。因此,从事套汇交易的大多数是资金雄厚的大商业银行,一般的小银行或其他经济组织是不具备财力进行套汇的。

三地套汇对外汇市场所起的作用与两地套汇的作用一样。当美元与法郎的公开的汇率与交叉汇率不一致,公开汇率高于交叉汇率,套汇者就会增加美元的供给,高价卖出美元买法郎。美元的供给增加,美元的价格逐渐下跌,法郎的美元价格逐渐上升,最终美元的价格降到 1 美元 = 5 法郎,使交叉汇率与公开汇率一致,消除了三地套汇的条件。所以三地套汇也能调节三个不同的外汇市场的供求关系,使外汇市场运行的更有效率。

套汇交易应注意把握以下要点:

(1) 套汇交易只有在没有外汇管制、没有政府干预的条件下才能顺利进行。具备这一条件的欧洲货币市场是套汇交易的理想市场。

(2) 由于现代通信技术非常发达,不同外汇市场之间的汇率差异日趋缩小,因而成功的套汇须有大额交易资金和传递迅速的外汇信息系统及分支代理机构,这样才能及时捕捉和把握瞬息即逝的套汇时机,并在抵补成本的基础上获利。

(3) 套汇过程必须遵循从低汇率市场买入，到高汇率市场卖出的原则。

二、套利的基本概述

套利(Arbitrage)也叫价差交易，套利指的是在买入或卖出某种电子交易合约的同时，卖出或买入相关的另一种合约。

套利通常指在某种实物资产或金融资产(在同一市场或不同市场)拥有两个价格的情况下，以较低的价格买进，较高的价格卖出，从而获取无风险收益。套利指从纠正市场价格或收益率的异常状况中获利的行动。异常状况通常是指同一产品在不同市场的价格出现显著差异，套利即低买高卖，导致价格回归均衡水平的行为。套利通常涉及在某一市场或金融工具上建立头寸，然后在另一市场或金融工具上建立与先前头寸相抵消的头寸。在价格回归均衡水平后，所有头寸即可结清以了结获利。

套利者(Arbitrageur)指从事套利的个人或机构，试图利用不同市场或不同形式的同类或相似金融产品的价格差异牟利。交易者买进自认为是"便宜的"合约，同时卖出那些"高价的"合约，从两合约价格间的变动关系中获利。在进行套利时，交易者注意的是合约之间的相互价格关系，而不是绝对价格水平。最理想的状态是无风险套利。 以前套利是一些机警交易员采用的交易技巧，现在已经发展成为在复杂计算机程序的帮助下从不同市场上同一证券的微小价差中获利的技术。

套利活动主要有以下两种形式：

(1) 不抛补的套利。主要是指利用两国市场的利率差异，把短期资金从利率较低的市场调至利率较高的市场进行投资，以谋取利息差额收入。

(2) 抛补的套利。主要是指套利者在把资金从甲地调往乙地以获取较高利息的同时，还在外汇市场上卖出远期的乙国货币以防止风险。

套利活动的机会在外汇市场上往往转瞬即逝，套利机会一旦出现，大银行大公司便会迅速投入大量资金，从而使两国的利差与两国货币掉期率(即远期汇率与即期汇率之间的差额)之间的不一致迅速消除。所以从这个意义上讲，套利活动客观上加强了国际金融市场的一体化，使两国之间的短期利率趋于均衡并由此形成一个世界性的利率网络。同时，套利活动也使各国货币的利率和汇率之间形成了一种有机的联系，两者相互影响，相互牵制。从这一点上看套利活动实际上是促进国际金融一体化的一种重要力量。

在外汇行业来说，外汇套利就是利用各国货币兑之间的信息差，各大银行之间的利息差。各大平台之间的制度差等。通过一系列的技术手段，在零风险的基础上获得丰厚的利润，外汇套利方式通常有很多种，如三地套利，仓息套利，伊斯兰账户套利，关联货币套利，赠金套利等。

外汇套利与纯粹的外汇交易相比，有着本质性的区别。单纯的外汇交易，结果无外乎两种结果——非亏即赚，即便是研究出很厉害的策略或购买天价的 EA 进行交易，也往往是亏多赚少，风险大。因为说到底这还是单边操作，而外汇套利，相比之下就是在双边或多边操作的基础上进行无风险的交易行为，从而获取相应的利润，如果谨慎操作的话，则可达到百分百盈利。

由此可见，外汇套利的性价比高、操作性极强、无门槛、无需专业知识、时间自由、前景非常广阔。也正因如此,很多外汇套利团队才凭借超前的意识、敏锐的眼光和高强的专业能力在外汇行业中赚得盆满钵满。

三、套利和套汇的比较

1. 套利

套利就是将存款利率较低的外币兑换成利率较高的外币,获取更高的利息收益。例如,现在日元一年期存款利率仅为0.0215%,1 000 000日元存一年之后仅能获得215日元的利息,这顶多也就是2美元,不到20元人民币。假设在美元兑日元的汇率为108时将1 000 000日元兑成9260美元,而美元一年期存款利率为4.4375%,一年之后可得利息410美元。假设汇率未变,合44 280日元,比把日元存上一年多赚44 065日元,相当于408美元,或约3000多元人民币。

2. 套汇

套汇的基本原则是低买高卖。例如,原有10 000美元,在美元兑马克升至1.90时买入19 000马克,在美元兑马克跌至1.82时卖出马克,换回10 440美元,这相当于在马克汇率低时买进、汇率高时卖出。这样买卖一个回合可以赚取440美元的汇差收益。

◆◆◆◆ 知 识 归 纳 ◆◆◆◆

外汇市场是指进行外汇买卖的交易场所或网络交易系统,包括个人外汇买卖交易场所、外币期货交易所等,是以外汇专业银行、外汇经纪商、中央银行等为交易主体,通过电话、电传、交易机等现代化通信手段实现交易的无形的交易市场。外汇市场是目前全球最大的金融市场。外汇市场实行24小时不间断交易,目前主要的国际性外汇市场有伦敦、纽约、东京、巴黎、中国香港、新加坡等。

即期外汇交易是指外汇买卖成交后,在两个营业日内办理交割的外汇交易。

外汇掉期交易是就是外汇交易者在外汇市场上买进(或卖出)某种外汇的同时,卖出(或买进)金额相等、期限不同的同一种外国货币的外汇交易活动。掉期交易有以下几个特点:一是买卖同时进行;二是买卖某种货币的数额相等;三是交易的期限不同。凡符合这三个条件的,都可视为掉期交易。

套汇是指利用不同的外汇市场,不同的货币种类,不同的交割时间以及一些货币汇率和利率上的差异,进行从低价一方买进,高价一方卖出,从中赚取利润的外汇买卖。

套利也叫价差交易,套利指的是在买入或卖出某种电子交易合约的同时,卖出或买入相关的另一种合约。

习题与思考题

一、选择题

1. 外汇市场的参与者包括(   )。

A．商业银行　　　　　　　　B．中央银行

C．外汇投机者　　　　　　　D．持有外汇的个人

2．外汇市场的交易产品主要包括的传统类型有(　　)。

A．即期交易　　　　　　　　B．远期交易

C．期货交易　　　　　　　　D．掉期交易

3．套汇业务可以分为(　　)。

A．利率裁定　　　　　B．抛补套利　　　　　C．现汇交割

D．间接套汇　　　　　E．直接套汇

二、简答题

1．外汇市场有哪些功能和特征？

2．套汇与套利的基本内容是什么？

JJ03 案例　　　　　　　　JJ03 习题及参考答案

第四章 外汇衍生品市场

📖 教学目的和要求

通过本章的学习，了解外汇衍生品市场的内容；掌握远期外汇交易的基本原理；理解外汇期货交易的主要特征和基本应用；掌握外汇期权的合约种类、交易特点和基本交易方法；掌握外汇互换交易的基本概念和发展趋势。

🎓 重点与难点

外汇期货交易的操作原理、外汇期权交易的基本交易方法

🗝 关键词汇

远期外汇交易(Forward Exchange Transaction)；外汇期货(Foreign Exchange Futures)；外汇期权(Foreign Exchange Options)；外汇互换(Foreign Exchange Swaps)

引子案例

推动我国人民币外汇衍生品市场发展

中国现代外汇市场始于 20 世纪 90 年代初。近年来为更加有效地支持实施人民币经常项目可兑换、人民币汇率市场化、跨境贸易人民币结算以及跨境直接投资人民币结算等一系列重大改革举措，中国外汇交易中心相继于 2005 年 8 月、2006 年 4 月、2007 年 8 月和 2011 年 4 月在银行间外汇市场正式推出了人民币外汇远期、人民币外汇掉期、货币互换、外汇期权等产品，形成了我国外汇市场衍生产品结构体系。

境内外衍生品市场比较分析

境内外汇市场的发展提升了人民币的国际地位和市场份额，有效加快了人民币国际化的改革步伐。不过，站在全球视野对比国内和国际两个市场，笔者认为我国境内外汇市场也仍然存在一定的不足，主要表现在以下方面：

(1) 市场规模与我国经济的全球地位不相称。目前我国国民生产总值占全球 GDP 的比例接近 15%，而境内外汇市场日均交易额仅为全球外汇市场的 1%左右，相差悬殊。

(2) 离岸人民币市场规模发展迅速，对在岸市场构成反客为主的压力。根据中国人民银行发布的人民币国际化报告显示，中国香港、新加坡、伦敦等主要离岸市场人民币外汇日均交易量是境内市场日均交易量的 4 倍以上。

(3) 我国目前外汇市场参与者结构过于单一，造成市场的活跃度不高。从 2005 年 7 月我国启动人民币汇率形成机制改革以来，银行间人民币外汇市场发展迅速，但对参与者的

主体限制仍比较严格，目前市场主体以金融机构为主，客观上限制了市场的发展。2015 年银行间交易占整个外汇市场的比重为 67.7%，银行与非金融客户交易的比重为 30.5%，而在国际外汇市场，银行占整个外汇市场交易金额的比重已经由 20 世纪 90 年代的 70%左右下降到了 30%左右。

【资料来源：金融时报-中国金融新闻网 作者：孔军】

案例评析

除了人民币汇率形成机制改革尚未最终完成、境内外汇市场对外开放程度还不够等宏观因素以外，也有在岸市场存在着人民币衍生品交易品种不够丰富，外汇期权和外汇远期的成交不够活跃，汇率风险管理工具不够均衡等原因。

第一节 外汇衍生品市场概述

一、外汇衍生产品的基本概念和特征、功能

外汇衍生产品是一种金融合约，外汇衍生产品通常是指从原生资产派生出来的外汇交易工具。其价值取决于一种或多种基础资产或指数，合约的基本种类包括远期、期货、掉期(互换)和期权。外汇衍生产品还包括具有远期、期货、掉期(互换)和期权中一种或多种特征的结构化金融工具。

外汇衍生产品交易的基本特征有：保证金交易，即只要支付一定比例的保证金就可以进行全额交易，不需要实际上的本金转移，合约的终结一般也采用差价结算的方式进行，只有在到期日以实物交割方式履约的合约才需要买方交足货款。因此金融衍生品的交易具有杠杆效应。保证金越低，杠杆效应越大，风险也就越大。

外汇衍生产品的功能表现在三个方面：

(1) 规避和管理系统性金融风险。据统计，发达国家金融市场投资风险中，系统性风险占 50%左右，防范系统性风险为金融机构风险管理的重中之重。传统风险管理工具如保险、资产负债管理和证券投资组合等均无法防范系统性风险，外汇衍生产品却能以其特有的对冲和套期保值功能，有效规避汇率等基础产品市场价格发生不利变动所带来的系统性风险。

(2) 增强金融体系整体抗风险能力。金融衍生产品具有规避和转移风险功能，可将风险由承受能力较弱的个体转移至承受力较强的个体，将金融风险对承受力较弱企业的强大冲击，转化为对承受力较强的企业或机构的较小或适当冲击，有的甚至转化为投机者的盈利机会，强化了金融体系的整体抗风能力，增加了金融体系的稳健性。

(3) 提高经济效益。这主要是指提高企业经营效率和金融市场效率。前者体现为给企业提供更好规避金融险的工具，降低筹资成本，提高经济效益；后者体现为以多达 2 万余种产品种类极大地丰富和完善了金融市场体系，减少了信息不对称，实现风险的合理分配，提高定价效率等。

二、外汇衍生产品市场的现状及发展

国际金融产品种类繁多，活跃的金融创新活动接连不断地推出新的衍生产品。这些衍生工具在金融原生工具基础上组合再组合，衍生再衍生，形成全球巨大的交易市场。

自 1972 年美国芝加哥国际商品交易所推出外汇期货合约以来，短短 40 多年时间，国际金融市场上金融衍生工具得到了空前发展，交易品种迅速增加。总体上，表现出以下几个特点：

(1) 金融衍生工具是从简单到复杂的过程，衍生工具组合的随机性很强，始终不同程度地存在着众多不确定因素，新型衍生工具的操作难度增大。

(2) 新型衍生品工具的投机性更强、风险更大。

(3) 金融衍生工具更加多变，难以用现有的法规加以界定，实施统一、有效的监管困难。

我国外汇衍生产品最早起源于 1997 年，当时由于汇率相对比较稳定，还不是很活跃，我国真正的外汇衍生产品应该是从 2005 年 7 月 21 号正式启动，人民币向灵活的管理进行过渡，随着汇率浮动的增加，市场主体对于人民币和外汇之间的货币的管理要求有所提高。

到目前为止，我国的外汇衍生产品主要是远期和掉期的产品，期权和期货目前还没有出现。银行对客户的远期产品是从 1997 年开始，到 2005 年的 8 月份，国家外汇管理局放松了银行远期结售汇。2005 年以后要求所有的银行只要有中国银行业监督管理委员会颁布的金融衍生业务许可证和结售汇业务许可证，就可以向外汇管理局申请。到目前为止，有将近 80 家银行，其中包括一些外资银行的分支结构。2005 年 8 月，中国人民银行和外率管理局宣布推出银行对银行的远期外汇交易，交易内容没有限制。

第二节　远期外汇交易

一、远期外汇交易概述

远期外汇交易(Forward Exchange Transaction)是以约定的汇率在将来某一确定的日期进行交割的外汇交易。这里所约定的汇率称为远期汇率，交割日称为远期日。远期外汇交易的主要作用是避险保值。不管是工商企业还是金融机构，都需确保其将来收入、支出的外汇或现有货币头寸不因汇率波动而遭受损失，这就需要运用远期外汇交易。远期交易的避险保值原理见下例。

假设某企业 3 个月后要收入一笔 1000 万日元的外汇，现在美元兑日元即期汇率为120.50，远期汇率为 122.85，如果该企业现在叙做一笔远期交易，按远期汇率卖出 3 个月远期外汇 JPY 1000 万，则不论汇率如何变动，该企业都可将其收入锁定为 USD 81 400。如果该企业没有叙做远期交易，假设 3 个月后日元汇率跌到 130.50，则 3 个月后该企业只能收到 USD 76 628，与叙做远期交易相比，少收入 USD 4772。可见，远期交易能够将未来的收入和支出以事先确定的成本固定下来，从而规避了汇率波动所带来的风险和不确定性。

除避险保值外，远期交易也可用来投机获利。投机交易没有实际的商业和金融业务为基础，而是单纯凭着对汇率走势的判断来获取利润。例如，在上例中，假设该企业 3 个月后并没有日元收入，但其预计 3 个月后日元将大幅贬值，故卖出 3 个月远期日元 1000 万(日元空头)，3 个月后日元即期汇率果真下跌到 130.50，该企业在外汇市场上即期买进日元用来交割远期日元空头，净赚 USD 4772。

二、远期外汇交易交割日的确定

远期外汇到期的交割日，在大部分国家是按月而不是按天计算的，一般为 1 个月、2 个月、3 个月、6 个月、1 年，通常为 3 个月，但也有长达 1 年、短则数日的。交割日的确定，应以即期交割日为基准，确定方法如下：

(1) 日对日，指远期外汇交易的交割日与成交时的即期交割日(即成交后的第二个营业日)相对应。如远期交易的成交日是 2 月 8 日，即期交割日为 2 月 10 日，则 1 个月的远期交割日为 3 月 10 日，3 个月的远期交割日为 5 月 10 日，但它们必须是有效的营业日，即相关币种国家共同的营业日。

(2) 节假日顺延。远期外汇交割日遇上节假日应该顺延，如即期交割日为 5 月 7 日，1 个月的远期交割日为 6 月 7 日，而当天为星期天，应顺延到 6 月 8 日。

(3) 不跨月，指远期外汇交割日遇上节假日顺延时，不能跨过交易日所在月份。如即期交割日为 5 月 30 日，2 个月远期外汇交割日为 7 月 30 日，但是 7 月 30 日、31 日均不是营业日，则远期外汇的交割日应为 7 月 29 日。

三、远期汇率的决定

一般来说，远期汇率是由两种货币的利率差决定的，利率高的货币相对于利率低的货币是一种远期贴水；相反，利率低的货币相对于利率高的货币是一种远期升水。其原因是：在存在利率差的情况下，资金将从低利率货币转换为高利率货币以套利获利，但套利者为规避汇率变动风险，在套利的同时往往叙做相反方向的远期交易，以获取无风险的利差，这就是抛补套利。由于供求关系，大量抛补套利的结果使利率低的货币现汇汇率下浮，远期汇率上浮，利率高的货币现汇汇率上浮，远期汇率下浮，直到两种货币的收益率完全相等为止，此时抛补套利停止，远期差价正好等于两种货币的利率差。上述原理就是著名的"利率平价"理论。

用一个例子具体说明，假设，英镑的年利率是 7%，美元的年利率是 5%。如果一个客户向银行用英镑购买 3 个月远期美元，外汇银行就会按照即期汇率用英镑买入美元，存放于银行以备 3 个月后交割。这样，银行就要放弃英镑的高利息而收取美元的低利息。但是银行绝不会自己承担这部分损失，它会通过影响远期汇率将损失转移到客户头上。因此，远期美元就要比即期美元贵，美元升水或者说英镑贴水。

如果知道英镑与美元的即期汇率是 GBP 1 = USD 2，那么可以算出升贴水的具体数值。

假设有 1 万英镑，若投资于美元，3 个月可得本利和：

$$10000 \times 2 \times \left(1 + 5\% \times \frac{3}{12}\right) = 20250 \text{ 美元}$$

若投资英镑，3 个月可得本利和：

$$10000 \times \left(1 + 7\% \times \frac{3}{12}\right) = 10175 \ 英镑$$

远期汇率变动的结果是这两种方法取得的收益相同，英镑与美元的 3 个月远期汇率应为 20250 / 10175 = 1.9902，即 GBP1 = USD 1.9902。

上述计算的升、贴水数字是根据理论分析推导得出的，因此比较精确。通常情况下，可以用比较简单的近似公式来进行计算：

$$远期升水(或贴水) = 即期汇率 \times 两种货币的利差 \times \frac{月数(即交易期限)}{12}$$

用此公式计算 3 个月英镑贴水：

$$2 \times (7\% - 5\%) \times \frac{3}{12} = 0.01 \ 美元$$

原来英镑与美元的即期汇率是 GBP 1 = USD 2，3 个月英镑贴水 0.01 美元，因而 3 个月远期汇率为 GBP1 = USD 1.99 = (2 − 0.01)。

由此可见，两种货币的利率差是决定货币升、贴水及其数值大小的主要因素，但这只是在一般情况下。因为在固定汇率制度下，有时某些国家实行货币法定贬值、升值政策；在浮动汇率制度下，远期外汇供求的因素会对远期汇率的起伏产生影响。这些因素都可能在远期实际汇率中得到反映，从而造成远期汇率的升、贴水数值不同于根据利率平价理论计算出来的数值。

四、远期汇率的报价方式

在国际外汇市场上，报价银行每天都要报出或公布即期汇率和远期汇率，而远期汇率的报价和公布有两种不同的方式。

1. 直接报价

直接报价(Outright Rate)是指在外汇牌价上直接报出远期外汇的实际汇率。日本和瑞士外汇市场均采取这种报价方式。这种直接报出远期汇率的方法适用于银行对一般客户的报价。

例如，某日苏黎世外汇市场的报价如下：

汇　　率	USD/CHF
即期汇率	1.2484/1.2514
1 个月远期汇率	1.2566/1.2588
2 个月远期汇率	1.2428/1.2444
3 个月远期汇率	1.2288/1.2303
6 个月远期汇率	1.1920/1.1940
12 个月远期汇率	1.1760/1.1810

2. 远期差价报价法

远期差价(Forward Margin)报价法又称掉期率(Swap Rate)报价法，是指银行只报出远期汇率与即期汇率之间的差价。远期汇率是在即期汇率的基础上，通过远期差价来表示的。

远期差价有三种形式，即升水、贴水和平价。汇率标价方法的不同会导致计算远期汇率方法的不同。英国、美国、德国和法国等国家采用这种方法。

在直接标价法下，如果所报点数中小数在前、大数在后，表示外币单位货币的远期汇率升水；相反，如果所报点数中大数在前、小数在后，表示外币单位货币的远期汇率贴水，即

$$远期汇率 = 即期汇率 + 升水$$

$$远期汇率 = 即期汇率 - 贴水$$

在间接标价法下，如果所报点数中小数在前、大数在后，表示外币单位货币的远期汇率贴水；相反，如果所报点数中大数在前、小数在后，表示外币单位货币的远期汇率升水，即

$$远期汇率 = 即期汇率 + 贴水$$

$$远期汇率 = 即期汇率 - 升水$$

在不看标价方法中，如果所报点数中小数在前、大数在后，表示基准单位货币的远期汇率升水；相反，如果所报点数中大数在前、小数在后，表示基准单位货币的远期汇率贴水，即

$$远期汇率 = 即期汇率 + 升水$$

$$远期汇率 = 即期汇率 - 贴水$$

例如，某日香港外汇市场的外汇报价：

即期汇率　　　USD/HKD　　7.4142/46

3 个月远期差价　　　　　　20/40

因为香港外汇市场采用直接标价法，且所报点数的小数在前，大数在后，所以美元远期升水。根据公式远期汇率 = 即期汇率 + 升水，即 3 个月美元远期汇率为：USD/JPY = 7.4162/7.4186。

再如，某日纽约外汇市场的外汇报价：

即期汇率　　　USD/CHF　　1.8412/20

6 个月远期差价　　　　　　30/10

因为纽约外汇市场采用间接报价法，且所报点数的大数在前、小数在后，所以瑞士法郎远期升水。根据公式远期汇率 = 即期汇率 - 升水，即 6 个月瑞士法郎远期汇率为：USD/CHF 1.8382/1.8410。

五、远期外汇交易的功能及应用

远期外汇交易是在国际经济贸易不断发展和国际货币制度变革过程中产生并发展的。它的产生适应了当代世界经济发展的需要，也适应了各国进出口商、外汇银行及其有关机构、团体希望保值避险或牟利投机的需要。因此，在当代国际外汇市场上，远期外汇交易的规模发展迅速，它已同即期外汇交易一样，成为两种最基本、最主要的外汇交易形式之一。远期外汇交易的三大功能分述如下。

（一）保值

远期外汇买卖是发展最早，也是国际上应用最广泛的外汇保值方式。客户对外贸易结算、到国外投资、外汇借贷或还贷的过程中都会涉及外汇保值的问题，通过叙做远期外汇

买卖业务，客户对未来的收入和支出能够事先约定其外汇汇率或锁定远期外汇收付的换汇成本，从而达到保值的目的，规避汇率风险。

1. 商业性远期外汇交易

商业性远期外汇交易指进出口商为了避免贸易业务中汇率变动的风险，与外汇银行签订远期外汇合约，进行保值。

1) 进口汇付保值(锁定付汇成本)

如果进口商从国外进口货物，双方协定以外国货币进行支付。这样，该进口商就存在汇率风险。如果外币对本币升值，则进口商就要多付出本币。例如我国进口商从日本进口一批汽车，日本厂商要求我方在 1 个月内支付 50 亿日元。如果该进口商等到 1 个月后再以即期汇率从市场购汇 50 亿日元，那么一旦日元对人民币升值，购买日元的人民币成本将大大上升，进口商会因此受损。为了避免这一风险，进口商以 1 个月的远期汇率从银行购进 50 亿日元，这样就锁定了该笔买卖的汇率风险。当进口商不能准确预测汇率趋势时，也可采取部分保值的办法。

【例 4-1】 某年 3 月 20 日美元兑日元的汇率水平为 85。根据贸易合同，进口商 A 公司将在 6 月 5 日支付 1 亿日元的进口货款。由于 A 公司的外汇资金只有美元，因此需要通过外汇买卖，卖出美元买入相应日元来支付货款。公司担心美元兑日元的汇率下跌将会增加换汇成本，于是同银行叙做一笔远期外汇买卖，按远期汇率 84 买入 1 亿日元，同时卖出美元：

$$100000000 \div 84 = 1190476.19 \text{ 美元}$$

起息日(资金交割日)为 6 月 5 日，在这一天，A 公司需向银行支付 1 190 476.19 美元，同时银行向公司支付 1 亿日元。

这笔远期外汇买卖成交后，美元兑日元的汇率成本便可固定下来，无论国际外汇市场的汇率水平如何变化，A 公司都将按 84 的汇率水平从银行换取日元。

假如 A 公司等到支付货款的日期才进行即期外汇买卖。如果 6 月 5 日美元兑日元的即期市场汇率水平跌至 81，那么 A 公司必须按 81 的汇率水平买入 1 亿日元，同时卖出美元，则

$$100000000 \div 81 = 1234567.90 \text{ 美元}$$

与叙做远期外汇买卖相比，公司将多支出：

$$1234567.90 - 1190476.19 = 44091.71 \text{ 美元}$$

2) 出口收汇的保值(锁定收汇成本)

如果某个出口商所收到的货款是外汇，并且在一段时间后收到，那么该出口商就持有净外汇头寸。如果预计该外汇汇率在收到货款时会下跌，可卖出与应收款数量相等的远期外汇，为外汇头寸保值，锁定汇率风险。

【例 4-2】 在某年 6 月 10 日 A 出口商签订了贸易出口合同，将在 7 月 12 日收到 1 亿日元的货款。出口商担心美元兑日元的汇率将上升，希望提前 1 个月固定美元兑日元的汇率，规避风险。于是同银行叙做一笔远期外汇交易，按远期汇率 86 卖出 1 亿日元，同时买入美元：

$$100000000 \div 86 = 1162790.70 \text{ 美元}$$

7 月 12 日出口商需向银行支付 1 亿日元，同时银行将向公司支付 1 162 790.70 美元，

这笔远期外汇交易成交后，美元兑日元的汇率便可固定下来，无论国际外汇市场的汇率水平如何变化，该出口商都将按 86 的汇率水平向银行卖出日元。

假如出口商未进行远期外汇交易，如果到 7 月 12 日，美元兑日元的即期市场汇率水平升至 88，那么该出口商必须按 88 的汇率水平卖出 1 亿日元，同时买入美元：

$$100000000 \div 88 = 1136363.64 \text{ 美元}$$

与叙做远期外汇买卖相比，公司将少收入：

$$1162790.70 - 1136363.64 = 26427.06 \text{ 美元}$$

由此可见，通过远期外汇交易可以锁定进口商进口付汇的成本和出口商的收汇成本。因为在进出口商与银行签订远期外汇交易合同时就把未来交割的汇率固定(锁定)下来，到交割时，无论付款或收款时即期汇率如何变动，都按照远期外汇交易合同规定的远期汇率付汇或收汇。

2．金融性远期外汇交易

金融性远期外汇交易是指银行为平衡其远期外汇持有额而进行的远期外汇交易操作。进口商、出口商、投资者、借贷者为了避免外汇风险，而与银行进行远期外汇交易和远期结售汇，银行出现了远期外汇的超买或超卖(外汇头寸)。这样，银行超卖或超买部分的远期外汇就处在汇率变动的风险之下。为了避免遭受汇率变动的损失，银行就要进行抛补来平衡其远期外汇头寸，必须设法使外汇持有额保持平衡。银行调节远期外汇持有额的办法是与其他银行进行远期外汇交易：当银行超买时，就可以出售一部分远期外汇；当银行超卖时，则可以买进同额的远期外汇，使银行外汇持有额达到平衡。

【例 4-3】 纽约某银行存在外汇敞口头寸，1 月期欧元超买 800 万，3 月期英镑超卖 500 万，合约规定的远期汇率分别是 EUR/USD = 1.2000，GBP/USD = 1.4000。设 1 月期欧元兑美元交割日的即期汇率为 1.1000，3 月期英镑交割日的即期汇率为 1.6000，若该行听任外汇敞口头寸存在，则这两笔交易的盈亏状况如何？

(1) 为履行 1 月期欧元合约，该行买进欧元，卖出 960 万美元(800 × 1.2 = 960)。

为平衡欧元多头，该行按即期汇率卖出 800 万欧元，买进 880 万美元(800 × 1.1 = 880)。

该行亏损 80 万美元(880 - 960 = -80)。

(2) 为履行 3 月期英镑合约，该行卖出英镑，买入 700 万美元(500 × 1.4 = 700)。

为平衡英镑空头，该行按即期汇率买进 500 万英镑，卖出 800 万美元(500 × 1.6000 = 800)。

该行亏损 100 万美元(700 - 800 = -100)。

因此，顾客与银行之间的远期外汇交易使外汇风险转嫁到银行身上。银行为规避这种外汇风险，可将超卖部分的远期外汇买进，针对上例 3 月期英镑超卖 500 万，买进 3 月期英镑 500 万；将超买部分的远期外汇卖出，针对上例 1 月期欧元超买 800 万，卖出 1 月期欧元 800 万。这样，银行之间便发生了远期外汇交易，目的是以此进行保值，规避汇率风险。

3．筹资

发行某种外币债券是为了在将来某时间筹集到该种货币，如果到期该种货币贬值则对发行者不利，为规避汇率风险，可以卖出与筹资货币币种相同、金额相同、期限相同的远期外汇。

例如发行 10 亿日元债券,6 个月后筹集到日元。发行时即期汇率 USD/JPY 汇率为 100,10 亿日元折合 1000 万美元。6 个月后 USD/JPY 汇率为 110,筹集到的 10 亿日元折合 909.09 万美元。发行者的损失为 90.91 万美元。为防范汇率风险,可卖出 6 月期 10 亿日元远期外汇。

(二) 利用远期外汇交易投机

外汇投机商利用远期外汇交易,从汇率变动中获利。从事现汇投机时,买卖各方必须持有本币或外币资金,交易额受持有资金额限制。

远期外汇与现汇操作不同,利用远期外汇交易投机的基本操作方法是:投机者预测交割期某种外汇汇率看涨,就预先买进该种远期外汇,先低进,后高出,从中获利(买空或多头);预测交割期某种外汇汇率看跌,就预先卖出该种远期外汇,先高出,再低进,从中获利(卖空或空头)。

【例 4-4】 卖空。在东京外汇市场上,某日 USDI/JPY 汇率为 160.30/160.40。据预测三个月后美元贬值。于是投机商先在高价位卖出,向银行卖出 3 个月远期 100 万美元,USD/JPY 远期汇率为 158.50,折合 15 850 万日元。3 个月后,USD/JPY 即期汇率为 150.30/150.40。此时,再买进 100 万美元,折合 15 040 万日元。在不考虑其他费用的前提下,该投机者盈利 810 万日元(15 850 万 – 15 040 万 = 810 万)。

【例 4-5】 买空。在东京外汇市场上 6 个月的远期汇率 USD/JPY 104,某投机者预计半年后 USD/JPY 即期汇率将要上升,于是该投机者与银行签订远期合约,买进 100 万 6 个月的远期美元,支付 1.04 亿日元。若该预测准确,6 个月到期时 USD/JPY 即期汇率为 124,投机者将 100 万美元卖出获得 1.24 亿日元。在不考虑其他费用的前提下,可获利 2000 万日元(1.24 – 1.04 = 0.2)。

投机行为是否获利或收益大小取决于投机者预测汇率的准确程度。若投机者预测不准确,就会蒙受损失。

(三) 作为中央银行的政策工具

远期外汇市场为中央银行提供了政策工具,中央银行可以运用多种干预工具来影响本国货币汇率的走势,实现货币政策的目标。

综上所述,远期合约既锁定了风险又锁定了收益,同时也意味着交易双方失去了将来汇率变动有利于自己而获利的机会。客户与银行签订了远期合约,到期时必须履行,但如果到期时汇率变动有利于客户,这样就产生了机会成本。

第三节 外汇期货交易

一、外汇期货概述

外汇期货交易是在交易所由交易双方通过公开竞价方式达成的,具有法律约束力,并承诺在某一标准日期以事先约定的汇率交付某种特定标准金额的货币的合约。外汇期货合约是以外汇作为交割内容的标准化期货合同。它主要包括以下几个方面的内容:第一,外汇期货合约的交易单位,每一份外汇期货合约都由交易所规定标准交易单位。例如,德国马克期货合约的交易单位为每份 125 000 马克。第二,交割月份,国际货币市场所有外汇期货合约的交割月份都是一样的,为每年的 3 月、6 月、9 月和 12 月。交割月的第三个星期三为该月的交割日。第三,通用代号,在具体操作中,交易所和期货交易商以及期货行情表都是用代号来表示外汇期货的,而期货合约在交易时都是以美元进行报价的。第四,最小价格波动幅度,国际货币市场对每一种外汇期货报价的最小波动幅度做了规定,在交易场内,经纪人所做的出价或叫价只能是最小波动幅度的倍数,如果采用直接标价法,该波动幅度通常为 1 个基点(每个基点为 1/10000 美元)。第五,每日涨跌停板额,每日涨跌停板额是一项期货合约在一天之内比前一交易日的结算价格高出或低过的最大波动幅度,一般来说该幅度约为 100~300 个基点。

目前,全球仅有三家期货交易所提供标准的外汇期货合约,即附属于芝加哥交易所(CME)的国际货币市场(IMM)、新加坡国际货币交易所(SLMEX)和伦敦国际金融期货交易所(LIFFE)。

二、外汇期货交易原理

1. 保证金交易

交易双方都要在交易所的清算所存入保证金,保证金的作用是弥补期货合约价格变动所引起的损失。保证金分为初始保证金和维持保证金。初始保证金只相当于合约金额的一个很小的百分比,在交易之前就必须支付。维持保证金是期货交易双方在合约期内根据价格变动所必须维持的最低比例保证金,为初始保证金的 2/3 或 3/4。若保证金数额下降到维持保证金,客户必须追加保证金到初始水平,否则,清算所或经纪公司将立即代替客户对冲合约。

2. 逐日盯市

清算公司负责清算交易双方每日的盈亏,凡未平仓的每笔交易均按当日市场的收盘价逐日清算。盈余时,客户可把超过初始保证金的部分提走;亏损时,从保证金账户扣除。若保证金低于维持水平,经纪公司则通知客户补足,使之回升到初始水平。

【例 4-6】 星期一早晨,一投资者持有一份星期三下午到期的英镑期货合约的多头头寸,约定价格是 1.77 USD/GBP,数量是 62 500 英镑。星期一收盘时,价格上升到 1.79 USD/GBP;星期二收盘时,价格进一步上升到 1.80 USD/GBP;星期三收盘时,价格下跌到 1.785 USD/GBP。合同到期,投资者按当时的即期汇率 1.796 USD/GBP 进行即期交割。计算每天的清算结果,投资者的盈利(损失)是多少?

每天的清算结果如下:

星期一收盘时,$(1.79 - 1.77) \times 62500 = 1250(\$)$,投资者盈利;

星期二收盘时,$(1.80 - 1.79) \times 62500 = 625(\$)$,投资者盈利;

星期三收盘时,$(1.796 - 1.80) \times 62500 = -250(\$)$,投资者亏损。

投资者投资的这份期货合同最终盈利

$$1250 + 625 - 250 = 1625(\$)$$

或使用最终交割价与买入价计算得

$$(1.796 - 1.77) \times 62500 = 1625(\$)$$

3. 平仓机制

平仓机制是指交易双方可根据价格变化在交割日前买入或卖出一个方向相反的合约，作反向对冲交易轧平头寸，而不必到期按约定汇率进行最后交割。

三、外汇期货交易与远期外汇交易的异同

外汇期货交易与远期外汇交易的相同点是：

(1) 都是通过合同的形式把买卖外汇的汇率固定下来。

(2) 都是一定时期以后进行货币的交割。

(3) 目的都是保值(防范和转移外汇风险)或投机。

外汇期货交易与远期外汇交易仍然存在一些区别，主要表现在以下几个方面：

(1) 交易者不同。外汇期货交易，只要按规定缴纳保证金，任何投资者均可通过外汇期货经纪商从事交易，对委托人的限制不如远期外汇交易，因为在远期外汇交易中，参与者大多为专业化的证券交易商或与银行有良好业务关系的大厂商，没有从银行取得信用额度的个人投资者和中小企业极难有机会参与远期外汇交易。

(2) 交易保证金。外汇期货交易双方均须缴纳保证金，并通过期货交易所逐日清算，逐日计算盈亏，同时补交或退回多余的保证金。而远期外汇交易是否缴纳保证金，视银行与客户的关系而定，通常不需要缴纳保证金；远期外汇交易盈亏要到合约到期日才结清。

(3) 交易方式不同。外汇期货交易是在期货交易所以公开喊价的方式进行的，交易双方互不接触，而各自以清算所为结算中间人，由清算所承担信用风险；期货合约对交易货币品种、交割期、交易单位及价位变动均有限制；货币局限在少数几个主要币种。而远期外汇交易是在场外交易的，交易以电话或传真方式由买卖双方互为对手进行，而且无币种限制；对于交易金额和到期日，均由买卖双方自由决定；在交易时间、地点、价位及行情揭示方面均无特别的限制。

(4) 整体交易。在外汇期货交易中，通常以本国货币作为代价买卖外汇，如在美国市场仅以美元报价，因此，除美元外的其他币种如马克与日元之间的避险，只能以美元为代价买卖日元或马克从而构成两两交易。而在远期外汇交易中，不同币种之间可以直接交易。

(5) 现货结算与差额结算。外汇期货交易由于以清算所为交易中介，金额、期限均有规定，故不实施现货交割，对于未结算的金额逐日计算，并通过保证金的增减进行结算，期货合约上虽标明了交割日，但在此交割日前可以转让，实行套期保值，减少和分散汇率风险。当然，实际存在的差额部分应进行现货交割，而且这部分所占比例很小。而在远期外汇交易时，要在交割日进行结算或履约。

四、外汇期货交易的实际应用

外汇期货交易具有投机获利和避险保值的功能。由于汇率的频繁波动以及外汇期货的"低保证金、高杠杆率"的特点，外汇期货投机的风险很大，但盈利很可观。对于公司企业来说，外汇期货主要是用来避险保值的。其原理是利用外汇期货创造一个与设想中的现货头寸约略相等但方向相反的期货头寸，以抵消汇率变动对于未来收入和支出的不利影响。

例如，美国某进口商预计 3 个月后要支付一笔 GBP 650 000 的进口货款，目前 GBP/USD 即期汇率为 1.5700，为规避英镑升值的风险，该公司在国际货币市场上以 GBP/USD = 1.5710 的价格买入 11 份 3 个月后到期的英镑期货合约，每份合约规模为 GBP 62 500。如果两个月后该公司须提前支付货款，而此时英镑即期汇率已经涨到 1.5735，期货价格已涨到 1.5740，则该公司一方面可以在现货市场上买入 GBP 650 000，其成本比两个月前增加了(1.5735 − 1.5700) × 650 000 = USD 2275，另一方面在期货市场上以 1.5740 的价格卖出 11 份英镑期货合约，获利(1.5740 − 1.5710) × 62 500 × 11 = USD 2062.5，与即期市场买入英镑所增加的成本基本相抵，该公司的英镑成本约固定在最初的即期汇率 1.5700 左右。反之，如果英镑汇率下跌，则期货交易的损失与即期市场节省的成本相互抵消，该公司的英镑实际成本仍然约等于最初的汇率水平。

第四节 外汇期权交易

一、外汇期权交易概述

期权是一种选择权，买方通过向卖方支付期权费而获得在约定的日期要求卖方按合同规定的条件向其履行特定义务的权利。外汇期权是期权买方向卖方支付期权费后，有权在约定的日期(到期日)或在此之前，按照约定的汇率即履约价格买入或卖出特定数量外汇的一种权利。当然，如果市场价格比履约价格更有利，期权买方也可选择不执行期权而任其到期作废。

从权利性质上看，期权分为买方期权和卖方期权两种。外汇买方期权是期权买方对卖方所拥有的在有效期内以协定价格买入一定数量货币的权利，即在约定货币的市场汇价高于协定汇价时，买方执行期权，以较低的协定汇价买进外汇，反之则不执行期权，因此又称看涨期权；外汇卖方期权是期权买方对卖方所拥有的在有效期内按协定价格卖出一定数量货币的权利，即在约定货币的市场汇价低于协定汇价时，买方执行期权，以较高的协定汇价卖出外汇，反之则不执行期权，因此又称看跌期权。

从执行时间来看，期权分为欧式期权和美式期权两种。欧式期权的买方只能等到期权到期时才能执行，而美式期权的买方在期权到期日或到期日以前可随时执行买入或卖出外汇的权利。

从交易场所来看，期权又可分为场内期权和场外期权。场内期权是指在交易所内进行集中交易的期权，其交易金额、期限和协定价格等都是标准化的，并通过清算中心进行集中清算。场外期权是指在交易所外分散进行交易的期权，一般在金融机构的柜台上进行，期权金额、期限、协定价格均可由买卖双方根据需要商定。

外汇期权买方通过较小的期权费代价，可以有效地对冲汇率风险，并能更好地利用合约存续期内货币汇率的有利变动来获得盈利。

二、外汇期权交易的特点

外汇期权交易具有以下特点：

(1) 保险费(又称为期权费、期权价格或权利金)无追索权。即买方在购买期权后，不论是履行外汇交易的合约还是放弃履行外汇交易的合约，外汇期权买方支付的期权交易费都不能收回。

(2) 外汇期权交易的买卖双方权利和义务是不对等的，即期权的买方拥有选择的权利，期权的卖方承担被选择的权利，不得拒绝。

(3) 外汇期权交易的买卖双方的收益和风险是不对称的，对期权的买方而言，其成本是固定的，而收益是无限的；对期权的卖方而言，其最大收益是期权费，损失是无限的。

三、外汇期权交易的应用

1. 看涨期权的应用

期权买方预测汇率将要上涨时，可买入看涨期权。如远期有外汇支出时，可以通过买入看涨期权起到避险保值的目的；如没有外汇支出则可以通过购买看涨期权达到获利的目的。

在汇率上涨时，买方盈利无限；汇率下跌时，买方的最大亏损为期权费。下面分析在不同的市场汇率时，买卖双方的盈亏状况。假设 P 为期权费，R 为市场汇率，A 为协议价格，Q 为交易数量。看涨期权买卖双方的损益分析如表 4-1 和图 4-1 所示。

表 4-1　看涨期权损益分析

损益分析＼市场汇率 R		$R < A$	$R = A$	$A < R < A + P$	$R = A + P$	$R > A + P$
期权买方	履约选择	不行使期权	行使或不行使损益相同	行使期权	行使期权	行使期权
	期权费	PQ	PQ	PQ	PQ	PQ
	履约收益	0	$0(RQ - AQ = 0)$	$(R - A)Q$	$(R - A)Q$	$(R - A)Q$
	净收益	$-PQ$	$-PQ$	$(R - A - P)Q < 0$	0	$(R - A - P)Q > 0$
期权卖方收益		PQ	PQ	$-(R - A - P)Q > 0$	0	$-(R - A - P)Q < 0$

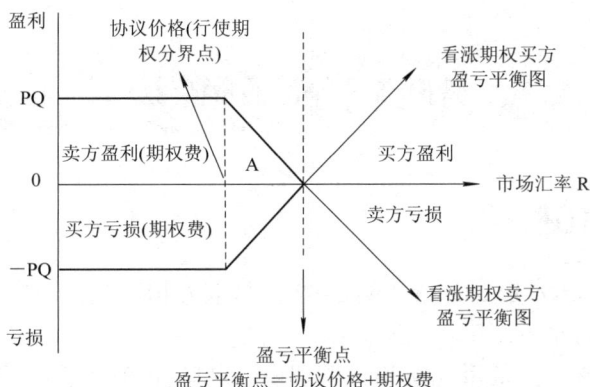

图 4-1　看涨期权买卖双方盈亏平衡图

2．看跌期权的应用

期权卖方预测汇率将要下跌时，可买入看跌期权。如远期有外汇收入时，可以通过买入看跌期权起到避险保值的目的；如没有外汇收入则可以通过购买看跌期权达到获利的目的。

在汇率下跌时，买方盈利无限；汇率上涨时，买方的最大亏损为期权费。下面分析在不同的市场汇率时，买卖双方的盈亏状况。假设 P 为期权费，R 为市场汇率，A 为协议价格，Q 为交易数量。看涨期权买卖双方的损益分析如表 4-2 和图 4-2 所示。

表 4-2　看跌期权损益分析

损益分析 ＼ 市场汇率 R		R > A	R = A	A − P < R < A	R = A − P	R < A − P
期权买方	履约选择	不行使期权	行使或不行使损益相同	行使期权	行使期权	行使期权
	期权费	PQ	PQ	PQ	PQ	PQ
	履约收益	0	0(RQ − AQ = 0)	(A − R)Q	(A−R)Q	(A − R)Q
	净收益	−PQ	−PQ	(R − A + P)Q < 0	0	(A − R + P)Q > 0
期权卖方收益		PQ	PQ	−(R + P − A)Q > 0	0	−(R + P − A)Q < 0

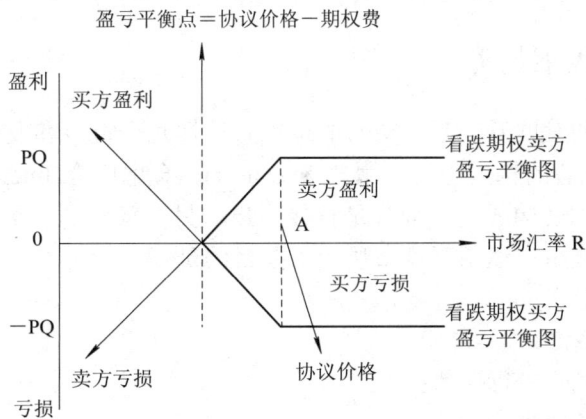

图 4-2　看跌期权买卖双方盈亏平衡图

第五节　外汇互换交易

一、外汇互换交易概述

外汇互换交易(Foreign Exchange Swaps)指交易双方相互交换不同币种但期限相同、金额相等的货币及利息的业务。

外汇互换交易主要包括货币互换和利率互换。这些互换内容也是外汇交易有别于掉期交易的标志,因为后者是套期保值性质的外汇买卖交易,双面性的掉期交易中并未包括利率互换。

外汇互换交易的常用形式是货币互换交易,另外还有外汇现货和外汇远期互换交易等形式。

1. 货币互换交易

货币互换交易是指交易双方向对方提供一定金额某种国家货币的本金,并在互换交易期限内相互逐期支付利息,在期满日再将原货币交换给对方的一种交易方式。

2. 货币互换与远期交易的结合

货币互换与远期交易的结合形式是指外汇现货和外汇远期同时发生的互换交易。这里需要理解的一个问题是:外汇的现货买入和远期售出,实际相同于本币的现货售出和远期买入。借入一定时期一定金额的外汇,那么在期满日就需要发生一次本币和外汇的互换交易。例如,一家美国公司借入 1 年期 1000 万英镑,在 1 年后该公司需要用美元兑换 1000 万英镑及 1 年期的利息金额,偿还给对方。在 1 年的借款期内,美元与英镑的汇率可能会发生变化,该美国公司可以采用外汇远期交易方式来规避其外汇风险,不过远期交易的金额需等于借入金额加利息金额的总和。因此,货币互换与远期交易的结合形式,一般的情况是某家公司或有关机构借入(或购买)一定期限一定金额的外国货币,并同时做该外国货币相同金额的一笔远期交易,以规避期满日时本币短期位置的外汇风险。

二、外汇互换交易发展趋势

以近期互换市场的发展看,互换交易的运行有这样几个特点和发展趋势。

(1) 互换市场参加者的构成由直接用户(End-user)向金融中介(Intermediaries)转移。互换市场主要由两部分参加者构成。一部分是直接用户,另一部分是金融中介。两者运用互换市场的目的不同。直接用户运用互换市场的主要目的是:

- 获得低成本的筹资;
- 获得高收益的资产;
- 对利率、汇率风险进行保值;
- 进行短期资产负债管理;
- 进行投机。

直接用户包括银行、公司、金融和保险机构、国际组织代理机构和政府部门等。金融中介或银行间运用互换市场主要是为了获得手续费收入或从交易机会中获利。它包括美国、日本、英国以及其他欧洲国家的一些银行和证券公司。对商业银行和投资银行来说，互换交易是一种具有吸引力的脱离资产负债表的收入来源。从互换市场实际构成中可以看到，直接用户参与交易的金额要大于金融中介参加交易的金额。1988 年底，利率互换总的未偿名义本金额 10.102 亿美元中，直接用户互换金额是 6.689 亿美元，国际互换商协会成员银行间的互换金额是 3.413 亿美元。进入 20 世纪 90 年代，随着公司收购兼并浪潮的减退，运用互换市场的杠杆性交易以及与兼并有关的互换交易不断减少，直接用户对互换的需求增长幅度减少。相比之下，金融中介对互换的运用增加较多。1990 年底时，在总的利率互换未偿名义本金额中，直接用户和金融中介所占比重分别为 61% 和 39%。到 1991 年上半年，银行间新安排互换额已达 3.354 亿美元，占新安排的总利率互换名义本金额的 44%。

(2) 互换交易者对伙伴风险(Counterparty-risk)方面的考虑更加敏感。互换市场有双重特征。一方面，互换市场具有批发市场特征。交易双方遵循预先确定的规则，由屏幕进行交易，大约有 1/3 的利率互换和 1/4 的通货互换都进行着较为标准化的交易；另一方面，互换交易由场外交易方式进行，具有零售市场或随意性特征，每笔交易需要分别安排。这虽然对交易双方来说更具有灵活性，但往往因这种个别安排或直接用户的套头动机使互换市场有较大的不透明性，加之各国当局对这种场外交易的法律规范有很大的不确定性，市场潜在的风险很高。1991 年 1 月，英国上议院通过一项法令，规定政府当局，包括地方当局官员参与互换交易以及与之有关的交易是非法的。这项法令使许多参与互换交易的银行蒙受损失。

20 世纪 90 年代以来，由于西方银行业陷入普遍的危机，银行破产案以及信用等级下降情况甚多，这给互换交易参加者带来潜在的伙伴风险。市场对伙伴风险增大的反应是，新安排的利率互换期限普遍缩短，较长期的互换要有那些具有更高信用级别的机构来安排。为减低互换交易中的信用风险和支付风险，国际互换商协会也在《利率和通货互换协议》修订本中，对会员在交易存在期内的信用风险加以控制。标准协议运用一系列条款，如陈述、约定事项、违约事项和终止事项、非法事件、信誉改变事件和银行资本改变等，规定交易双方有关信用方面的权利和义务。

同时，为减少交易对手支付方面的风险，标准协议在《利率和通货互换协议》中规定轧差支付的支付方式，即交易双方在交易支付日将所有同种货币的互换交易收入与支出相互轧抵，由支付金额较大的一方支付轧抵后的差额。《利率和通货互换协议》是互换交易中具有一定约束力的法律文件，运用这一协议的市场参与者，通过上述风险管理条款能减低互换交易中财务及信用风险。但从市场总体看，由于场外交易工具本身都缺乏统一的协议会计制度和财务公开系统，即使交易者们更为关注对手的财务状况，谨慎行事，也难以有效地避免交易过程中由伙伴风险带来的损失。

(3) 在利率和通货互换的货币构成中，美元标值的和有美元一方参加的互换占总互换额的比重明显降低。1988 年底，以美元计值的利率互换额为 7282 亿美元，占同年总利率互换未偿本金额的 72%，其他通货计值的利率互换仅占总利率互换的 28%。1989 年，美元计值的利率互换额占总利率互换的 66%，而包括日元、英镑和马克等在内的其他通货标值的利率互换额已占总利率互换额的 34%。到 1990 年底，美元标值的利率互换只占总利率互换的 55%，其他货币计值的利率互换额比重已达 45%。这其中，以瑞士法郎、英镑和加拿大元标值的利率互换增长最快。

1991 年底，美元标值和其他非美元通货标值的利率互换额占总未偿利率互换频的比重已分别达 49% 和 51%，美元标值的利率互换占绝对优势的地位已发生了逆转，这其中，德国马克、法国法郎和意大利里拉标值的利率互换增加员为明显。在通货互换的货币构成中也反映了同样的特点。有美元一方参加的通货互换虽然仍是通货互换的主要业务，但在非美元通货间安排的互换额增长较快。互换市场中美元作用的降低与市场结构变化有关。近年来，互换业务的直接用户逐步由美国市场向欧洲的金融机构和政府部门以及亚洲的非金融公司转移。新的直接用户多以非美元互换做交易。同时，非美元货币的较高利率水平以及币值较强的易变性，也促进了非美元互换业务的扩大。

◆◆◆◆ 知 识 归 纳 ◆◆◆◆

远期外汇交易是以约定的汇率在将来某一确定的日期进行交割的外汇交易。一般来说，远期汇率是由两种货币的利率差决定的，利率高的货币相对于利率低的货币是一种远期贴水；相反，利率低的货币相对于利率高的货币是一种远期升水。远期汇率＝即期汇率＋升水或远期汇率＝即期汇率－贴水。

外汇期货交易是在交易所由交易双方通过公开竞价方式达成的，具有法律约束力，并承诺在某一标准日期以事先约定的汇率交付某种特定标准金额的货币的合约。外汇期货合约是以外汇作为交割内容的标准化期货合同。

外汇期权是期权买方向卖方支付期权费后，有权在约定的日期(到期日)或在此之前，按照约定的汇率即履约价格买入或卖出特定数量外汇的一种权利。外汇期权买方通过较小的期权费代价，可以有效地对冲汇率风险，并能更好地利用合约存续期内货币汇率的有利变动来获得盈利。

外汇互换交易指交易双方相互交换不同币种但期限相同、金额相等的货币及利息的业务。

习题与思考题

一、单项选择题

1. 以点数表示的远期汇率差价，每点代表每个标准货币所折合货币单位的(   )。

A. 1/10 000　　　　　B. 1/10　　　　　C. 1/100　　　　　D. 1/1000

2. 外汇市场上，最常见的远期外汇交易期限是(   )。

A. 1 个月　　　　　B. 3 个月　　　　　C. 半年　　　　　D. 9 个月

3. 在(   )外汇交易中，买方可以不履行其合同。

A. 远期　　　　　B. 即期　　　　　C. 期权　　　　　D. 掉期

4. 一定条件下，高利货币远期(   )，低利货币远期(   )。

A. 升水/贴水　　　　B. 升水/平价　　　　C. 贴水/平价　　　　D. 贴水/升水

5．因交易对手违约而蒙受损失的可能性是有衍生金融交易中的哪种风险( )

A．操作风险 　　　　　　　　　　B．管理风险

C．信用风险 　　　　　　　　　　D．价格风险

6．已知美元兑瑞士法郎的即期汇率为 USD/SFR1.4525 – 1.4585，三个月掉期率为 150 – 100，则美元兑瑞士法郎三个月远期汇率为( )

A．1.4375 – 1.4485 　　　　　　　B．1.4625 – 1.4635

C．1.4625 – 1.4685 　　　　　　　D．1.4425 – 1.4435

二、多项选择题

1．外汇市场上的参与者有( )。

A．外汇指定银行　　　B．进出口商　　　C．外汇经纪人　　　D．中央银行

2．远期对远期的掉期交易所涉及的两笔外汇交易业务的( )。

A．金额相同　　　　B．汇率相同　　　C．汇率不同　　　D．交割期不同

3．在外汇市场上远期外汇的卖出者主要有( )。

A．进口商　　　　　　B．出口商　　　　C．持有外币债权的债权人

D．负有外币债务的债务人　　　　E．对远期汇率看跌的投机商

4．远期外汇交易的特点是( )。

A．买卖双方有直接合同责任关系　　　B．不收手续费

C．对远期外汇的买卖有标准化规定　　　D．实行双向报价　　　E．最后进行交割

5．美式期权下，购买期权合同方在合同到期日( )。

A．有权执行合同　　　　　　　　B．有权放弃合同

C．以前有权执行合同　　　　　　D．以前有权放弃合同

6．远期汇率升贴水取决于哪些因素？( )

A．不同外汇市场上的利率差异

B．供求关系

C．对未来汇率的预期

D．未来交割时的市场现汇率

三、计算题

1．已知：即期汇率 USD/HKD = 7.7810/7.7820，EUR/USD = 0.8923/0.8937，6 个月远期点数分别为 110/90，116/105，计算 6 个月远期汇率 EUR/HKD。

2．某年 3 月 12 日，美国出口商 A 与瑞士进口商 B 签订 50 万瑞士法郎的出口合同，预定在 3 个月后进行货款结算。签约时，即期汇率为 USD/CHF = 1.7950/1.7963，出口商 A 认为 3 个月后瑞士法郎贬值的可能性很大，届时将影响其出口收入。该出口商有以下方案可选择。

方案一：不做任何外汇风险的防范措施。

方案二：采用远期外汇交易防范外汇风险(3 月 12 日，USD/CHF 3 个月远期汇率为 70/80)。

方案三：采用外汇期货交易防范外汇风险。该出口商指示外汇期货经纪人卖出 4 份 6 月 16 日交割的瑞士法郎期货合约，期货价格为 CHF 1 = USD 0.5648。假设 6 月 12 日即期外汇市场果然贬值，汇率为 USD/CHF = 1.8223/1.8248，期货市场价格为 CHF 1 = USD

0.5450，该出口商指示外汇经纪人买入 4 份 6 月 16 日交割的瑞士法郎期货合约额，并将收到的出口货款 50 万瑞士法郎在即期外汇市场上卖出。

(1) 计算该出口商签约时计划出口收入的美元金额。

(2) 如果执行方案一，该出口商将蒙受多少汇率风险损失？

(3) 如果执行方案二，计算 3 个月远期汇率，并分析方案二是否起到防范汇率风险的作用；若是，比较方案一，减少了多少损失？

(4) 如果执行方案三，比较该出口商到期收入与计划收入的情况，分析方案三是否起到汇率风险防范作用？

(5) 比较方案二和方案三，哪一种方案的汇率风险防范效果更好？

JJ04 案例　　　　　　　　　JJ04 习题及参考答案

第五章 外汇风险管理及管制

教学目的和要求

通过本章的学习，理解外汇风险、外汇管制的概念，掌握外汇风险的防范措施，了解外汇管制的机构和类型；熟悉外汇管制的主要内容和措施，掌握外汇管制的作用和优缺点以及我国外汇管制的现状。

重点与难点

外汇风险的种类、外汇风险的防范、外汇管制的作用、外汇管制的主要内容

关键词汇

外汇风险(Foreign Exchange Risk)；交易风险(Transaction Risk)；会计风险(Accounting Risk)；经济风险(Economic Risks)；外汇风险管理(Foreign Exchange Risk Management)；外汇管制(Foreign Exchange Control)；外汇管制的作用(The Role of Foreign Exchange Controls)；中国的外汇管制(China's Foreign Exchange Control)

引子案例

跨国公司的外汇风险

山东省一家大型港务公司2012年获得了日本政府海外协力基金的优惠贷款40亿日元，期限20年，宽限期10年，利率比国内市场低3%～5%。由于日元对美元大幅度升值，企业一开始还本付息，当年就出现了3000万元人民币的汇兑损失。实际上，跨国公司、有涉外业务的企业的国际经营活动，如进出口贸易、直接投资、母公司与海外子公司之间的资金往来、融资及证券投资等等，无不涉及货币兑换问题。一旦出现汇率波动，企业的外汇风险将对其经营业绩产生不利影响。

外汇风险管理在跨国公司、涉外企业的经营管理中占据越来越重要的地位。优惠贷款不优惠，外汇风险须防范。

【资料来源：昆仑财经】

案例评析

该公司出口收汇的金额小于进口付汇金额，每月收付逆差约300万美元，且进口付

汇与收入外汇的币种也不匹配,存在非美元货币在实际对外支付时,与签订商务合同或开立远期信用证时成本汇率相比存在升值的风险。因此该公司迫切需要进行外汇风险防范和规避。

自 1973 年布雷顿森林体系崩溃以来,西方国家普遍实行浮动汇率制度,国际金融市场汇率频繁波动,短期汇率暴涨暴跌的现象时有发生,20 世纪 70 年代后期各国普遍放松外汇管制,加之金融创新产品的推出,各国外汇市场和资本市场的联动关系更加紧密。20 世纪 80 年代以来投机资本在外汇市场中所起的作用越来越突出。尤其是经历了 20 世纪 90 年代的多次世界性金融危机后,各国货币汇率更加不稳定,给一国经济带来了巨大且深远的影响。世界范围内的外汇汇率、利率和商品价格的波动明显增加,许多涉外企业不仅面临商业风险、政治风险,还要面临外汇风险可能带来的损失。经营稳健的经济主体一般都不愿意让经营成果经受这种自身无法预料和控制的汇率变化影响。因此,树立外汇风险意识,注意采取避险措施,对国家、企业、银行和个人都有重大的经济意义。外汇风险管理已成为涉外企业经营中风险管理的重点。

第一节　外汇风险及其类型

一、外汇风险

风险是由不确定性而引起损失或获利的可能性。在经济活动中,只要存在不确定性,就存在风险。自布雷顿森林体系崩溃后,国际浮动汇率制取代了固定汇率制,汇率波动日益频繁和剧烈。由于汇率波动的不确定性和难以预测性,企业和个人在不同货币兑换过程中就存在着因汇率波动而蒙受损失的可能性,这就是外汇风险(Foreign Exchange Risk)。由于外汇风险是以汇率波动为前提的,因此又称为汇率风险。外汇风险主要包括以下由于汇率变动而引起的损失:

(1) 外汇债权人以外币计值的资产或应收账款价值的减少。

(2) 外汇债务人以外币计值的负债或应付账款价值的增加。

(3) 账面上的资产损失。

(4) 预期收益的减少。

(5) 决策中的不确定性增加。

外汇风险的基本构成要素主要有本外币、汇率和交易时间,三者缺一不可。

(1) 两种以上的货币兑换,只涉及本币或只涉及外币不可能存在风险。例如,两个国内企业之间的贸易或两个外国企业之间的贸易就不会形成外汇风险,企业的国际业务至少涉及两种货币,即本币和外币,外币可以是一种或者多种。

(2) 成交与清算之间的时间,成交的时间不论长短都是需要一段时间的。即使是即期交易,从成交到交割完成也有两天的时间间隔。如果一笔业务排除了时间因素,如企业进行贸易时按照当时的汇率进行结算,也就不存在外汇风险。

(3) 汇率波动。在形成交易的这段时间里，汇率可能会发生变化，从而给企业造成风险损失。

【例 5-1】　假设以人民币核算其收益，汇率为 1.8 或 1.6，现有 10 万美元，对应的人民币可能是 80 万元，也可能是 60 万元，这就产生了汇率风险。

外汇风险的形成，还涉及敞口(Exposure)或风险头寸(Exposure Position)问题。外汇头寸是外币资产或负债的存量，它有三种基本表现形态：

(1) 头寸轧平：外汇资产等于外汇负债。

(2) 多头：外汇资产大于外汇负债，又称超买(Overbought)。

(3) 空头：外汇资产小于外汇负债，又称超卖(Ovesold)。

敞口头寸即未平仓头寸是指外汇资产与负债的差额，也就是由于没有及时抵补(Covered)而形成的某种货币买入过多(Long Position)或某种货币卖出过多(Short Position)，亦即暴露于外汇风险之中的那一部分资产和负债。

在外汇轧平的情况下，并不存在外汇风险，因为汇率变动对资产的影响和对负债的反向影响会相互抵消。只有在多头或空头的情况下，才存在敞口头寸，并且只有敞口头寸部分才面临外汇风险。

【例 5-2】　某公司买入 1500 万美元的同时又卖出 1000 万美元，且两笔交易的期限相同，则其超买部分的 500 万美元就是敞口头寸，将暴露于外汇风险之中。

【例 5-3】　经济主体卖出远期美元 200 万，又买进 6 个月远期美元 130 万，则经济主体承受的汇率风险是 70 万元(200 万–130 万)。卖出部分有 70 万美元的风险敞口。一旦汇率上升(美元本币贬值)，将会面临盈利；汇率下跌(美元升值)，则面临损失。

二、外汇风险的种类

根据外汇风险的作用对象和表现形式，基本外汇风险可分为三种：在经营活动中的风险为交易风险；在经营活动结果中的风险为会计风险；预期经营收益的风险为经济风险。

(一) 交易风险

交易风险是指由于交易行为产生敞口头寸而形成的外汇风险。企业以外币计价的各种交易过程中，如外汇买卖、进出口商品交易、以外汇进行投资等活动时，由于汇率波动造成交易时本币与外币折算过程中数额增加或者减少所带来的风险。它主要表现在以下两个方面。

1. 交易结算风险

交易结算风险又称商业性外汇风险，是指企业或个人在交割、清算对外债权债务时因汇率变动而导致经济损失的可能性。交易结算风险是伴随商品或劳务买卖时的外汇交易因汇率变动而可能带来的损失，是一种常见的外汇风险。交易结算风险是基于将来进行外汇交易而将本国货币与外国货币或者外国货币之间进行兑换，由于将来进行交易时所适用的汇率没有确定，所以存在不确定性风险。在对外贸易中进出口商从签订合同到债权债务的清偿，通常需要经历一段时间，而这段时间内汇率可能会发生波动。因此未结算的金额就成为外汇结算风险的受险部分。

【例 5-4】 德国大众汽车销售商出口价值 10 万美元的大众汽车,2018 年 1 月 1 日在签订出口合同时,欧元与美元的汇价为 EUR 1 = USD 0.96,出口 10 万美元的商品,可换回 10.4167 万欧元。但当货物装船后,4 月 1 日交单结算时,美元汇价下降,欧元上升,汇价变为 EUR 1 = USD 1.05。这样,德国大众汽车销售商结汇时的 10 万美元只能兑换回 9.5238 万欧元。因此,由于汇率波动使德国大众汽车销售商损失了 8929 欧元。在这里,签订合同时的 10 万美元金额便是该德国出口商的受险部分。德国出口商在外汇风险中蒙受的损失见表 5-1。

表 5-1 德国出口商的外汇风险损益

交易程序	交易金额	汇　率	受险部分	出口收入
合同签订 (1 月 1 日)	10 万美元	EUR 1 = USD 0.96	10 万美元	预期应收入欧元 10 万 ÷ 0.96 = 10.4167 万
办理结算 (4 月 1 日)	10 万美元	EUR 1 = USD 1.05	0	实际收入欧元 10 万 ÷ 1.05 = 9.5238 万

同样,进口商从签订合同到结算也要承担风险,原理与出口商相同。

再举个例子,英国某进口商从德国进口机器零件,双方协定以美元计价结算。每个零件价格 1000 美元,2018 年 1 月 1 日签订合同时汇价为 GBP 1 = USD 2,英国进口商支付 500 英镑才能兑换到 1000 美元。如果进口商将零件的国内销售价定位 550 英镑,那么每个零件可获 50 英镑利润。但是合同到期结算时,英镑的汇价下跌,变为 GBP 1 = USD 1.9,则 1000 美元的零件就要支付 526.3 英镑,如果按原定价格在国内销售,英国进口商只能获得每个零件 23.7 英镑的利润,结果其预期利润因汇价变动而减少。在这里,1000 美元一个零件便是英国进口商承担外汇风险的受险部分。英国进口商在风险中的损失见表 5-2。

表 5-2 英国进口商的外汇风险损益

交易程序	交易金额	汇　率	受险部分	进口收入
合同签订 (1 月 1 日)	1000 美元	GBP 1 = USD 2	1000 美元	预期应支付英镑 1000 ÷ 2 = 500
办理结算 (4 月 1 日)	1000 美元	GBP 1 = USD 1.9	0	实际支付英镑 1000 ÷ 1.9 = 526.3

2. 外汇买卖风险

外汇买卖风险又称外汇金融性风险,产生于本币和外币之间的反复兑换,这种风险是因买入或卖出外汇而存在的。外汇银行承担的外汇风险主要是这种外汇买卖风险。银行以外的企业所承担的外汇买卖风险存在于以外币进行借贷或伴随外币借贷而进行的外贸交易之中。

【例 5-5】 日本某银行于 2017 年 10 月分别买入 1 月期 10 万美元和卖出 1 月期 8 万

美元，出现 2 万美元"风险敞口"，通常将这 2 万美元称为多头，这种多头将来在卖出时会因汇率水平变化而发生盈亏。当时 1 美元兑换 100 日元，该银行及时平衡头寸，卖出 2 万美元头寸可收回 200 万日元。若该行不采取应对措施，如果 1 个月后 1 美元兑换 90 日元，那么该行只能回收 180 万日元，损失 20 万日元。

【例 5-6】 中国某金融机构在日本筹集一笔总额为 100 亿日元的资金，以此向国内某企业发放 10 年期美元固定利息贷款。按当时日元兑美元汇率，1 美元兑 200 日元，该机构将 100 亿日元折成 5000 万美元。但 10 年后日元兑美元汇率变成 1 美元合 110 日元，仅 100 亿日元的本金就需要 9090.0 万美元。而该金融机构到期收回本金 5000 万美元与利息(按 10% 计)500 万美元，总计 5500 万美元，连借款的本金都难以弥补，这就是该金融机构因所借外币汇率上浮所经受的风险。

(二) 会计风险

会计风险也称为转移风险、折算风险，是指涉外企业在进行会计处理以及进行外币债权、债务决算的时候，经常会碰到如何以本国货币评价这些对外经济活动的价值和效益问题。比如在办理财务决算时，由于汇率一直处于变化之中，经济活动发生日与财务决算日的汇率已经不一样了，选用不同时点的汇率评价外币债权债务，往往会产生差异很大的账面损益，所以汇率波动造成的会计账面损益有时又被称为评价风险或外汇折算风险，即涉外企业为了编制统一的财务报表，将以外币表示的财务报表用母公司的货币进行折算或合并时，由于汇率变动而产生的账面上的损益差异。会计风险产生于经营活动后，它是从母公司的角度来衡量其受损程度的，其所造成的损失不是实际交割时的真实损失，只是账面上的损失。

【例 5-7】 海尔(美国)于 5 月 15 日在当地购入一批价值 20 万美元的零部件，至今仍未出库使用。购入时汇率 USD1 = RMB8.27。由于人民币汇率改革，第三季度会计决算日汇率 USD1 = RMB8.09。母公司合并报表时该笔存货的折算风险为 20 万美元 × (8.27 - 8.09)。

外汇会计风险来源于会计制度的规定，并受不同国家会计制度的制约。由于汇率的变化，公司资产负债表中某些外币项目金额也会发生变动。公司在编写报表时，为了把原来用外币计量的资产、负债、收入和费用合并到本国货币账户内，必须把这些用外币计量项目发生额用本国货币重新表述。这称为折算的重新表述，要按照公司所在国政府、会计协会和公司确定的有关规定进行。

【例 5-8】 美国某公司在英国的子公司的往来账户中余额为 100 万英镑。年初时 GBP1 = USD1.6000，英国子公司账户余额折算成美元为 160 万美元。年末时，美元升值，英镑贬值，GBP1 = USD1.5000，此时，英国子公司账户余额折算成美元只有 150 万，英镑余额价值降低了 10 万美元。根据美国的会计制度规定，这笔损失可记在母公司收益的损失上，或通过一个备抵账户直接冲销股东收益。

会计风险虽然只是账面上的损益，但对企业还是要产生一些影响：一是影响企业纳税额度；二是影响企业资产，若子公司所在国货币贬值，即使它不把利润汇往母公司，但由于要以母公司所在国货币衡量，也会导致集团公司资产价值减少；三是影响公司股票价格，因为会计风险影响公司的业绩报告中的损益情况，从而给企业带来融资能力等方面的障碍。

(三) 经济风险

经济风险又称经营风险，是指因外汇汇率变动企业在将来特定时期的收益发生变化的可能性，即企业未来的现金流量的现值的损失程度。收益变动幅度的大小，主要取决于汇率变动对企业的销售额、企业产品数量及价格成本等关键指标可能产生影响的程度。例如，当一国货币贬值时，一方面出口商因出口货物的外币价格下降有可能刺激出口使其出口额增加而获益；另一方面，如果出口商在生产中所使用的主要原材料为进口品，因本国货币贬值会提高本币表示的进口品的价格，出口品的生产成本就会增加。结果该出口商在将来的纯收入可能增加，也可能减少，该出口商的市场竞争能力及市场份额也将发生相应的变化，进而影响到该出口商的生存与发展潜力。

该定义有两个需要注意的方面：第一，它所针对的是意料之外的汇率变动，意料之中的汇率变动不会给企业带来经济风险。第二，它所针对的是计划收益，因为意料之中的汇率变动对企业收益的影响已经在计算计划收益的过程中加以考虑，所以经济风险并未包括汇率变动对企业收益的全部影响。

虽然交易风险、会计风险与经济风险都是由于未预期的汇率变动引起的企业或个人的外汇资产或负债在价值上的变动，但侧重点各有不同。三种外汇风险的区别见表5-3。

表 5-3　三种外汇风险的区别

风险 区别点	经济风险	交易风险	会计风险
发生的时间	预测企业未来收益	经营过程中	经营结果
造成的损益的真实性	潜在的	真实的	账面的
衡量损益的角度	企业整体	单笔的交易	母公司
衡量风险的时间	长期的	一次性的	一次性的
损益表现的形式	动态性和主观性	客观性	客观性

第二节　外汇风险管理

引子案例

2016年8月至9月，宁波大程国际贸易有限公司勾结境外多家公司，使用其他公司作废提单，虚构转口贸易合同，订立高于市场价5倍至20倍的交易价格，先后15次向境外非法转移资金，金额合计1.19亿美元。

该行为违反了《外汇管理条例》第十二条和第十四条的规定，构成逃汇行为。其违规金额巨大，性质恶劣，严重干扰了外汇市场秩序，根据《外汇管理条例》第三十九条的规定，对其作出2281万元人民币罚款的行政处罚。

【资料来源：搜狐财经】

案例评析

外汇风险是涉外经济中不可避免的一种市场风险，对一国政府、企业乃至个人都会产生很大的影响，外汇风险管理因此成为企业经营管理的重要组成部分。外汇风险管理的目标是充分利用有效信息，力争减少汇率波动带来的现金流量的不确定性，控制或者消除业务活动中可能面临的由汇率波动带来的不利影响。为了实现这一目标，在外汇风险管理中应该遵循一些共同的指导思想和原则。这其中包括全面重视原则、管理多样化原则和收益最大化原则。外汇风险管理的具体方法主要有贸易管理方法、金融市场交易方法和公司内部管理方法。

一、外汇风险管理的贸易管理方法

外汇风险管理(Foreign Exchange Risk Management)的贸易管理方法是在进出口贸易中通过对各种贸易要素采用风险防范措施来回避或控制风险的方法。具体包括以下五种方法。

1. 计价货币选择法

计价货币是用于进出口贸易商品标价和结算的货币。无论对进口商或出口商，作为外汇的计价货币汇率的波动都可能导致汇兑损失。当计价货币汇率上升时，进口商要支付更多的本币兑换外汇支付货款；当计价货币汇率下跌时，出口商收取的外汇货款兑换的本币收入减少，因而，贸易商需要审时度势选择与己有利的货币作为计价结算货币。

首先，在对外贸易或经济交往中，无论是收取或支付均选择本币为计价货币。由于收付本币兑换，因而不存在汇率风险。但作为计价货币一般应是自由兑换货币，并具有较高的信用度，这使得许多国家的本币不能充当计价货币，限制了选择本币为计价货币方法的使用。同时，在使用中回避外币收付实际上是将外汇风险完全转嫁给贸易对手，容易被对方拒绝，需要做出相应的补偿或将此方法与其他方式结合使用。

其次，在出口贸易中选择硬货币或具有上升趋势的货币为计价货币，在进口贸易中选择软货币或具有下浮趋势的货币为计价货币，以避免汇率波动引起的收支汇兑损失。上述方法实质也是将外汇风险向贸易对方单向转移，容易引起交易破裂，因而，其实际使用时可以适当提高或降低货价弥补对方，或者货款以双方各自选择的软硬货币各50%的比例计价结算，使双方共担风险，平等相待。

在国际外汇市场上，由于多方面的原因，各种货币的币值总是经常变化的，汇率也总是经常变动的，因此根据币值和汇率走势又可将各种货币归为硬货币和软货币，或叫强势货币和弱势货币。硬货币是指币值坚挺，购买能力较强，汇价呈上涨趋势的自由兑换货币。由于各国国内外经济、政治情况千变万化，各种货币所处硬货币、软货币的状态也不是一成不变的，经常是昨天的硬货币变成了今天的软货币，昨天的软货币变成了今天的硬货币。

再次，在对外计价结算中选择一组货币作为计价货币，即选择一组由软硬货币或汇率变动趋势反向的货币组成的组合货币计价结算，如两种硬货币与两种软货币的组合。当汇率发生波动时，利用组合货币中硬软货币汇率升降反向对冲、损益相抵的机制防范风险。"篮子"货币的组合币种和各币种的组合比例具有弹性，可由贸易双方依据汇率风险大小和兼顾各方利益协商确定。

计价货币选择法是防范、回避外汇风险的基本方法，其方法简单，成本低廉，在货币汇率变动趋势和幅度可预期的条件下，能有效地回避或减少外汇风险的损失。但在计价货币无选择余地时，该方法的使用会受到限制。

2. 货币保值法

货币保值法是在签订进出口贸易合同或贷款合同中，加列各种货币保值条款来防范汇率风险的方法，是外汇风险防范的常用方法。货币保值法与计价货币选择法的区别在于，后者是直接选用可保值的计价货币或计价货币组合回避外汇风险，前者是通过选择保值货币，并在合同期内将计价货币转换为保值货币进行保值。货币保值可采用的形式主要有黄金保值条款、外汇保值条款、综合货币单位保值条款和物价指数保值条款等。

黄金保值条款是货币保值的传统形式，主要通行于早期固定汇率制时期。黄金保值条款是指贸易双方签订贸易合同时，规定以计价货币的金平价对计价货币进行保值，如计价货币汇率下降，则按其金平价调整实际的支付金额。在牙买加货币体系下，货币与黄金脱钩，金平价不复存在使黄金保值条款的应用失去标准。在浮动汇率制度下，国际贸易与金融交易的货币汇率风险增大，市场主体便借助黄金的市场价格进行货币保值。在签订大额长期合同时，规定按当时的黄金市场价格将支付货币金额折合为一定量的黄金，到实际支付日时，再按支付日的黄金市场价格将一定量的黄金折合成支付货币支付。如黄金市场价格上涨，折合的支付货币额增加，实现保值；反之，折合的支付货币金额减少，形成风险损失。由于黄金的市场价格也是不断波动的，只有当黄金价格稳定或价格上升时，才能担当货币保值功能，否则，同样会产生风险。

外汇保值条款是货币保值的主要形式。外汇保值条款是在贸易合同中规定以某种硬货币或几种货币组合为保值货币，签约时按即时汇率将以软货币计价的货款折算成硬货币或货币组合保值，实际结算时再按结算日汇率将硬货币折算回软货币支付结算。外汇保值条款在实际使用中可选择多种具体形式：

(1) 选用硬货币外汇保值，即将货款折算为硬货币，支付时按保值货币与计价货币的现行价折换支付，以保证不减少收入。

(2) 以硬货币汇率变动率保值，即计价货币用软货币，但签约时规定计价货币与某一硬货币的汇价挂钩，如实际支付时汇价发生变化，实际支付货价则按汇率变动幅度做相应调整。

(3) 以汇率波动幅度保值，即签订贸易合同时规定某软货币与某硬货币之间的汇率波动幅度，到实际支付日该汇率如未超出规定的波动幅度，支付货款不作调整；如汇率波动超过规定幅度，则支付货款按比例作相应调整。

(4) 选用"一篮子"货币保值，即在签订贸易合同时，选择若干货币为保值货币组合，并将货款计价货币按即期汇率和"篮子"货币的组合比例折算为保值货币，到支付日时再按支付日汇率将各种保值货币折算为计价支付货币向对方支付货款。由于组合货币在此期间汇率波动有升有降，汇率风险在货币组合内相互冲抵而回避风险。

此外，还有以特别提款权等价值比较稳定的工具进行保值的综合货币单位保值条款，以商品的价格指数或消费物价指数为标准，进出口商品交易货价依据价格指数变动相应调整进行货币保值的物价指数保值条款等。

3. 价格调整法

价格调整法是通过提高或压低贸易商品交易价格，对冲减少计价货币汇率风险损失的方法。当进口商坚持以本币作为计价结算货币时，出口商要单方面承担外汇风险，出口商便可适当调高商品价格，将计价结算的软货币汇价损失摊入商品价格中保值，弥补因使用对方货币可能蒙受的损失。但出口商品加价的幅度一般不能超过软货币的预计贬值幅度，加价后的出口商品价格＝原价×(1＋货币预计贬值率)。同样，当进口商接受出口商以本币作为计价结算货币时，由进口商承担外汇风险，其可以进口商品计价结算的硬货币预期升值幅度为限，要求出口商降低商品价格，将计价结算的硬货币汇率上涨产生的损失从商品价格中扣除，实现减价保值，减价后的进口商品价格＝原价×(1－货币预计升值率)。

4. 收付期限调整法

收付期限调整法又名提前错后法。收付期限调整法是依据计价货币汇率走势的预测，通过提前或推迟合同规定的货款收付结算日期来防范外汇交易风险的方法。当预期计价货币汇率将上涨时，出口商应推迟收汇清算日期而进口商应提前付汇结算；反之，当预期计价货币汇率将下跌时，出口商应提前收汇结算而进口商应推迟付汇结算。

实施收付期限调整要受合同约束，并且，提前付汇和推迟收汇会打乱企业的筹资计划，推迟付汇和提前收汇的企业要重新安排资金的运用计划，需要贸易双方协商解决，并给予对方适当补偿。鉴于提前支付货款相当给予对方贷款，提前收取货款类似借款，贸易双方可参照相应的机会成本，以提高或压低贸易价格的方式商定补偿折扣率。

5. 对销贸易法

对销贸易法是在同一时期内，通过组合相同金额、相同期限、相同货币的反向业务资金流，或者通过组合相同金额、相同期限、汇率波动相反货币的业务资金流回避外汇风险的方法。对销贸易法具体有平衡法和组对法。

平衡法是指在同一时期内，组合一对相同金额和相同货币的买卖反向的业务资金流，以同币种资金收付相抵来避免汇率风险的方法。例如，某公司有3个月10万欧元的出口应收货款，该公司便签订等同金额、币种和期限的出口业务，形成3个月相抵的10万欧元进口应付货款对冲风险。

组对法是指在同一时期内，配对一组相同金额而不同货币且不同货币的汇率变动呈正相关的买卖反向的业务资金流，以汇率升降相同的不同币种资金之间的收付资金流相抵来避免汇率风险的方法。例如，某公司有2个月的100万港币出口应收款，便准备2个月等额美元的进口业务，形成等额等期的美元应付款。由于港币汇率盯住美元，与美元汇率变动基本呈同向变化，当港币与美元汇率均下跌时，出口应收货款的汇兑损失与进口应付货款的汇兑收益对冲，回避了汇率变动的风险。

组对法与平衡法的区别在于，平衡法是在相同的交易金额与收付期限条件下，以同一计价货币但买卖方向相反的业务来对冲汇率风险，而组对法是在相同的交易金额与收付期限条件下，以汇率变动同向的不同计价货币的反向的买卖业务来对冲汇率风险，即选用的计价货币不同。两种方法各有利弊：平衡法能有效地对冲汇率风险，但实际使用要受实际贸易交易配对的限制；组对法使用灵活，易于实施，但如选用的组对货币汇率变动方向不同或波幅不同，则不能完全对冲汇率风险，甚至产生两种货币汇率变动的双重汇率风险。

此外，出口商还可通过货款的保付代理业务或货款债权买断的福费廷(Forfaiting)业务方式防范外汇风险。当外贸交易以延期付款形式交易，而未来计价结算货币又面临贬值风险时，只要保付代理的费率和买断的折扣率低于结算货币的贬值率，出口商向对方发运货物后可立即将交易发票、运输和提货单证等交易结算凭证，以一定的折扣率卖断给专业的外贸货款保理机构，收回货款兑换成本币，以货款的折扣费用为代价锁定汇率波动的风险。出口商也可以通过远期外汇票据的贴现方式回避外汇风险，当进口商以远期商业票据的方式向进口商支付结算，远期外汇商业票据的结算货币又面临贬值时，只要贴现率低于结算货币的贬值率，出口商收取远期结算票据后可立即向银行贴现，提前收入货款汇兑成本币，以支付的贴现利息为代价回避风险。

二、外汇风险管理的金融市场交易方法

金融市场交易方法是利用各种金融工具，通过交易外汇市场与货币市场金融产品，以防范汇率风险的方法，其主要包括即期外汇交易、远期外汇交易、外汇掉期交易、外汇期货交易、外汇期权交易和外贸短期信贷等方法。

1. 即期外汇交易法

即期外汇交易法是指具有外汇债权或债务的进出口商，通过与外汇银行签订出售或购买外汇的即期交易合同来回避外汇风险的方式。所谓即期合同，是在外汇交易合同签订后的 2 个营业日内，买卖交易双方相互向对方交割结算的合同。例如，某贸易公司进口业务要在 2 天内对外支付 10 万美元货款，当天美元对人民币的即期汇率为 USD 1 = CNY 7.6550/7.6570，该公司即与外汇银行签订购买 10 万美元的即期外汇交易合同，并于两个营业日内按 USD 1 = CNY 7.6550/7.6570 的汇价，以 76.57 万元人民币购入 10 万美元对外结算支付。相反，外汇债权方可与外汇银行签订外汇卖出的即期交易合同回避风险。

即期外汇交易可锁定 2 天内汇率可能的变动风险，在汇率频繁大幅度剧烈波动时期，即期外汇交易有较高的应用价值，但在汇率波动平稳时期，其回避风险的作用有限。

2. 远期外汇交易法

远期外汇交易法是指具有外汇债权或债务的进出口商，通过与外汇银行签订出售或购买外汇的远期交易合同来回避外汇风险的方式，其实质是利用市场远期汇率实施外汇的套期保值。所谓远期合同，是在外汇交易合约规定的交割结算日，交易双方按照合约规定的远期汇率相互向对方交割结算的合同。远期外汇合约的期限由交易双方自行选择，一般有 1 个月、3 个月、6 个月和 1 年等。远期汇率通常采用外汇银行对外挂牌交易的外汇远期汇率。例如，某出口商将在 1 个月后收取 1000 万日元的货款，设日元对人民币 1 个月的远期汇率为 JPY 100 = CNY 6.3465/6.3495，出口商为防范汇率波动风险，即与外汇银行签订按照 1 个月远期汇率出售 1000 万日元的远期外汇交易合同，并在 1 个月到期用

1000 万日元兑换 63.465 万元人民币。由此，借助远期外汇交易的套期合同，锁定了 1 个月内两种货币间的外汇交易风险。相反，外汇债务方可通过外汇远期的买入合约套期保值。

远期外汇交易套期保值的效果取决于远期汇率与外汇远期市场上的即期汇率的差额。外汇远期市场上的即期汇率越低于远期汇率，套期保值的效用越大；反之，外汇远期市场上的即期汇率越高于远期汇率，套期保值的成本越高于不套期保值的成本，远期外汇交易防范的效用为负。

3. 外汇掉期交易法

外汇掉期交易法是交易商通过与外汇银行签订不同期限的买入或卖出反向交易合同方式，来回避汇率风险的方法。在外汇掉期交易中，客户通常在与外汇银行订立外汇买入即期或远期合约的同时，再签订外汇的即期或远期卖出合约，或者在与外汇银行签订外汇即期或远期卖出合约的同时，再签订外汇的即期或远期买入合约，以回避不同合约之间时段内的汇率波动风险。

实际使用外汇掉期交易需要全面比较和把握汇率变动的方向与波动幅度，以确定是否需要运用掉期交易来回避外汇风险，否则，可能起不到风险防范的效果，甚至带来损失。

4. 外汇期货交易法

外汇期货交易法是交易商通过签订外汇期货交易合同来套期保值回避外汇风险的方法。当有预期的外汇收入或债权和预期外汇汇率下跌时，可签订等额相同币种的卖出外汇的空头期货合约，进行空头套期保值；当有预期的外汇支出或债务和预期外汇汇率上涨时，可签订等额相同币种的买入外汇的多头期货合约，进行多头套期保值。

5. 外汇期权交易法

外汇期权交易法是进出口商以签订外汇期权交易合同的方式来回避可能的汇率波动风险的方法。当贸易商后期有外汇收入或债权，而计价货币又面对汇率风险的可能汇兑受损时，可以支付小额期权费为代价，购买同币种、同期限的等额外汇认沽权证锁定汇率回避风险；当贸易商后期有外汇支付或债务，而计价货币存在汇率风险的可能汇兑受损时，可以支付小额期权费为代价，购买同币种、同期限的等额外汇认购权证锁定汇率回避风险。

对于外汇交易风险，企业有五种管理办法可供选择：

(1) 不从事套期保值，即投机；

(2) 利用远期外汇市场进行套期保值；

(3) 利用货币市场进行套期保值；

(4) 利用期权市场进行套期保值；

(5) 利用期货市场进行套期保值。

如果企业什么都不做(即投机)，则可能获取风险收益，也可能蒙受风险损失。如果企业利用远期外汇市场进行套期保值，则既放弃了风险收益，也回避了风险损失，这是一种保守的交易方式。货币市场的套期保值有多种方法，如在债券市场上买卖国债、进行企业投资等，通过相应的收益避免汇率市场上的风险损失。如果企业在期权市场上进行期权买卖，则利用买方期权可在获得风险收益的同时回避风险损失，其最大的代价是期权费；而利用卖方期权交易有风险收益也有风险损失，且收益无限，风险也无限。如果企业利用期货市场进行套期保值，可使得现货市场或少亏、或平、或略盈，这样既回避了风险，也回避了风险收益。

6. 外贸短期信贷法

外贸短期信贷法是利用资金的短期借入与贷出，错开对外贸易货款收付的换汇时间来回避汇率风险的方法。当出口商未来货款收入的计价货币面临贬值风险时，其可先行借入同币种、同期限的等额外汇贷款兑换成本币，到期再以收入的货款归还贷款；当进口商未来支付货款的计价货币面临升值风险时，其可先行以本币兑换同币种等额外汇，并将外汇借出到支付结算期回收本息支付货款；外贸短期信贷法通过将未来外汇与本币之间的兑换时间提前，消除了汇率风险的时间构成要素，达到防范风险的目的。外贸短期信贷法具体有借款法和投资法。

借款法是当计价结算货币汇率呈下降趋势时，有远期外汇货款收入的出口商在签订出口合同后，即与外汇银行签约，借入与远期外汇货款收入同币种、同期限的等额现汇贷款，并在外汇市场将贷款兑换成本币，当贷款到期时，再以收回的外汇货款归还贷款。出口商在贷款利率低于预期的货币贬值率时，将应在后期收汇时进行的外汇兑换本币提前至即期进行而消除风险。

投资法是当计价结算货币汇率呈上升趋势时，有远期外汇货款支付的进口商在签订进口合同后，即在外汇市场将自有或借入的本币资金兑换成外汇，并用外汇资金投资与远期外汇货款支付同期限的货币市场短期金融产品，到货款支付日期时，以收回的外汇投资资金对外支付进口货款。投资法与借款法相反，是将应在后期付汇时进行的本币兑换外汇提前至即期进行而消除风险。

在实际中，上述两种方法经常结合运用，形成借款-即期合同-投资法和提早收付-即期合同-投资法两种方法。

1) 借款-即期合同-投资法

借款-即期合同-投资法简称 BSI 法，是贸易商向银行贷款后，通过外汇买卖的即期合约卖出未来收入的外汇或买入未来支付的外汇，并将汇兑获取的本币或外汇进行投资，以投资收益抵付借款利息的方法。当贸易商有出口应收外汇账款时，先从外汇银行借入同期限、同币种的等额外汇贷款，通过外汇即期交易合约卖出借入的外汇，换回本币从而消除了应收货款的贬值风险。同时，将换回的本币进行投资，以投资收益支付贷款利息，到期后用回收的外汇货款与投资收益兑换的外汇归还银行贷款本息。

【例 5-9】 日本某公司在 60 天后有一笔 100 万美元的应收账款，为了预防美元贬值的外汇风险，该公司可向银行借入相同金额的 100 万美元，借款期限为 60 天，该公司借得这笔贷款后，立即按即期汇率 USD1 = JPY100 卖出 100 万美元，买入 1 亿日元，随后该公司将 1 亿日元投资于日本货币市场，投资期限为 60 天。60 天后，该公司将 100 万美元的应收账款还给银行。这样便可消除这笔应收账款的汇率风险。但是，要将投资收益减应付利息的差额与汇率风险进行比较。如果(投资收益 − 应付利息) < 汇率风险损失，还不如不做 BSI 操作。

(1) BSI 法在应收外汇账款中的应用如图 5-1 所示。

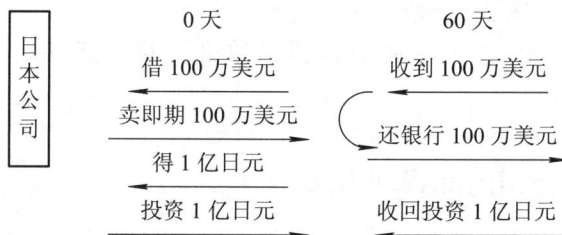

图 5-1　BSI 法在应收外汇账款中的应用示例

图 5-1 示未考虑利息因素及投资收益率。

【例 5-10】　某日本公司从美国进口 100 万美元的商品，支付条件为 60 天的信用证。该公司为了防止 60 天后美元汇率上涨，首先从日本银行借入本币，期限为 60 天。然后与该银行或其他日本银行签订即期外汇购买合约，以借入的日元购买 100 万美元。接着将刚买入的 100 万美元投放到欧洲市场或美国市场，投放的期限为 60 天。60 天后，即该公司的应付美元账款到期时，恰好其美元的投资期届满，以收回的美元偿付其对美国出口商的债务。最后剩下的是偿还本币的债务，消除了外汇风险。

(2) BSI 法在应付外汇账款中的应用如图 5-2 所示。

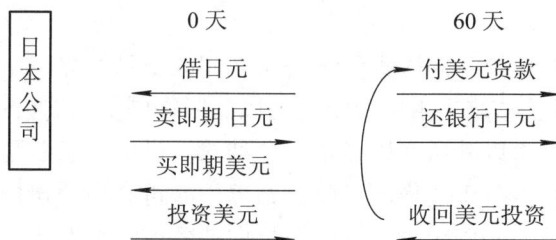

图 5-2　BSI 法在应付外汇账款中的应用示例

图 5-2 未考虑利息因素及投资收益率。

2) 提早收付-即期合同-投资法

提早收付-即期合同-投资法简称 LSI 法，是贸易商提前收取货款兑换外汇进行投资，或借款买入外汇提前支付货款回避外汇风险的方法。当贸易商有出口应收货款时，在进口商同意并给予一定折扣的条件下，由债务方提前支付货款并在外汇市场即期卖出外汇，换回本币，锁定风险，再将换回的本币进行短期投资，以投资收益弥补货款折扣损失。当贸易商有进口应付外汇账款时，以相同期限等额自有资金或向银行贷款借入资金，在外汇市场买入外汇提前向出口商支付货款消除汇率风险，并获得折扣以弥补借款利息。

与 BSI 法类似，LSI 法只不过是将第一步从银行借款改为请债务方提前支付并给予一定的折扣。

(1) LSI 法在应收外汇账款中的应用：

提前支付(折扣)→通过即期把外汇换成本币→投资本币

折扣有损失，但可通过投资收益补偿。

(2) LSI 法在应付外汇账款中的应用：

先借本币→通过即期换成外汇→提前支付

这实际上应叫 BSL 法。

三、外汇风险管理的公司内部管理方法

公司内部管理法是借助公司内部各种管理措施效用来控制外汇风险的方法，其主要适用于在全球许多国家有子公司、经营业务和资产负债涉及多种计价货币的跨国公司。通过企业内部管理控制外汇风险主要有内部结算、多样化管理和调整资产负债等途径。

1. 建立企业内部结算中心

建立企业内部结算中心是利用国际跨国公司常年在全球各国有大量的进出口业务或国际借贷业务的条件，在跨国公司内部集中结算，形成进口与出口的业务组对或资金收付的反向资金流，来对冲消除外汇交易风险的方法。内部结算首先要在跨国公司设立财务结算中心，将公司在世界各地的子公司或机构的不同货币的交易结算业务统一集中到结算中心，进行内部的组对冲销结算，对剩余的风险暴露头寸再采用各种方法防范外汇风险，由此，大大减少了公司的外汇风险暴露头寸，也便于进行统一集中的风险管理。

对于跨国公司内部的地处不同国家的子公司之间的交易结算，出口品直接由出口子公司向进口子公司供货，货款结算先由出口子公司以其所在国货币向公司结算中心开单结算，再由结算中心与进口子公司以其所在国货币开单结算，进出口子公司均以公司所在地的本币与结算中心结算，不存在货币兑换的风险。结算中心再利用公司控制的地处不同国家子公司之间发生的相同期限、相同币种但进出口反向业务或收付对错的资金流，进行组对冲销结算。

对于跨国公司的各子公司与外部客户的贸易交易，先由跨国公司控股的进出口子公司直接与公司结算中心以子公司所在地货币结算，再由结算中心与外部客户按合同规定的计价货币结算，进出口子公司都以公司所在地的本币与结算中心结算，不存在货币兑换的风险。各笔款项先在结算中心内部进行相同币种收付资金的对冲抵消，余额部分再采取相应的风险防范措施。

2. 实行公司内部业务与财务多样化管理

实行内部业务多样化管理是跨国公司利用各国货币汇率升降存在的损益互补可能，预先采取的将公司业务和资金多样化配置，以防范汇率变化导致经济风险的方法。多样化管理遵循分散风险的原则，将资产分散配置布局，当汇率发生大幅波动时，利用各国货币汇率升降存在的损益互补机制，实现风险损失与风险收益相互抵消，达到控制风险的目的。多样化主要体现为经营业务多样化和财务配置多样化。

经营业务多样化管理是指跨国公司将子公司的经营业务合理分布于多个行业，以及在世界各国范围内合理布局子公司的原料采购地、产品生产地和销售地，使各个子公司

收支的各种货币的资金流尽可能地组对匹配，当汇率发生波动时能实现损益互补对冲。经营业务多样化管理具有前瞻性和全局性，需要将外汇风险管理战略与公司经营战略结合实施。

财务多样化管理是指跨国公司利用同种货币汇率变化损益收付抵消，以及不同种货币汇率升降损益反向冲抵，在国际金融市场上以多种货币组合搭配进行融资和投资以控制汇率风险。当某种货币汇率上升时，其融资成本增加，但其等额投资的收益相应增加，从而冲抵成本；当某种货币汇率下跌时，与其配对的货币汇率上升，两种投资的组合货币汇兑损益冲抵。

3．调整资产负债

调整资产负债是根据各种货币汇率的实际变动情况，调整各种外币资产和外币负债结构，以减少汇率折算风险的公司内部管理方法。由于各国会计制度规定的资产负债折算方法不同，跨国公司可以通过对自身资产负债结构的合理调节，达到风险管理的目的。

调整资产负债控制外汇折算风险要突出重点和相机应变。一般来说，长期资产与负债流动性差，较难经常性变动调整，短期资产与负债流动性强，较易进行调整。短期资产与负债调整的重点是短期资产的应收账款、存货、现金、银行存款和短期投资等，以及短期负债的应付账款、短期贷款、应付利息和短期票据等。调整资产负债的实际操作应视资产负债的计价货币汇率变动而定，当计价货币汇率上升时，应增加该货币计价的资产，减少该货币计价的负债；当计价货币汇率下降时，应减少该货币计价的资产，增加该货币计价的负债，通过调整缩小各种外币计价的受险资产与受险负债规模以及两者之间的净差额控制风险。

四、外汇风险管理程序

1．风险识别

风险识别即识别各种可能减少企业价值的外汇风险。外汇风险包括交易风险、会计风险、折算风险和经济风险，不同的企业面临着不同种类的风险，企业必须根据自己的业务活动判别可能面临的风险状况，以便对症下药。

2．风险衡量

风险衡量即衡量外汇风险带来潜在损失的概率和损失程度。识别出公司可能面临的各类外汇风险种类后，需要对所涉及的不同外币的未来的汇率波动进行预测。前面已经介绍了汇率预测，以及计量和评价外汇风险的基本方法。由于外汇风险对企业的影响是双向的，有利有弊，最重要的是要发现外汇风险造成企业损失的概率，以及将各类风险综合后企业价值可能损失的范围和程度。通过外汇风险衡量，企业可以比较准确地知道外汇风险带来损失的概率和损失程度，从而为企业下一步选择风险管理方法奠定基础。

3．风险管理方法选择

风险管理方法选择即选择适当的风险管理方法，以便最有效地实现企业预定的外汇风险管理目标。进入牙买加货币体系后，外汇风险有日益扩大的趋势，许多跨国公司深受其害，于是产生了强烈的外汇风险管理需求。一系列的金融创新因此应运而生，出现了种类繁多的外汇风险管理方法。每一种方法都有自身的优势和劣势，需要企业根据自己所处的风险状况进行甄别和筛选。不同的外汇风险管理战略在一定程度上决定了不同的风险管理方法。

4. 风险管理实施

风险管理实施即通过具体的安排，落实所选定的外汇风险管理方法。企业需要进行内部的业务调整、资金调整、币种调整，以及在外部寻找合作伙伴、交易对手、签订外汇交易合同等，具体实施风险转移和控制。

5. 监督与调整

监督与调整即对外汇风险管理方法实施后的效果进行监督与评估，每种方法都有评估的依据，如根据成本收益准则做出判断，选择收益最大化的方法。另外，外汇市场总是风云变幻，没有哪种方法可以一劳永逸。企业必须持续地对公司风险管理方法和风险管理战略的实施情况和适用性进行监督，根据市场和自身的情况，对自己的战略战术进行监控管理，适时做出调整。

不管是何种外汇风险的管理，也不管选用何种管理战略或战术，基本的程序和步骤都遵循上述法则。同时，在考虑选用哪种战略时，也可按照此思路进行分析。

第三节　外汇管制

引子案例

外汇管制更严了！海外买房越来越难...

自 2017 年以来，中国开始全面加强针对购换汇的管控。根据国家最新规定，每人每年有 5 万美元换汇额度，当年不用则第二年作废。虽然换汇额度没有改变，但是换汇过程变得更加繁琐。

中国境内购汇者需填写一张《个人购汇申请书》，写明用途、用款时间等详细信息。此外，购汇禁止用于境外买房、证券投资等项目。举例而言，以前换汇单上只需选择"出国留学"一项，而现在选择"出国留学"后，必须填写去哪个学校、哪个国家、花费多少等。如果选择"出国旅游"，也必须填写出去几天、去什么国家，同时还要写"预计用汇时间"。按照要求填好后，一般都能换汇成功。

虽然程序上是这样，但近期，中国外汇局连发两文强调将加强对外汇违规案件的打击，并以点名通报形式批评了 27 起外汇违法违规典型案件。

【资料来源：搜狐财经 2018-08-08 06:53】

一、外汇管制的概念

外汇管制也称外汇管理，是指一个国家为了减缓国际收支危机，减少本国黄金外汇储备的流失，而对外汇买卖、外汇资金调拨和移动以及外汇和外汇有价物等进出国境直接加以限制，以控制外汇的供给和需求，维持本国货币对外汇率的稳定所实施的政策措施。

外汇管制是当今世界各国调节外汇和国际收支的一种常用的强制性手段，其目的就是谋求国际收支平衡，维持货币汇率稳定，保障本国经济正常发展，以加强本国在国际市场上的经济竞争力。

二、外汇管制的机构、对象及类型

实行外汇管制的国家中，一般都是由政府授权中央银行作为执行外汇管制的机关。法国、意大利专门设立了外汇管制机构，即外汇管制局，负责外汇管制工作；英国指定财政部为决定外汇政策的权力机关，而英格兰银行仅代表财政部执行外汇管制的行政管理工作，并指定其他商业银行按规定办理一般正常的外汇收付业务；在日本则由大藏省负责外汇管制工作；还有一些国家是由它的中央银行指定一些大商业银行作为经营外汇业务的银行来管制外汇。

外汇管制机构负责制定和监督执行外汇管制的政策、法令和规定条例，并有权随时根据具体情况变化的需要采取各种措施，对外汇的收、支、存、兑进行控制。

(一) 外汇管制的对象

外汇管制的对象分为人、物、地区、行业和国别五种。

1．对人

根据外汇管制的法令，将人划分为居民和非居民。所谓居民，是指长期定居(一般在一年以上)在本国的任何人(包括本国人和外国侨民)和设立在本国境内的具有法人地位的本国和外国的机关、团体、企业以及外国派驻本国和外国的外交、领事等机构及其工作人员。对居民和非居民一般在外汇管理政策上有所区别，大多数国家对居民的外汇管制较严，而对非居民的外汇管制较宽。

2．对物

对物，主要是指哪些东西要受到外汇管制，它主要包括：外国纸币和铸币；用外币表示的有价证券，如政府公债、国库券、公司债券、股票、息票等；用外币表示的支付凭证，如汇票、本票、支票、银行存款凭证、邮递储蓄凭证等；贵金属，如黄金、白银等；携带出入境的本国货币。

3．对地区

有些国家对本国的不同地区实行不同的管制政策，例如对本国的出口加工区或自由港，实行较松的外汇管制。另外，还有些国家对不同的国家和地区实行不同的外汇管制政策。

4．对行业

针对不同行业实施不同的外汇管制政策。例如，对传统行业实施比较严厉的管制政策，对高新技术、重点扶持行业实行优惠的外汇政策。

5. 对国别

针对不同国家和地区，实行不同的外汇管制政策。这主要发生在自由贸易区、货币联盟、经济共同体等区域范围内。我国实施的内地与香港地区"更密切的经贸关系安排(CEPA)"就是一种地区差别的管制政策。

(二) 外汇管制的类型

外汇管制的类型，主要以是否实行全面的或部分的外汇管制为标准，大致分为以下三种。

1. 严格型外汇管制的国家和地区

有些国家和地区对贸易收支、非贸易收支和资本项目收支，都实行严格的外汇管制。大多数发展中国家，如印度、赞比亚、秘鲁、巴西等均属于这一类。这些国家和地区经济不发达，出口创汇有限，缺乏外汇资金，市场机制不成熟，为了有计划地使用外汇资源，加速经济发展，不得不实行严格的外汇管制。

2. 非严格型外汇管制的国家和地区

有些国家和地区对贸易和非贸易收支，原则上不加管制，但对资本项目的收支则仍加以不同程度的管制。这类国家经济比较发达，市场机制在经济活动中起主导作用，并已承诺了《国际货币基金组织基金协定》第8条款，即不对经常项目的收支加以限制，不采取有歧视性的差别汇率或多重汇率。这类国家有法国、意大利、英国等。

3. 松散型外汇管制的国家和地区

有些国家对经常项目和资本项目的外汇交易不实行普遍的和经常性的限制，但不排除从政治和外交需要出发，对某些特定项目或国家采取包括冻结外汇资产和限制外汇交易等制裁手段。这些国家的汇率一般为自由浮动制，其货币也实行自由兑换。这类国家经济发达，黄金和外汇储备充足，国际收支整体情况良好，如美国、德国、加拿大等。

总之，一个国家外汇管制的范围和程度，主要取决于该国的经济、贸易、金融和国际收支的状况。由于世界各国的经济处于不断发展变化之中，所以其外汇管制也是在不断发展和变化的。其总趋势是工业化国家和地区的外汇管制逐步放松，发展中国家和地区的外汇管制则有松有紧。

三、外汇管制的主要内容与措施

实行外汇管制的国家和地区，一般对贸易外汇收支、非贸易外汇收支、资本输出输入、汇率、黄金和现钞输出输入等采取一定的管制办法和措施。

(一) 对贸易外汇收支的管制

贸易收支通常在一国的国际收支中所占的比例最大，所以，实行外汇管制的国家大多对贸易外汇实行严格管制，以增加出口外汇收入，限制进口外汇支出，减少贸易逆差，追求国际收支平衡。

1. 对出口收汇的管制

对出口实行外汇管制，一般都规定出口商须将其所得外汇及时调回国内，并结售给指定银行。也就是说，出口商必须向外汇管制机构申报出口商品价款、结算所使用的货币、支付方式和期限。在收到出口外汇后，又必须向外汇管制机构申报交验许可证，并按官方汇价将全部或部分外汇收入结售给指定银行。剩余部分既可用于自己进口，也可按自由市场的汇率转售他人。

许多国家在税收、信贷、汇率等方面采取措施，以促进本国商品出口，同时对国内供应短缺的某些商品则实行限量出口。也有些国家按其与有关国家达成的协议，对某些商品的出口实行数量限制。有些发达国家虽对出口收汇并无限制，但由于政治上的原因，对某些国家采取各种临时性的贸易制裁或禁止某些战略物资和尖端技术的出口。

2. 对进口付汇的管制

实行外汇管制的国家，除对进口外汇实行核批手续外，为了限制某些商品的进口，减少外汇支出，一般都采取下述措施：进口存款预交制，即进口商在进口某项商品时，应向指定银行预存一定数额的进口货款，银行不付利息，数额根据进口商品的类别或所属的国别按一定的比例确定；购买进口商品需要外汇时，征收一定的外汇税；限制进口商对外支付使用的外币；进口商品一定要获得外国提供的一定数额的出口信贷，否则不准进口；提高或降低开出信用证的押金额；进口商在获得批准的进口用汇以前，必须完成向指定银行的交单工作，增加进口成本；根据情况，允许(或禁止)发行特定的债券，偿付进口货款，以调节资金需求，减少外汇支出，控制进口贸易。

(二) 对非贸易外汇收支的管制

非贸易外汇收支的范围较广，贸易与资本输出输入以外的外汇收支均属非贸易收支，主要包括：与贸易有关的运输费、保险费、佣金；与资本输出输入有关的股息、利息、专利费、许可证费、特许权使用费、技术劳务费等；与文化交流有关的版权费、稿费以及奖学金、留学生费用等；与外交有关的驻外机构经费、旅游费和赡家汇款。其中与贸易有关的从属费用，如运输费、保险费和佣金等，基本按贸易外汇管制办法处理，一般无需再通过核准手续，就可以由指定银行供汇或收汇。其他各类非贸易外汇收支，都要向指定银行报告或得到其核准。

实行非贸易外汇管制的目的在于集中非贸易外汇收入，限制相应的外汇支出。各个国家根据其国际收支状况，往往不同时期实行宽严程度不同的非贸易外汇管制。

(三) 对资本输出输入的管制

资本的输出输入直接影响一国的国际收支，因此，无论是一些发达国家还是绝大多数发展中国家，都很重视对资本输出输入的管制，只是根据不同的需要，实行不同程度的管制。

发展中国家由于外汇短缺，一般都限制外汇输出，同时对有利于发展本国民族经济的外国资金，则实行各种优惠措施，积极引进，例如对外商投资企业给予减免税优惠，允许外商投资企业的利润用外汇汇出等等。此外，有些发展中国家对资本输出输入还采取如下

措施:

一是规定输出输入资本的额度、期限与投资部门;

二是从国外借款的一定比例要在一定期限内存放在管汇银行;

三是银行从国外借款不能超过其资本与准备金的一定比例;

四是规定接受外国投资的最低额度等。

相比较来说,发达国家较少采取措施限制资本输出输入,即使采取一些措施,也是为了缓和汇价和储备所受的压力。例如,20世纪70年代,日本、瑞士、德国等发达国家由于国际收支顺差,他们的货币经常遇到升值的压力,成为国际游资的主要冲击对象,并且这些国家国际储备的增长,又会加剧他们本国的通货膨胀,因此,就采取了一些限制资本输入的措施,以避免本国货币的汇率过分上浮。这些措施包括:规定银行吸收非居民存款要缴纳较高的存款准备金;规定银行对非居民存款不付利息或倒收利息;限制非居民购买本国有价证券等。与此同时,这些国家还采取了鼓励资本输出的措施,例如,日本从1972年起对于居民购买外国有价证券和投资于外国的不动产基本不加限制。

(四) 对汇率的管制

汇率管制是一国从本国的经济利益出发,为调节国际收支、稳定本币价值,而对本国所采取的汇率制度和汇率水平管制的方法。汇率管制主要分为以下三种。

1. 直接管制汇率

一国政府指定某一部门制定、调整和公布汇率,这一官方的汇率对整个外汇交易起着决定性的作用。各项外汇收支都必须以此汇率为基础兑换本国货币。但这种汇率的形成人为因素成分较大,很难反映真实的水平,极易造成价格信号的扭曲。此外,采取这种形式的汇率管制,通常都伴之以对其他项目较严格的外汇管制。

2. 间接调节市场汇率

由市场供求决定汇率水平的国家,政府对汇率不进行直接的管制,而是通过中央银行进入市场吸购或抛售外汇,以达到调节外汇供求、稳定汇率的效果。为进行这一操作,许多国家都建立了外汇平准基金,运用基金在市场上进行干预;有的则是直接动用外汇储备进行干预。除通过中央银行在外汇市场上直接买卖外汇以外,中央银行还通过货币政策的运用来影响汇率。利率水平的提高和信贷的紧缩,可以减少市场对外汇的需求,同时抑制通胀,吸引国外资金流入,阻止汇率贬值。

3. 实行复汇率制度

复汇率是指一国货币对另一国货币的汇价因用途和交易种类的不同而规定有两种或两种以上的汇率。IMF把一国政府或其财政部门所采取的导致该国货币对其他国家的即期外汇的买卖差价和各种汇率之间的买入与卖出汇率之间的差价超过 2%的任何措施均视为复汇率。

一般来说,经济高度发达的市场经济国家,其汇率一般为自由浮动的,国家不对汇率进行直接管制,而是运用经济手段间接调控引导汇率;而那些经济欠发达、市场机制发育不健全、缺乏有效经济调控机制和手段的国家,则采取直接的行政性的方式来管理汇率,以保证汇率为本国经济政策服务。

（五）对黄金和现钞输出输入的管制

实行外汇管制的国家对黄金交易也进行管制，一般不准私自输出或输入黄金，而由中央银行独家办理。对现钞的管理，习惯的做法是对携带本国货币出入境规定限额和用途，有时甚至禁止携带本国货币出境，防止本国货币输出用于商品进口和资本外逃以及冲击本国汇率。

四、外汇管制的作用

1. 防止资本外逃

国内资金外逃是国际收支不均衡的一种表现。在自由外汇市场下，当资金大量外移时，由于无法阻止或调整，势必造成国家外汇储备锐减，引起汇率剧烈波动。因此，为制止一国资金外逃，避免国际收支危机，有必要采取外汇管制，直接控制外汇的供求。

2. 维持汇率稳定

汇率的大起大落，会影响国内经济和对外经济的正常进行，所以应通过外汇管制，控制外汇供求，稳定汇率水平，使之不发生经常性的大幅度波动。

3. 维护本币在国内的统一市场，不易受投机影响

实行外汇管制，可以分离本币与外币流通的直接联系，维持本币在国内流通领域的唯一地位，增强国内居民对本币的信心，抵御外部风潮对本币的冲击。

4. 便于实行贸易上的差别待遇

一国实行外汇管制，对外而言，有利于实现其对各国贸易的差别待遇或作为国际间政府谈判的手段，还可通过签订清算协定，发展双边贸易以克服外汇短缺的困难；对国内而言，通过实行差别汇率或贴补政策，有利于鼓励出口，限制进口，增加外汇收入，减少外汇支出。

5. 保护民族工业

发展中国家工业基础薄弱，一般工艺技术有待发展完善，如果不实行外汇管制及其他保护贸易政策，货币完全自由兑换，则发达国家的廉价商品就会大量涌入，从而使其民族工业遭到破坏与扼杀。实行外汇管制，一方面可管制和禁止那些可能摧残本国新兴工业产品的外国商品的输入，同时可鼓励进口必需的外国先进的技术设备和原材料，具有积极发展民族经济的意义。

6. 有利于国计民生

凡涉及国计民生的必需品，在国内生产不足时，政府均鼓励进口，准其优先结汇，按低汇率申请进口，以减轻其成本，保证在国内市场上廉价供应；而对非必需品、奢侈品则予以限制。

7. 增加货币，稳定物价

实行外汇管制，可集中外汇资产，节约外汇支出，在一定程度上可提高货币的对外价

值，增强本国货币的币值，提高本国的国际经济地位。另外，货币对外表现为汇率，对内表现为物价。当一国主要消费物资和生活必需品价格上涨过于剧烈时，通过外汇管理对其进口所需外汇给予充分供应，或按优惠汇率接受，则可增加资源，促进物价回落，抑制物价水平上涨，保持物价稳定。因此，外汇管制虽直接作用于汇率，但对稳定物价也有一定的作用，可避免和减轻国外通货膨胀对国内物价的冲击。当然，外汇管理也可作为外交政策，当别的国家实施外汇管制而对本国经济和政治产生不利影响时，该国即可启用外汇管制作为一种报复手段。这样，外汇管制便成为一种政策工具。

五、我国的外汇管理

外汇管理在我国习惯被称为外汇管制。我国外汇管理的基本任务是：建立独立自主的外汇管理体制，正确制定国家的外汇法规和政策，保持国际收支的基本平衡和汇率的基本稳定，有效地促进国民经济的持续稳定发展。

(一) 我国外汇管理发展演变

1. 1949—1952 年，国民经济恢复时期

这一阶段，我国外汇管理的主要任务是取缔帝国主义在中国的经济、金融特权；禁止外币在市场上流通；稳定国内金融物价；利用、限制、改造私营进出口商和私营金融业；建立独立自主的外汇管理制度和汇价制度；扶植出口；鼓励侨汇；建立供汇与结汇制度；集中外汇收入和合理使用外汇，促进国民经济的恢复和发展。总之，这一阶段外汇管理工作主要有：

(1) 建立了外汇的供汇、结汇制度，规定出口货物售得的外汇、劳务所得外汇以及侨汇必须卖给或结存入国家银行，进口所需外汇和其他非贸易用汇，可按规定向外汇管理机关申请，经批准后由国家银行卖给外汇。

(2) 建立了独立自主、机动性较强的人民币汇价调整制度，并根据当时的实际情况，对人民币汇价进行了大幅度的调整，将美元汇率从 1949 年 1 月 18 日的 1 美元合 80 元人民币，下调至 1950 年 3 月 13 日的 1 美元合 42 000 元旧人民币，后又上调至 1951 年 5 月 23 日的 1 美元合 22 380 元旧人民币。同时，准许出口商将外汇优先卖给银行。

(3) 建立了外汇指定银行管理制度。全国共核准 53 家银行经营外汇业务，同时加强了对外商银行的管理，取消其特权，对于停业清理的外商银行，监督其清理负债。

(4) 建立了人民币、外币和金银进出口国境的管理制度。严格禁止私自携带或邮寄人民币、外币和金银出境。

上述一系列外汇管理政策的实施，使国家外汇收入大量增加，对国民经济的恢复和发展，稳定金融物价起到了积极作用。

2. 1953—1978 年，全面计划经济时期

从 1953 年开始，我国进入社会主义改造和建设时期，国家加强了对国民经济的控制，实行了全面计划经济。在这一阶段，随着我国私营工商业和金融业社会主义改造的完成，对外贸易开始由国营外贸进出口公司统一经营，外汇业务也开始由中国银行统一经营。当

时，中国银行是中国人民银行的一个局，对外用"中国银行"名称，是国家指定的执行外汇管理的机关。由于原来以私营工商业和金融业为重点的外汇管理制度已不能满足新的经济形势发展的需要，因此这一阶段外汇管理的主要任务是：进一步巩固和完善各种外汇管理制度，加强对国有企业贸易外汇和非贸易外汇的管理，开源节流，努力增加外汇收入。具体管理办法如下：

(1) 对外汇收支实行全面的指令性计划管理。外汇由国家计划委员会统一平衡和分配使用，统收统支，以收定支，基本平衡略有节余。一切外汇收入均须交售给国家，需用外汇由国家按计划分配或审批。

(2) 在对外贸易方面，所有的对外进出口活动均由外贸部所属的国营进出口公司负责。按国家核定的指令性计划执行，统一经营，统负盈亏。在对国营企业贸易外汇实行计划管理的同时，用进出口报关单制度取代了进出口许可证制度和银行签证制度。

(3) 加强对非贸易外汇的管理。1954 年 4 月，国家计委、财政部颁布了《关于加强非贸易外汇管理的规定》；1972 年 9 月 30 日又联合发布了《关于试行非贸易外汇管理办法》。

这种高度集中统一的外汇管理体制，与计划管理体制和国家垄断的外贸体制相适应，是在国家对外封闭的环境下的产物。在外汇收支数额不大的情况下，为使有限的外汇收支得到合理的使用，保证外汇收支平衡和汇率稳定，这种外汇管理体制是必要的，但这种体制集中过多，统得过死，单纯依靠计划和行政管理，存在着经济效益低、应变能力弱和缺乏灵活性的缺陷，不利于调动各方面创汇的积极性，不利于对外贸易和经济的发展。

(4) 对外政策和外汇立法以外汇国家垄断为基础，实行"集中管理，统一经营"的方针。管理和平衡外汇主要采取行政手段，依靠指令计划和各项内部管理办法对外汇收支进行管理。人民币汇率作为计划核算标准，由国家规定，长期处于定值过高的状态。

3. 1979—1993 年，计划的商品经济时期

党的十一届三中全会后，我国全面实行了对内搞活、对外开放的政策，并开始进行经济体制改革，建立有计划的商品经济。随着经济体制改革的逐步深入和对外开放的不断扩大，我国外汇管理体制进行一系列重大改革，使外汇管理工作跨入了一个新的里程。

(1) 设立了专门的外汇管理机构——国家外汇管理局。1979 年 3 月，国务院批准设立了国家外汇管理总局，并赋予其管理全国外汇的职能；1983 年，国家外汇管理总局由中国银行划出，中国人民银行代管，成为中央银行的一个局；1988 年 6 月，国务院决定国家外汇管理局为国务院直属总局级机构，次年升为副部级，仍由中央银行归口管理。

(2) 公布并实施了《中华人民共和国外汇管理暂行条例》及一系列实施细则。1979 年 7 月，公布了《中外合资经营企业法》；1980 年 12 月，公布了《中华人民共和国外汇管理暂行条例》，1981 年 3 月 1 日起实行；随后又公布了一系列外汇管理实施细则及其他外汇管理办法，包括《对外驻华机构及其人员的外汇管理实施细则》、《对外汇、贵金属和外汇票据等进出国境的管理实行细则》、《经济特区外资银行、中外合资银行管理条例》、《违反外汇管理处罚施行细则》等。通过这些条例、细则、办法的颁布和实施，进一步完善和健全了我国的外汇管理制度。

(3) 改革了外汇分配制度，实行了外汇留成办法。为了进一步调动企业出口创汇的积极性，增加国家的外汇收入，国务院提出在外汇由国家集中管理、统一平衡、保证重点的

同时，实行贸易和非贸易外汇留成，根据不同地区、不同部门和不同行业，确定了不同的留成比例。

(4) 建立了外汇调剂市场。1980 年以前，我国外汇资金实行指令性计划纵向分配，没有外汇市场。实行外汇留成后，有的企业本身有留成外汇但一时不用，有的企业急需外汇而本身却又没有外汇来源，无法进口原材料和先进技术等，这就产生了调剂外汇余缺的需要。1980 年 10 月，国家外汇管理总局、中国银行发出了试行调剂外汇工作的通知，同时制定了《调剂外汇暂行办法》。1981 年又发布了《关于外汇额度调剂工作暂行办法》。1986 年 3 月，公布了办理留成外汇调剂的 12 项规定，允许有留成外汇的国营和集体企业，通过中国银行(后改为外汇管理局)按照国家规定的外汇调剂价格，将多余的外汇卖给需要外汇的国营和集体企业。1986 年 10 月允许外商投资企业之间相互调剂外汇。1988 年，为了配合外贸承包责任制的实施，在全国各省、自治区、直辖市、计划单列市和经济特区及沿海的一些经济较发达的城市设立了外汇调剂中心，办理地方、部门、国营、集体企业和外商投资企业的留成外汇和自有外汇的调剂业务，调剂外汇的价格由国家决定，随后发展到由买卖双方根据市场供求状况公开竞价成交。从 1979 年到 1990 年，全国各外汇调剂市场的总成交额已达 389.64 亿美元，对弥补出口企业亏损，解决外商投资企业的外汇平衡等发挥了重要的作用。

(5) 建立了外债管理体制和外债统计监测系统。实行改革开放后，我国开始大规模利用外资，鼓励外商来华投资，加强了对外借债的计划管理和向外借款的窗口管理，建立了较为健全的借款审批制度、外债的统计监测制度和外债担保制度。

(6) 建立了多种金融机构并存的外汇经营体制，打破了中国银行独家经营外汇的局面。1984 年 9 月，中国工商银行深圳分行首先获得外汇业务的经营权，此后又陆续批准各专业银行总行及分行、交通银行、建设银行、农业银行、中信实业银行、光大银行、华夏银行、上海浦东发展银行、广东发展银行、深圳招商银行、福建兴业银行、中国投资银行及民生银行等经营外汇业务。我国还批准设立了经营外汇业务的外资银行和中外合资银行。此外，1984 年 7 月中国银行开办了个人外币储蓄存款，允许国内居民持有外汇。外汇管制放宽，居民外汇收入大幅增加，外币存款也迅速增长。

(二) 1994 年我国的外汇体制改革

1994 年我国对外汇管理体制进行了重大改革，与过去改革相比，这一次的改革明确提出：外汇管理体制改革的长远目标是实现人民币的自由兑换。这就意味着对经常项目和资本项目的外汇管制将逐步取消，对国际间正常的汇兑活动和资金流动将不进行限制。这一改革目标的提出基于我国改革开放的前景，并参照了国外的经验。具体来说，有以下主要内容：

1. 建立单一的，以市场供求为基础的有管理的浮动汇率制

(1) 汇率并轨，实行单一的汇率。1994 年 1 月 1 日起，实行人民币汇率并轨，即把调剂外汇市场价与官方牌价合二为一，只保留一个汇价。1993 年 12 月底官方汇率为 1 美元：5.8000 元人民币左右，1994 年 1 月 1 日并轨后的牌价定为 1 美元：8.7000 元人民币。

(2) 实行以市场供求为基础的、有管理的浮动汇率制度。人民币由中国人民银行根据

前一日银行间外汇交易市场形成的价格，每日公布人民币对美元交易的中间价，并参照国际外汇市场变化，同时公布人民币对其他主要货币的汇率。各外汇指定银行以此为据，在中国人民银行规定的浮动幅度范围内自行挂牌，对客户买卖外汇。

2. 实行外汇收入结汇制，取消外汇留成

境内所有企事业单位、机关和社会团体的各类外汇收入必须及时调回境内。凡属下列范围内的外汇收入(外商投资企业除外)，均须按银行挂牌汇率，全部结售给外汇指定银行：出口或转口货物及其他交易行为取得的外汇；交通运输、邮电、旅游、保险业等提供服务和政府机构往来取得的外汇；银行经营外汇业务应上缴的外汇净收入，境外劳务承包和境外投资应调回境内的外汇利润；外汇管理部门规定的其他应结售的外汇。

下列范围内的外汇收入，允许在外汇指定银行开立现汇账户：境外法人或自然人作为投资汇入的外汇；境外借款和发行债券、股票取得的外汇；劳务承包公司境外工程合同期内调入境内的工程往来款项；经批准具有特定用途的捐赠外汇；外国驻华使领馆、国际组织及其他境外法人驻华机构的外汇；个人所有的外汇。取消原来实行的各类外汇留成、上缴和额度管理制度。

3. 实行银行售汇制，允许人民币在经常项目下有条件可兑换

关于人民币成为可自由兑换的货币，我国要分三步走：第一步，实现人民币经常项目下有条件可兑换，这在 1994 年已实现；第二步，实现经常项目下人民币可兑换，这在 1996 年 12 月已经实现；第三步，开放资本市场，资本项目下人民币可兑换，这样就最后达到了人民币的完全自由兑换。

1994 年实行售汇制后，取消了经常项目正常对外支付用汇的计划审批。境内企事业单位、机关和社会团体在经常项目下的对外支付用汇，持如下有效凭证，用人民币到外汇指定银行办理兑付：实行配额或进口控制的货物进口，持有关部门颁发的配额、许可证或进口证明以及相应的进口合同；除上述两项以外，其他符合国家进口管理规定的货物进口，持支付协议或合同和境外金融、非金融机构的支付通知书；非贸易项下的经营性支付，持支付协议或合同和境外金融、非金融机构的支付通知书。非经营性支付购汇或购提现钞，按财务和外汇管理有关规定办理，对向境外投资、贷款、捐款的汇出，继续实行审批制。

4. 建立银行间外汇市场，改进汇率形成机制，保持合理及相对稳定的人民币汇率

实行银行结汇、售汇制后，建立全国统一的银行间外汇交易市场。外汇指定银行是外汇交易的主体。银行间外汇交易市场主要职能是为各外汇指定银行相互调剂余缺和提供清算服务。全国统一的外汇交易市场于 1994 年 4 月 1 日开始正式运行，由中国人民银行通过国家外汇管理局监督管理。在稳定境内通货的前提下，通过银行间买卖和中国人民银行向外汇交易市场吞吐外汇，保持各银行挂牌汇率的基本一致和相对稳定。

5. 强化外汇指定银行的依法经营和服务职能

外汇指定银行办理结汇所需人民币资金原则上应由各银行自有资金解决。国家对外汇指定银行的结算周转外汇实行比例管理。各银行持有超过其高限比例的结算周转外汇，必须出售给其他外汇指定银行或中国人民银行；持有结算周转外汇降到低限比

例以下时，应及时从其他外汇指定银行或中国人民银行购入补足。为使有远期支付合同或偿债协议的用汇单位避免汇率风险，外汇指定银行可依据有效凭证办理人民币与外币保值业务。

6. 对资本项目的外汇收支仍继续实行计划管理和审批制度

我国对资本项目进行管理，主要是对外债进行管理，其基本原则是：总量控制，注重效益，保证偿还。管理的主要内容如下：对境外资金的借用和偿还，国家继续实行计划管理、逐笔审批和外债登记制度；为确保国家的对外信誉，继续加强外债管理，实行"谁借谁还"的原则；境外外汇担保履约用汇，持担保合同、外汇局核发的核准证到外汇指定银行购汇，发行人须持相应的批准文件向外汇局申请，持外汇局核发的《开户通知书》到开户银行办理开户手续；对资本输出实行计划管理和审批制度。

(三) 我国现行外汇管理的主要内容

1. 对出口外汇的管理

近年来，我国外汇流失情况比较严重，特别是通过进出口渠道逃避外汇管理，把外汇存放境外时有发生。为了防止外汇流失，堵塞漏洞，1991年实行了出口收汇跟踪结汇制，要求出口单位在货物出口后，须在规定的期限内将货款调回，向外汇管理部门核销这笔外汇，其具体规定为：

(1) 出口单位到当地外汇管理局领取盖有外汇局章的出口收汇核销单。

(2) 在货物出口报关时，向海关交验核销单，在核销单上写明出口单位的名称、出口货物数量、出口货物总余额、收汇方式、预计收款日期、出口单位所在地以及报关日期等，海关审核后在核销单和报关单上加盖"放行"章，将核销单和报关单退出口单位。

(3) 货物出口后，出口单位将有关单据和核销单交银行收汇，同时将核销单存根、发票、报关单和有关汇票副本在规定的期限内，送原签发核销单的外汇局。

(4) 银行收妥货款后，在核销单上填写有关项目并盖章，将结汇水单或收账通知副联和核销单一并退出口单位。

(5) 出口单位将银行确认货款已收回的核销单送当地外汇局，由其核对报关单和海关、银行签章的核销单后，核销该笔收汇。出口单位必须在最迟收款日后30个工作日内向外汇局办理核销手续。

(6) 出口单位的一切出口货款，必须在下列最迟收款日期内结汇或收账：即期信用证和即期托收项下的货款，必须从寄单之日起20～30天内；远期信用证或远期托收下的货款，必须从汇票规定的付款日起30～40天内；寄售项下的货款，不得超过自报关之日起360天；其他自寄单据项下的出口货款，必须在自报关之日起50个工作日之内。

2. 对进口用汇的管理

根据1994年我国外汇管理体制改革的规定，凡有进出口权的企业其进口所需外汇，不超过设备价款15%的预付款所需外汇，凭有效的政府文件和商业文件，均可向外汇指定银行购买。如果预付款超过设备价款金额的15%，对外支付佣金超过国际惯例和国家规定的比例，以及转口贸易先支后收的外汇需要，须获得外汇管理局批准后，才可到外汇指定银行购买外汇。

进口业务中发生的索赔、保险或运输、赔款、减退货款及佣金、回扣等外汇收入应及时调回，结售给外汇指定银行。为了防止外汇流失，制止逃套汇行为，1994年8月1日我国开始实行进口付汇核销制度，即进口单位在货款支付后，在合同期限内将货物运抵境内，向外汇指定银行核销这笔进口用汇。一般程序如下：

(1) 进口单位到当地外汇指定银行领取进口付汇核销单。

(2) 预付货款项下的进口，外汇指定银行在付汇时，核对进口付汇核销单上所填项目，在核销单上加盖银行戳记后退进口单位。

(3) 进口单位在合同规定期限内，把货物运抵境内，向海关报关后持进口付汇核销单等，到外汇指定银行办理核销手续。

(4) 进口单位信用证、托收项下的进口付汇，由外汇指定银行办理付汇时同步核销。

3．对金融机构开办外汇业务的管理

目前，在我国经营外汇业务的金融机构有国家专业银行、外资银行和中外合资银行、银行金融机构三类。外汇管理局对其进行管理的基本原则是：

(1) 银行和金融机构经营外汇业务须向外汇管理局申请，批准以后由外汇管理局发给"经营外汇业务许可证"。批准的大致条件是：对我国经济发展有利，具有经营外汇业务的能力，有一定数量和相当素质的外汇业务人员，有固定经营场所，有一定数额的外汇资本金和营运资金(如全国性银行总行须有不少于2000万美元的资本金)。

(2) 在经营外汇业务的范围上各类金融机构是有区别的。国家银行和综合性银行可以申请经营外汇银行的各种外汇业务；外资银行和中外合资银行可以申请经营一般商业银行的外汇业务，但只能办理外商投资企业、外国人、华侨、港澳同胞的外汇存款、汇出汇款和进口贸易的结算和押汇，不允许经营人民币业务；非银行金融机构的业务限制在信托、投资、租赁、担保、证券交易等业务上，并对吸收存款的期限和数额给予一定限制。

(3) 对经营外汇业务的具体做法也有明确的规定：如规定检查和稽核制度，规定资本与债务比率，规定对一个企业的外汇放款加外汇担保总额不能超过其实收外汇资金加储备金的30%等。金融机构终止经营外汇业务，应当向外汇管理机关提出申请。金融机构经批准终止经营外汇业务的，应当依法进行外汇债权、债务的清算，并缴销经营外汇业务许可证。

4．对境内非居民的外汇管理

境内非居民包括各国驻华外交机构、国际机构、民间机构、外交人员，短期在中国的外国人、留学生及旅游人员等，对他们入境携带的外汇，允许自由保留和运用，自由存入银行和提取，或卖给外汇指定银行，也可以持有效凭证汇出或者携带出境，但不能私自买卖。他们的合法人民币收入，需要汇出境外的，可以持有关证明材料和凭证到外汇指定银行兑付。

5．对境内居民的外汇管理

境内居民包括居住在中国境内的中国人和外国侨民(居住1年以上者)，凡居民个人存放在国内或国外的外汇，准许持有、存入或卖给银行，但不准私自买卖。个人移居境外后，

其境内资产产生的收益,可以持规定的证明材料和有效凭证,向外汇指定银行汇出或者携带出境。个人因私用汇,在规定限额以内购汇,超过规定限额的个人因私用汇应向外汇管理机构提出申请,外汇管理机构认为其申请属实的,可以购汇。个人携带外汇进境,应当向海关办理申报手续,携带外汇出境,超过规定限额的,还应当向海关出具有效凭证。居住在境内的中国公民持有的外币支付凭证、外币有价证券形式的外汇资产,未经外汇管理机构批准,不得携带或者邮寄出境。

6. 防止逃汇的管理

所谓逃汇,是指违反国家外汇管理规定,将应售于国家的外汇私自留用、转让、买卖、存放国外,或将外汇私自携带、托带、邮寄出境的行为。逃汇不仅为法律所不容,而且在国际金融市场风云突变时,留存境外的外汇资产极易遭受损失,因此,要加强对逃汇的管理。有逃汇行为的,由外汇管理机构责令限期调回,强制收兑,并处逃汇金额30%以上、5倍以下的罚款;构成犯罪的,依法追究刑事责任。

外贸企业具体业务环节多且外汇收支频繁、金额大,套汇或类似逃汇的行为易于发生,加强管理十分必要。一般应从以下几个方面防范逃汇行为:

(1) 在进出口业务中,不允许少报收入,多报支出,将多余的外汇私自留用或存放境外。

(2) 在三来一补贸易中,应按有关部门的合同严格执行,如实申报,不得以不正当的手段攫取国家外汇,套取进口物资。

(3) 外贸企业及其在港澳地区的分支机构,未经批准不应私自经营"境外卖单、国内提货"业务。

(4) 外贸企业的一切外汇收入应结售给外汇指定银行,未经批准,不应截留,私设小金库或存放境外,或抵付支出,或与外商在境外设立合资企业,或为其他单位或个人支付外汇。

(5) 外贸企业的驻外机构及设在境外的合营企业,从事经营所得的利润应按规定调回,未经批准不应径自存放境外或私自留用,但工程承包公司经核定可以保留一定金额的外汇周转金在国外使用。

(6) 外贸企业临时出国代表团或人员返回后,必须将剩余经费或所得外汇带回境内,办理核销手续。

(7) 外贸部门经营的边境小额贸易,必须严格按照国家规定的范围进行,不得将不属于边境小额贸易的国家物资,或禁止出口的货物装运出境,或换取进口物资后又转运国内贩卖。

(8) 禁止外贸企业或工作人员将外汇、贵金属及其制品或与处理外汇资产有关的证件非法携带邮寄出境。

7. 防止套汇的管理

套汇是指违反国家外汇管理的规定,采取各种方式,通过第二者或第三者,用人民币或物资非法套取外汇或外汇权益,攫取国家应收外汇的行为。根据规定,属于套汇者,由国家外汇管理机关给予警告,强制收兑,并处非法套汇金额30%以上、3倍以下的罚款;构成犯罪的,依法追究刑事责任。逃汇和套汇密切相关,很难分割。

外贸企业在经营业务的环节中，无论是组织或个人均应按规定将属于国家的外汇结售给外汇指定银行，不应以不正当手段，从事下述套汇或近似套汇活动：

(1) 未经批准，以出口物资换购进口物资或故意压低货价让对方赠送商品或自行经营易货贸易。

(2) 未经批准，以人民币或其他方式偿付应以外汇支付的进口货款及其他应付境外的款项。

(3) 在与境外机构的业务交往中，以人民币代境外机构或短期入境的外商支付其国内费用，而收受外汇私自留用或由对方在境外付给外汇或以物资抵偿。

(4) 在境外收揽外汇，或购买物资，然后以"捐赠"的名义进口，或委托支付外汇费用，在国内以人民币或其他形式给予对方抵偿。

(5) 将一般的劳务收入列入承包工程的劳务收入，计入现汇账户。

(6) 临时出国代表团或人员返回后，不将所余外汇办理退汇，而以人民币抵付。

(7) 以人民币或其他补偿手段向外国驻华机构、外国企业单位及外国来华人员等兑换外汇。

应用案例

2016 年 8 月，全球最大的金融期货交易所——美国芝加哥商品交易所(以下简称 CME)推出人民币对美元、欧元及日元的期货和期权交易，而此前的 4 月，CME 已和中国外汇交易中心签署合作协定，中国外汇交易中心会员单位将可以通过中国外汇交易中心交易 CME 全球电子交易平台上国际货币市场的外汇和利率产品。

这对中国的企业来说有什么影响呢？我们先来看两个例子：

例一　一个中国企业于 2016 年 7 月 1 日出口 100 万美元商品，结算日为 9 月 30 日，7 月 1 日即期汇率为 1 美元=8.0 元人民币，收入 100 万美元，可换到 800 万元人民币。

9 月 30 日，即期汇率跌为 1 美元=7.9 元人民币，收入 100 万美元，只换到 790 万元人民币，少收入人民币 10 万元。

例二　总经理与财务主管的对话。

某美国企业在 3 月 1 日时得知将在 7 月底收到 10 亿日元。9 月份时，日元期货的现价为 1 日元=0.8500 美分。该公司财务主管在 3 月 1 日卖空 80 份 9 月份的日元期货，并准备在 7 月底收到日元时，将期货合约平仓。

当 7 月底收到日元时，即期价格为 0.8750，期货价格为 0.8800。财务主管将期货平仓，期货损失 $= 100000 \times (0.8800 - 0.8500) = 3000$ 万日元，折算为美元 $= 3000 \times 0.8750 / 100 = 26.25$ 万美元。

我们可以设想一下总经理和财务主管的谈话。

总经理：我们在期货市场上损失了 26 万美元，我需要你的解释。

财务主管：投资期货的目的是为了对冲日元汇率变动的风险，而不是为了获利。不要忘了我们的日元在现货市场上也获得了更好的价格。

总经理：那有什么关系？这好像是说我们在纽约的销售量上升了就可以不用担心加利

福尼亚的销售量下降。

财务主管：如果日元贬值了……

总经理：我不关心日元贬值会出现什么情况，事实是日元升值了。我不得不向我们的股东说明由于你的行为使利润降低了近 30 万美元。这恐怕会影响你今年的奖金了。

财务主管：这不公平。这全在于你怎么看待它……

从以上两个例子我们可以看出，汇率风险对企业经营业绩的影响还是比较明显的。从第二个例子看，即使在经济高度发达的美国，当财务人员运用套期保值手段对冲外汇风险的时候，有时竟不能得到高层管理人员的理解。

随着中国加入世贸组织，特别是自 2005 年 7 月 21 日我国宣布对人民币实行有管理的浮动汇率制度以来，人民币兑美元的小幅升值就一直在持续。

实际上，在人民币汇率改革前，对于国内企业来说，汇率风险一直存在，只是由于我国一直实行接近固定汇率制度的钉住汇率制度，本币和外币间的汇率浮动区间非常小，而变动活跃的外币之间的汇率风险只涉及部分国内企业。在这种情况下，大部分国内企业相当于生存在这种汇率制度的保护伞下，企业本应具有的防范汇率风险的能力没有得到充分发展。

目前国内的汇率制度已开始迈出了向市场化改革的步伐，但人民币汇率的波动幅度还不大，人民币汇率升值是大方向，企业可以比较容易地做出预期。因此，总的来讲，投资者面临的汇率风险有限，国内企业对市场汇率变化的敏感程度还不够强烈，对于汇率衍生产品的需求也还不够迫切。这种对汇率风险的轻视或者忽视正是人民币汇率改革前许多人担忧的问题之一。因此，我们有必要一起来认真地认识一下汇率风险。

【案例来源：http://finance.sina.com.cn】

案例讨论

(1) 案例中所涉及的汇率风险是指什么？它是如何产生的？

(2) 企业在何种情况下会面临该类风险？具体影响如何？

(3) 对中国企业来说，应该如何规避该类风险？

◆◆◆ 知 识 归 纳 ◆◆◆

外汇风险是一种因汇率变动而蒙受损失的可能性，构成外汇风险的三要素是本币、外币和时间。外汇风险包括交易风险、会计风险和经济风险三种，其中经济风险是一种综合性风险。外汇风险的防范方法和工具众多，主要有：计价货币选择法、货币保值法、价格调整法、收付期限调整法、对销贸易法、外汇交易法、BSI 法和 LSI 法等。企业要根据交易的性质、特点和自身需要，选择成本较低、效果较好的方法和工具来防范和规避汇率风险。

外汇管制一般分为对人、对物、对地区、对行业和对国别的管制五种类型。外汇管制大多发生在发展中国家，外汇管制的宽严程度与成本和收益有很大的关系。外汇管制内容包括外汇收付管制、货币兑换管制和汇率管制。

从高度集中到外汇留成，从外汇调剂市场到全国统一的外汇市场，从复汇率到单一的有管理的市场汇率，从人民币不可自由兑换到经常项目的完全可自由兑换再到资本项目的部分可自由兑换，我国外汇管制从严厉到相对宽松，逐步走上金融自由化的道路。

习题与思考题

一、单项选择题

1. 既能消除时间风险又能消除价值风险的防险方式是(　　)。

A. 计价货币选择法 　　　　　　B. 调整价格法

C. 组对法 　　　　　　　　　　D. 平衡法

2. 出口收汇利用保值条款(　　)。

A. 可消除时间风险 　　　　　　B. 可消除货币风险

C. 可消除时间风险与货币风险 　D. 可减少风险的影响

3. 外汇风险大小与(　　)。

A. 收付汇时间的长短成正向关系 　B. 收付汇时间的长短成反向关系

C. 付款的资金、结构成正向关系 　D. 付款的资金结构成反向关系

4. 会计风险是指因汇率波动而引起的(　　)。

A. 应收未收债权价值变化的风险 　B. 应付未付债务价值变化的风险

C. 企业潜在经济效益变化的风险 　D. 资产负债表中外汇项目变化的风险

5. BSI 法是集借款、(　　)和投资于一体的外汇风险防范措施。

A. 套汇 　　　　　　　　　　　B. 套利

C. 即期交易 　　　　　　　　　D. 远期交易

二、多项选择题

1. 根据外汇风险作用对象和表现形式，外汇风险可分为(　　)。

A. 交易风险 　　　　　　　　　B. 会计风险

C. 经济风险 　　　　　　　　　D. 信用风险

2. 外汇风险的贸易管理方法包括(　　)。

A. 计价货币选择法 　　　　　　B. 货币保值法

C. 价格调整法 　　　　　　　　D. 收付期限调整法

E. 对销贸易法

3. 外汇风险管理的金融市场交易方法包括(　　)。

A. 即期外汇交易法 　　　　　　B. 远期外汇交易法

C. 掉期交易法 　　　　　　　　D. 外汇期货交易法

E. 外汇期权交易法

4. 应收外币账款中运用 BSI 法的程序是(　　)。

A. 先借本币 　　　　　　　　　B. 先借外币

C. 把外币换成本币 　　　　　　D. 把外币进行投资

5. 外汇管制的对象包括(　　)。

A. 对人　　　　　　　　　　B. 对物

C. 对地区　　　　　　　　　D. 对时间

E. 对国别　　　　　　　　　F. 对行业

6. 外汇管制的作用包括(　　)。

A. 防止资本外逃　　　　　　B. 维持汇率稳定

C. 便于实行贸易上的差别待遇　　D. 诱发通货膨胀

三、判断题

1. 人民币已实现全面可兑换。(　　)

2. 对某些商品的进口实行许可证制并不违反 IMF 第 8 条会员国所承担的义务。(　　)

3. 所谓售汇就是指外汇收入者将其外汇收入售给外汇指定银行,后者按挂牌汇率付给本币的行为。(　　)

四、思考题

1. 何谓外汇风险,形成外汇风险的构成因素有哪些?

2. 按经营活动中发生的时间顺序可将外汇风险划分成哪几种?

3. 企业可以采用何种措施防范外汇风险?

4. 何谓外汇管制?其有几种类型?

5. 外汇管制的措施有哪些?

6. 实现人民币可自由兑换需要哪些条件?

五、案例分析题

出口造船企业外汇风险的防范

南京金陵船厂是具有自营进出口权的大型国有造船企业,名列中国船舶前十强。该厂根据国际金融市场的现状,借鉴国内其他船厂的经验和教训,结合自身的具体情况,对出口船舶的外汇风险防范采取了一些有效措施,从而规避和防范了因外汇风险给企业带来的损失,为生产经营和财务风险管理创造了一个比较安全的环境。

该厂采取的措施之一就是对造船合同的价格采用复合币种,即美元+欧元的形式。美元和欧元是目前国际结算的主要支付工具,彼此间在一般情况下存在着此消彼长的关系。该厂遵循"不把鸡蛋放在一个篮子里"的原则,对合同价格采取 50%美元 + 50%欧元的定价方法,从而规避单独以美元或欧元一种货币计价的汇率风险。这里还可以根据不同的情况如进口设备的计价货币是美元还是欧元、外币货款是美元还是欧元,来要求船东对船舶进度款的支付,实行先欧元后美元或先美元后欧元的更具体的防范风范的措施。

金陵船厂承接的 1100 标准集装箱船,其船舶的合同价由 50%美元+50%欧元组成,计 USD 1100 万元 + EUR 880 万元(EUR:USD = 1.25)。该批船占合同价约 48%的进口设备是用欧元支付的,若能从银行借款到欧元,则用欧元货款支付进口设备款,那么,合同价款按照先付美元后付欧元的方式订立,尾款收到的欧元直接用于归还欧元货款,以避免汇率风险。在同样的合同付款方式下,若只能从银行借款到美元,则把收到的美元与支付的欧元进口设备作一外币掉期业务，同时，对尾款收到的美元，再做一笔欧元兑美元的外币掉期。也就是即期卖美元买欧元支付进口设备，而远期卖欧元买美元归还货款的掉期业务，通过掉期来锁定汇率。

　　试分析金陵船厂采取了何种外汇风险管理方法。

【资料来源：中国外汇网 http://www.chinaforex.com.cn】

JJ05 案例　　　　　JJ05 习题及参考答案

第六章 国际金融市场

📖 教学目的和要求

通过本章的学习，主要把握国际金融市场的概念、分类及发展状况，了解现代离岸金融市场与传统国际金融市场的区别、现代离岸金融市场的形成条件，在此基础上掌握现代离岸金融市场即欧洲货币市场和欧洲债券市场的特点、业务经营的内容与方式；了解金融衍生工具市场和中国金融市场等问题；用所学理论解释当今国际金融市场发展的新特点和中国金融市场的发展趋势。

👨‍🎓 重点与难点

国际金融市场的概念、形成与发展，国际债券市场的发行，离岸金融市场的概念、构成，金融创新的主要内容

🐵 关键词汇

在岸金融市场(On-shore Financial Market)；离岸金融市场(Off-shore Financial Market)；欧洲货币(Euro Currency)；欧洲货币市场(Euro Currency Market)；国际货币市场(International Money Market)；国际资本市场(Intenational Capital Market)

✏️ 引子案例

香港离岸人民币业务发展的回顾与展望

2011 年，《国家十二五规划》制定了扩大人民币的跨境使用以及支持香港发展成为离岸人民币业务中心的政策。随着出口企业名单扩大，人民币汇率更多双向变动，人民币贸易的收付趋于平衡。与此同时，香港的离岸人民币市场也逐步形成。离岸市场的人民币存款经过了一段时期的快速增长，由 2010 年初的 630 亿元人民币上升至 2011 年中的 5500 亿元人民币。然而，离岸人民币资金缺乏出路的问题越渐突出，大家开始意识到，要推动人民币的跨境使用和国际化，并不是单纯地把人民币推出去，而是需要于在岸与离岸市场之间建立让人民币能够有效循环的渠道。其后内地各部门推出了一系列的措施，包括全面开放人民币贸易结算、推出人民币直接投资和 RQFII 等安排。在这些措施的支持下，香港离岸人民币业务中心在 2011 年有突破性的进展。经香港银行处理的人民币贸易结算交易扩大到接近 2 万亿元人民币，人民币点心债的发行量超过 1 千亿元人民币，各种人民币投资产

品，包括投资基金、保险产品等等都陆续在市场推出。

2012 年，香港离岸人民币市场的发展更趋成熟。全年经银行处理的人民币贸易结算交易达到 26 325 亿元人民币，较 2011 年增加 37%。人民币点心债券市场也持续活跃，2012 年发行量达到 1122 亿元人民币，而未偿还点心债券的余额为 2372 亿元人民币，较 2011 年底上升 62%。银行的人民币贷款的增长更为明显，由 2012 年初的 308 亿元人民币增加 157% 至年底的 790 亿元人民币。2012 年底，客户存款和银行发行的存款证的余额合共为 7202 亿元人民币，比年初的 6616 亿元人民币增加了 9%。

现时，香港离岸人民币外汇交易市场每天的交易量(包括即期和远期交易)已达到 50 亿美元等值的交易，主要的银行亦已经开始为客户提供人民币兑欧元、英镑和亚洲主要货币的直接外汇报价。人民币金融产品也更多元化，投资 A 股的人民币 ETF(交易所买卖基金)、人民币期货以及人民币股票已经在市场推出。其中，已上市的 4 只 A 股人民币 ETF 的市值合共超过 400 亿元人民币。

这些数据多方面地反映了香港离岸人民币市场的深度和广度正在提升。即使人民币存款的规模没有像过去般快速增长，但本港的人民币存款不是静态资金池，而是通过自由市场机制，支撑着大量和不同种类的人民币金融中介活动。例如，前海跨境人民币贷款安排刚于 2011 年年底推出，而第一批由 15 间香港银行提供合共 20 亿元人民币的贷款项目已于 2012 年 1 月底签署贷款协议。这项安排不单可以提升香港离岸人民币资金的出路，对于香港离岸人民币业务的整体发展亦有促进作用。

另一方面，随着人民币在跨境贸易与投资交易中更多使用，海外的企业对人民币金融服务的需求会相应增加，其他金融中心希望发展人民币业务，这是理所当然的。在这方面香港持开放的态度，也不惧怕竞争。金管局除自 2011 年开始到海外进行路演外，我们已经分别与伦敦和澳洲开展合作，在帮助和促进海外地区的金融机构和企业拓展人民币业务的同时，也推动他们的交易直接或间接利用香港的人民币金融平台进行。这不单可以让香港在人民币国际化的过程中发挥更积极的作用，也可与其他离岸人民币市场一同达至互利双赢的结果。

目前，香港已成为全球离岸人民币业务的枢纽。香港离岸人民币清算平台的参加行达到 204 家，当中 181 家是海外银行的分支机构或者是内地银行的海外分支。随着人民币跨境使用和离岸市场各类金融活动日益增加，香港人民币清算平台所处理的交易，由 2010 年每天平均 50 亿元人民币的交易金额，大幅上升至最近超过的 2600 亿元人民币，其中一成是进出内地的跨境交易，九成是离岸市场的交易。这也显示由香港平台支持的离岸人民币金融活动与日俱增。

同时，海外银行在香港银行开设的人民币代理账户数目，从 2010 年底的 187 个增加至 2011 年底的 968 个，以至去年底的 1402 个。香港与海外银行的应付与应收款项，分别为 1 千至 1 千 2 百亿元人民币左右，净额是应收款项较多，即是香港向海外银行提供了人民币头寸。另外，根据环球银行金融电信协会(SWIFT)的统计，香港银行的人民币收付交易量，占全球进出内地和离岸市场交易总量的八成。

总的来说，香港离岸人民币市场与金融基础设施的建设已取得了很大的进展。今后的发展，很大程度需要依靠企业和金融机构把握大幅扩大后的政策空间所提供的商机。尤其需要把握人民币在国际交易中使用增加的趋势，透过与其他地方建立更紧密的人民币业务联系，进一步提升香港作为全球离岸人民币业务枢纽的功能和地位。

【资料来源：陈德林《香港离岸人民币业务发展的回顾与展望》】

案例评析

香港人民币市场发展大致经历三个阶段：第一阶段从 2003 年的 11 月至 2007 年 6 月，主要开展个人人民币业务；第二阶段大致从 2007 年 7 月至 2010 年 6 月，主要特征是内地金融机构发行香港人民币债券，开展跨境贸易和投资人民币结算试点；第三阶段从 2010 年 6 月至今，主要是扩大跨境贸易和投资人民币结算。从 2012 年起，人民币国际化已经进入了一个新的阶段，重心从扩大香港人民币市场转向推动人民币走向海外，人民币的海外之旅将会带动所有离岸中心人民币流动性增加，虽然香港人民币存款只是离岸市场的一部分，但仍然是离岸人民币的主市场。

第一节　国际金融市场概述

国际金融市场就是居民与非居民之间，或者非居民与非居民之间进行国际借贷的市场。国际金融市场与国内金融市场的区别在于交易活动是否涉及非居民。无论投资者或筹资者若涉及非居民，则为国际金融市场；反之则为国内金融市场。

一、国际金融市场形成的模式与条件

(一) 国际金融市场形成的模式

从国际范围来看，国际金融市场的形成大致有两种模式：自发生成型和政策促成型。

1. 自发生成型

这种模式形成的国际金融市场一般要先后经过地方性市场、全国性市场和世界性市场三个发展阶段，随着生产国际化、市场国际化和资本国际化的发展，那些在地理位置、金融服务、国际通信等方面能提供最大便利的国内金融中心就逐渐发展成国际金融市场。如英国的伦敦和美国的纽约就是这种自发生成型的国际金融市场。

2. 政策促成型

世界上还有一些国家和地区是通过特殊条件和优惠政策，在短期内发展成国际金融市场并推动本国或地区经济发展的。例如新加坡、中国香港以及加勒比海的一些岛国，就是通过这种方式在较短的时间内催生出国际金融市场的。例如新加坡，对待国外投资者非常慷慨和优惠，任何国外企业，只要在新加坡投资，都会拿到实实在在的奖励金；在对待雇主的态度上，鼓励创业和发展，雇主雇用的员工越多，得到的奖金也越多。再加上当地的经济秩序、经济环境良好，这使得新加坡成为投资者的乐园，国外投资者纷至沓来，新加坡因而也很快成为著名的新兴国际金融市场。

国际金融市场的这两种不同形成模式在基本轨迹、目标任务、作用发挥、政策取向和发展动力等各方面都存在差别。

(二) 国际金融市场的形成条件

一般而言，国际金融市场的形成必须具备以下一些基本条件：

(1) 稳定的政治和经济环境。政治和经济环境相对稳定，能通过立法保护外国资产的利益，提高了对外国银行和投资者的吸引力。

(2) 放松的外汇管制。有宽松的金融环境，实行自由外汇制度或外汇管制宽松，外汇调拨比较灵活，在存款准备金、税率、汇率等方面没有严格的管制条例，银行监督合乎世界水平，非居民参与金融活动能享受高效率的服务，且享受与当地居民相同的待遇。

(3) 金融体制完善。银行机构比较集中，信用制度比较发达，管理制度比较健全，资金供求转移比较便利，拥有一个高度发达的国内金融市场。

(4) 现代化的通信设施和优越的地理位置。具有比较完善的现代化国际通信设施，又具有交通便利的地理位置和区位，能提高跨国金融交易的效率。

(5) 一大批业务熟练的高质量国际金融人才。拥有一支国际金融专业知识水平高，又有丰富实际经验，特别是丰富银行实务经验的专业人才，是形成国际金融市场的"软件保障"。

二、国际金融市场类型

1. 根据资金在国际间流动的方式，分为传统的国际金融市场和新型的国际金融市场

传统的国际金融市场又称"在岸金融市场"(On-shore Financial Market)，是在各国国内金融市场的基础上形成和发展起来的，是国内金融市场跨越国界的延伸发展，并以市场所在地货币为交易对象，交易在居民和非居民之间进行，受到市场所在国政策和法令管辖。传统的国际金融市场主要为外国借款人提供资金，其主要是净输出国内资本。因此这种传统的国际金融市场的形成，必须有充足的、经常不断的资金供应来源。一个国家如果没有高度发达的经济，就不可能维持这样的国际金融市场。传统的国际金融市场的形成通常是由于一个国家的经济和货币在世界范围的重要性，使其所在的国家首先在某一城市或地区形成一个区域性金融市场，然后逐步成长为世界性的金融市场的。

新型的国际金融市场又称"离岸金融市场"(Off-shore Financial Market)。这一市场以市场所在地以外国家的货币即境外货币为交易对象，交易在非居民之间进行，且不受任何国家的法律、法规管制。这些新型国际金融市场的形成不一定要依靠强大的经济贸易实力，本国资本供应是否充裕已不再是必要条件，只要它具备强大的吸引力，能够把国际投资者和借款人吸引过来，就可能成为一个国际金融市场。本章中将要详细介绍的欧洲货币市场就属于新型的国际金融市场。

2. 根据市场交易标的的不同，可以分为货币市场、资本市场、外汇市场和黄金市场

国际货币市场以短期工商企业资金周转、拆款和短期政府债券为主要交易对象，无论何种形式的资金借贷，只要期限在1年或1年以下者均属于货币市场范畴。国际货币市场

的作用是调节短期资金,解决资金需求者的季节性和临时性的资金周转。货币当局利用货币市场实施货币政策。货币市场通常由同业拆借市场、承兑市场、票据贴现市场、短期政府债券市场、大额可转让定期存单市场、回购市场和短期信贷市场组成。

国际资本市场,是指交易期限在 1 年以上的中长期金融工具交易的市场,又称为中长期资金市场。其重要功能是筹集和运用中长期资金,为工商企业、政府和机构提供中长期资金。资本市场主要由两部分组成,即发行和买卖各种债券、股票的证券市场和通过银行进行融资的中长期信贷市场。

国际外汇市场,是以外汇银行为中心,由外汇需求者、外汇供给者及买卖中间机构组成的外汇买卖场所或交易网络。

国际黄金市场,是专门进行黄金买卖的国际性交易市场,是国际金融市场的一个重要组成部分。黄金既是国际结算的手段,又具有世界货币的性质。虽然黄金已经退出了国际本位货币领域,但黄金仍然是重要的国际储备货币和保值手段,在国际金融市场上占有重要的地位。

3. 按地理位置的不同进行划分

按地理位置不同国际金融市场可划分为五个区:
(1) 欧洲区——以伦敦、巴黎、法兰克福等地为主;
(2) 亚洲区——以新加坡、中国香港、东京等地为主;
(3) 中美洲区——以开曼群岛、巴拿马等地为主;
(4) 北美区——以纽约、蒙特利尔等地为主;
(5) 中东区——以巴林、科威特等地为主。

三、国际金融市场的作用

(一) 促进国际贸易和国际投资的发展

国际金融市场是因国际贸易的发展和国际结算的需要而产生的,然而国际金融市场的进一步发达和完善又极大地促进了国际贸易和国际投资的发展,因为国际贸易和国际投资离不开大量的资金融通和外汇买卖,而国际金融市场的发达和完善不仅极大地便利了国际间资金的划拨和结算,而且通过国际金融市场上的一些业务可以为国际贸易和国际投资提供融资的便利,并且可以提供有效避免外汇风险的手段,从而为扩大国际贸易和国际投资创造了条件。

(二) 提供调节国际收支的渠道

第二次世界大战后,尤其是在 20 世纪 70 年代的两次石油危机后,国际收支失衡已成为一种世界范围内的普遍现象,不仅多数发展中国家存在国际收支的失衡,不少发达国家也存在严重的失衡现象。而国际金融市场的存在可以为各国解决国际收支失衡问题提供重要的渠道。逆差国可利用国际金融市场的融资来弥补国际收支赤字,顺差国则可以将其国际收支盈余在国际金融市场上加以运用。此外,国际收支失衡国还可利用国际金融市场上的汇率变动来影响国际收支,因为一国的国际收支不平衡会引起外汇汇率发生变化，而汇率是调节国际收支的一个重要杠杆，通过汇率的作用促使国际收支恢复均衡。

(三) 推动银行业务国际化的发展

二战后金融业得到迅速发展，世界各国的金融机构纷纷向海外扩展，从而需要在国际范围内有金融中心为其提供开展业务的场所。国际金融市场的存在，不仅吸引了无数的跨国银行，而且通过国际金融市场上的各种业务活动把各国的金融机构紧密地联系在一起，从而使各国国内的银行信用发展成为国际间的银行信用，各国国内的银行业务发展成为国际间的银行业务，由此推动了银行业务的国际化发展。

第二节　国际货币市场与国际资本市场

货币市场和资本市场作为金融市场的核心组成部分，前者是后者规范运作和发展的物质基础。发达的货币市场为资本市场提供了稳定充裕的资金来源。货币市场在资金供给者和资本市场之间搭建了一个"资金池"，其良性发展减少了由于资金供求变化对社会造成的冲击。从世界上大多数发达国家金融市场的发展历程中可以总结出"先货币市场，后资本市场"是金融市场发展的基本规律。

20 世纪 80 年代混业浪潮席卷而来之前，商业银行就开始通过金融创新绕开管制，已在实际操作层面发展出了大量的银证之间的工具复合和业务交叉，然后再通过产权渗透的方式控股或购并证券公司，推动金融系统向更具效率的层次发展。从世界范围来看，货币市场与资本市场的日益融合已成为发展趋势。

一、国际货币市场的含义

国际货币市场(International Money Market)是指资金的借贷期限在 1 年以内(包含 1 年)的国际短期资金的交易市场，交易一方为市场所在地的非居民，另一方为居民。国际货币市场为市场的参与者调剂资金余缺，市场上的短期信用工具可以为资金盈余者提供短期投资，为资金需求者提供短期融资。

国际货币市场的主要参与者是：商业银行、中央银行、保险公司、金融公司、证券经纪人、证券交易商、工商企业及个人等。国际货币市场的利率为短期利率，以伦敦同业拆放利率或优惠利率为基准，包括银行同业拆放利率、短期信贷利率、短期证券利率和贴现利率等。国际货币市场的信用工具主要有：国库券、大额可转让存单、商业票据、银行承兑汇票等。

二、国际货币市场构成

传统的国际货币市场是一个以美国纽约和英国伦敦货币市场为中心，以发达国家和一些新兴市场国家货币市场为外围的市场体系。从借贷关系方式来看，国际货币市场包括短期信贷市场、短期证券市场和贴现市场。

(一) 短期信贷市场

短期信贷市场主要包括商业银行对外国政府、外国企业的信贷和国际银行同业间的拆放市场(Inter-bank Market),分别用于政府弥补收支赤字、满足企业短期流动资金的需要以及解决银行在一定时间内的资金余缺问题。目前,银行短期信贷市场业务主要以银行同业拆借为主。

同业拆借业务具有以下特点:

(1) 交易期限短。由于同业拆借主要用于银行的头寸调整,故其期限都比较短,一般期限最短的仅仅是隔夜,多则1周或3个月,最长的不超过1年。

(2) 交易金额大。由于同业拆借是在银行间进行的,故其每笔交易金额都比较大。如伦敦同业拆借市场每笔交易以25万英镑为最低限额。

(3) 交易手续简便。由于银行的信用一般都比较高,因而银行同业拆借通常不需要签订协议,也不需要提供担保品,有时仅以电话联系就可以完成资金的拆借。

(4) 交易利率具有非固定性和双向性。交易利率的非固定性是指银行同业拆借的利率随市场利率的变化而变化,不采用固定利率。交易利率的双向性是指同业拆借利率有拆出利率和拆进利率之分,拆出利率表示银行愿意拆出资金的利率;拆进利率表示银行愿意拆进资金的利率。拆进利率通常都低于拆出利率。在美国、日本、德国、新加坡、中国香港等金融市场上,银行报出拆借利率时,拆进利率在前、拆出利率在后,如9.75%~9.875%。在英国则相反,银行报出的拆借利率,前为拆出利率、后为拆进利率,如8.5%~8.25%。

目前,在国际同业拆借市场乃至整个国际金融市场中最有影响的利率是伦敦同业拆放利率(London Inter-Bank Offered Rate,LIBOR)。这是伦敦市场上第一流的银行相互间进行拆放的利率。在贷款协议中议定的 LIBOR 通常为指定的几家参考银行在规定时间(一般是伦敦时间上午 11:00)利率报价的算术平均数。LIBOR 现已成为国际金融市场浮动利率贷款的基准利率,一般都是在伦敦同业拆放利率的基础上,再加上一定的百分点(如 LIBOR + 0.05%来确定)。

(二) 短期证券市场

短期证券市场是通过发行和转让短期证券进行国际融资的市场,或者说是进行短期信用票据交易的市场。在这个市场上交易的短期信用票据是指一年以下的可转让流通的信用工具,主要有以下几种:

1. 国库券

国库券((Treasury Bills))是各国政府为满足季节性财政需要而发放的短期政府债券,期限一般在1年以内(3个月、6个月、1年)。在美国证券市场上,国库券具有信用好、交易量大、流动性强等特点,很受欢迎,它不仅是美国居民,而且是外国政府和银行、非居民的重要投资对象。

2. 银行定期存单

银行定期存单((CDs))是商业银行和金融公司吸收大额定期(不超过1年,通常为3~6

个月)存款而交付给存款者的凭据,也叫"大额可转让定期存单"。这种方式改变了定期存款缺乏流动性的问题,对银行和投资者来说都是有利的。

3.商业票据

商业票据(CP)是指一些大企业和银行控股公司凭借自己的信用发行的短期无担保借款票据,具有期限短(不超过 270 天,以 30~90 天为多)、有固定到期日、票面金额大小不限等特点,交易按票面金额贴现的方式进行。它可用于补充商业银行短期贷款的不足。

4.银行承兑票据

银行承兑票据(BA)指经过银行承兑的商业票据。商业票据经银行承兑后,将商业信用转化成了银行信用,信用得到了提高,更易于在二级市场上转让。银行承兑票据的期限一般在 30~180 天,面额可从 2.5 万美元到 500 万美元不等。

(三) 贴现市场

贴现市场是经营贴现业务的短期资金市场。所谓贴现,是银行购买未到期票据,并扣除自贴现起至该票据到期日为止的利息的业务。它具体包括银行票据和商业票据的贴现,商业银行对贴现公司的拆放。中央银行可以对贴现的商业银行或从事贴现业务的其他金融机构办理再贴现。

三、国际资本市场含义与功能

国际资本市场(International Capital Market)指融资期限在 1 年以上的国际中长期资金的交易市场。一般中期为 1~5 年,长期为 5 年以上。其主要功能是为国际间中长期资金的流动提供渠道,将世界各国的闲置资金资源转化为国际性投资。

国际资本市场的参与者主要是各种金融机构,如商业银行、信托公司、人寿保险公司、各国中央银行及私人投资者等;利率是中长期利率,利率水平取决于多种因素,如期限的长短、资金的供需、金融政策的变化、国家的通货膨胀及借款者的资信度等;基准利率为伦敦银行同业拆放利率,再加一个附加利率。

阅读材料

特朗普发布会首秀震动美国资本市场

在全球市场的注目下,2017 年 1 月 11 日美国候任总统特朗普举行竞选成功以来首场新闻发布会。正如特朗普一向"语出惊人"的作风,其言论一出便立即震动资本市场。

在经济问题上,特朗普批评了一些美国企业。在汽车行业上,"你看到昨天克莱斯勒打算在美国建厂,福特也宣布计划停止十多亿美元的墨西哥建厂计划,他们将搬到密歇根,扩建一座现有的工厂。我很欣赏这两家企业的做法,也希望通用汽车能追随这一脚步,我认为很多人都会紧随其后,众多产业都将回归美国。"此消息直接刺激墨西哥比索兑美元跌破 22,刷新历史新低。

对于制药行业,"我们必须将我们的制药行业带回国内,我们的制药行业就是一团灾难,他们为我们提供药物,但却不在(美国国内)制造,我们必须建立新的药品竞价机制,因为(现在的高药价)等于不受惩罚的谋杀!"随即美股医药板块迅速下跌,两分钟内,生物医药板块近一年来的涨幅被全部抹平。

此外,特朗普还誓言替换"奥巴马医改",并声称要对在海外生产并将产品销往美国的本土制造商征收高额"边境税"。美元即期汇率也反应迅速,在新闻发布会之前,美元冲上一周高位,一度涨 0.9%,但是发布会开始后美元一路走低。不过在重申征收高额"边境税"后,美元闻讯反弹。但由于特朗普没有公布包括贸易和基础设施建设在内的相关经济刺激计划的具体内容,市场显现失望情绪,很快,美元重回跌势,一度下挫 0.7%,截至收盘时,美元指数收跌 0.2%。黄金大涨至近 1200 美元/盎司。美股一度转至平盘之下,随后一路上扬,此前大跌的墨西哥比索也收复部分失地。

2017 年 1 月 11 日美国资本市场的"过山车"表现或是对特朗普破坏力的"压力测试",特朗普政策序幕仍待拉开。

【资料来源: 人民网 http: //world.people.com.cn/n1/2017/0113/c1002-29022521.html】

第三节　离岸金融市场

一、欧洲货币市场的概念和特征

(一) 欧洲货币市场的概念

欧洲货币(Euro Currency)又称为"境外货币",指在货币发行国境外流通的货币。欧洲货币市场(Euro Currency Market)是指经营欧洲货币业务的市场。

欧洲货币市场是国际金融市场的核心。欧洲货币市场不受货币发行国金融外汇政策的限制,也不受市场所在国的管辖,可以自由进行交易,是一种真正意义上的国际金融市场。这里的"欧洲"并不是一个表示地理位置的概念,而是意味着"境外"的意思。任何可自由兑换的货币只要在市场所在国管辖之外,都可以称为"欧洲货币"。例如,欧洲美元、欧洲英镑、欧洲日元、欧洲瑞士法郎等。在欧洲货币市场从事境外货币经营业务的银行称为"欧洲银行"(Euro Bank)。(注:在亚洲的新加坡和香港,欧洲货币市场又称为亚洲美元市场。)

人们把传统的国际金融市场称为"在岸金融市场",把欧洲货币市场称为"离岸金融市场"。离岸金融市场和在岸金融市场的区别最初是由境外货币和境内货币存贷的区别产生的。但是,随着欧洲货币市场的发展,离岸金融市场和在岸金融市场的主要区别不仅是在于境外货币和境内货币的区别,而更在于市场管理体制的区别,即离岸市场不受市场所在国金融、外汇政策的限制,可以自由筹措资金,进行外汇交易,实行自由利率,无需交纳存款准备金等。例如,为了应对欧洲货币市场的发展趋势,美国于 1981 年在境内设立了"国际银行设施"(International Banking Facilities, IBF),开办欧洲货币业务,将境内美元和境外美元业务分离管理，通过国际银行设施开办离岸业务。国际银行设施的设立，保持了欧洲美元是美国的境外美元这一形式，但就地理上看，欧洲美元已经能在美国境内经营，这是欧洲货币市场的一个重大发展。

(二) 欧洲货币市场的特点

1. 欧洲货币市场范围广阔，交易规模巨大，币种繁多

欧洲货币市场的市场规模是一般国际金融市场所无法比拟的。单笔交易金额一般都超过 100 万美元，几亿美元的交易也很普遍。交易的币种不仅限于欧洲美元、英镑、日元等传统币种，还包括加拿大元、欧元等币种，以发展中国家货币为交易的币种也并不少见，甚至还出现了以特别提款权和欧洲货币为标价币种的交易。交易的品种主要有同业拆借、欧洲银行贷款和欧洲债券。其雄厚的资金实力为国际投资和国际贸易活动提供了极大的便利。

2. 欧洲货币市场是个高度自由的市场，所受管制较少

作为离岸金融市场，欧洲货币市场既不受市场所在国金融法规的管辖，也不受交易货币发行国金融法规的约束。迄今为止，也尚不存在对这一市场专门进行管制的国际法律。欧洲银行经营境外货币存款业务没有存款准备金要求，也无需交纳存款保险金。资金调拨十分方便自由。在税收方面，特别是在加勒比海和亚洲的一些避税港，银行的利息收益只需交纳很少的税金，或根本不需缴税。同时，欧洲货币市场经营非常自由，投资者和筹资者可以自由进出，而且贷款条件灵活、贷款期限多样、贷款用途不限。这也是欧洲货币市场能吸引大量的国际投资者和筹资者的重要原因。

3. 欧洲货币市场是个具有独特利率结构的市场

欧洲货币市场之所以能吸引大量的国际投资者和筹资者，除其经营非常自由的原因外，还在于其独特的利率结构。欧洲货币市场利率体系的基础是伦敦银行同业拆放利率，存款利率略高于国内金融市场，而放款利率略低于国内金融市场，存贷款利差较小，一般为0.25%~0.5%，有时甚至低于 0.125%。欧洲货币市场之所以具有这样的特点，主要是因为在欧洲货币市场上经营业务的欧洲银行可以免交存款准备金和享受低税率乃至免税，从而可降低经营成本。此外，由于交易规模大、贷款客户信誉高，也可使欧洲银行相应降低贷款利率。

4. 欧洲货币市场主要是银行同业市场

同外汇市场一样，欧洲货币市场的大部分存贷业务都是在银行同业间，通过电话、电报、电传等现代化通信工具来进行的，而银行与非银行客户之间的交易只占了一小部分。欧洲货币市场上的银行同业拆借期限有长有短，最短为隔夜，最长不超过 1 年，而且拆借主要凭信用，一般不需签订合同；利率基本上是以 LIBOR 为基础；拆借金额多在 100 万美元以上。

二、欧洲货币市场的形成和发展

第二次世界大战以后，世界经济和科学技术的迅速发展推动了经济的国际化发展，这

是欧洲货币市场形成和发展的根本原因。经济的国际化包括生产的国际化和市场的国际化。在生产和市场国际化的条件下，跨国公司迅速发展，客观上要求有一个国际性的金融市场为其提供大量的借贷资金，或为其大量闲置资本提供升值的机会，欧洲货币市场高效、自由的运营机制恰好适应了这种客观需求。除了经济国际化这一根本内在因素外，欧洲货币市场的形成还得益于许多外在因素的推动。

1. 朝鲜战争及英镑危机导致欧洲美元市场的形成

欧洲货币市场的形成源于欧洲美元市场的兴起。1950 年，朝鲜战争爆发，美国政府冻结了中国存放在美国的所有资产。苏联和东欧等国也担心遭到这种"待遇"，故将存放于美国的美元转存到美国境外的银行，主要是伦敦的银行。而当时英法联合入侵埃及，英国经济受到严重影响，致使其国际收支恶化，发生英镑危机。英国政府允许各家银行接受美元，并进行放贷。这样，欧洲美元市场在伦敦出现了。

2. 西欧国家的倒收利息税等政策使欧洲美元市场发展成为欧洲货币市场

1958 年以后，西欧各国放松外汇管制，实现了货币的自由兑换，允许资金自由流动，对非居民的外币存款不加干预，并免缴存款准备金，这些都为欧洲货币市场的顺利发展提供了良好的环境。20 世纪 60 年代西方各国通货膨胀日益严重，投机性的国际游资流动频繁，联邦德国、瑞士等国为维持外汇市场稳定，遏制通胀，限制资本流入，规定对非居民的西德马克、瑞士法郎存款不仅不付利息，甚至倒收利息，或强制性地将新增存款转移至央行冻结，但如果用外币开户则不受此限制，这使非居民纷纷将手中的西德马克和瑞士法郎等货币存储于他国市场，于是欧洲货币的币种增加，出现了欧洲西德马克、欧洲瑞士法郎等币种。这样，欧洲美元市场发展成为欧洲货币市场。

3. 逃避本国金融政策法令的管制的做法急剧推进了欧洲美元业务的发展

1958 年后，美国国际收支开始出现赤字，并且规模逐渐扩大，美元资金大量流向国外，为欧洲美元市场提供了大量资金。同时，美国为改善国际收支逆差状况，从 20 世纪 60 年代起采取了一系列限制美元外流的措施。如 1963 年 7 月美国政府实行"利息平衡税"，规定美国居民购买外国居民在美国发行的有价证券所获利息一律要纳税(0.71%～11.25%)。1965 年 1 月美国政府又颁布了《自愿限制对外贷款指导方针》，限制美国银行对非居民扩大信贷业务。1968 年，自愿限制变成了强制性限制。上述一系列措施迫使美国银行和跨国公司纷纷将资金调至海外分支机构，再向世界各地贷放，从而急剧地推进了境外美元存贷业务的发展与扩大。

此外，美国联邦储备法案的"Q 项条例"和"M 项条例"，在客观上也促进了欧洲美元市场的发展。美国联邦储备法案的"Q 项条例"在 20 世纪 60 年代美国国内严重的通货膨胀、市场利率不断上升情况下，使美国银行吸收存款能力下降，大笔美元资金转存到了欧洲各国，而美国银行为了国内信贷业务的正常进行，又不得不到欧洲美元市场筹集资金，再调回国内使用，提高了集资成本。但此举却促进了欧洲美元市场的发展。美国联邦储备委员会的"M 项条例"规定美国商业银行吸收国外存款及其分行在总行账面上的存款，必须向联邦储备银行缴纳累进的存款准备金。由于该条例只适用于向美国国内公司提供贷款的美国银行，不适于外国银行，从而削弱了美国银行自身的竞争力。这样，美国的商业银行为逃避此条例，纷纷在欧洲设立分支机构，在国外吸收营运存款。

4. 石油输出国的巨额"石油美元"为欧洲货币市场的发展注入了资金

20 世纪 70 年代，世界石油价格两次大幅度上涨。这一方面使石油输出国手中积累了大量的"石油美元"，这些美元大多投入到欧洲美元市场，使这一市场上的资金供给非常充裕；另一方面发展中国家中的非产油国的国际收支出现了逆差，它们都转向欧洲美元市场借入资金以弥补逆差，使该市场上的资金需求也增加了。"石油美元"的出现为欧洲货币市场的发展提供了资金上的保证。

三、欧洲货币市场的类型

欧洲货币市场按境内业务与境外业务的关系不同可分为以下三种类型。

1. 一体型

一体型又称"伦敦型"，是指本国居民参加的在岸业务与非居民间进行的离岸交易之间无严格分界，可以同时经营。在这一类型的离岸金融市场上，离岸金融业务与国内金融业务上的资金往来完全自由化，可以说这是一个开放度最高的自由金融市场，因以伦敦市场为代表，故称为"伦敦型的离岸金融市场"。香港国际金融市场即属于一体型市场。

2. 分离型

分离型又称"纽约型"，是指限制外资银行和金融机构与居民往来，只允许非居民参与离岸市场业务，管理上把境外欧洲货币与境内欧洲货币严格分账，目的是防止离岸金融交易冲击本国货币政策的实施。分离型的典型代表是美国的国际银行设施、新加坡离岸金融市场上设立的亚洲货币账户，以及日本东京离岸金融市场上的涉外特别账户。

纽约离岸金融市场形成于 1981 年，当年美联储正式批准设立纽约离岸金融市场，称为"国际银行设施"，其主要内容包括：

(1) 凡获准吸收存款的美国银行、外国银行均可申请加入"国际银行设施"；

(2) "国际银行设施"的交易严格限于会员机构与非居民之间；

(3) "国际银行设施"的交易可免交存款准备金，无利率上限、存款保险等要求，还可免征利息预扣税；

(4) 存放在"国际银行设施"账户上的美元视同境外美元，与美国国内美元账户严格分开，从这一点来看，离岸金融业务实际上把市场所在国货币也包括了进来，但要与国内货币分开管理。

"国际银行设施"不是一个具有实体的独立银行体系，而是在美国境内的美国或外国银行开立的经营欧洲货币和欧洲美元的账户，此体系资产独立，与总行的账户分开。"国际银行设施"准许上述银行吸收非居民(即在美国地区以外的个人、银行和公司)以及美国国外公司、银行的存款，同时准许贷款给非居民，但贷款须用于国际业务。创设"国际银行设施"的意义在于吸引巨额资本流入美国，改善国际收支状况，同时，吸回巨额境外美元，以便就近管制，从而加强美国金融资本经营境外货币业务的竞争力。

日本东京和新加坡也属于这一类型的离岸金融市场。1986 年 12 月 1 日，作为日本金融开放和日元国际化的一个重大步骤，由 180 多家日本银行和外国银行分行所组成的东京离岸市场也开始营业，并开展与 IBF 相类似的业务，即吸收非居民的日元存款和向非居民提供日元贷款。由于这些存款和贷款属于欧洲日元的一部分，因而它不受日本国内银行法的管制。

纽约的 IBF 成为了依靠政策主动培育境内金融业务与离岸金融业务严格分离的离岸市场类型的代表。由于美国政府除了把在美国境内流通的外国货币视为欧洲货币外，又将在美国境内流通但不受美国金融当局管理的非居民美元存贷款定义为欧洲美元，所以欧洲货币的概念从此突破了特定地理区域限制，表现出鲜明的国际借贷机制的特点。这样，"欧洲货币"又进一步突破了"境外货币"的含义，它应更确切地被理解为是一种"制外货币"(Extrality Currency)，即不受货币发行国制定的金融法规管制的存贷业务，而不论这种业务是发生在境内还是发生在境外。

与伦敦型离岸金融市场相比，纽约型离岸金融市场是一种比较容易控制的离岸金融市场，它通过分账管理，可以使国内金融业务免受境外货币的冲击，从而保持国内金融市场的稳定。

3. 走账型

走账型又称"避税港型"或"巴哈马型"，这种市场是纯粹的记载金融交易的场所，是只从事借贷投资业务的转账或注册等事务手续，不从事具体的金融业务的离岸金融市场，相当于记账结算中心。

这类市场的特点是：市场所在国本身并无发达的经济，也没有雄厚的资金力量，但税收极为优惠，政府对金融业限制极少，银行保密制度也极为严格，从而成为避税天堂。因此，为了适应保密性和逃税的特殊要求，许多跨国金融机构在免税或无监管的城市设立"空壳分支机构"(Shell Branches)或"纸银行"(Paper Bank)。这种市场主要以加勒比海地区的巴哈马岛国为代表，属于这一类的市场还有开曼、巴拿马等金融市场。

四、欧洲货币市场的经济影响

欧洲货币市场灵活多样的运作机制缓解了资金来源与运用之间的诸多矛盾，从而使得国际间资金的大规模运动得以顺利进行，同时因为监管不力，也会给国际金融市场带来巨大的波动。

(一) 欧洲货币市场的积极影响

欧洲货币市场的存在和发展，给世界经济带来了广泛而深远的影响。

1. 促进了国际贸易的发展

无论对于发达国家还是对于发展中国家，对外贸易都是促进经济增长的重要途径，而欧洲货币市场大规模的融资活动，为贸易融资提供了充分的资金来源，从而加速了国际贸易的发展。

2．促进了西欧的经济复兴和一些发展中国家的经济发展

二战后，西欧国家的经济复兴得益于欧洲货币市场，如在联邦德国、日本等战败国的经济恢复和发展过程中，欧洲货币市场为其提供了重要的资金来源。后来一些发展中国家在发展经济的过程中，也是从欧洲货币市场获取大量资金，以补充国内资金不足的，如韩国、巴西、墨西哥等，其经济起飞和发展都大量利用了欧洲信贷。

3．缓和了国际收支矛盾

20 世纪 60 年代的美元危机和 70 年代的两次石油危机，使国际收支成为一种全球性现象。据国际货币基金组织估计，从 1973 年到 1983 年的 10 年间，石油输出国组织(OPEC)成员国和一些工业国经常账户上的顺差额累计约为 3868 亿美元，同期非产油发展中国家则累计为 5972 亿美元的逆差。仅靠国际货币基金组织的贷款无法解决这一矛盾。而欧洲货币市场通过把 OPEC 组织存入的石油美元贷放给逆差国，一方面为顺差国的盈余资金找到了出路，另一方面又为逆差国提供了清偿手段，从而缓和了全球性的国际收支矛盾。

4．推动了国际金融一体化的发展

欧洲货币市场的出现打破了过去国际金融市场受国界分割而存在的相互隔绝的状态，通过跨国银行的业务活动将遍布世界各地的金融市场紧密地联系在一起，从而促进了国际资金的流动和国际金融的一体化，而这恰恰顺应了世界经济发展的基本趋势。

(二) 欧洲货币市场的消极影响

欧洲货币市场在发挥积极作用的同时，也对世界经济和金融发展产生了一定的消极影响，主要表现在以下几个方面。

1．削弱各国货币政策的效力

由于欧洲货币市场上的借贷非常自由，各种机构都很容易在这一市场上取得资金，这就使得各国货币政策难以顺利贯彻。例如，当国内为抑制通货膨胀而采取紧缩银根的政策时，国内银行和企业却可以很方便地从欧洲货币市场获得低利率的资金来源，从而使紧缩政策难以达到预期效果。

2．加大世界通货膨胀的压力

由于欧洲货币市场的借贷活动很容易使一国的闲置资源转变成其他国家的货币供应源，从而使市场的信用基础得以扩大。此外在欧洲货币市场上，当大量游资冲击外汇市场、黄金市场和商品市场时，也会对有关国家的物价水平产生影响，引起输入型通货膨胀。例如，当投机商用作为软币的欧洲美元去抢购硬货币，导致硬货币汇率进一步上升时，硬货币发行国为稳定汇率，不得不大量抛本币去收购美元，从而引起本币供应增加，促使物价水平上升。

3．增加国际金融市场的脆弱性

欧洲货币市场的存款绝大部分都是一年以下的短期存款，而自 20 世纪 70 年代以来，随着各国跨国公司、企业、政府等借款人对中长期资金需求的迅速增加，欧洲货币市场的

中长期贷款猛增，其比例占整个贷款总额的一半以上，这就使得国际金融市场变得极为脆弱，因为在这种短存长贷的局面下，一旦市场有风吹草动，就会出现储户大量挤兑的现象，引起银行资金周转不灵，从而导致金融市场的动荡。

4．加剧国际金融市场的动荡

欧洲货币市场上的短存长贷现象已使得国际金融市场极不稳定，而欧洲货币市场上的投机活动又进一步加剧了国际金融市场的不稳定性。在欧洲货币市场上，投机活动十分活跃，大部分短期资金都用于外汇投机。这部分投机资金在国与国之间频繁转移，往往造成汇率、利率的剧烈波动，引起国际金融市场的动荡不安。例如 1992 年的英镑危机、1994年的墨西哥比索风暴、1997 年的东南亚金融危机，都给国际金融市场造成了极大的震动，而这当中又都有国际投机资金在兴风作浪。

五、欧洲债券市场

(一) 欧洲债券及其种类

1. 欧洲债券的含义

国际债券市场可以分为两大部分——外国债券(Foreign Bond)和欧洲债券(Euro Bond)。外国债券是指借款人在国外资本市场发行的以发行国货币标价的债券。外国债券的发行者是一个外国主体。全球最重要的外国债券市场包括苏黎世、纽约、东京、法兰克福、伦敦和阿姆斯特丹等。

外国债券市场的个别子市场被冠以有趣的名字，例如：在美国市场承销和发行的非美国公司的美元债券被称为扬基债券(Yankee Bonds)；在日本市场承销和发行的非日本公司的日元债券被称为武士债券(Samurai Bonds)；在英国市场承销和发行的非英国公司的英镑债券被称为猛犬债券(Bulldog Bonds)。

欧洲债券是指借款人(债券发行人)在其他国家发行的以非发行国货币标价的债券。这种境外债券通常是由一些国家的银行和金融机构建立的国际承销辛迪加出售，并由有关国家向投资人提供担保，因此，这个市场作为本国资本市场和外国债券市场以外长期资金筹措的第三个来源，其特点是对借贷双方来说都具有国际性。

第一笔欧洲债券于 1961 年 2 月 1 日在卢森堡发行。市场建立的初期主要发行美元债券，后来由于美元汇价动荡不定，美元债券的发行减少，而以德国马克、法国法郎、卢森堡法郎、加拿大元、澳大利亚元、丹麦克朗、荷兰盾等货币发行的债券相继出现。但进入 20 世纪 80 年代以后，欧洲债券增长迅猛，发行额远远超过外国债券。

2. 欧洲债券的种类

(1) 按照发行期限的长短，可分为短期债券(一般是 2 年)、中期债券(2～5 年)和长期债券(5 年以上)。

(2) 按利率规定情况，可分为固定利率债券、浮动利率债券和混合利率债券。混合利率债券即把债券的偿还期限分为两段，一般前一段债券的计息按浮动利率，后一段债券的计息按固定利率。

(3) 按出售方式，可分为公募债券和私募债券。前者指公开发行，在证券交易所挂牌出售，并可在市场上自由买卖或转让的债券；后者是指不公开发行，不在市场上自由买卖或转让的债券。

(4) 按清偿的要求，可分为到期清偿本息或每半年、一年付息一次，到期偿还本金；或者把债券的清偿与股票相联系。另外，还有与另一种货币挂钩的债券，这种债券的面值货币与另一种货币挂钩，发行时规定两种货币的比价。购买债券和还本付息使用面值货币，但要以挂钩货币计算。其目的在于使投资者避免因面值货币贬值而蒙受损失。近年来，由于金融债券化的发展，各种形式的债券已出现在欧洲债券市场上，如浮动利率与固定利率互换、不同货币互换等等。

(二) 欧洲债券市场的特点

欧洲债券市场相对于外国债券来说具有较大的优势，这也决定了欧洲债券市场的快速发展，欧洲债券的特点可以从在筹资者和投资者两个方面加以考察。

对于筹资者来讲，第一，发行欧洲债券进行融资的成本更低。比如，欧洲美元债券比在美国发行的美元债券成本低大约 0.2%，第二，由于是境外市场，不需要向有关国家申请批准，不受各国金融法令的约束，而且在审批手续、资料提供、评级条件掌握等方面都比较宽松。第三，可以自由选择货币面值，通常以 1000 美元或与 1000 美元等值的其他欧洲货币为面值发行。第四，可以用一种货币发行，也可以用两三种货币发行，到期由贷款人选择使用对自己最为有利的货币还本付息。

此外，由于债券可以转让，金额分散，地理范围广大，一般又有政府担保，所以欧洲债券市场比一般在债券市场的容量大，可以筹集到大额资金，并且利率低，期限长。以前，欧洲债券期限多为 5～12 年，现在延长到 20～30 年，甚至还出现了无偿还期的永久性债券。

发行欧洲债券，通常要由几家大型国际银行牵头组成国际辛迪加，并承销大部分债券；在承销辛迪加的基础上还要组织一个大更大的认购集团，一般由 50 家以上的代理机构组成。债券发行时，首先在认购集团内部分配，然后再由认购机构转到二级市场销售。

对于投资者来说，由于发行人一般是各国政府、国际金融机构和信誉卓越的公司，所以投资比较安全，而且债券利息收入在多数国家免税，可以获得较多的收益。

第四节　国际金融市场的发展与创新

一、国际金融市场的发展

国际金融市场的发展经历了从传统的国际金融市场到新型的国际金融市场的过程。

1. 传统国际金融市场的发展

英国在 19 世纪 30 年代末完成工业革命后便被推上了世界经济中心的位置。随着对外贸易和对外信用的发展扩大，英镑逐渐成为国际贸易结算中使用最广泛的货币，英国也成为世界最大的资本输出国。由于在国际贸易和国际金融方面处于主导地位,英国的首都伦敦便从英国的经济中心和金融中心发展成为世界贸易的枢纽和国际资金的集散地,成为世界最大的国际金融中心。

第一次世界大战后,随着对外贸易和对外投资的发展,西方其他一些国家的国内金融市场也相继发展成为国际金融中心,如美国的纽约、瑞士的苏黎世、德国的法兰克福等。其中以美国的纽约最为突出。第一次世界大战结束后,世界经济中心逐渐由英国移向美国,美国也开始由债务国变成债权国。伴随着美国海外债权的增加和对外经贸活动的扩大,纽约金融市场的国际业务大量增加,纽约便逐渐发展成为重要的国际金融中心,并且在第二次世界大战后的初期取代了伦敦,成为世界最大的国际金融中心。此外,由于瑞士一直保持政治中立的地位,在两次世界大战期间均未遭受战争创伤,而且始终保持瑞士法郎的自由兑换,并发展了自由外汇市场和黄金市场,从而使苏黎世在战后成为继纽约、伦敦之后的世界第三大国际金融市场。

直到第二次世界大战结束后的初期,所谓的国际金融市场实质上都只是带国际性的国内金融市场,因为这些市场要受到各国政府政策和法令的管辖,并且只能以市场所在国的货币进行国际借贷。之所以称其为国际金融市场,是因为非居民可以在这种国内金融市场上参与融资活动,从而使其具有涉外性。但从严格意义上来说,这类国际金融市场还不能算是真正的国际金融市场,或者说是不完善的国际金融市场。这也就是通常所说的传统的国际金融市场,它是国际金融市场发展的初级阶段。

2. 新型国际金融市场的发展

20世纪60年代至70年代,真正意义上的国际金融市场——欧洲货币市场正式诞生,它标志着国际金融市场出现了质的飞跃式发展。

第二次世界大战结束后,随着西方主要国家经济的恢复和发展,在国际范围内出现了生产国际化、资本国际化的趋势,与此同时,信贷交易的国际化开始突破传统的模式。在一国金融市场上的资金借贷不再局限于居民和非居民之间,而是扩展到非居民与非居民之间;借贷的货币也不再局限于市场所在国货币,而是扩展到所有的可自由兑换货币,而且市场上的借贷活动既不受市场所在国也不受借贷货币发行国的金融法规的限制。比如在伦敦经营美元的存放款业务及债券业务,可以不受英国金融法规的限制,也不受美国金融法规的限制。与原来传统的国际金融市场相比,这完全是一种新的国际金融市场,无论是在市场参与者还是在交易货币上,它都突破了国家疆界的限制,从而成为一种"离岸金融市场"。

离岸金融市场是真正国际化了的金融市场,也是真正意义上的国际金融市场。它的出现使国际金融市场的发展逐步由集中转为分散,从此国际金融市场不再局限于少数传统的国际金融中心,而是迅速扩散到世界各地。不管是发达国家还是发展中国家,不管本身有无巨大的资金积累,只要具备了便利国际金融交易的一些条件,如外汇管制较松、税收优惠、通信发达、交通便利等,就可以发展国际金融市场。

二、国际金融市场发展的新趋势

金融市场创新是指通过对金融交易方法进行技术改进、更新或创设,从而形成新的市场架构的金融创新。金融制度创新一般是指涉及金融体制、金融监管政策、金融法律法规等层面的创新。金融市场的创新主要包括两个方面：一是相对于传统国际金融市场而言的欧洲货币市场；二是相对于基础市场而言的衍生市场。

20 世纪 70 年代，世界经济形势发生了重大变化，主要资本主义国家的经济在不同程度上陷入了滞胀的困境，国际金融形势从此变得动荡不定。在牙买加体系下，主要国家的货币纷纷自由浮动，外汇市场开始起伏波动。进入 80 代以后，又出现了波及全球的拉美债务危机和外汇市场美元汇率的大幅波动。90 年代以来又爆发了欧洲货币体系危机、墨西哥金融危机和东南亚金融危机等货币金融危机。这一切都意味着国际银行业以及国际金融市场的风险程度已大大增加，再加之电子计算机技术在金融领域的广泛应用，各国金融管理当局为增强金融业的活力，纷纷放松金融管制。在这种总体背景下，从 1980 年开始，国际金融市场的发展呈现出金融市场全球一体化、国际融资方式证券化、金融业务创新化和主要货币汇率与资本市场变动的相关性在强化等趋势。

1. 金融市场全球一体化

金融市场的全球一体化是指国际金融市场之间以及国内和国外金融市场之间的联系日益紧密，并逐渐走向一个统一的全球性金融市场。开始于 20 世纪 60 年代的金融市场一体化的趋势，在 20 世纪 80 年代后已成为国际金融市场发展的一个重要特点。20 世纪 80 年代后国际金融中心已经不再局限于少数几个发达国家的金融市场，而是开始向世界各地分散。尽管金融市场分散于世界各地，但是通过计算机和卫星通信网络却把这些分散于世界各地的金融市场紧密地联系在一起，并联结成为一个全时区、全方位的一体化市场。在这个市场上，各国的金融市场不再是相互隔离的，而是联结成一个整体，相互依赖、相互影响；在这个市场上，资金借贷关系也已没有了国家疆界的限制，投资者和筹资者可以在全球范围内选择投资对象和投资市场，并可以任意选择货币币种进行交易。以纳斯达克(全美证券交易商协会自动报价系统，NASDAQ)为代表的现代网上金融交易以其快速、全天候的交易方式冲击着传统的交易所交易方式。与此同时，各交易所跨越国界进行联网，更推进了全球市场的融合。在这方面，1984 年 9 月新加坡商品交易所与芝加哥商品交易所为实现全球第一次交易所海外联网开了先河。

2. 国际融资方式证券化

第二次世界大战后，国际银行贷款曾经一直是国际融资的主渠道，但进入 20 世纪 80 年代后，国际融资格局发生了重大变化，国际融资出现了证券化趋势。20 世纪 80 年代上半期国际债券开始发展较快，1985 年首次超过国际信贷，1986 年债券融资已占资本市场融资总额的 70%，到 1994 年这一比例已高达 78.8%。当然，近年来，国际证券融资比重有所下降，其原因值得深入研究，但这一比重仍超过 50%。国际融资证券化还表现在贷款债权证券化。20 世纪 80 年代以来，越来越多的银行直接进入证券市场，将自己传统的长期抵押贷款安排成证券，以实现贷款债权的流动性；或通过证券化使缺乏流动性的债权(金融债权性资产)转变为物权或股权，转卖给其他公司或个人，以增加流动性。这一点在发展中国家表现尤为明显。

3. 金融业务创新化

20 世纪 80 年代以来，随着西方各国普遍放松金融管制，国际金融市场上的创新浪潮一浪高过一浪，大量、令人眼花缭乱的金融创新工具问世。国际金融市场上的金融业务创新主要表现在以下四类业务上：

(1) 风险转移型创新业务。市场主体创新这类业务是为防范汇率风险和信用风险，其包括能在各经济机构之间转移金融工具内在风险的所有新工具、新技术。例如期权交易、期货交易、互换交易、远期利率协议等便是这类创新业务。

(2) 增加流动性型创新业务。市场主体创新这类业务是为规避各国政府的资本管制，它能使原有的金融工具提高变现性或可转让。例如大额可转让存单(CDs)、可转让贷款证券等便是这类创新业务。

(3) 信用创造型创新业务。市场主体创新这类业务是为使借款人的信贷资金来源更为广泛，或者使借款人从传统的信用资金来源转向新的来源，达到用短期信用来实现中期信用，分散投资者的风险的目的。票据发行便利(NIFs)等就属于此类创新业务。

(4) 股权创造型创新业务。市场主体创新这类业务是为了使自身股权资金的来源更为广泛。

4．主要货币汇率与资本市场变动的相关性在强化

根据国际清算银行的研究，在 1975 至 2000 年的 25 年间，股票市场指数的月回报与该国名义汇率指数有明显的相关性。其中，日本、英国、意大利等国为正相关，而美国、德国和其他一些欧洲大陆国家则为负相关。2003 年以后，由于越来越多的国际资本以证券资本形式流动，随着国际资本流动在汇率波动中的作用持续上升，国际资本市场状况对国际外汇市场汇率波动趋势的相关性将继续上升。

◆◆◆◆ 知 识 归 纳 ◆◆◆◆

国际金融市场的概念有广义和狭义之分，其发展经历了从传统的国际金融市场到新型的国际金融市场的过程。前者是国际金融市场发展的初级阶段，后者是国际金融市场发展的高级阶段。国际金融市场的形成需要具备一定的条件，包括：稳定的政治和经济环境、宽松的外汇管制、金融体制完善、现代化的通信设施和优越的地理位置、一大批业务熟练的高质量国际金融人才。国际金融市场的发展对世界经济、国际贸易以及国际信贷关系的发展和扩大有着极大的促进作用，但同时也有负面作用。

根据借贷期限可将狭义的国际金融市场分为国际货币市场和国际资本市场。国际货币市场是指资金的借贷期限在 1 年以内(包括 1 年)的国际短期资金交易市场，包括银行短期信贷市场、短期证券市场和贴现市场。国际资本市场是指融资期限在 1 年以上的国际中长期资金交易市场，分为银行中长期信贷市场和国际证券市场。

离岸金融市场是 20 世纪 50 年代末期出现的一种新型的国际金融市场，它是在一国国境以外进行该国货币的存贷、投资、债券发行和买卖业务的市场。欧洲货币市场的形成有着特定的历史原因，它的存在和发展对世界经济的发展产生了重大影响，其影响既有正面的，也有负面的。

20 世纪 80 年代以来，国际金融市场呈现出金融市场全球一体化、国际融资证券化、金融业务创新化和主要货币汇率与资本市场变动的相关性在强化等趋势。

习题与思考题

一、多项选择题

1. 广义的国际金融市场包括(　　)。

A. 货币市场　　　　　　　　B. 资本市场　　　　　　　　C. 外汇市场

D. 黄金市场　　　　　　　　E. 其他市场

2. 同国际商品市场相比，国际金融市场的特点有(　　)。

A. 经营对象为货币　　　　　　　　B. 经营对象形态单一

C. 供求双方不是买卖关系　　　　　　D. 供求双方为借贷关系

E. 涉及其他国家居民

3. 一战以前，使伦敦成为世界上最主要的国际金融市场的原因是(　　)。

A. 英国是当时世界最大的工业强国　　B. 英国是世界头号国际贸易大国

C. 英国银行制度发达、健全　　　　　D. 英镑较为稳定

E. 英国同世界各国有广泛的贸易联系

4. 国际金融市场的作用表现在(　　)。

A. 调节国际收支　　　　　　　　　　B. 促进世界经济的发展

C. 促进经济国际化　　　　　　　　　D. 为投机活动提供便利

E. 加剧世界通货膨胀，不利于外汇市场的稳定

5. 形成金融市场证券化趋势的主要原因是(　　)。

A. 债务危机　　　　　　　　　　　　B. 国际银行贷款收缩

C. 金融自由化政策　　　　　　　　　D. 广泛采用电脑和通信技术

E. 一系列新金融工具的出现

6. 促成欧洲货币市场形成的原因有(　　)。

A. 英镑危机　　　　　　　　　　B. 美国的跨国银行与公司逃避金融法令的管制

C. 西欧国家的倒收利息政策　　　D. 美国政府的放纵态度

E. 西欧国家放松外汇管制

7. 欧洲中长期贷款的特点有(　　)。

A. 签订贷款协议　　　　B. 政府担保　　　　C. 联合贷放

D. 利率灵活　　　　　　E. 银团贷款

二、判断题

1. LIBOR 是国际金融市场的中长期利率。(　　)

2. 银行是国际金融业务的主要载体。(　　)

3. 银行海外分支机构的增长与跨国公司的发展呈正相关。(　　)

4. 货币市场和资本市场的划分是以资金的用途为标准的。(　　)

5. 通常所指的欧洲货币市场，主要是指在岸金融市场。(　　)

6. 欧洲货币市场主要是指中长期的资本市场。(　　)

7．亚洲货币市场是与欧洲货币市场相平行的国际金融市场。（　　）

8．欧洲货币市场不会形成信用扩张。（　　）

9．金融创新是指金融交易技术和工具的创新。（　　）

10．国际金融市场的发展依赖于世界贸易的增长速度，同主要发达国家的经济周期吻合。（　　）

11．实际统计时，一般用银行的欧洲货币资产额来测度欧洲货币市场的规模。（　　）

三、简答题

1．与传统国际金融市场相比，欧洲货币市场的特点是什么？

2．离岸金融市场对世界经济的影响是什么？

3．国际金融市场一体化具有哪些收益与风险？

JJ06 案例

JJ06 习题及参考答案

第七章　国际资本流动与国际金融危机

教学目的和要求

通过本章的学习，掌握国际资本流动的概念及类型；了解国际资本流动的原因；理解国际资本流动对经济的影响；理解外资与外债的概念及我国利用外资的现状；了解债务危机、金融危机爆发的原因及影响。

重点与难点

国际资本流动对经济的影响，金融危机爆发的原因

关键词汇

国际资本流动(International Capital Flows)；债务危机(Debt Crisis)；金融危机(Financial Crisis)

引子案例

美国金融危机的由来与根源

美国次贷危机目前已发展成全面金融危机，而且正在向实体经济渗透，向全球蔓延，给世界经济带来严重影响。

所谓次贷危机，简言之，是指缺乏支付能力而信用程度又低的人在买了住房之后，无力偿还抵押贷款所引发的一种金融问题。居民住房是不动产，很难发生位置移动，因而即使发生供求问题以及由此引发金融问题，也应只限于一定地区的范围之内。然而在美国，这个问题却成了波及全国以至全球的问题。这是什么原因造成的？主要是由于一种金融衍生品即"住宅抵押贷款支持证券"的泛滥造成的。一旦金融衍生品介入，把住房抵押贷款证券化，就会展开无穷的金融交易。这种证券既可以在国内金融市场不断交易，又可以在国际金融市场不断流通，于是就把住房问题由局部问题变成全局问题、由地区问题变成全国以至全球问题。当第一个环节出现问题，即大量买房的穷人无力偿还贷款时，其后的诸多环节就难以运行了。

不仅如此，前几年美国住房市场火爆，即使是次级抵押贷款证券也成为抢手货。在这种情况下，不少金融机构把这种十分畅销的金融衍生品同其他行业的次级证券甚至垃圾证券"打包"出售(通俗地说，就是买茄子还要搭上黄瓜)。就这样，多年积累下的大量金融残次品甚至垃圾就像汹涌的海浪一样涌向了美国以至世界金融市场，其后果就是金融危机的爆发。

由次贷危机引出至少两个问题：其一，穷人的住房问题怎么解决？次贷危机证明，仅靠市场，不论靠房地产市场还是靠金融市场，都难以解决穷人的住房问题。其二，对金融衍生品市场要不要加强监管？也许这次危机能让人们得出几点教训。

俗话说，"冰冻三尺，非一日之寒"仅仅次贷危机，还不足以造成美国目前如此严重的金融危机。美国金融危机还有更深更广的根源，其中至少包括以下三点：

第一，互联网泡沫问题没有解决。上世纪 90 年代，美国的 IT 产业如日中天，带动美国经济走向繁荣，然而其中也隐含着大量泡沫。但美国一直没有解决好这个问题，反而企图以房地产业的繁荣来进行掩盖。新世纪以来，美联储连续降息，金融机构简化购房手续，不需首付款即可发放贷款，甚至在信用等级评定上造假以鼓励次级抵押贷款，从而导致房地产泡沫日益膨胀。房地产泡沫同过去没有解决的互联网泡沫合而为一，金融市场的风险迅速累积。

第二，虚拟经济同实体经济严重脱节。商品使用价值与价值的二重性、实物形态与价值形态的二重形态，使国民经济划分为实体经济与虚拟经济两部分。这两部分本应大体一致，但由于商品的价值同使用价值的运行渠道、轨迹、方式以及监管机构、经营主体各不相同，价值往往会背离使用价值，这就导致虚拟经济与实体经济脱节。当这种背离达到相当严重的程度时，就有可能出现严重通货膨胀、巨额财政赤字和外贸赤字直至金融危机和经济危机。美国金融危机爆发的根源之一，就在于虚拟经济(其主要代表是金融业)严重脱离实体经济而过度膨胀。

第三，美国实行赤字财政政策、高消费政策和出口管制政策。美国政府靠财政赤字或者说靠借债运行，美国的家庭也靠借债来支持超前消费，家庭债务目前已超过 15 万亿美元。在美国的产业结构中，资本和技术密集的高科技产业是优势，而劳动密集的生活必需品产业则是劣势。这就决定了美国必须进口劳动密集型产品而出口高科技产品。但美国在大量进口劳动密集型产品的同时，却以出口管制政策严格限制高科技产品出口，这就导致贸易严重失衡，贸易逆差与日俱增。如何解决财政和贸易双赤字问题？那就靠在全球发行美元、国债、股票以及大量金融衍生品。通过这样的虚拟渠道，使全世界的实体资源(自然资源、劳动资源和资本资源)不停地流进美国。美国生产货币，其他国家生产商品，这是多么"美好"的交换啊！然而，它终究是难以持续的。

【资料来源：人民网 http://finance.people.com.cn/】

案例评析

美国金融危机产生的深层原因是美国虚拟经济与实体经济长期失衡造成的结果。二战后至今，美国 GDP 的内部结构发生了重要变化，实体经济不断衰落，经济"虚拟化"程度不断加深，金融业的脆弱性也给整个美国经济带来一些不确定因素。

第一节　国际资本流动概述

一、国际资本流动的概念

国际资本流动(International Capital Flows)也称为国际资本转移，是指资本在各国、各地区之间的转移。它不同于商品交易之间所有权的转移，而是以资本使用权有偿转让为特征，体现了一国和他国之间的债权债务关系。由于资本既可以表现为货币形式，也可以表现为设备、技术、劳动力等实物形式，所以国际资本流动既可以是货币资金的转移，也可以是生产要素的转移。

国际资本流动与国际收支密不可分。一个国家一定时期跨国资本流动的状况，主要反映在国际收支平衡表中的资本账户上。国际资本流动的方向(资本流入或流出)、规模、种类(长期资本或短期资本)、性质(政府贷款或私人投资)、方式(直接投资、间接投资或国际信贷)等，在国际收支平衡表中都有相应的科目进行分类记载。资本流入，意味着资本从国外流入本国，本国收入增加，记入贷方；资本流出，意味着资本从本国流向外国，本国支出增加，记入借方。因此，首先，国际资本流动主要与一个国家资产负债的日常发生额相联系，反映一个国家与他国之间的债权债务关系。除此之外，由于一个国家资本流动还反映在其国际收支平衡表中经常账户的单方面转移项目和金融账户的官方储备变化中，官方储备变化主要反映国家之间经济交易差额的结算及支付或清偿，是一定时期内的最终清算。其次，国际收支的差额可以通过对国际资本流动总量与结构的控制加以有效调节。例如，经常项目的顺差(逆差)可以用资本项目的逆差(顺差)予以抵消。其经济涵义在于，当一个国家因商品竞争力极强而在对外贸易中获取了巨额顺差时，为防止本币过度升值，可以大规模输出资本。反之，如果一个国家因外汇紧缺而影响进口，可从国际金融市场借款。

二、国际资本流动的分类

国际资本流动内容丰富，形式多样，其分类标准也有很多。国际资本流动的分类，主要有四种标准：按期限划分为长期资本流动和短期资本流动；按性质划分为官方资本流动和私人资本流动；按资本流向不同分为资本流入和资本流出，资本流出会使一个国家国际收支逆差缩小或出现逆差，而资本流入则会使一个国家国际收支顺差扩大或逆差缩小；按资本流动形态划分为国际商品流动、国际生产资本流动和国际货币资本流动。这里，我们主要讨论按期限划分的长期资本流动和短期资本流动。

(一) 长期资本流动

长期资本流动是指期限在一年以上直至无限期的资本流动，其按具体形式的不同又可分为直接投资、间接投资与国际信贷三种类型。

1. 直接投资

直接投资是指一个国家的政府、企业或私人资本在国外开办企业或以收买外国企业等方式而进行的投资。其特征是通过直接投资获得对所投资企业的经营管理权。直接投资所开办的企业可以采取合资、合作或独资企业等形式；而收买外国企业的方式则要求所购股份必须达到一定的比例，才能拥有对该企业的经营管理权。如美国，要求这一比例必须达到 10% 以上。另外，基于投资者对东道国投资环境的认可，还可以用其投资所获得的利润进行再投资，而不汇回母国。再投资的对象可以是原投资企业也可以是东道国其他企业。

2. 间接投资

间接投资，也称证券投资，即一国政府机构或公司企业及其他投资者，以购买他国证券的方式所进行的投资。其主要特征是不参与对所投资企业的经营管理。间接投资主要购买股票和债券，获取利息、股息、红利或买卖价差收益，并不谋求对企业的控制。购买他国股票若达不到直接投资所规定的比例，零星购买其股票，则不能拥有对企业的经营管理权，一般被视为间接投资。国际证券一般都可以在国际金融市场上自由买卖，流动性强。购买外国证券意味着资本流出，反之在国际金融市场卖出或发行证券，则为资本流入。

3. 国际信贷

国际信贷主要是指一年以上的政府贷款以及从国际上其他国家银行或其他金融机构贷款。与直接投资、间接投资相比，国际信贷不涉及在国外建立经营实体或收购股权，也无需进行国际证券的发行与买卖。一般而言，政府间借款的特点是利率低，期限长，条件优惠，而且一般要指定用途，但常常附加一些政治、经济条件，如政治体制改革、军备控制、调整经济政策等。国际金融机构贷款的特点也是数额小，期限长，利息低，条件优惠，但其审批手续繁多，审查严格，多为项目贷款。跨国银行贷款多为银团贷款，筹资成本较高。此外，出口信贷也属于国际中长期贷款，其特点是有官方担保，利率较低，期限较长，数额大，但往往与大型成套设备贸易相联系，而且受国际协定的约束。国际中长期贷款是一种传统的国际融资方式。由于这种方式常常导致债务危机的发生，因此，国际金融市场的证券化趋势发展迅速，国际债券融资已经成为中长期融资的主要形式。

(二) 短期资本流动

短期资本流动主要是指一年或一年以内国际间的资本流动，其期限最长为一年，最短为一天，是国际资本流动的主要形式之一。短期资本流动从性质上也可以分为官方短期资本流动和私人短期资本流动。官方性质的短期资本流动主要是由一国政府或官方机构因短期资本闲置或短缺而引起的，在整个短期资本流动中所占比例较小；私人性质的短期资本流动主要是因国际贸易短期融资、银行同业拆借以及保值或投机活动而发生的资本流动，在整个短期资本流动中占较大比重。短期资本流动主要由以下交易引起。

(1) 国际贸易融资，是指与一个国家进出口贸易相联系的短期资金融通，包括信用放款、放款和票据贴现等。

(2) 银行同业拆借，是指跨国银行同业之间由于头寸调整而引起的短期资金融通。开办国际业务的商业银行为平衡资产负债或超买超卖头寸，需不断进行同业拆借与头寸抛补，其金额巨大、流动频繁，往往对市场利率和汇率的短期变动影响较大。一般来说，银行间的外汇买卖是决定市场汇率的主导力量。

(3) 短期证券投资，即购买外国政府发行的国库券等。

(4) 在跨国银行或跨国公司内部、总行与分支行、母公司与子公司之间会进行短期资金调拨。

(5) 跨国银行短期贷款，是指跨国银行与非银行客户之间的短期资金贷款，一般为浮动利息，且利率高风险大。

(6) 保值或投资活动，即由于利率、汇率、股价及商品价格波动所引起的保值或投机活动，如套利、套汇、逃汇等活动，往往会引起短期资本的大量流动。

三、国际资本流动的原因

引起国际资本流动的原因很多，有根本性的、一般性的、政治性的、经济性的，归结起来主要有以下 7 个方面。

(一) 过剩资本的形成或国际收支大量顺差

过剩资本是指相对的过剩资本。随着资本主义生产方式的建立，资本主义劳动生产率和资本积累率提高，资本积累迅速增长，在资本的特性和资本家唯利是图的本性的支配下，大量的过剩资本就被输往国外，追逐高额利润，早期的国际资本流动就由此而产生了。随着资本主义的发展，资本在国外获得的利润也大量增加，反过来又加速了资本积累，加剧了资本过剩，进而导致资本对外输出规模的扩大，加剧了国际资本流动。近 20 年来，国际经济关系发生了巨大变化，国际资本、金融、经济等一体化趋势有增无减，加之现代通信技术的发明与运用，资本流动方式的不断创新与多样化，使当今世界的国际资本流动频繁而快捷。总之，过剩资本的形成与国际收支大量顺差是早期也是现代国际资本流动的一个重要原因。

(二) 利用外资策略的实施

无论是发达国家还是发展中国家，都会不同程度地通过不同的政策和方式来吸引外资，以达到一定的经济目的。美国目前是全球最大的债务国，而大部分发展中国家，经济比较落后，迫切需要资金来加速本国经济的发展。因此，发展中国家往往通过开放市场、提供优惠税收、改善投资软硬环境等措施吸引外资的进入，从而增加或扩大了国际资本的需求，引起或加剧了国际资本流动。

(三) 利润的驱动

增值是资本运动的内在动力，利润驱动是各种资本输出的共有动机。当投资者预期到一个国家的资本收益率高于其他国家时，资本就会从他国流向这个国家；反之，资本就会从这个国家流向其他国家。此外，当投资者在一个国家所获得的实际利润高于本国或他国时，该投资者就会增加对这个国家的投资，以获取更多的国际超额利润或国际垄断利润，这些也会导致或加剧国际资本流动。在利润机制的驱动下，资本从利率低的国家或地区流往利率高的国家或地区。这是国际资本流动的又一个重要原因。

(四) 汇率的变化

汇率的变化也会引起国际资本的流动，尤其 20 世纪 70 年代以来，随着浮动汇率制度的普遍建立，主要国家货币汇率经常波动，且幅度大。如果一个国家货币汇率持续上升，则会产生兑换需求，从而导致国际资本流入；如果一个国家货币汇率不稳定或下降，资本持有者可能预期到所持的资本实际价值将会降低，则会把手中的资本或货币资产转换成他国资产，从而导致资本向汇率稳定或升高的国家或地区流动。在一般情况下，利率与汇率呈正相关关系，一个国家利率提高，其汇率也会上浮；反之，一个国家利率降低，其汇率则会下降。加息已成为各国用来稳定汇率的一种常用方法。当然，利率、汇率的变化，伴随着的是短期国际资本(游资或热钱)的经常或大量的流动。

(五) 通货膨胀的发生

通货膨胀往往与一个国家的财政赤字有关系。如果一个国家出现了财政赤字，该赤字又是以发行纸币来弥补的，则必然增加了其通货膨胀的压力。一旦发生了严重的通货膨胀，为减少损失，投资者会把国内资产转换成外国债权。如果一个国家发生了财政赤字，而该赤字以出售债券或向外借款来弥补，也可能会导致国际资本流动，因为，当某个时期人们预期到政府又会通过印发纸币来抵消债务或征收额外赋税来偿付债务时，则又会把资产从国内转往国外。

(六) 政治经济及战争风险的存在

政治、经济及战争风险的存在，也是影响一个国家资本流动的重要因素。政治风险是指由于一个国家的投资气候恶化而可能使资本持有者所持有的资本遭受损失。经济风险是指由于一个国家投资条件发生变化而可能给资本持有者带来的损失。战争风险，是指可能爆发或已经爆发的战争对资本流动造成的可能影响。

(七) 国际炒家的恶性投机

所谓恶性投机，包含两种含义。首先，恶性投机是投机者基于对市场走势的判断，纯粹以追逐利润为目的，刻意打压某种货币而抢购另一种货币的行为。这种行为的普遍发生，毫无疑问会导致有关国家货币汇率的大起大落，进而加剧投机，汇率进一步动荡，形成恶性循环，投机者则在"乱"中牟利。这是一种以经济利益为目的的恶性投机。其次，投机者不是以追求盈利为目的，而是基于某种政治理念或对某种社会制度的偏见，动用大规模资金对某国货币进行刻意打压，由此阻碍、破坏该国经济的正常发展。但无论哪种投机，都会导致资本的大规模外逃，并会导致该国经济的衰退，如 1997 年 7 月爆发的东南亚货币危机。国家经济状况恶化→国际炒家恶性炒作→汇市股市暴跌→资本加速外逃→政府官员下台→一个国家经济衰退，这几乎已成为当代国际货币危机的"统一模式"。

其他因素，如政治及新闻舆论、谣言、政府对资本市场和外汇市场的干预以及人们的心理预期等因素，都会对短期资本流动产生极大的影响。

四、国际资本流动的影响

国际资本流动是直接影响一个国家国际收支平衡的重要因素，同时，国际资本流动对一个国家国内经济增长有重要影响。国际资本流动对资本输出国、资本输入国以及国际经济形式的影响各不相同。

(一) 国际资本流动对一个国家经济的积极影响

在市场作用下，资本总是从低利率国家流往高利率国家，同时从资本相对过剩的发达国家流向资本相对短缺的发展中国家。因此，国际资本流动对发达国家和发展中国家经济都有不同程度的积极影响。

(1) 国际资本流动可以调剂国际间的资金余缺，使资源得到更有效的利用。

(2) 伴随着国际资本流动，往往是发达国家的先进技术和管理同时输入到发展中国家。因而有利于先进科学技术和管理在世界的广泛传播和推广利用，促进发展中国家的经济发展，带动发展中国家的经济增长。

(3) 正常有序的国际资本流动可以帮助一些国家调节国际收支的失衡，维持其汇率及国内经济的稳定。国际收支有大量顺差的国家通过输出资本，可以缓解顺差带来的本币对外升值及国内通货膨胀的压力。而国际收支逆差国家可以通过输入短期资本，暂时弥补国际收支逆差，或者以长期资本输入弥补国内资金的不足，从而扩大投资和生产能力，带动出口增加，改善国际收支。

但由投机性需求引起的短期资本流动有明显的副作用，所以许多国家都采取严格控制其流入流出的政策。

(二) 国际资本流动对一个国家经济的消极影响

国际资本流动对输出输入国双方的国内经济和对外经济关系都可能带来负面作用。

(1) 大量短期资本在国际间的频繁流动，影响各国汇率、利率的稳定，以及国际收支的平衡，也是导致国际金融领域动荡的一个主要因素。

(2) 对资本输出国来讲，长期资本输出可能产生减少国内就业，带来国内经济增长停滞和衰退的后果；同时还可能为本国培养了竞争对手。

(3) 对资本输入国来讲，长期资本输入容易导致经济上的对外依赖和被人控制，而且会对本国民族工业与民族经济形成一定程度的冲击，并且可能造成债务负担过重，从而陷入债务危机。

第二节 利用外资与外债管理

国际资本流动也会带来利用外资与外债的问题。对于资本流入国来说，资本输入实际上是与利用国外闲置资源联系在一起的，特别是发展中国家，合理利用外资与外债可以加速其资本增加的规模和速度，克服国内资本的瓶颈约束，促进经济发展。因此，多数发展中国家十分重视利用外资与外债，将其作为一项非常重要的经济发展战略。但是在引进外资与向外举债的过程中也会有消极的一面，例如，不加限制地利用外资可能会加重发展中国家的债务负担，造成对外资的过度依赖，甚至可能损害民族经济的发展；一些外资企业采取偷税漏税、贿赂政府官员、低报利润、高估要素价格、转移作价等非法手段谋取不正当收入；若外资引进结构不合理，还会造成经济结构、产业结构失衡加剧以及市场价格扭曲，从而增加经济结构调整难度等问题。本节着重探讨如何合理利用外资与外债的相关问题。

一、利用外资的形式

利用外资的具体形式多样，总的来说可以分为吸引外商投资、对外证券筹资和借用国外贷款三大类。

(一) 吸引外商投资

吸引外商投资可分为外商直接投资和其他投资两种形式，其中外商直接投资主要有合资经营企业、合作经营企业、外资企业、外资金融机构、合作开发以及 BOT 投资等方式；其他投资主要有国际租赁、补偿贸易和加工装配等方式。

1. 外商直接投资

(1) 合资经营企业，亦称股权式合营企业，是由外国公司、企业、其他经济组织或个人，同东道国的公司、企业或其他经济组织在东道国境内共同投资设办的。其特点是合营各方共同投资、共同经营，按各自的出资比例共担风险、共负盈亏。

(2) 合作经营企业，亦称契约式合营企业，是由外国公司、企业、其他经济组织或个人，同东道国的公司、企业或其他经济组织在东道国境内共同投资或提供合作条件设办的企业。其特点是合作各方的投资一般不折算成出资比例，利润也不按出资比例分配，各方的权利义务，包括投资或提供合作的条件、利润或产品的分配，风险和亏损的分担，经营管理方式和合同终止时财产的归属等事项，都在双方签订的合同中确定。

(3) 外资企业，即外商独资经营企业，是由外国公司、企业、其他经济组织或者个人，依照东道国法律在东道国境内设立，全部资本由外国投资者投资的企业。

(4) 外资金融机构，即外国金融机构在东道国境内投资设立的从事金融业务的分支机构和具有东道国法人地位的外商独资金融机构、合资金融机构。外资金融机构是金融领域的外商投资企业，其最大特点是所引进的外资规模远远超过其资本金和营运资金。

(5) 合作开发，是海上和陆上石油合作勘探开发的简称，是目前国际上在自然资源领域广泛采用的一种经济合作方式。合作开发一般采取招标方式，外国公司可以单独也可以组成集团参与投标。

(6) 建设-经营-转让(BOT)融资方式，这是私人资本参与基础设施建设的一种投资方式。

2. 其他投资

(1) 国际租赁。国际租赁是指东道国企业从国外租赁公司较长期地租赁进口机器设备并用于其生产经营活动。国际租赁既适用于引进大型机器设备，也适用于引进中小型机械设备，其广泛应用于现有企业的技术改造。

(2) 补偿贸易。补偿贸易是指外商直接提供或在信贷基础上提供机器设备给东道国企业，东道国企业以该设备、技术生产的产品，分期偿还进口设备、技术的价款和利息。这是技术贸易、商品贸易和信贷相结合的一种利用外资的形式。

(3) 加工装配。加工装配是来料加工、来件装配的统称，是由外商提供原材料、零部件等，东道国企业按外商要求加工装配，成品由外商销售，东道国企业收取加工费的一种对外经济合作方式。

(二) 对外证券筹资

1. 对外发行债券

对外发行债券是指一个国家的企业和政府在国际金融市场向外国投资者发行国际债券

以筹集国外资金。国际债券包括外国债券和欧洲债券。随着国际金融市场融资证券化的发展，对外发行债券成为一个国家利用外资的重要形式之一。

2. 对外发行股票

对外发行股票是指一个国家的企业在境内外股票市场公开发售股票，境外投资者以外币认购股票，包括企业在境内公开发行以外币计价的股票和在境外证券市场向境外投资者发行并上市的以外币计价的股票。

(三) 借用国外贷款

1. 外国政府贷款

外国政府贷款是一种双边的带有援助性质的贷款，它期限长、利率优惠，是低成本的外资利用形式，但其资金来源很有限。

2. 国际金融组织贷款

国际金融组织贷款是指世界银行、国际货币基金组织、亚洲开发银行、泛美开发银行等国际组织向一个国家的政府或企业提供的贷款。国际金融组织贷款有"软"、"硬"之分，前者是利率较低的长期贷款，后者是利率较高、期限较短的贷款。

3. 国际商业银行贷款

国际商业银行贷款是由国际商业银行提供的商业性贷款，可由借款人自由使用，但贷款利率较高，借款人有时还需支付其他相关费用。

4. 出口信贷

出口信贷是一个国家进口企业利用出口国银行提供的低息贷款购买机器设备等大宗货物的一种贸易融资方式。它是一种规定了特定用途的外资利用方式。

二、外债的形成与管理

(一) 外债的形成

国际货币基金组织认为，外债是在一定时期内，一个国家居民向非居民借用的、由债务人承担契约性偿还义务的全部债务。经济合作与发展组织对外债的统计范围包括以下 10 类：

(1) 经合组织政府提供的援助；

(2) 由政府担保的非银行商业信贷；

(3) 由政府担保的银行信贷；

(4) 无政府担保的银行信贷；

(5) 多边贷款，指从国际金融组织借入的贷款；

(6) 债券和其他私人债务；

(7) 非经合组织政府提供的援助；

(8) 存在国内银行中的非银行存款，即外国使、领馆及外国企业和个人在国内银行的存款；

(9) 在非银行机构中的无政府担保的非银行信贷;

(10) 国际货币基金组织的贷款。

利用外资与外债有一定的关联度,但利用外资并不必然形成一个国家的外债。在利用外资的各种形式中,外商直接投资、对外发行股票,由于东道国不负有契约性偿还义务,因此并不构成外债,只有必须偿还的对外借款才是一个国家的外债。

(二) 外债管理

1. 外债规模管理

在外债规模问题上,曾经存在着两种极端的观点:一种是将外债视为"洪水猛兽",谈外债而色变;另一种是认为外债"多多益善",只要能借得到就好。前一种观点固然不对,后一种观点同样也站不住脚。实际上,外债有一个合理规模的问题。如果外债增长过快,超过一个国家的对外偿还能力和消化吸收能力,则可能出现负效益,造成外汇资金的闲置和浪费,增加还债的经济和心理压力,甚至引发债务危机和经济危机,影响一个国家的对外信誉和筹融资能力。因此,确定合理的借债和负债规模是一个国家外债管理的核心和中心目标。确定一个国家外债的合理规模,应考虑以下几个因素:

(1) 经济发展对外汇资金的需求,这是微观经济主体需求的总和,与经济发展的速度有很大的关系。在发展中国家,多数企业对外汇资金都有一种"饥渴症",其旺盛需求的背后往往会掩盖不合理的扩张冲动,这时,国家就必须在外债总量调控中发挥作用,以使外债规模保持在适当水平上。

(2) 对外债的承受能力,即对外债的还本付息能力和消化能力。如果一个国家利用外债产生的效益很差、借入的外债资源被闲置和浪费,则表明这一部分外债未被很好地消化,因此应适当控制举借新债的速度;另一方面,如果一个国家外债的还本付息数额过大,超过一个国家外汇收入所能偿还的能力,则表明该国外债规模过大、外债负担过重,存在发生债务危机及由此引起经济、金融危机的危险。

(3) 国际资本市场的资金供求状况,它决定了借用外债的难易程度和筹资的成本。在国际资本市场资金供不应求时,筹资成本的上升将使借用外资的效益大打折扣,这时应适当控制举借外债数量,通过吸引外商直接投资来弥补外汇资金缺口。根据国际惯例,衡量外债适度规模的指标主要有:

① 负债率。负债率是衡量一个国家负债能力及风险的指标。负债率既可以用一个国家外债余额和该国国民生产总值(GNP)之比来表示,也可以用一个国家外债余额和该国经常项目外汇收入之比来表示。前者国际公认的合理数值是5%~10%以下,超过10%表明该国外债负担过重,继续增加负债的能力有限;后者国际公认的合理数值是100%以下,即一个国家应尽可能将外债余额控制在经常项目外汇收入的数额之内。

② 偿债率。偿债率是衡量一个国家还本付息能力的指标。它一般用一个国家外债还本付息额与当年经常项目外汇收入之比来表示。国际公认的偿债率的数值在20%~25%以下,也就是一个国家当年外债还本付息额应控制在3~4个月经常项目外汇收入以下的水准,否则有发生偿债危机的危险。此外,偿债率还可以用一个国家外债还本付息额与该国官方外汇储备余额之比来表示,它表明一个国家动用官方外汇储备偿还外债本息的能力。

2. 外债结构管理

外债结构管理是指对外债各构成要素比例进行合理配置、优化组合，以达到降低成本、减少风险、保证偿还的目的。外债结构管理包括外债利率结构管理、币种结构管理、期限结构管理和来源国别结构管理。

(1) 利率结构管理。外债成本和利率风险是借用外债时要考虑的重要因素。利率是外债成本的主要指标，利率风险，即从外债借入到偿还期间由于借款利率波动而造成外债还本付息增加或减少的可能性，是借用外债的主要风险。因此，利率结构管理一方面是要合理安排外债利率结构，以降低外债成本，其方法是尽量争取外国政府贷款、国际金融组织贷款等优惠利率贷款；另一方面是要适时调整外债利率结构，降低外债的利率风险，其方法包括根据市场总体水平选择固定利率和浮动利率以及通过利率衍生工具如利率期货、期权来防范和降低利率风险。

(2) 币种结构管理。由于国际外汇市场上汇率波动愈来愈频繁和剧烈，外汇风险与利率风险一样成为举借外债的最主要风险。所谓外汇风险，是指在外债借、用、还的过程中，由于有关货币汇率波动使债务人蒙受损失或获利的可能性。进行币种结构管理，首先是要贯彻债务货币多样化原则，通过各债务币种汇率升、贬值的冲抵来分散风险；其次是要合理搭配币种结构比例，可根据各种货币在外贸中的比重、外汇储备的分布结构以及这些货币的汇率变化趋势等，进行合理组合，以减少和避免外汇风险；第三是要根据汇率变化趋势及时、有效调整币种结构；第四是借、用、还三个环节要相互衔接，借、用、还货币原则上应相互一致。

(3) 期限结构管理。根据期限不同，外债可分为短期外债和中长期外债。短期外债是期限在一年或一年以内的债务，中长期债务是期限在一年以上的债务。对于发展中国家来说，外债期限结构管理应注意把握下面几个原则：一是以中长期债务为主，短期债务争取控制在债务总额的 20%以下，因为根据债务使用周期，借用中长期债务有利于以项目自身效益来偿还外债本息。二是保证债务偿还期的均匀分布，防止因还本付息过于集中而给国家和企业加重偿债压力。

(4) 来源国别结构管理。外债来源国别多元化是外债管理的重要原则，它对防范筹资中的国家风险和政治风险，保证借款来源的稳定，具有重要意义。

三、发展中国家的债务问题

20 世纪 70 年代，国际金融市场资本过剩，市场利率低下，许多发展中国家向西方商业银行大量贷款，外债规模迅速扩大。到了 80 年代初，由于美国实行高利率政策，引起国际金融市场利率一路攀升，发展中国家偿债负担不断加大；而发展中国家出口的初级产品，包括石油在内，却价格大跌，许多发展中国家收入因此锐减。此外，许多发展中国家所借外债资金使用不当，效益极低，在高利率和出口地价格的双重挤压下，更是雪上加霜。1982 年，墨西哥宣布无力按期还债，首先发生债务危机，接着拉美、非洲和亚洲的不少国家也不同程度地陷入债务危机。债务危机引起了国际金融市场的剧烈震荡，一些国家大银行因此而破产，特别是不少美国银行，陷入了坏账的泥潭而不能自拔。发生债务危机的国家，不仅不能得到更多的援助和新的贷款，而且国内资金大量外套，财政状况急剧恶化，通货膨胀恶性发展，经济停滞，失业增长。这就是震惊世界的20世纪80年代的债务危机。

20世纪90年代初，发展中国家通过实行改革和结构调整，债务危机有所缓和。但1995年，墨西哥突发金融危机，1997年，一向形势大好的东南亚和东亚又爆发了猛烈的金融危机，经济遭到惨重破坏，并波及俄罗斯、巴西以及其他许多国家和地区。亚洲金融危机，从主要特征看是一场债务危机。金融危机的起源国——泰国，1996年之前有大量的国外资金流入，并且大都流向非贸易部门，在政府的政策导向下，流向房地产业，尤其是高级商场、旅馆、办公楼、豪华居民住宅和高级医院等。1996年底，泰国的930亿美元外债总额中有730亿美元是私人外资，而其中约有三分之一流向房地产业。这种盲目的房地产投资很快就使房地产严重过剩，房地产泡沫破裂，银行和企业形成大量坏账，破产频发，最终导致金融危机爆发。菲律宾、马来西亚、印度尼西亚三国爆发的金融危机与泰国情况非常相似。韩国则是大企业债台高筑，引发外债偿付危机。

为了缓解国际债务危机，国际金融组织采取了一系列措施，但是收效甚微。目前，拉美和非洲地区债务负担最为严重，占发展中国家债务总额的42%以上。20世纪90年代以来，亚洲地区的外债也急剧增加，到1999年底，外债总额已接近9800亿美元，占发展中国家外债总额的33%。沉重的债务负担不仅阻碍了有关地区和国家的正常经济发展，而且成为影响这些地区金融形势稳定的重要因素之一。

目前有关国际机构就债务减免问题采取了一系列措施，有利于缓解国际债务危机。但西方发达国家还应从全球经济发展角度出发，在减免部分债务的同时，应支持发展中国家的经济发展，如降低贷款利率，减少进口限制，提供必要的经济援助等，采取切实可行的措施减少全球化给发展中国家带来的风险。发展中国家自身也需要进行经济结构改革，调整有关经济政策，提高外债使用效益，避免金融状况进一步恶化，增强防范金融风险的能力。然而，从根本上讲，发展中国家所欠的债务，主要是西方发达国家长期以来凭借其经济实力，利用不公正和不合理的国际经济秩序，推行一系列损害发展中国家利益的金融和贸易政策所造成的。因此，要在根本上解决发展中国家的债务问题，应从建立公正的国际经济秩序入手，在金融和贸易政策上，给予发展中国家公正的待遇。

四、我国利用外资的情况

改革开放以来，我国利用外资经历了三个发展阶段和两次战略调整。第一阶段(1979—1991年)，我国引进外资重点是对外借款(外商间接投资)，外国企业在华投资还处在小规模、实验性的阶段；第二阶段(1992—1998年)，我国引进外资的重点转为外商直接投资，外商直接投资数量达到对外借款的3~4倍，外商投资进入了大规模系统化的阶段；1999年以后是第三阶段，我国引进外资形式出现新的变化，基础设施、原材料和知识密集型服务业成为投资热点，外商在华投资新的高潮正在形成。第一次战略调整(1992年)是将引进外资的重点转变为外商直接投资。第二次战略调整(20世纪90年代末至今)表现在三个方面：

(1) 扩大投资领域，逐步开放金融、保险、电信、物流等知识密集型服务业；

(2) 投资地域多样化，地区战略向中西部地区倾斜；

(3) 投资方式多样化，允许外商采用国际上流行的并购方式参资入股设立企业。

自 1993 年以来中国利用外资连年居发展中国家首位，2002 年我国利用外资 527 亿美元，首次超过美国位居世界第一位。2017 年末，我国实际使用外资 8775.6 亿元人民币，同比增长 7.9%，全国新设立外商投资企业 35 652 家，同比增长 27.8%。目前已有 178 个国家和地区来华投资，全球 500 强企业中已有 480 多家在华投资，并设立了近千家研发中心和 40 家地区总部。2006 年外资企业的工业增加值已占全国的 26.3%，出口占全国的 54.5%。在外资集中的 IT 业，外企的销售收入和利润占整个行业的 61.2% 和 68.3%。从零起点到世界第一，从零星引资到全方位、多样化、高起点，我国利用外资取得了举世瞩目的成绩。尽管如此，我国利用外资仍存在一些问题，主要表现在：融资形式过分单一，在利用外资总额中，外商直接融资占绝对主导地位，国际债券、国际股票融资的规模很小；外资投向不尽合理，重复建设和资金浪费严重，特别是一些大型国有工业项目失败率高，严重影响了外资使用效率；利用外资项目主要集中在劳动密集型和其他技术含量较低的行业和项目上，产业结构的升级换代和技术水平的提高未能取得预期的效果。

加入 WTO 后，随着国际资本流动形式的变化，我国也应调整利用外资的策略。首先，在坚持把外商直接投资作为最重要的外资来源的基础上，加大国际债券、国际股票融资的规模和比例。在当前国际金融市场利率水平处于低位的情况下，我国在金融市场发行政府债券和金融债券可以较大幅度地降低我国的融资成本。同时，进一步开放我国的证券市场，鼓励更多的企业到国外发行股票和上市，这是一种吸收长期、低成本资金的良好形势。

其次，适当发展跨国收购和兼并的利用外资方式。自 1995 年以来，跨国收购和兼并逐渐成为发达国家对外直接投资的主要方式，目前占整个外国直接投资额的 85% 以上。随着我国法律制度的不断健全完善以及市场规模的日益扩大，跨国公司将可能在我国掀起跨国收购和兼并的浪潮，这是我国利用外资实现产业重组难得的新机遇，因此应因势利导，适当鼓励和发展跨国收购和兼并这种外资利用的方式。

第三，调整利用外资的行业结构，加大金融保险、批发零售商业、对外贸易、电信、运输和技术服务等行业利用外资的力度。从国际背景来看，目前服务业投资已经成为国际直接投资的主流之一，发达国家服务业转移趋势有所加快，流向发展中国家的部分也会明显增加。而服务业尤其是消费服务业多数属于劳动密集型产业，扩大服务业规模有利于发挥我国劳动力资源优势，减轻长期存在的巨大就业压力。

第四，应继续争取国际金融机构和外国政府贷款，适当控制国际商业贷款比重。国际金融组织和外国政府贷款虽然在用途上有一定限制，但信贷条件比较优惠，对回报率也不太敏感，因此，应是吸引外资的重点。国际商业贷款虽然使用方法比较自由，目前利率水平相对较低，但信贷条件较严格，还贷期限较短，风险较大。而且我国目前银行信贷资金包括外汇资金存差较多，尚未得到充分利用，因此应严格控制借用国际商业贷款。

五、我国的外债状况

我国 1987 年公布的《外债统计监测暂行规定》将外债定义为境内机构(不包括境内外

资、合资金融机构)对境外机构(包括境内外资、合资金融机构)承担的具有契约性偿还责任的外币债务。2001 年 6 月，我国在外债统计上开始采用新的国际标准，将境内外资金融机构对外负债纳入我国外债统计范围，同时扣除境内机构对境内外资金融机构的负债；将三个月以内贸易项下对外融资纳入我国外债统计；将中资银行吸收的离岸存款纳入我国外债统计；在期限结构方面将未来一年内到期的中长期债务纳入短期债务。

改革开放以来我国利用外资一直以吸引外商直接投资为主，以借用外债为辅。在利用外资总额中，约有三分之一形成了我国的对外负债。根据国家外汇管理局公布的数据，截至 2016 年末，我国全口径外债余额为 14207 亿美元，较 2015 年末增加 377 亿美元，增幅为 2.7%。2016 年末我国负债率（外债余额/GDP）为 13%，债务率（外债余额/货物与服务贸易出口收入）为 65%，偿债率（中长期外债还本付息与短期外债付息额之和/货物与服务贸易出口收入）为 6%，短期外债和外汇储备比为 29%。2017 年末，我国负债率为 14%，债务率为 71%，偿债率为 7%，短期外债与外汇储备的比例为 35%，以上各项外债风险指标均在国际公认的安全线以内，我国外债风险总体可控。

随着改革开放的深化，我国举借外债的渠道、数量和种类在不断扩展和增加，形成了外国政府贷款、国际金融组织贷款、买方信贷、对外发行债券或股票等多种债务形式并存，长短期外债合理搭配的外债格局。与此相适应，我国逐步建立了计划管理和自主借款相结合，综合运用经济、法律和行政手段调控的、完整的外债管理体系。在外债管理和监控中，我国通过严格的外债计划管理，控制了外债规模的过快增长，使外债总体规模保持在适当水平上；通过严格控制短期外债的借入比例，保持了合理的外债期限结构；采取审慎态度，通过审批登记等手段，使外债主要流向基础设施、交通、能源、农业等经济建设急需的领域，优化外债投向结构，确保偿债能力。有效的外债管理对于我国免受亚洲金融危机的冲击起了重要作用。

当然，我国外资管理也存在着不少问题，主要表现在：外债投向结构不大合理，重复建设项目仍然相当严重；外债使用效益偏低，使用外债建设的"半拉子"项目、亏损项目屡屡发生；国际商业贷款在外债总额中比重较大，使用外债利率水平偏高，加大了外债成本；外债币种和利率结构不尽合理，在高息时期借了大量固定利率债务，随着汇率和利率的变化，导致外债还本付息负担大大增加；外债风险防范意识薄弱，未能根据汇率和利率的变化趋势进行有效的风险防范和规避。

虽然我国目前的外资情况总体上是良好的，但国际债务危机和金融危机的频繁爆发警示我们，不能放松和弱化外债管理工作，更不能对借用外债听之任之。首先，借用外债要保持适度规模，债务增长速度不能长期超过国民经济增长速度，不能超过国家的偿还能力和消化能力。其次，要"借、用、还"三方面统筹安排，特别是在"用"上严格把关，防止外债资金的闲置和浪费，进一步提高外债的使用效率。第三，要优化外债币种和期限结构，外债币种结构要建立在对汇率、利率变化的科学分析、预测基础上，并与我国外汇储备和出口创汇币种相适应；外债期限结构要继续坚持以中长期外债为主，短期外债为辅的原则。第四，要加强和完善外债管理体系，健全外债统计监测制度。最后，要根据汇率和利率变化适时调整外债结构，运用国际金融市场各种创新工具，如掉期、期权、期货、互换来规避和防范外债风险。

第三节　国际债务危机与国际金融危机

正常的国家资本流动有利于国际间资源的合理配置，在解决了发达国家资本过剩问题的同时，也使发展中国家对资金的需要得到了满足。但同时，引进外资国家的外债管理不善也往往容易影响国际债权债务关系的正常发展，引发国际债务危机与货币危机及国际金融危机。国际金融危机一般有三种表现形式：货币危机、外债危机和银行危机。货币危机是指一国货币在外汇市场面临大规模的抛压，从而导致该种货币的急剧贬值，或者迫使货币当局花费大量的外汇储备和大幅度提高利率以维护现行汇率；外债危机是指一国不能履约偿还到期对外债务的本金和利息，包括私人部门的债务和政府债务；银行危机是指由于对银行体系丧失信心导致个人和公司大量从银行提取存款的挤兑现象。

一、国际债务危机

国际债务危机是指一国由于债务负担超出其承受能力，致使出现债务到期而无力偿还的状况。

(一) 国际债务危机产生的原因

以 1982 年国际债务危机为例进行深层次分析，可以将其危机产生的根本原因归结为国际经济关系不合理。但实际上其危机爆发的具体原因主要表现在外因和内因两方面：外因是国际经济环境的变动，内因是债务国本身经济政策的失误。

1. 国际债务危机产生的外部因素

首先，国际金融市场利率大幅度波动是导致债务危机爆发的直接原因。20 世纪 70 年代，国际金融市场上资金充裕，商业银行以 8% 左右的低利率争取贷款客户，从而刺激发展中国家超量借贷，而且其中浮动利率债务占很高比重。而到了 80 年代，国际金融市场利率居高不下，相比之下涨了一倍左右，从而大大增加了发展中国家的债务利息负担。

其次，20 世纪 80 年代美元的高汇率政策无形中加重了债务国的债务负担。由于发展中国家外债大多是以美元计价的，美元升值必然加重其偿债负担。另外，20 世纪 70 年代石油价格两次上涨，使发展中国家贸易条件恶化；而 80 年代中期以后，油价又开始下降，使依赖石油出口的债务国收入减少，偿债困难。而且，西方国家为转嫁危机，强化贸易保护主义政策，使发展中国家国际收支逆差日益扩大，这也是使发展中国家出现偿债困难的原因之一。

2. 发展中国家爆发债务危机的内部原因

首先，由于发展中国家在追求其民族经济发展过程中急于求成而大量举债，外债规模失控。同时，一些国家外债管理混乱，既没有得力的外债偿还保证措施，也没有相应的外债管理机构。

其次，外债资金使用失当也是造成其债务危机的一个重要因素。许多债务国的经济发展战略以进口替代为目标，外债资金使用的投向不够恰当。如巴西、墨西哥等国，借入的外债资金大多用于基础部门建设及投资大、周期长、见效慢且不能创汇与盈利的项目，无法形成或培养偿债能力。

(二) 国际社会为挽救债务危机所做的努力

在国际经济一体化背景下，债务危机(Debt Crisis)威胁到整个国际金融领域及世界经济的稳定。危机的爆发不仅严重阻碍了发展中国家的经济发展，而且影响了发达国家的经济增长。对陷入债务危机的发展中国家，国际商业银行的贷款条件更加苛刻，对外筹资更加困难。而且在国际社会的压力下，债务国在国内实行紧缩政策，信贷额急剧收缩，经济发展速度急剧下降。但由于发展中国家是发达国家重要的原料来源和商品销售市场，发展中国家与发达国家两者之间的关系是互为依存互为条件的，发展中国家经济困难，必然波及发达国家的发展，从而影响世界经济的稳定。

同时，债务危机还威胁到国际货币体系的稳定。发展中国家的大量债务大都来自国际商业银行，尤其是欧洲货币市场。债务危机将导致大量银行倒闭，从而产生连锁反应，威胁国际货币体系的稳定，导致金融危机的发生。

1. 国际社会挽救拉美债务危机的过程

由于债务危机不仅影响发展中国家的经济增长，而且影响发达国家的经济增长，更威胁到国际货币体系和世界经济的稳定，因此国际社会，无论是债务国还是债权国，以及国际金融机构都有责任为挽救债务危机而努力。1982 年墨西哥债务危机发生后，国际社会挽救债务危机的过程大体经历了三个阶段。

第一阶段为重整债务阶段(1982—1985 年)。其特点是债权银行要求债务国以紧缩经济为条件，给予延期还款、降低利率、减免部分债务的优待，但重整债务的结果却使债务国生产下降，出口减少，反而更增加其偿还困难。而债权银行也由此不履行承诺，不仅不增加新的贷款，反而收缩贷款或贷款条件更为严苛，结果导致债务重整计划以失败告终。

第二阶段为增长调整阶段(1985—1986 年)。其特点是以市场导向型的经济政策为条件，对债务国采取所谓一揽子挽救措施。最典型的一揽子挽救措施是由"贝克计划"提出的。其建议的主要内容是：通过增加基金以促进债务国进行市场导向型改革，并通过促使债务国进行经济调整来维持其经济增长，以帮助其履行还本付息义务。但该基金只有三百多亿美元，而债务总计已近万亿，杯水车薪，作用不大。

第三阶段是以发展促还债阶段(1987—1991 年)。其特点是债务国提出以其工业化的经济发展战略促还债，并敦促西方国家尽快消除贸易保护，为发展中国家提供扩大出口的机会，以便提高偿债能力。同时，美国提出布雷迪方案，建议商业银行减免债务国债务本息各 3%，并向债务国提供新贷款。但该项计划并未得到西方各国商业银行的响应，要求他们放弃 3%的债券本息的确困难。

2. 债务国缓解债务危机的措施

尽管国际社会采取了种种挽救危机的措施，但效果都不理想，国际债务危机仍不断发展，这些措施并未从根本上解决日益严重的债务危机。债务国积极进行经济调整，力图依靠自己的力量与国际社会的协调及合作尽快渡过危机。其采取的措施主要有以下五个方面。

(1) 与国际社会密切合作，重新安排债务。即在国际社会的安排下，进行债务重整，延长宽限期或偿还期，或借新债还旧债。而各债务国则利用这一机会加速调整经济发展计划，大多数国家都不同程度地执行经济紧缩计划，以配合国际社会的安排或措施。

(2) 在经济增长的基础上进行调整。与南美债务国不同，同为债务国的韩国采取"稳定、效率、均衡"的增长性经济调整计划，坚持其出口导向，并完成了由贸易立国到技术立国的转变，扭转了债务危机的局面。韩国从 1986 年起不再借债，债务负担逐年下降，1991 年还清了所有债务。

(3) 调整经济结构。许多债务国在调整经济发展战略的同时，改革经济结构，建立了比较完整的工业体系，并强调政策配合，从各方面推动出口，以培养偿债能力。

(4) 债务资本化。即通过转换机制把部分债务转变为债权国对债务国企业的证券投资，使银行信贷资产证券化。将银行信贷转为债券后，债权银行可以通过卖掉那些风险很高的债券，减少敞口，以稳定资信；而将债权转换成股权后可以保证债权银行按期分享股息。同时，债务国把债务转化为股权不仅可以减轻债务负担，而且还可以促进资本内流，增强发展生产的能力。

(5) 实行金融体制改革。金融是商业之首，是经济运转的润滑剂。韩国政府当时清醒地认识到金融体制改革的重要性，经济、金融双管齐下，采取了本币贬值、开放资本市场及促进经济发展等措施，一方面促进出口，培养偿债能力，另一方面在挖掘国内资金潜力的同时，有效利用外资，为摆脱债务危机起到很大作用。

二、金融危机

金融危机(Financial Crisis)概念所包含的内容有广义和狭义之分。广义的金融危机包括货币危机、债务危机、银行危机、股市危机及货币信用制度危机等，凡属金融领域各种指标所突然发生的全面严重恶化情况，都属于金融危机。广义的金融危机是全面的、系统性的金融危机。狭义的金融危机指广义概念中包含的任何一个单项指标突然严重恶化情况的发生。

(一) 国际债务危机与国际金融危机的联系

20 世纪 80 年代以来发生的国际金融危机，有的表现为单一形式的危机，但也有一些表现出综合危机的特征，而且往往是以一种单一形式危机的爆发开始，相继引发各种形式危机的连锁反应，导致全面金融危机的爆发。

1982 年爆发的拉美债务危机，虽然国际社会大力进行协调，但仍威胁到国际金融关系和世界经济的安全，而且，给债务国经济造成的影响至今仍未完全消除。而 1997 年东南亚金融债务危机最终引发了全面的金融危机，并导致发生了全球性的连锁反应，造成国际金融危机。

1. 东南亚金融危机的全面爆发

东南亚金融危机爆发的源头在泰国。1997 年 5 月下旬泰铢大幅度急剧贬值是东南亚金融危机爆发的导火线，而泰铢贬值仅仅是其货币危机的集中体现。

1997 年 7 月初，在泰铢大幅度急剧贬值的压力下，泰国政府被迫放弃与美元挂钩的联系汇率制,不得不实行浮动汇率制,而此举却加剧了泰铢汇率的下跌态势。同时,泰国国内出现银行坏账严重、存款抽逃现象,继而股市急剧下跌,处于崩溃边缘。由货币危机连续引发了泰铢汇率制度危机、银行危机和股市危机,从而影响到泰国经济和社会的稳定。

泰国的金融危机很快波及东南亚各国,引起各国货币的相继贬值和股市下跌,甚至引起一些国家的政局动荡。之后,又引起全球性的连锁反应,俄罗斯、拉美及欧洲国家,甚至美国都不同程度地出现货币贬值和股市下跌,使全球陷入金融危机的大混乱中。

2. 东南亚金融危机产生的根源

从现象上看,东南亚金融危机是由于国际投机资本的兴风作浪而引起的,即以索罗斯为代表的投机家对泰铢的恶意炒作导致了泰国金融危机的发生。但从本质上考察,债务问题才是引发东南亚金融危机的根源。

早在危机发生前,泰国政府就已经进行了金融体制的改革,实施金融自由化政策,从而不但导致了国际投机资本的大量涌入,也由此使国家背上了沉重的外债负担。据国际货币基金组织统计,1997年7月,泰国各银行的对外借款总额已超过1万亿美元,其中短期外债占到了60%以上,而且这些短期外债中的近40%是投资于那些不能形成偿债能力的国内房地产投资项目上的。因此,外债的还本付息必须通过购买外汇才能进行支付清偿。债务危机一旦发生,为了满足到期债务支付清偿的需要而进行大量的外汇购买,就更加剧了外汇供应紧张的局面,从而与国际投机资本的大规模撤离一起,促成了泰铢汇率的下跌,并引发货币危机与汇率制度危机的爆发。同时,国内楼市、股市随之下跌,而楼房大量闲置,房地产投资资金回流困难又导致企业倒闭、银行破产,继而引发股市危机与银行危机。全面爆发金融危机进一步导致其国内失业率增加,生产下降,使国家经济发展出现倒退,甚至出现社会动乱、政局不稳的趋势。

(二) 国际金融危机的防范与治理

导致国际金融危机发生的原因有很多,有外因也有内因,但矛盾的主要方面仍在于内因。从内部原因分析,危机爆发前矛盾的积累,除了与债务国宏观经济决策与管理方面的失误有一定关系外,更关键的因素是各国外债管理与金融管理体制方面存在漏洞。因此,对国际金融危机的防范与治理应着重从以下三方面入手。

(1) 加强外债管理,建立正常债权债务关系是防范和治理国际金融危机的首要之举。债务危机极易引发金融危机已是不争的事实,因此首先要预防债务危机的发生,而债务危机的预防和管理离不开强有力的外债管理。对外债管理除了要从源头把握好对国际资本流动的管理外,还包括对外债规模、外债结构及外债的使用方向与效益、外债的偿还等环节的有效管理。

在外债管理中,首要是对一国国际资本流动的管理,并且主要体现在对国际收支资本项目中短期资本流动的管理上。是放松还是严格进行短期资本流动管制,经济学家及各国政府都持有各种不同的观点或态度,但对国际短期资本流动实施适当限制或政策引导是公认的正确选择。"托宾税"就是关于限制短期资本流动,对短期资本流动征税的一种学说,但实际经济中由于托宾税征收在操作上的复杂性使得其很难真正有效实施。更多也更有效的对短期资本流动的限制措施仍然是直接的行政管制。

(2) 改革金融管理体制。建立合理健全的金融管理体制，是防范和治理国际金融危机的根本性措施。金融危机的发生往往与危机发生国的金融管理体制不够完善、健全、合理等因素密切相关。如东南亚金融危机与各国金融体制尤其是银行体制的缺陷直接相关，危机发生后东南亚各国都相继进行大规模的金融系统改革也证明了这一点。

此外，把握合适的改革时机也是防范和治理国际金融危机的关键因素。墨西哥债务危机和泰国金融危机发生前两国都进行了金融自由化改革，但这显然是不适时的改革，结果导致了其债务负担突然加重和国际资本自由流动对本国金融市场和经济的强大冲击。而我国在东南亚金融危机发生后，国内经济也曾出现与东南亚国家类似的房地产投资泡沫、经济过热、银行出现大量不良资产等问题，但却逃过了这次波及全球的金融危机，而且还力挽狂澜，在危机中坚持人民币汇率稳定，起到了中流砥柱的作用，阻止了国际金融危机的进一步恶化。之所以如此，除了与我国自改革开放以来经济持续增长所带来的勃勃生机与活力有根本联系外，与我国审慎把握金融改革时机与力度也直接相关，正是我国对资本项目的管制在危急时刻起到了至关重要的作用。

(3) 建立长效的金融危机预警机制，准确预测金融危机的发生，也是防治金融危机的重要环节。亡羊补牢，犹未为晚。从历次严重爆发的国际金融危机经验教训中，可以总结出金融危机爆发的一系列基本的预警信号，再结合各国金融管理的实践与金融管理体制的现状，采用科学的统计分析方法，建立起一整套金融危机预警指标体系及预警机制，可以在危机发生前有所准备，未雨绸缪，尽早采取相应对策，以避免危机的发生或减少危机带来的损害。

除此之外，由于金融危机爆发的先导往往表现为危机发生国货币汇率突然持续性大幅度下跌的货币危机，所以对货币危机发生原因的分析同样有助于对金融危机的预警和防治。研究国际货币危机的理论，代表性的有克鲁格曼模型、奥斯特菲尔德模型及货币危机的博弈分析。克鲁格曼模型和奥斯特菲尔德模型分别从一国外汇储备变动对汇率的影响与利率平价理论的角度论述了货币危机发生的原因，而货币危机的博弈分析则表明货币危机的爆发是投机者之间以及投机者与政府之间相互博弈的结果。国际危机理论显示出的前瞻性显然对金融危机的预警及防治有重要的理论意义和现实意义。

应用案例

中海油 1.22 亿美元购加拿大能源公司 16.69% 股权

中国海洋石油有限公司宣布，已通过全资子公司与加拿大 MEG 能源公司(下称"MEG")就收购其 16.69% 股权一事签订合同。中海油已为此项收购支付 1.5 亿加元，收购了该公司普通股 13 636 364 股。

MEG 是一家专注于油砂业务的公司，该公司在加拿大阿尔伯塔省拥有 52 个连续的油砂区块的租赁许可证 100% 的工作权益，总面积达 32 900 英亩。据中海油方面估算，以上区域共有油砂地质储量超过 40 亿桶，总可采储量约 20 亿桶。中海油总经理傅成玉表示，这项投资与公司注重长期增长的目标高度契合。

根据阿尔伯塔能源与公用事业委员会的数据，阿尔伯塔省的油砂地质储量约有 1.6 万亿桶，其中在现有技术条件下，可采储量超过 3000 亿桶。

【资料来源：第一财经日报】

案例讨论

根据以上案例，分析我国资本流动的新动向以及资本的流入与流出对我国经济的影响。

◆◆◆◆ 知 识 归 纳 ◆◆◆◆

国际资本流动为发展中国家利用外资克服国内资本的瓶颈约束、促进经济发展提供了机会。利用外资可以有效弥补一国经济发展的储蓄缺口和外汇缺口。利用外资的具体形式包括吸引外商投资、对外证券筹资和借用国外贷款三大类。在利用外资的各种形式中，对外借款、出口信贷等构成了一国承担的契约性还款义务的对外债务，即外债。

外债管理主要包括外债规模管理和结构管理。确定一国外债的合理规模应考虑经济发展对外汇资金的需求、一国对外债的承受能力、国际资本市场的资金供求状况等因素。

从20世纪80年代的国际债务危机到90年代的亚洲金融危机，国际债务危机频频爆发，严重影响了国际金融的稳定和债务国的经济发展。解决国际债务危机问题仍然是发达国家和发展中国家必须共同面对的严峻挑战。

习题与思考题

一、单项选择题

1. 一国政府、企业或私人资本在国外开办企业或以收买外国企业等方式而进行的投资是(   )。

    A. 直接投资　　　　　B. 间接投资　　　　　C. 项目融资　　　　　D. 国际贷款

2. 短期资本流动主要是指(   )以内的国际间资本流动。

    A. 一年　　　　　　　B. 二年　　　　　　　C. 三年　　　　　　　D. 半年

3. 从源头上看，引发东南亚金融危机的原因是(   )。

    A. 经济危机　　　　　B. 政治危机　　　　　C. 债务危机　　　　　D. 外汇危机

4. 下列(   )不是政府间借款的特点。

    A. 条件苛刻　　　　　B. 利率低　　　　　　C. 期限长　　　　　　D. 指定用途

5. 购买公司股权属于(   )。

    A. 直接投资　　　　　B. 间接投资　　　　　C. 国际贷款　　　　　D. 项目投资

二、多项选择题

1. 外债结构管理包括(   )。

A. 利率结构管理　　　　　　B. 币种结构管理

C. 期限结构管理　　　　　　D. 来源国别结构管理

2. 外债规模管理包括(　　)。

A. 经济发展对外汇资金的需求　　　　B. 对外债的承受能力

C. 国际资本市场的资金供求状况　　　D. 来源国别结构管理

3. 长期资本流动包括(　　)。

A. 直接投资　　　　B. 间接投资　　　　C. 银行同业拆借

D. 国际信贷　　　　E. 跨国银行短期贷款

4. 一国利用外资的具体形式多样，总的来说可以分为(　　)。

A. 吸引外商投资　　　B. 对外证券筹资　　　C. 外国政府贷款　　　D. 出口信贷

5. 国际资本流动的原因有(　　)。

A. 过剩资本的形成或国际收支大量顺差　　　B. 利用外资策略的实施

C. 利润的驱动　　　　　　　　　　　　　　D. 汇率的变化

E. 通货膨胀的发生　　　　　　　　　　　　F. 政治经济及战争风险的存在

三、思考题

1. 简述国际资本流动的概念及内容。

2. 国际资本流动对经济的影响有哪些？

3. 简述外资和外债的概念及内容。

4. 我国利用外资的现状如何？

5. 债务危机频频爆发的原因是什么？

JJ07 案例　　　　　　　　JJ07 习题及参考答案

第八章 国际货币体系

📖 教学目的和要求

通过本章的学习，理解国际货币体系的概念；了解国际货币体系的主要内容；掌握金本位制度、布雷顿森林体系和牙买加体系的相关知识；了解并掌握欧洲货币一体化的过程及主要内容；了解目前国际货币体系存在的主要问题；理解国际货币体系改革的基本内容。

🎓 重点与难点

国际货币体系的主要内容、欧洲货币一体化的过程

📝 关键词汇

国际货币体系(The International Monetary System)；金本位制度(The Gold Standard)；布雷顿森林体系(Bretton Woods System)；牙买加体系(Jamaica System)；欧元(Euro)

引子案例

1967 年，一家芝加哥银行拒绝向一位名为弗里德曼的大学教授提供英镑贷款，因为他意图利用这笔资金卖空英镑。弗里德曼先生察觉到当时英镑对美元的比价过高，想卖出英镑，然后等英镑下跌后再买回英镑来偿还银行，从而能够迅速捞一笔。这家银行拒绝提供贷款的依据是 1944 年确立的《布雷顿森林协定》。此协定固定了各国货币对美元的汇率，并将美元与黄金的比价设为 35 美元对每盎司黄金。然而，到了 20 世纪 70 年代牙买加体系确立以后，这种外汇交易已经成为了可能。特别是进入 20 世纪 80 年代，随着计算机及其相关技术的问世，跨国资本流动加速，将亚、欧、美洲市场连成一片。外汇交易从 20 世纪 80 年代中期的每天约 700 亿美元上升到现今的每天 15 000 亿美元。

【资料来源：http://www.zgjrw.com】

第一节 国际货币体系概述

一、国际货币体系的概念

开放经济下一个国家的宏观经济政策有两个基本目标，即内部平衡(充分就业和物价稳

定)和外部平衡(国际收支平衡)。任何一个国家在实现自身宏观经济政策的基本目标时,不可避免地会影响到其他国家实现其基本目标。这种内在的相互依存性使得开放经济下的各国政府难以实现充分就业和物价稳定。因此,就需要进行国家间的政策协调,制定一套国际贸易、金融交易结算所遵循的规则,即各国之间进行结算所确定的原则、做法和协定(例如国际支付和汇率体系),这就是国际货币体系(The International Monetary System),亦称国际货币制度或国际货币金融制度。

二、国际货币体系的划分

国际货币体系可从货币本位和汇率制度两个角度进行划分。从货币本位来看,可以分为金本位制度、纯信用本位制或两者的结合。从汇率制度来看,可以划分为波幅很小的固定汇率制、波幅较大的固定汇率制、可调整钉住汇率制、管理浮动汇率制、蠕动汇率制。从历史的发展顺序来看,国际货币体系经历了三个阶段,即国际金本位制阶段、布雷顿森林体系阶段和牙买加货币体系阶段。国际货币体系是国际贸易和国际金融得以顺利发展的一个框架制度保证,它的发展体现了不同历史时期内各国政策协调的变革性。因此,了解不同历史阶段国际货币体系的内容和特点,有助于我们在国际货币体系的背景下理解国际金融的重大事件,有助于不同时期各国宏观经济政策的制定与运行。

三、国际货币体系的主要内容

一般而言,国际货币体系的内容主要包括:

(1) 国际储备资产的确定,即用什么货币作为国际支付货币,一国政府持有何种资产用以维持国际支付原则和满足调节国际收支的需要。

(2) 汇率制度的确定,即一国货币与其他货币之间的汇率应如何确定和维持,能否自由兑换成支付货币,是采取固定汇率还是浮动汇率制度。

(3) 国际收支调节的方式,即当出现国际收支不平衡时,各国政府应采取什么方式弥补这一缺口,各国之间的政策又如何协调。

理想的国际货币制度应能够促进国际贸易和国际资本流动的发展,主要体现在:能够提供适量的国际清偿力并保持国际储备资产的信心,保证国际收支的失衡得到有效而稳定的调节,达到调节损失最小,并保证各国公平合理地承担调节的责任。

四、国际货币体系的历史演变

在不同的历史时期,国际货币体系经历了不同的演变阶段。第一次世界大战以前,世界范围内自发形成了典型的国际金本位制,两次世界大战之间演化为非典型的金本位制——金块本位制和金汇兑本位制。第二次世界大战后,在布雷顿森林协定基础上建立了国际金汇兑本位制,又称布雷顿森林体系。1973年以后,牙买加协定及国际货币基金组织协定第二次修正案确认了多元化的国际货币体系。

在汇率安排上,典型的金本位制在世界范围内实行固定汇率制;布雷顿森林体系实行的是可调整的钉住汇率制,仍属于固定汇率制范畴;现行国际货币体系是管理浮动汇率制。

第二节　国际金本位制

国际金本位制(The Gold Standard)形成于19世纪下半叶,西方各主要资本主义国家逐渐过渡到实行单一的金铸币本位制,国际金本位制随之形成。在此之前,各国主要实行的是金银复本位制。在这种制度下,因银价时常跌落,而黄金和白银的官方比价又不能及时调整,所以经常出现格雷欣定律所称的"劣币驱逐良币"的现象,造成西方各国金融市场的混乱。有鉴于此,西欧各国逐渐放弃了金银复本位制,其中英国最早实行金铸币本位制。

由于银价暴跌,英政府于1816年正式废止了金银复本位制而实行单一的金铸币本位制。19世纪70年代开始,欧洲大陆众多国家相继放弃了金银复本位制而改行金本位制。到1900年,在长时间激烈辩论后美国也实行了这一制度。至此,欧美各主要资本主义国家均已实现了金铸币本位制,都对其货币规定了法定含金量。在国际交易中,各国货币都以其含金量为基础进行兑换,这样就自发形成了以黄金为本位币的国际货币制度——国际金本位制。一般认为,从19世纪70年代到第一次世界大战前为典型的国际金本位制时代。

一、金本位制的特点

金铸币本位制是最典型的金本位制,其主要特点可以概括为所谓"四大自由",即自由流通、自由铸造、自由兑换和自由进出口,具体内容如下:

(1) 以足值的黄金、金铸币或纸币作为流通货币。

(2) 任何个人或机构均可拿自己拥有的黄金申请铸造金币,也可以自由地将金币熔化成黄金用于非货币用途。

(3) 纸币规定有法定的含金量,严格按照货币当局黄金储备的一定比例发行。任何个人或机构有权用其持有的纸币按固定价格自由地向货币当局购买黄金,或以黄金兑换纸币。

(4) 任何个人或机构均能自由地将黄金输入国内或输出国外。

二、国际金本位制的主要内容

在金本位制度下,黄金具有货币的全部职能,即不仅可以作为价值尺度、流通手段、支付手段、贮藏手段,还可以充当世界货币。金本位制的特点决定了国际金本位制的主要内容。

1. 汇率制度

在国际金本位制度之下,各国货币间的汇率由它们各自法定含金量的比值决定,这一比值即为铸币平价。市场汇率以黄金输送点为界限围绕铸币平价上下波动。黄金输送点和铸币平价之间的差额取决于单位数量黄金的包装、运输、保险、检验等项费用,通常这一费用仅占所运黄金单位价值的千分之几。需要指出的是,国际金本位制下汇率的调节机制是自动进行的,无需人为措施的维持。

2．国际储备与国际结算

在国际金本位制下，由于各国货币间的铸币平价是法定的且固定不变，因此汇率是稳定的，不存在外汇风险。于是各国货币可以自由兑换，实行多边自由结算，以黄金作为最后的国际结算手段。事实上，在 1880—1914 年这段时间内，黄金的国际流动并不是唯一的和最重要的国际债权债务清算方式。由于当时英国的经济实力雄踞世界第一，伦敦是世界金融中心，国际贸易额的 90% 以上都以英镑结算，许多国家的主要国际储备是英镑而非黄金。各国中央银行在伦敦开设英镑账户，不仅可以随时兑换黄金，还可以获取利息。若储存黄金，不仅没有利息，还要支付保管费用，因此，持有英镑比持有黄金更为有利。这段时期实际上是以黄金作为货币发行基础和最后清偿手段，黄金和英镑同时发挥国际货币的作用。

3．国际收支的调节

在国际金本位制度下，国际收支可以实现自动调节。一个国家国际收支的逆差意味着本国黄金的净输出，而黄金储备的减少导致的通货紧缩将引起国内物价水平的下降，这样，在国际国内市场上，本国商品的竞争力增强而外国商品的竞争力减弱，于是该国出口增加，进口减少，国际收支得以改善。反之，当一国国际收支出现顺差时，由此引起的黄金净流入将扩大国内货币供给，造成物价水平上升，使出口减少、进口增加，顺差趋于消失。这就是著名的物价—铸币流动机制，它是由英国经济学家大卫·休谟最早提出的。

三、金本位制的演变和解体

国际金本位制是在资本主义上升时期、在一个相对稳定的国际环境下发展起来的。由于在第一次世界大战前夕，资本主义发展的不平衡使黄金存量过度集中在少数强国手中，破坏了国际金本位制的普遍基础。为支付战争费用，造成了巨额财政赤字，一些国家大量发行银行券，使其变为不能兑换黄金的纸币，破坏了金本位制自由兑换的原则。同时战争也使黄金外流严重，各国相继限制甚至禁止黄金输出，黄金自由流出流入的原则亦遭到破坏。这样，构成国际金本位制(金币本位制)的主要规则和基础已不复存在。第一次世界大战期间，各国就已先后废止了金币本位制。战后各国虽然企图恢复过去的金本位制，但多已力不从心。除美国因未受战争破坏尚有能力坚持金本位制外，其余各国均对其金本位制进行了改动。英法两国实行了"金块本位制"，黄金不再参与流通，同时规定纸币必须达到一定金额才能兑换黄金，即货币当局仅兑换大块黄金。英国 1925 年颁布的《新金本位制法》规定：英镑兑换黄金的数量至少为 400 盎司，法国在 1928 年规定黄金兑换数量不得低于 215 000 法郎。其他主要资本主义国家如德国、奥地利、意大利等则实行了"金汇兑本位制"。此种制度规定纸币不能兑换黄金，但可以兑换实行金本位制的外国货币，如英镑、美元、法郎等，其货币发行以货币当局持有的这些外汇为基础，从而间接地与黄金挂钩。

无论是金块本位制还是金汇兑本位制，均大大削弱了金本位制，尽管它在一定程度上缓解了当时黄金匮乏的压力，但是黄金的数量仍然无法满足各国经济发展的需求。勉强恢复金本位制导致了世界范围的通货紧缩。1929 年，自美国开始，世界经济出现了大萧条，使原本就已十分脆弱的国际金本位制最终彻底瓦解。

金本位制崩溃以后，统一的国际货币体系不复存在。国际金融领域逐步形成了以美、英、法三个资本主义国家为中心的国际货币集团，在世界范围内展开了争夺国际金融主导权的斗争。大货币集团内部分别实行与主要货币建立固定比价和自由兑换的机制，对外则实行外汇管制，货币竞争性贬值即所谓"货币战"爆发，国际货币运行的秩序破坏殆尽，世界贸易严重萎缩，给20世纪30年代经济危机之后的大萧条雪上加霜。

四、对国际金本位制的评价

国际金本位制下，黄金作为主要国际储备和最终清偿手段，保证了货币内外价值的稳定，奠定了国际货币体系统一的基础；黄金自由兑换和自由输出输入等基本规则维持了国际货币体系的稳定，为资本主义上升时期提供了相对稳定的金融货币环境，促进了国际贸易的发展和世界经济的繁荣。正因如此，至今还有人怀念金本位时代，但是典型的金本位制却是难以恢复的，其根本原因在于国际金本位制固有的内在缺陷。

首先，作为国际金本位制基础的黄金因开采量有限，当世界经济的增长对货币供应量的要求剧增时，狭小的黄金基础就不能适应经济增长的需求。特别是当各国经济实力的不平衡日益加剧时，对黄金存量的要求就容易演变为各国利益的剧烈冲突。

其次，金本位制对国际收支的自动调节机制在稳定的经济环境中发挥较理想，一旦国际收支失衡严重，这种调节机制会以明显的黄金输出、货币紧缩为代价加剧逆差国的经济衰退和失业，其传导作用往往引起其他国家经济的紧缩乃至衰退。

第三节　布雷顿森林体系

一、布雷顿森林体系的建立

金本位制崩溃之后，国际货币关系动荡不安，严重危及了世界各国的经济利益。为早日结束这种局面，第二次世界大战的硝烟尚未熄灭，世界各主要国家即已积极筹划建立国际货币新秩序，为战后重建与经济复苏奠定良好的基础。

1943年4月7日，英、美两国政府分别在伦敦和华盛顿同时公布了各自关于战后国际货币体系的方案。英国的方案是由英国财政部顾问凯恩斯拟定的"国际清算联盟计划"，简称"凯恩斯计划"。这个计划反对以黄金或任何国家货币作为国际储备，主张采取透支原则，设立一个世界性的中央银行——"国际清算联盟"。由该机构发行以一定量黄金表示的不兑现的国际货币"班科"作为储备货币和清算单位。各成员国在"联盟"中的"班科"额以战前3年进出口贸易平均额的75%计算(这一时期英国在世界贸易总额中居首位)。各成员国在"联盟"开设"班科"存款账户，通过转账清算官方债权、债务。一国国际收支顺差，可将盈余存入账户，逆差时可按规定提存或透支。当一国借贷余额超过份额的一定比例时，则无论顺差国或逆差国均有义务对国际收支不平衡采取调节措施。该方案还提出"国际清算联盟"总部设在伦敦和纽约两地，理事会会议在英美两国轮流举行，以便英国能与美国分享国际货币领域的领导权。不难看出，"凯恩斯计划"考虑到英国经过两次世界大战，黄金储备流失严重，经济实力大大下降，国际收支逆差经常发生的现实，力图最大限度地维护英国在国际金融事务中的利益。

美国的方案是由美国财政部官员怀特拟定的"联合国稳定基金计划"，又称"怀特计划"。这个方案主张采取存款原则，建立一种以黄金为基础的国际货币稳定基金，资金总额为 50 亿美元，由会员国根据一套反映经济实力的指标体系计算的份额认缴。各国根据缴纳份额的大小决定投票权，"基金组织"办事机构设在份额最多的国家。此外，基金组织发行一种与美元联系、可兑换黄金的国际货币"尤尼塔"，会员国货币与"尤尼塔"保持固定比价，不得随意贬值。美国设计的这个方案，显然是从美国战后实力扩张、黄金储备雄厚的事实出发的，旨在夺取战后国际货币领域的统治权。

两个计划提出后，经过美、英两国政府长达 8 个月的激烈交锋，终因美国经济、政治实力已大大超过英国，达成了以"怀特计划"为基础的协议。又经 30 多个国家协商，于 1944 年 4 月发表了《关于建立国际货币基金的专家联合声明》。

二、布雷顿森林会议

1944 年 7 月，44 个同盟国的 300 多位代表参加了在美国新罕布什尔州布雷顿森林市召开的"联合国国际货币金融会议"，共同签署了《国际货币基金协定》和《国际复兴开发银行协定》，总称布雷顿森林协定。根据这个协定，1945 年 12 月成立了国际货币基金组织和国际复兴开发银行，两个机构总部均设在华盛顿，从此确立了以美元为中心的战后新的国际货币体系——布雷顿森林体系(Bretton Woods System)。

三、布雷顿森林体系的主要内容

布雷顿森林体系通过《国际货币基金协定》，对国际金融事务做出了具体安排，其主要内容可概括为以下几点：

(1) 设立了国际货币基金组织。国际货币基金组织是布雷顿森林体系的常设机构，其宗旨是协调国际货币合作关系。国际货币基金组织的各项规定构成了战后国际金融领域的纪律，在一定程度上维护着国际货币运行的秩序。

(2) 建立了以黄金为基础，以美元为最主要国际储备货币的黄金—美元本位制。实行两个挂钩：一是美元与黄金直接挂钩，各国确认 1934 年美国规定的 35 美元折合 1 盎司黄金的官价，即 1 美元含金量 0.888671 克，各国货币当局或中央银行可随时用美元向美国政府按上述官价兑换黄金；二是其他国家货币与美元挂钩，各国货币与美元建立固定汇率关系。这样各国货币就钉住美元，美元则成了黄金的等价物，成为国际货币的中心，这一内容构成了布雷顿森林体系的支柱。

(3) 维持固定汇率制的安排。《国际货币基金协定》规定各国货币对美元汇率一般只能在法定平价上下 1%的范围内波动，各国政府有义务干预外汇市场，以保护汇率的稳定，只有在一国国际收支"根本不平衡"时，才允许货币贬值或升值。事实上，布雷顿森林体系采用的是一种可调整的钉住汇率制。

(4) 采用国际收支调节机制。为协助解决国际收支困难，设置了国际货币基金，安排了资金融通措施。《国际货币基金协定》规定会员国份额的 25%以黄金或可兑换黄金的货币缴纳，其余 75%部分以本国货币缴纳。基金组织设立普通资金账户，会员国在需要弥补国际收支逆差时，可用本国货币按规定购买一定数额外汇，并可以在规定期限内以可兑换外汇购回本国货币的方式偿还借款。会员国从基金组织获得贷款的数额与其所缴份额成正比。《国际货币基金协定》还设立了"稀缺货币条款"，规定一国国际收支若持续大量盈余，基金组织可将该国货币宣布为"稀缺货币"，允许成员国在与稀缺货币发行国的贸易中采取歧视性措施。这一条款实际上规定了顺差国与逆差国具有调节国际收支的共同责任。

此外，《国际货币基金协定》还规定会员国不能对经常项目实行外汇管制，不得采取歧视性货币措施，实行在货币可兑换基础上的多边支付，并规定了过渡性条款。

四、布雷顿森林体系的特点与作用

布雷顿森林体系被称为以美元为中心的"新金汇兑本位制"，显示出这个货币体系与历史上的金汇兑本位制既有相似之处，又有其独特的特点。

(一) 布雷顿森林体系的特点

布雷顿森林体系具有以下特点：
(1) 国际准备金中，黄金与美元并重，而不只是黄金。
(2) 国际储备资产中，美元是唯一的主要储备资产，而不是战前的美元、英镑、法郎并重。
(3) 只允许外国政府在一定条件下用美元向美国兑换黄金，是一种大大削弱了的金汇兑本位制。
(4) 规定了统一的货币平价及各国汇率变动的幅度，类似但不同于金汇兑本位制的金平价及上下输金点，为可调整的固定汇率制。
(5) 建立了国际金融机构，监管和维系战后国际货币体系运行秩序；签订了具有约束力的《国际货币基金协定》，不同于二战前依靠惯例和规律的自调作用形成的松散的国际货币体系。布雷顿森林货币体系是相对统一的、严整的国际货币体系。

布雷顿森林体系的建立，造成了一个相对稳定的国际金融环境，对战后国际贸易和世界经济的发展发挥了积极作用。

(二) 布雷顿森林体系的作用

布雷顿森林体系的作用体现在以下方面：
(1) 美元作为国际储备货币，处于等同于黄金的地位，作为黄金的补充。在战后黄金产量增长停滞的状况下，美元的供应弥补了国际清偿能力的不足，适应了国际贸易的发展对储备增长的需求。
(2) 固定汇率制保持了汇率的相对稳定，为世界贸易、投资和信贷活动提供了有利的条件。
(3) 国际货币基金组织在促进国际货币合作和建立多边支付体系方面起了协调作用，所提供的各类贷款暂时缓和了会员国国际收支逆差，有助于世界经济的稳定和增长。

五、布雷顿森林体系的崩溃

第二次世界大战结束后，美国是世界上第一经济大国和最大的债权国，在当时的国际经济活动中居绝对主导地位。布雷顿森林体系正是在这样的背景下赋予美元等同于黄金的特殊地位，建立起以美元为中心的国际货币体系。于是这个体系的运行就必然与美国国际收支状况，美元的信用、地位息息相关。

(一) 布雷顿森林体系正常运行的基本条件

美元—黄金双挂钩制是布雷顿森林体系的重要支柱之一，在下列基本条件下，这个国际货币体系才能正常运转：

(1) 美国国际收支顺差，美元对外价值稳定。如果美国的国际收支长期逆差，美元对外价值就不能保持稳定，美元的信用就要发生动摇，必将危及国际货币体系的支柱。

(2) 美国的黄金储备充足，能够保证美元对黄金的有限兑换性。如果美国黄金储备流失过多，黄金储备不足以抵偿短期债务，则美国无法保证按 35 美元兑换 1 盎司黄金的官价履行为外国政府或中央银行持有的美元随时兑换黄金的义务，美元—黄金双挂钩制将难以维持。

(3) 黄金价格维持在官价水平。如果国际金融市场黄金价格波动剧烈，而美国以及有关国际组织由于黄金短缺，无力在市场投放黄金以平抑黄金市价，则黄金市价将大大超过 35 美元 1 盎司的官价水平，国际金汇兑本位制运转的基础会随之动摇。

(二) 布雷顿森林体系的危机及补救措施

布雷顿森林体系建立后的一段时期，以美国经济实力作保证的美元处于强势地位。欧洲、日本战后经济尚未恢复，对美国商品的需求导致美元匮乏即所谓 "美元荒"。美国的国际收支伴随美国商品流向世界各地而有巨额顺差，资本主义世界黄金储备在 20 世纪 50 年代初有四分之三集中到了美国。这一时期布雷顿森林体系运转的基本条件得到满足，成为战后相当有效和稳定的国际货币体系。

1. 美元灾与美元危机

20 世纪 50 年代开始，美国的国际收支逐渐出现逆差。当这一逆差很小，并且主要反映了其他国家对美元储备资产的需求时，国际货币体系还能正常运转。但是 50 年代后期，西欧各国经济实力恢复，国际收支逐步转为顺差，加之美国战后的大规模经济援助，使大量美元流入西欧和世界各国，使美国的国际收支逆差日益扩大，战后初期的"美元荒"逐步演变为"美元灾"，即各国手中持有过剩的美元。"美元灾"的发展导致对国际货币体系运行基础的巨大压力，终于在 20 世纪 60 年代以后演变为美元危机的多次爆发。

所谓的美元危机，表现为国际金融市场美元币值下跌，黄金价格暴涨。美国黄金储备急剧减少，美元信誉下降，国际金融市场出现抛售美元、抢购黄金及其他硬货币的风潮。从 1960 年至 1973 年，先后发生了 11 次美元危机，其中 4 次特别严重，危及到国际货币体系运行的基础。

2. 挽救布雷顿森林体系的措施

美国和西方各国曾采取一系列国际金融合作措施，试图缓和美元危机，挽救以美元为中心的国际货币体系，这些措施包括：

(1) 签订稳定黄金价格的协定。1960年10月，第一次美元危机，伦敦市场黄金价格暴涨，为稳定金价和抑制美元汇率下跌，美国同欧洲主要国家中央银行签订"君子协定"，以不超过35.20美元1盎司的价格买卖黄金。

(2) 签订《巴塞尔协议》。1961年3月，英国、联邦德国、法国、意大利、荷兰、比利时、瑞士、瑞典等8国中央银行在瑞士巴塞尔签订《巴塞尔协议》，规定一国货币发生危机时，其他国家要在一定时期内保持该国货币头寸，并向该国提供黄金和外汇贷款，以维持各国外汇市场的稳定。

(3) 建立黄金总库。1961年10月，为平息美元危机引起国际金融市场黄金抢购风潮，保卫美元，美国联合英国、法国、瑞士、联邦德国、意大利、比利时、荷兰等7国建立黄金总库，共提供2.7亿美元的黄金，由美国承担50%，其余由各国分别按约定比例分摊，由英格兰银行为黄金总库代理机构，执行吞吐黄金、平抑黄金市价、稳定美元汇率的任务。

(4) 借款总安排。1961年11月，美国、英国、联邦德国、法国、意大利、比利时、荷兰、瑞典、日本、加拿大10国在巴黎成立"十国集团"，达成"借款总安排"，规定如遇货币危机，基金组织可从这10个国家借入额度为60亿美元的资金，贷给发生危机的国家，以稳定该国货币，保卫美元。

(5) 货币互换协定。1962年3月，美国联邦储备银行分别同14个国家的中央银行签订货币互换协议，规定当美元和其他货币发生危机时，两国中央银行可相互提供互惠信贷，按一定汇率在约定期限内互换一定金额双方货币，用以干预市场，稳定汇率；当约定期满时仍按原先商定的汇率相互偿还。

(6) 实行黄金双价制。1968年3月，第二次空前严重的美元危机致使美国黄金储备大量流失，伦敦金市被迫关闭。美国邀请黄金总库成员国的代表在华盛顿召开紧急会议，发表公报，解散黄金总库。美国不再按35美元1盎司的官价向市场供应黄金，听任市场金价随供求自由浮动，但各国中央银行可按官价向美国兑换黄金，这就形成了黄金双价制。美元危机虽未消除，但美国黄金流失明显减少。黄金双价制的实行说明美元已变相贬值。

(7) 创立特别提款权。由于美元危机连续发生，美国以补充国际流通支付手段为理由，建议创立新的国际储备货币作为美元、黄金的补充。法国等西欧国家从反对美元霸权出发，也先期提出创立"综合储备单位"的建议。经过协商，1969年10月，国际货币基金组织第24届年会上通过发行特别提款权的协定。由于美国在国际货币基金组织所占的份额最高，其分配到的特别提款权也最多，又由于特别提款权可用于在会员国政府之间偿付国际收支逆差，所以它的创立与分配提高了美国应付国际收支逆差的能力，减少了其黄金储备的流失，有利于缓和美元危机。

(三) 布雷顿森林体系的瓦解

进入20世纪70年代以后，美国经济实力进一步衰退。1971年，美国出现了前所未有的对外贸易逆差，陷入债台高筑的困境。国际间对美元的信心一落千丈，外国中央银行纷纷向美国财政部以美元兑换黄金，主要国际金融市场爆发了战后最严重的抛售美元、抢购黄金和硬货币的风潮，使美国穷于应付。1971年8月15日，美国总统尼克松宣布实行"新经济政策"，停止向外国政府和中央银行履行美元兑换黄金的义务。这意味着美元与黄金的挂钩不再存在，支持布雷顿森林体系的支柱倒塌了。1971 年 12 月，在国际金融市场一片混乱的情况下，"十国集团"在华盛顿达成了《史密森协议》，决定第二次世界大战后美元第一次正式对黄金贬值 7.89%，即黄金官价从每盎司 35 美元提高至 38 美元，其他国家货币也相应调整了对黄金或美元的比价。1973 年初，更严重的美元危机爆发，迫使美国于 2 月 12 日又一次宣布美元贬值 10%，黄金官价每盎司提高到 42.22 美元。美元停止兑换黄金并两度贬值仍未能阻止美元危机的蔓延。各主要西方国家为维持对美元的固定汇率付出了高昂的代价，但仍无法挽回美元下跌的狂澜。1972 年 6 月 23 日，英镑第二次自由浮动。1973 年 3 月以后，欧洲共同体国家和日本、加拿大、瑞士等国先后宣布本国货币对美元浮动。至此，各主要国家均放弃了钉住美元的固定汇率制，以黄金—美元双挂钩为支柱的布雷顿森林体系终于在 1971—1973 年的国际金融危机中彻底瓦解了。

(四) 布雷顿森林体系崩溃的原因分析

布雷顿森林体系的崩溃是其内在矛盾在世界经济发展不平衡因素的诱导下不断发展乃至激化的结果。

1. 布雷顿森林体系以一国货币(美元)作为主要储备资产，蕴含着难以解脱的内在矛盾

战后在黄金生产停滞的情况下，该体系赋予美元等同于黄金，充当国际本位货币的地位，这使整个国际货币体系支付手段和储备手段的供给完全依赖于美国的国际收支状况。这样的货币体系一开始就潜伏着危机，因为无论美国国际收支顺差还是逆差，都会给美元的使用带来困难——若美国国际收支保持顺差，虽然美元的币值可以保持稳定，但这意味着世界各国美元储备的减少，国际支付手段的缺乏势必影响国际贸易和金融的正常发展；若美国国际收支持续逆差，虽可满足别国对美元的需求，但逆差的扩大意味着美元的泛滥、国际间对美元信心的下降，一旦美元的国际储备超过美国的黄金储备，美国便无力应付挤兑黄金的风潮，美元危机在所难免，布雷顿森林体系的基础必将瓦解。美国经济学家特里芬在 20 世纪 50 年代中后期就多次指出，以一国货币作为主要国际储备资产，必将陷于上述难以解脱的"两难境地"，国际经济学中称之为"特里芬难题"。

2. 布雷顿森林体系实行固定汇率制，存在不可克服的缺陷

(1) 它使硬货币发行国陷入两难困境。在美国国际收支出现持续逆差，美元汇率下跌，其他国家货币遭受升值压力时，按照布雷顿森林协定的原则，这些国家应干预外汇市场，买进美元，抛出本币，这会增加本国货币的流通量，引起输入性通货膨胀；但如若这些国家不干预外汇市场，听任美元贬值，则他们又将因美元储备资产的贬值而蒙受损失。

(2) 以牺牲内部平衡来换取外部平衡，调节国际收支的代价高昂。固定汇率制下，各国不能灵活运用汇率作为调节国际收支的工具，又不能主动采取贸易管制措施，只能采取改变国内经济政策的方式来纠正国际收支失衡。其代价是牺牲国内经济的稳定性，这与各国自身经济利益相矛盾。因此，在布雷顿森林体系后期，调节国际收支失衡的国际金融合作越来越难以协调。

(3) 汇率安排过于僵硬，难以抵御短期国际投机性资本流动的冲击。固定汇率制妨碍了汇率机制灵活发挥作用，直到国际收支失衡相当严重才考虑汇率的变动，此时因汇率调整方向已十分明显,这对短期资本的国际性投机活动是绝好的获利机会。而正是这种大规模的国际短期资本投机浪潮,构成了导致布雷顿森林体系崩溃的重要因素。

(4) 世界经济发展出现新的不平衡,诱发和激化了布雷顿森林体系的内在矛盾。以美元为中心的国际货币体系是在二次大战后美国经济实力膨胀、堪称"金元帝国"的背景下建立的。时过境迁,20 世纪 60 年代以后,美国经济实力日益衰落,国际收支连年逆差,黄金储备不断下降,由战后最大的债权国变为负债累累的债务国,美元的信誉随之动摇。与此同时,西欧一些国家和日本的经济实力不断增强,国际收支持续出现顺差,由战后初期的债务国变成债权国,他们的货币不断面临对美元升值的压力,成为国际金融市场上相对于美元的硬货币。这种经济实力对比的明显变化破坏了维持布雷顿森林体系正常运转的基本条件,诱发和激化了这个货币体系早已潜伏着的内在矛盾。于是以美元为中心,以固定汇率制为特征的国际金汇兑本位制终因无法适应世界经济发展的新格局而宣告解体,布雷顿森林体系,即以美元为中心的国际金汇兑本位制完全崩溃,国际货币制度进入了浮动汇率制的时代。

第四节 牙买加体系

布雷顿森林体系崩溃后,国际金融形势更加动荡不安,世界各国都希望建立一种新的国际货币制度,以结束这种混乱的局面。为了研究国际货币制度的改革问题,国际货币基金组织早在 1972 年 7 月就成立了"国际货币制度改革有关问题委员会",作为基金组织的一个咨询机构,该机构由 20 个国家组成,因此又称"二十国委员会"。1974 年该委员会发表了《国际货币制度改革概要》,该项概要要求各国以稳定的但可调整的平价为基础,只在特殊情况下,承认浮动汇率。1974 年 7 月,国际货币基金组织根据"二十国委员会"的建议,设立了"国际货币制度临时委员会",负责研究有关国际货币制度改革的问题。经反复研讨磋商,1976 年 1 月委员会在牙买加首都金斯敦召开的第五次会议上,就汇率制度、黄金处理、扩大信贷等问题达成了一些协定,即"牙买加协定"。同年 4 月,国际货币基金组织理事会通过《国际货币基金协会第二次修正案》,后来又获得法定 60%以上的会员国和总投票权的 85%的多数票批准同意。《国际货币基金协定第二次修正案》从 1978 年 4 月 1 日起正式生效。

各国达成"牙买加协定"后,国际货币关系出现了一些重大变化,进入了一个新的阶段。诸如美元作为国际货币地位降低,国际储备多元化现象产生,实行各种形式的浮动汇率制,国际金融市场发展且其影响增强,等等。有些变化虽然是在"牙买加会议"前发生的,但一般都在会议上得到认可。由于"牙买加协定"形成了一种新的国际货币关系格局,因此,亦可称之为 "牙买加货币体系(Jamaica System)",简称"牙买加体系"。

一、牙买加体系的主要内容

牙买加体系的主要内容包括:

(1) 确定浮动汇率制的合法性,允许固定汇率制和浮动汇率制同时存在,成员国可自行选择汇率制度，但国际货币基金组织有权对成员国的汇率进行监督，以避免成员国通过操纵汇率来赢得不公平的竞争利益。当经济条件具备时，经国际货币基金组织 85% 的成员国同意通过，即可恢复可调整的固定汇率制。

(2) 扩大特别提款权的储备资产作用，未来以特别提款权为主要储备资产在成员国之间或与国际货币基金组织开展业务。

(3) 扩大对发展中国家国际收支调节的资金援助，增加信用贷款额度，由占成员国份额的 100% 提高到 145%；放宽"出口波动补偿贷款"，由占成员国份额的 50% 提高到 75%。

(4) 黄金非货币化。黄金与货币完全脱钩，黄金只作为普通商品，不再作为成员国之间及成员国与国际货币基金组织之间的支付手段。国际货币基金组织持有黄金总额的 1/6 按市场价格出售，超出官价的部分成立信托基金，用于对发展中国家的援助，另外 1/6 按官价归还成员国，剩余部分由国际货币基金组织逐步处理。

(5) 扩大成员国基金的份额。成员国的基金份额从原来的 292 亿特别提款权扩大到 390 亿特别提款权。同时，成员国的份额比例也有所调整，原联邦德国、日本及某些发展中国家的份额比例提高，美国的份额比例略有下降。

二、牙买加体系的作用

牙买加体系下多元化的储备资产、灵活的汇率制度和国际收支调节方式，使得该体系在实际运行中能够较适应当前世界经济发展的多样性和不平衡性，对重塑国际金融秩序，推动世界经济发展起到了应有的作用。

(1) 牙买加体系形成多元化的、更适应各国对外支付需求变化的国际储备资产和储备货币结构。尽管新体系中美元仍是主导的国际货币，但其地位明显削弱，改变了国际储备货币过分依赖美元的被动结构和黄金供给不足对世界经济发展的制约，欧元和日元已成为重要的国际储备货币，形成以美元为主、以欧元与日元为辅的世界货币三元结构，为国际经济提供多种清偿和储备货币选择。

(2) 牙买加体系多样化汇率安排适应了不同发展阶段成员国的需要和经济环境的变化。根据经济实力、开放程度、经济结构等影响因素来权衡得失，自主选择，有利于更好发挥汇率的调节功效，有利于各国依据经济环境变化适时调整汇率制度，维护经济金融稳定和促进经济增长。

(3) 牙买加货币体系形成多种调节手段互补的国际收支调节体制。与旧体系依赖自身储备资产和基金组织融资不同，牙买加体系允许成员国采用汇率、利率、基金组织的干预及贷款、国际金融市场融资、本国外汇储备和国际间经济政策协调等多样化、市场化手段和多种渠道并行地调节国际收支差额，提高调节有效性，确保各国对外支付的安全。

此外，牙买加国际货币体系更加重视对发展中国家的援助和融资，增强发达国家帮助发展中国家平衡国际收支的责任，客观上也有利于发展中国家经济开发和发展对外经济关系。

三、牙买加体系的缺陷

牙买加体系对国际经济的正常运转起了一定的积极作用，然而该体系的缺陷也随着时间的推移而显现出来：

(1) 多种货币储备体系的不稳定性。在国际储备多元化的条件下，各储备货币的发行国尤其是美国仍然享受着向其他国家征收"铸币税"的特权，并且国际清偿能力的增长仍然不能满足世界经济增长的需要。另外，国际储备多元化的另一面是缺乏统一稳定的货币标准，这本身就是不稳定的因素。

(2) 汇率频繁波动。牙买加体系的实行增加了汇率风险，不利于国际贸易与国际投资的发展。

(3) 目前的国际收支调节机制并不健全，各种现有的方式都有各自的局限性。

第五节　欧洲货币体系

一、欧洲货币体系产生的历史背景

1950 年欧洲支付同盟成立，这是欧洲货币一体化的开端。1957 年 3 月，法国、联邦德国、意大利、荷兰、比利时和卢森堡 6 国在罗马签订了"罗马条约"，决定成立欧洲经济共同体(简称"欧共体")。欧共体成立以后，经济一体化获得了很大的发展，因此货币一体化也就成为必然的趋势。1958 年欧洲经济共同体各国达成了欧洲货币协定以代替欧洲支付同盟，促进了西欧国家货币自由兑换的发展。1969 年欧洲经济共同体首脑在海牙举行会议，提出建立欧洲货币联盟的建议，并决定由卢森堡首相兼财政大臣魏尔纳为首的一个委员会制定出具体方案。

1970 年 10 月"魏尔纳报告"公布，它为欧洲货币联盟的实现规定了一个 10 年的过渡期，计划分 3 个阶段实现联盟的目标。第一阶段从 1971 年初至 1973 年底，主要目标是缩小成员国货币汇率波动幅度，建立欧洲货币合作基金，加强货币及经济政策的协调，减少成员国经济结构的差异；第二阶段从 1974 年初至 1976 年底，主要目标是集中成员国的部分外汇储备以巩固货币储备基金，进一步稳定各国货币间的汇率，并使欧共体内部的资本流动逐步自由化；第三阶段从 1977 年至 1980 年底，目标是使共同体成为商品、资本和劳动力自由流动的经济统一体，在此基础上向单一货币发展，同时货币储备基金则向统一的中央银行发展。

1971 年 3 月，欧共体部长理事会达成协议，决定正式实施货币联盟计划，实行的措施包括：在欧共体内部实行可调整的中心汇率制，对内规定成员国货币汇率的波动幅度，对外则实行联合浮动；建立欧洲货币合作基金；建立欧洲计算单位。由于后来西方国家经济出现动荡局面，"魏尔纳报告"所提出的经济与货币联盟计划未能完全实施。由于完全实施经济与货币联盟计划的复杂性与艰巨性以及国际经济形势有了新的发展，从务实的精神出发，1978 年在欧共体首脑会议上通过了建立欧洲货币体系的决定，并于 1979 年 3 月 13 日正式生效。欧洲货币体系把货币一体化的目标暂时缩小到稳定成员国货币汇率，为实施经济一体化奠定坚实的基础。欧洲货币体系的建立充分反映了欧共体经济一体化的要求，同时也是推动欧洲政治联合的需要，因为政治一体化的基础是经济和货币一体化。另外，当时正值国际货币体系由固定汇率制转向浮动汇率制的时期，美元危机频频爆发，各国货币汇率动荡不稳，欧洲货币体系的建立有利于抵御美元的冲击，促进了欧共体内部贸易与经济的发展。

二、欧洲货币体系的主要内容

1．创建欧洲货币单位

欧洲货币单位是欧洲货币体系的核心。它是"一篮子货币"，由欧洲经济共同体 12 个成员国的 10 种货币组成。每一种货币在欧洲货币单位所占的比重，是根据各国在欧共体内部贸易额和国民生产总值所占的份额加权计算的，每 5 年调整一次，但"篮子"中任何一种货币的比重发生了超过 25% 的变化，也可随时调整。各种货币在欧洲货币单位中的比重确定以后，就可以计算一个欧洲货币单位等于多少美元、日元和德国马克等。

欧洲货币单位的作用是：

(1) 作为成员国货币之间中心汇率的计算标准；

(2) 作为衡量各国汇率偏离中心汇率的标准；

(3) 作为干预汇率和信贷的计算标准；

(4) 作为储备资产和各成员国中央银行之间的清算工具。

2．实行稳定的汇率机制

欧洲货币体系的汇率制度是联合浮动的，即成员国货币之间实行相对固定的汇率，对非成员国货币则实行联合浮动。该体系通过两种汇率干预体系来实现汇率的稳定：一种是格子体系，其要求成员国货币之间彼此确定中心汇率，各成员国货币的汇率只允许在中心汇率上下 2.25% 的幅度内波动，意大利里拉较弱，波动幅度可扩大至中心汇率上下 6%；二是货币篮子体系，其首先确定成员国货币对欧洲货币单位的中心汇率，然后计算差异界限。所谓差异界限，实际上是允许成员国货币对欧洲货币单位的比价偏离其中心汇率的最大限度：

$$每个成员国货币差异界限 = 该国货币汇率上下波动界限 \times 75\%$$
$$\times (1 - 该国货币在欧洲货币单位(ECU)中所占比重)$$

当一国货币比价超过其差异界限时该国中央银行就有义务干预外汇市场，使汇率回复到规定的幅度以内。差异界限小于汇率的上下波动界限，目的在于使成员国对其货币汇率的失常变动采取预防措施，从而保证整个汇率机制的稳定。

3．建立欧洲货币基金

为了保证欧洲货币体系的正常运转，稳定各成员国的货币汇率，欧洲货币体系(EMS)需要一大笔外汇资金，在必要时能有效地干预外汇市场，并能向国际收支困难的成员国提供信贷支持。为此，欧洲货币体系成员国须提取自己的一定比率黄金和外汇储备，建立欧洲货币合作基金，作为发行欧洲货币单位的准备金，并拟两年内建立欧洲货币基金。考虑到各国储备的变动以及黄金、美元价格波动，欧洲货币合作基金份额每隔 3 个月重新确定一次。欧洲货币基金的总额早在 1981 年 4 月就已经达到 492 亿 ECU，这样一笔雄厚的基金使各成员国中央银行干预外汇市场的能力大为增强，在稳定成员国货币汇率方面发挥着重要作用。

三、欧洲货币体系的发展——欧洲货币联盟

1. "德洛尔报告"和"马斯特里赫特条约"

1989 年 6 月欧共体委员会主席德洛尔为首的委员会向欧洲理事会马德里会议提交了《经济与货币同盟研究委员会报告》，简称"德洛尔报告"。该报告承袭了 20 世纪 70 年代的"魏尔纳报告"，规定从 1990 年起，用 20 年时间，分三个阶段实现货币一体化，完成欧洲经济货币同盟的组建。"马斯特里赫特条约"是在"德洛尔报告"的基础上形成的。1991年 12 月欧共体首脑们在荷兰小镇马斯特里赫特签署了"马斯特里赫特条约"(以下简称"马约")。"马约"关于货币联盟的最终目标是建立经济货币联盟，即实现一个中央银行、一种单一货币的联盟。"马约"的签订，标志着欧洲货币一体化的加速发展，是欧洲货币一体化道路上的一个里程碑。为实现最终的目标，"马约"规定分三步走：第一阶段，从 1990年到 1993 年底，各成员国均应加入欧洲货币体系的汇率机制；实现资本的自由流动；协调各成员国的经济政策。第二阶段，从 1994 年 1 月到 1997 年，进一步实现各国宏观经济政策的协调；建立独立的欧洲货币管理体系，即欧洲中央银行体系，作为欧洲中央银行的前身；各国货币间汇率要逐步缩小并趋于固定。第三阶段，从 1997 年到 1999 年 1 月 1 日，其目标是最终建立统一的欧洲货币和独立的中央银行。

为进入第三阶段，"马约"规定了下述条件：

① 通货膨胀率不得超过三个成绩最好国家的平均水平的 1.5 个百分点；

② 当年财政赤字不得超过当年 GDP 的 3%，累积公债不得超过当年 GDP 的 60%；

③ 政府长期债券利率不得超过三个最低国家平均水平的 2 个百分点；

④ 货币汇率保持在欧洲货币体系汇率机制规定的范围之内，至少在两年之内不对其他成员国货币贬值。

2. 欧元的产生

根据"马约"规定，欧洲货币一体化应分三个阶段实现。1994 年进入第二阶段，欧盟的金融专家着手准备统一货币所需的技术文件，次年 5 月提交了《统一货币绿皮书》，它成为后来的马德里会议的基础文件。1995 年 12 月，欧盟首脑会议在马德里举行，做出了一项重要决议：统一货币定名为欧元(Euro)。为实现这一目标，在最后的期限内分三个阶段进行：第一阶段从 1996 年到 1998 年底，其主要任务是确定首批有资格参加货币联盟的国家；第二阶段，欧洲经济货币联盟正式成立，开始试行欧元；第三阶段，从 2002 年 1 月 1 日起，欧元开始正式流通。1996 年底，欧洲经济货币联盟的发展取得重大的突破，12 月欧盟首脑会议在都柏林举行，就建立新的汇率机制、欧元使用的法律框架、货币稳定与经济增长的原则及主要内容等方面达成一致意见，欧洲单一货币运行机制框架基本形成。

1997 年 6 月，欧盟 15 国首脑在阿姆斯特丹举行会议，就修改"马约"达成一致意见，并正式批准了《稳定和增长公约》、《欧元的法律地位》和《新的货币汇率机制》3 个文件，旨在确保 1999 年 1 月 1 日如期启动欧元。1998 年 5 月，欧盟 15 国在布鲁塞尔召开特别首脑会议，确认比利时、德国、西班牙、葡萄牙、法国、爱尔兰、意大利、卢森堡、荷兰、奥地利和芬兰 11 国为欧元创始国，并选出欧洲中央银行首任行长。1999 年 1 月 1 日欧元如期推出。2002 年 1 月 1 日起，欧元纸币和硬币正式进入流通，2002 年 7 月 1 日起，欧元

成为欧元区市场流通中唯一的法定货币。

四、欧元启动对经济的影响

(一) 欧元的启动对欧盟经济的影响

欧元的启动对欧盟经济产生了如下影响：

(1) 单一的货币消除了汇率风险，降低了交易费用，增加了市场的透明度，从而将推动欧盟国家内部贸易的增长。

(2) 欧元启动后将在很大程度上促进欧洲金融市场的融合和统一，推动资本在欧元区内的流动，从而有助于实现资源配置最优化。

(3) 统一的欧元将增强与美元抗衡的能力，提高欧洲货币在国际货币体系中的地位，再加上统一的市场和统一的货币有助于促进各国间的经济与贸易合作，扩大内需，从而增强欧盟整体抵御国际金融动荡的能力。

(4) 欧元启动后，在货币领域将由欧洲中央银行统一操纵欧元进行干预，这样有助于各成员国集中精力制定和实施趋于统一的财政政策，以利于区域经济持续、稳定发展。比如，统一的货币政策和严格的财政预算将促进物价的稳定，为经济的良好运行创造条件。总之，欧元的产生有助于增强欧盟在世界经济中的地位，增强欧盟的整体竞争力。

(二) 欧元的启动对世界经济的影响

1. 对现行的国际货币体系稳定具有促进作用

欧元作为中远期强势货币，有可能与美元并驾齐驱，日元紧随其后，这种"三元"格局将重新构筑国际货币格局。欧元成为主要国际储备和金融投资货币之一，使得国际货币汇率决定机制多元化成为现实，迫使美国在制定金融和经济政策时不得不加强与欧盟的磋商和协调，从而有助于国际货币汇率的稳定。展望未来，欧元与美元这两种国际货币既竞争又合作的关系，有利于现行国际货币体系的均衡与稳定。

2. 有助于促进世界贸易和投资

欧元实施以后将释放出统一大市场的能量，促进欧盟内部贸易增长，提高对外竞争能力。同时，欧元区的统一市场将产生对区外商品更大的吸纳力，一方面促进区域外国家扩大对欧盟的出口，另一方面可推动跨国企业前往投资从事生产或经营，以充分分享单一货币的利益。

(三) 欧元的启动对我国的影响

1. 对国际贸易的影响

欧盟是我国第一大贸易伙伴。欧元的推出进一步完善了欧盟统一大市场，消除了早先的货币及汇率风险，减少了货币结算程序，因而更有利于我国企业开拓欧盟市场。但另一方面，也有一些负面影响：统一货币实施后，交易成本和费用的降低促使欧盟企业竞争力显著提高，同时贸易进一步内部化，我国产品将面临区域内部同类产品的竞争。

2．对我国吸引外资和对外直接投资的影响

欧元对我国吸引直接投资的有利因素有：

(1) 欧元启动增强了欧盟综合实力，欧盟企业为加强国际竞争力，会加大对亚洲投资力度。

(2) 欧盟内部企业竞争会导致企业向外扩张，谋求发展空间。中国宏观经济环境良好，对欧盟企业有较强的吸引力。

(3) 欧元趋势会刺激欧盟企业对外进行资本扩张。

欧元对吸引外资的不利因素是：欧洲是地缘政治的发源地。欧洲人向来注重发展本地区及周边地区的经贸关系。欧元实施后，东欧和南欧将更加成为吸收欧盟资金的热点，这些地区也拥有相对廉价的劳动力，因而将形成同我争夺外来资金的局面。

总体而言，欧元启动消除了货币疆界，使得投资区域进一步扩大，有利于我国对欧盟增加资本输出。

3．对我国金融领域的影响

欧元的启动对我国金融领域会产生以下影响：

(1) 有利于我国调整现行外汇储备结构，增强抗风险能力。

(2) 有利于改善外债结构，以有效规避风险。

(3) 有利于我国进一步开拓欧洲债券市场。欧元推出以后有助于创造一个规模更大的欧洲资本市场，资金流动更加自由，金融资产交易成本大幅降低。我国政府和企业应充分利用单一货币区内低成本、低汇率风险的有利条件，扩大在欧洲的筹融资。

第六节　国际货币体系的改革

一、现行国际货币体系的缺陷

牙买加体系诞生之初曾被认为是一种较为理想的国际货币体系。但实际上，作为以旧体系为基础改造而成的"无体系的体系"，长期实践证明其也存在缺陷。牙买加体系自建立后一直弱势运行，尤其通过亚洲金融危机，其制度缺陷暴露无遗。因而，长期以来改革国际货币体系的呼声不断。

牙买加体系的缺陷主要表现在以下方面：

首先，牙买加体系实行浮动汇率，各国都不同程度放松汇率管制，致使全球汇率波动加剧，波幅扩大，严重影响国际贸易和国际资本流动的稳定环境，也制约了国际货币基金组织的国际汇率协调功能，增加了各国储备资产的风险和管理难度。尤其在国际经济一体化条件下，过度的汇率波动成为跨国传输通货膨胀或通货紧缩的途径，成为连锁影响各国经济稳定增长的破坏性因素，成为培养过度投机和诱发货币危机的温床。为此，许多国家为趋利避害都对市场汇率实行必要的干预，并实施形式不同的有管理的浮动汇率。

应当看到，国际金融界长期存在固定汇率与浮动汇率孰优孰劣的论战。事实上，不论是固定汇率或浮动汇率，还是自由浮动汇率制或管理浮动汇率都各有长短，各自适应性也

不相同。布雷顿森林体系下的固定汇率制有缺陷，牙买加体系实行浮动汇率制同样存在缺陷，国际货币体系需要不断地总结历史经验、深化理论与实践探索，通过与时俱进的改革，创新形成更多的优势互补的形式多样的与世界经济和国际环境不断发展变化相适应的汇率制度。

其次，牙买加体系增加了多元化储备资产体制的不确定性和储备资产管理的难度。在健全的国际货币体系下，国际储备货币的定价机制应当透明客观，储备货币供给机制应具有充分的弹性和灵活性，能随各国对外支付需求增长而相应适度增长，满足世界经济和国际贸易发展的需要，避免因供给过多引发全球通货膨胀或因供给短缺导致国际清偿力不足。同时，国际储备货币应价值稳定，价格波动小，支付操作简便，储备成本低和易于管理。尽管牙买加体系下，基本实现了国际储备货币的多元化，但各种储备货币仍缺乏统一稳定的货币发行基础，其价格在多种复杂因素影响下随供求关系频繁大幅波动和相互交叉影响，增加了国际金融市场动荡和储备资产价格的不稳定性，增加了汇率风险和管理储备资产的难度。虽然储备货币多元化增加了全球货币供给，缓解了国际支付工具不足的困境，但国际储备货币身兼世界货币和发行国本币的供求机制仍然存在新的"特里芬难题"。随着世界经济和国际贸易的发展，各国需要储备更多数量币值稳定、信誉良好的国际货币以应对国际支付，但国际储备货币的供应是以供给国的国际收支逆差为前提条件的，如果储备货币供应国扩大国际收支赤字，其通过对外支付提供的国际支付手段规模增大，虽然储备货币供给满足了各国的支付储备需要，但储备货币信誉和币值下降，增加了储备国的储备成本和资产损失；如果储备货币供应国压缩国际收支赤字，其通过对外支付供给的国际支付手段规模减小，虽然维护了储备货币信誉和币值，避免了储备国的资产损失，但储备货币数量就无法满足各国的支付储备需要。尽管全球储备货币形式的多元化格局改变了单一美元储备货币的体系，但现行体制下，对世界主要储备货币特别是美元的依赖性仍然过大，世界储备货币对各国制定和执行经济政策的影响仍然过大，储备货币发行国仍可通过"铸币税"和输出通货膨胀攫取大量不公平的货币利益。

第三，牙买加货币体系缺乏高度合作协调和有效的国际收支调节机制，致使全球性的国际收支失衡现象难以避免。在现行牙买加体系下，汇率的过度和失常浮动，不仅严重阻碍市场汇率机制调节国际收支的功能发挥和调节效果，甚至恶化各国的国际收支平衡；调节国际收支差额的国际合作协调能力不足，国际货币基金组织的贷款机制调节国际收支的功能主要局限于缓解危重地区或影响全球金融稳定的金融危机，国际收支逆差国更多地依靠对外借贷商业银行贷款、实施保护性贸易政策和紧缩国内经济来解决逆差，从而不可避免地增加逆差国外债负担，影响国际贸易和逆差国经济增长；监督国际收支逆差国恢复国际收支平衡的国际约束制度不健全，缺乏对国际货币储备国通过发行货币偿还外债，造成储备货币贬值损害其他国家利益的制约制度，也缺乏对发展中国家因外汇短缺仅靠紧缩国内经济克服国际支付困难或大量借取外债弥补对外赤字的有效援助措施，许多发展中国家由此沦为重债国而爆发债务危机。

第四，牙买加体系缺乏有效的国际金融合作和协调机制。在现行体系下，承担维护全球国际金融稳定职能的国际金融机构对国际金融秩序与储备货币供求平衡的协调机制不力。各种世界储备货币的供给决策机制分散，缺乏保持储备货币供求规模与结构平衡的全球统一的约束机制；放任各国汇率自由，缺乏必要有效统一的汇率纪律约束；缺乏防范储备货币和汇率安排多样化产生的市场波动风险的预警监控机制，缺乏应对区域性金融危机的应急处置机制；国际金融机构的决策受制于主要发达国家的立场和利益取向，缺乏独立执行基于公平和全面共同发展原则的经济与金融政策，甚至以贷款为筹码迫使发展中国家贯彻不利于自身稳定和发展的政策而沦为少数发达国家对外扩张的工具。如在对发生金融危机国贷款时，国际货币基金组织迫使受贷国执行所谓"华盛顿共识"的"药方"进行不切实际的经济调整和改革，还迫使一些发展中国家超越自身条件盲目开放金融市场而遭受灾难性的损失。

二、国际货币体系的改革设想

鉴于现行国际货币体系存在的多种弊端和体制改革的复杂性影响，国际社会在长期的探索与争论中提出多种改革方案。

(1) 恢复金本位货币制度方案。法国最早于 20 世纪 60 年代即提出恢复金本位制的建议，法国经济学者吕埃夫明确提出建立"国家之间的金本位制"的具体方案，要求西方各国通过签署提高黄金价格、恢复黄金的国际货币支付功能和本币自由兑换黄金的协议，发挥金本位制自动恢复国际收支平衡的调节功能。20 世纪 80 年代美国学者也提出恢复金本位货币制度的方案，美国政府为此还专门成立黄金委员会论证研究，最终因从长期看，受黄金矿储资源和黄金产能限制，无法解决黄金产量供给不能满足世界经济贸易急剧增长引起的国际支付储备货币需求增加的矛盾而否决了该方案。

(2) 回归布雷顿森林体系方案。美国经济学家金德尔伯格、麦金农等人认为，现存的国际金融体系简单地修补已无济于事，必须进行根本性改革，提出建立新"布雷顿森林体系"。该方案主张美元本位但美元不能自由兑换黄金，美元发行规模由国际金融市场供求关系决定，为保持美元币值稳定，美国必须在国内执行稳定货币供应的稳健货币政策；主张坚持全球自由化的同时，建议重新设立"托宾税"来控制国际资本流动，对所有与货币兑换有关的国际证券和外汇即期交易征收税率统一的国际税，以交易成本的提高来减少国际资本流动的不稳定性，从而降低国际证券价格和汇率的波动性，并将资本管制看做是与贸易限制类似的合法工具；强调新的国际金融机构应向发展中国家分配更多的份额，国际货币基金组织应能为危机国家创造更大流动性，而不是在提供紧急贷款时附加苛刻的条件。

回归美元本位为基础的国际货币体系仍然不可能解决布雷顿森林体系的"特里芬难题"困境，必然重新引起世界经济和国际金融的动荡与混乱。同时，将全球经济金融重新置于美元独霸控制的体制，对日趋维护各国独立性的国际社会是难以接受的。

(3) 建立以特别提款权为基础的国际货币体系方案。以特别提款权作为基本的国际支付手段和主要的储备资产形成国际货币新体系，是 20 世纪末提出的方案。建议者认为特别提款权是人为创设的资产工具，其创设供给完全受人的控制，具有充分的弹性和灵活性来适应全球国际清偿手段需求的增长与变化。并且，国际货币基金组织是唯一创设分配特别提款权的机构，能统一有效地进行协调控制。但以特别提款权为中心的国际货币制度安排必须以特别提款权具有货币功能为前提，由于特别提款权目前仅是跨国支付的记账单位，不能在国际贸易和非贸易收支中实际支付流通，要使其具备世界货币功能成为全球统一货币在现阶段又面临诸多极难解决的障碍，因此，这个方案也不具备现实可行性。

(4) 建立以多种货币为基础的国际货币体系方案。瑞士经济学家拉兹提出，维持除美元以外的其他主要发达国家货币与美元相同的关键货币地位，让多个国家的货币承担国际支付和国际储备货币的功能，利用多国经济实力稳定国际货币的发行基础，发挥多种国际货币优势互补的长处，形成多元化货币共存的国际货币体系。但多元化货币的体系仅能解决布雷顿森林体系单一美元世界货币发行流通的弊端，仍然无法克服牙买加体系面临的众多实际问题。

(5) 设立汇率目标区方案。设立汇率目标区是以威廉姆斯为代表的美国学者于20世纪80年代提出的改革国际汇率体制的重要设想。从狭义角度看，汇率目标区是以限制汇率波动幅度为目的，通过设定中心汇率和相应的汇率波动区间，以及制定维持汇率波动所需的相关配套政策来维持稳定汇率秩序的国际货币和汇率制度安排。汇率目标区有公开的和隐蔽的两种。公开目标区属硬目标区，其控制汇率波动的指标公开并不留弹性，货币当局维护汇率波动指标严格，对货币当局的调控压力较大；隐蔽目标区属软目标区，其控制汇率波动的指标保密，指标具有较大的弹性，货币当局实际操作比较宽松。

在狭义汇率目标区设想基础上，还有国家提出设立以美元、欧元和日元组合的汇率目标区，将三种货币的汇率变动有效控制在限定幅度之内，一旦超出目标区，各国便实行联合干预来稳定国际市场汇率。但汇率目标区实质属于可调整的固定汇率制，因而，一些国家认为在现行世界经济关系的格局中，只能维持浮动汇率体制，不具备恢复固定汇率制的条件，也没必要大规模改革现行国际货币秩序。

此外，以国际金融机构为代表的观点认为现行国际货币体系总体框架是可行的，应在现有国际货币体系基础上进行调整改革，通过建立更具国际权威、国际约束力和国际协调力的新型国际金融组织，实施全球金融事务的监管、协调和仲裁，提高反国际债务危机和国际货币危机的能力；通过完善国际金融监管体制、资金融通援助机制和协调体系，加强国际间的金融合作和形成新的国际金融秩序，以维护全球金融与经济的稳定和发展。还有观点认为在通货区内经济一体化基础上，实行区域货币是一定程度上解决现行国际货币制度难题的可行方法。目前，通过欧洲经济共同体和欧元统一货币的实践，通货区理论进行了有益的尝试，取得了自布雷顿森林体系瓦解以来金融领域最重大的成果。但通货区理论与实践仍然存在诸多尚未破解的难题，任重而道远，并且全球各地区的环境条件不同，欧洲通货区的经验并非能照搬复制。

总之，国际货币体系的改革是十分复杂和艰巨的工程。一方面，各种方案互有利弊且在基本机制上难以兼容。另一方面，各国的国情也千差万别，经济社会发展所处阶段不同而有不同的目标和要求，对不同的货币制度的适应性也不相同。因而，各国应遵循平等合作互利的精神和积极的态度，通过持续探索和不断努力推进国际货币体系改革的进程。

应用案例

欧元指导汇率体系(Reference Exchange Rates)是在欧洲央行行长理事会1998年7月的会议上所制定的。根据该会议，在欧元区内欧洲央行和各国央行不会设立官方的欧元定价程序，但为满足每日发布指导汇率的需求，欧洲央行将搭建该体系，负责计算并每日发布欧元兑其他货币的指导汇率。当时纳入该体系的包括美元、日元等17种货币，随后在2000

年 9 月 28 日，又加入港元等 12 种货币。该体系的运转过程是这样的：世界各地央行，包括欧元区国家央行每天在欧洲中部时间(C.E.T)下午 2:15 左右有一个协调定价机制(Concentration Procedure)，基于此，欧洲央行计算并通过电子交易系统和网站发布欧元兑这些货币的指导汇率。

从 2005 年 4 月 1 日开始，欧洲央行在其每日统计并发布的欧元指导汇率体系中加入人民币等 7 种新货币，即每日发布欧元兑人民币、泰国铢、马来西亚林吉特、印尼卢比和菲律宾比索等 5 种亚洲货币，以及俄罗斯卢布和克罗地亚库纳等 2 种欧洲货币的指导汇率。至此，该体系纳入的货币达到 30 多种。据欧洲央行的官员介绍，这次选择这 7 种货币，是"基于交易量等因素"的考虑。欧洲央行的官员还表示，虽然目前该体系中以欧洲货币居多，但"我们将纳入更多的国际货币"。

同时，亚洲外汇储备在 2017 年 7 月据亚洲各国央行发表的数据显示，除了日本和中国以外，亚洲其他主要国家持有的外汇储备 7 月底共计 2.4 万亿美元，比 2016 年同期增长 6%。而且，外汇储备的增长势头依然强劲。作为世界上最大的外汇储备国，中国 2017 年 7 月的外汇储备比上月增加近 240 亿美元，较当年 1 月创下的 5 年低点增加 800 亿美元，连续 6 个月出现增长。

近期以来关于亚洲央行外汇储备多元化的传闻不绝于耳，而欧元正是亚洲央行多元化的重要对象之一。

案例讨论

根据以上案例，从国际货币体系发展演变的角度，分析欧元区与亚洲地区货币的相互影响。

◆◆◆◆ 知 识 归 纳 ◆◆◆◆

国际货币体系是指制定一套各国政府共同遵守的国际支付和汇率体系等制度以及进行国际政策协调，其主要内容应该包括：国际储备资产的形式与构成、汇率的规定与变动、国际收支调节机制。

金本位制具有自由铸造、自由兑换和自由输入输出的特点，黄金作为本位货币和储备资产，实行固定汇率制度。以黄金输送点为汇率波动的界限，一国的对外平衡优先于内部平衡。以价格—铸币机制调节国际收支平衡。

布雷顿森林体系以"黄金—美元—本国货币"的双挂钩形式作为储备资产体系，实行可调整钉住汇率制度，实质是固定汇率制度，只是在发生"根本性失衡"时才进行调整，其内部均衡优先于外部均衡。IMF 作为一股新增力量参与国际收支调节的监督与协调。但是由于储备资产的缺乏、汇率制度的僵硬及国际收支调节的不对称性，布雷顿森林体系以解体告终。

牙买加体系采用多元化的储备体系、多样化的汇率制度选择及国际收支调节措施。IMF 在国际经济协调中的作用日益加强，该体系比较适应现行的国际经济形势。

在国际货币体系中，区域货币合作一体化是一个亮点。区域货币合作一体化是指几个国家联合起来实行某种货币合作。根据货币合作的密切程度将货币一体化分为三个层次：区域货币合作、区域货币同盟、通货区。欧洲货币一体化在国际货币体系发展中具有重要实践意义，"马约"的签订是欧洲货币一体化的重要里程碑，欧元启动与全面流通对国际货币体系和世界经济发展具有较大的影响。但是欧元的内在不稳定性仍是欧洲货币一体化进程中需解决的核心问题之一。

现行的国际货币体系存在的基本问题是国际储备多元化、浮动汇率长期化、国际收支失衡问题严重化。

习题与思考题

一、单项选择题

1. 在金本位制下，汇率波动不是漫无边界的，而总是围绕着铸币平价上下波动，其界限是(   )。

A. 铸币平价　　　　　　　　　　　　B. 黄金平价

C. 黄金输送点　　　　　　　　　　　D. 法定平价

2. 布雷顿森林体系崩溃的直接原因是(   )。

A. 美国经济逆差　　　　　　　　　　B. 发达国家纷纷采用浮动汇率制

C. 美国黄金储备减少　　　　　　　　D. 特别提款权的出现

3. 欧元正式启动的时间是(   )。

A. 1999 年 1 月 1 日　　　　　　　　B. 1999 年 10 月 1 日

C. 2001 年 1 月 1 日　　　　　　　　D. 2001 年 10 月 1 日

4. 从历史上看最早出现的货币制度是(   )。

A. 牙买加体系　　　　　　　　　　　B. 布雷顿森林体系

C. 国际金本位制　　　　　　　　　　D. 国际银本位制

5. 牙买加体系设想，在未来的货币体系中，以(   )为主要货币资产。

A. 黄金　　　　　　B. 美元　　　　　　C. 特别提款权　　　　　　D. 白银

二、多项选择题

1. 按照布雷顿森林体系的规定，两个挂钩是指(   )。

A. 美元同黄金挂钩　　　　　　　　　B. 英镑同黄金挂钩

C. 各国货币之间相互挂钩　　　　　　D. 各国货币之间同美元挂钩

2. 下列关于牙买加体系的说法中正确的是(   )。

A. 是多元化储备体系　　　　　　　　B. 采取国际收支的多种调节机制

C. 是无体系的体系　　　　　　　　　D. 拥有多元化的国际货币

3. 国际货币体系的主要内容包括(   )。

A. 国际储备资产的确定　　　　　　　B. 汇率制度的确定

C. 国际收支调节的方式　　　　　　　D. 通货膨胀和失业的治理

4. 欧洲货币体系的主要内容包括(   )。

A. 创建欧洲货币单位   B. 实行稳定的汇率机制

C. 建立欧洲货币基金   D. 与黄金建立兑换关系

5. 国际金本位制的主要内容包括(   )。

A. 储备资产是黄金

B. 采用固定汇率制度

C. 国际收支调节可实现自发调节机制

D. 采用浮动汇率制度

三、思考题

1. 简述国际货币体系的概念及内容。

2. 试述国际金本位制所包括的三种类型及其各自的特点。

3. 布雷顿森林体系的主要内容有哪些？如何评价布雷顿森林体系？

4. 牙买加体系的主要内容是什么？

5. 简述欧洲货币体系的重要内容及其作用。

6. 欧元是怎么诞生的？它对国际贸易和国际金融有何影响？

JJ08 案例   JJ08 习题及参考答案

第九章 国际金融机构

教学目的和要求

通过本章的学习，掌握国际货币基金组织、世界银行集团和国际清算银行的资金来源及其主要活动；了解亚洲开发银行、非洲开发银行及欧洲投资银行的主要业务特点；熟悉我国与全球性国际金融组织、区域性国际金融组织的关系；了解跨国公司的竞争发展、跨国银行的发展与主要业务。

重点与难点

国际货币基金组织、世界银行的主要资金来源和主要业务特点

关键词汇

国际金融组织(International Financial Organizations)；国际货币基金组织(International Monetary Fund)；世界银行(World Bank)；亚洲开发银行(Asian Development Bank)；区域性国际金融组织(Regional International Financial Organizations)；跨国银行(Transnational Bank)；跨国公司(Transnational Corporation)

引子案例

亚行期待加强金融机构间合作——访亚洲开发银行副行长张文才

新华社新德里 2018 年 2 月 17 日电，亚洲开发银行（亚行）副行长张文才日前在访问印度新德里期间接受新华社记者专访时表示，亚洲区域合作和一体化仍有巨大发展潜力，亚行期待未来与其他金融机构有更大的合作空间。

张文才指出，为保持经济增长势头，消除贫困以及应对气候变化，亚太地区需要投入大量资金。任何一个国家、机构或私人部门都难以独立满足这种资金需求，需要各方共同努力，开拓创新，加强合作。在这一背景下，多边金融机构之间的协调与合作尤为重要。

他表示，亚行与亚洲基础设施投资银行(亚投行)以及金砖国家新开发银行都开展了良好合作。其中，亚行与亚投行已在巴基斯坦、格鲁吉亚、孟加拉国和印度的 4 个项目上

开展了融资合作，并将与金砖国家新开发银行一起在印度开展在城市交通等领域的项目合作。

张文才认为，总的来看近年来亚太区域经济一体化进程在加快，但各区域与次区域合作发展程度不一。具体来说，东亚、东南亚的经济合作发展速度较快，中西亚地区正在迎头赶上，南亚地区取得了一些成绩，但仍需付出更多努力。

他表示，在南亚地区未来亚行将重点支持印度发展经济并创造更多就业，同时帮助印度应对气候变化和环境方面的挑战。

张文才指出，亚太地区各国都有非常强烈的合作愿望，但合作过程中仍面临一些挑战，需要从以下几个方面着手应对。

第一，各国间要进一步增强政治互信。无论是区域合作还是次区域合作，参与各方的政治承诺和政治互信都是合作的前提。

第二，区域合作需要动员各种资金力量。亚太地区在基础设施建设方面存在巨大资金需求，特别是一些跨境的互联互通项目，既需要各国政府的投入，也需要像亚行这种多边机构加大支持力度。同时，还需要动员更多私人部门资金。

第三，参与合作的各国要制订好中长期规划。做好规划是吸引资金的前提，同时也能为各方合作指明方向。

第四，各国要加强机构能力建设，提高参与合作和执行项目的能力以及参与对话的能力是未来有效开展区域合作的关键。

第五，加强政策沟通等软件建设。在通过基础设施项目投资实现硬件联通的基础上，各国应加强政策对话和沟通，确保在政策上的协调与呼应，通过协商达成共识，促进人员、商品和资金的自由有序流通，进而推动各方在贸易、投资和金融等领域的合作。

张文才表示"亚行与亚投行、金砖国家新开发银行在亚太地区有巨大的合作空间"，亚行可以与亚投行等多边金融机构开展政策沟通和信息分享，一起动员公共和私人部门的资金支持亚太地区发展。

总部设在菲律宾首都马尼拉的亚行成立于 1966 年，是亚洲和太平洋地区的区域性金融机构，目前成员数接近 70 个。它的使命是帮助发展中成员减少贫困，提高人民生活水平，以实现"没有贫困的亚太地区"这一终极目标。中国于 1986 年 3 月正式加入亚行，现为第三大股东。

由中国倡建的亚投行是一家专注于基建投资的新型多边开发银行，于 2016 年 1 月正式开业运营，总部位于北京，中国是其第一大股东。截至 2017 年底，亚投行成员数由成立之初的 57 个增至 84 个，参与投资的基础设施建设项目数达到 24 个，涉及 12 个国家，贷款总额超过 42 亿美元。

【资料来源：新华网 http://finance.ce.cn】

案例评析

随着全球金融一体化以及中国金融开放进程的推进，我国金融机构与国际金融机构将开展更广泛的合作战略。

第一节　国际金融组织概述

一、国际金融机构的形成与发展

（一）国际金融机构的概念

国际金融机构指的是那些从事国际金融经营和管理等业务活动而又具有超国家性质的金融组织。这类金融机构大多以银行的形式出现，也有的采用了基金组织、协会、公司等名称。

（二）国际金融机构的产生和发展

国际金融机构的产生和发展是同客观的世界经济状况密切相连的。在第一次世界大战前，主要资本主义国家的货币信用和国际结算制度尚未真正建立起来，它们的国际收支又大多呈现顺差，加之外汇汇率一向比较稳定，彼此在国际金融领域的矛盾并不尖锐，所以当时尚不具备产生国际金融机构的基础和条件。

第一次世界大战爆发以后，帝国主义国家之间的矛盾日益尖锐。那些强大的帝国主义国家不仅运用自己的经济、政治和军事力量，还希望利用国际组织来控制其他国家，因此提出了建立国际金融组织的问题。同时，由于通货膨胀的日益严重和国际收支逆差不断扩大，使多数资本主义国家在货币、外汇和国际结算方面发生了很大的困难，进而促进了国际金融组织的建立，以建立一个国际经济新秩序。第一次世界大战的战胜国集团为处理战后德国赔款问题，由英国、法国、意大利、德国、比利时、日本6国的中央银行和代表美国银行界的美国摩根银行，于1930年5月在瑞士成立了国际清算银行，这是世界上建立的第一个国际金融机构。

第二次世界大战初期，资本主义矛盾激化，使世界金融状况陷于严重危机之中，西方资本主义国家的货币信用制度与国际收支危机更为加深。与此同时，帝国主义殖民体系瓦解之后，亚洲、非洲和拉丁美洲新独立的发展中国家，迫切要求发展民族经济，这些国家希望借助国际组织来保护他们的利益。而美国在两次世界大战中积累了大量的财富，因此美国打算利用国际金融组织冲破其他国家的保护主义壁垒，对外进行经济扩张。因此，在美国的积极策划之下，战后先后成立了国际货币基金组织、国际复兴开发银行(世界银行)、国际开发协会和国际金融公司等全球性国际金融组织。另外还有亚洲开发银行等地区性的国际金融组织。

从20世纪50年代到20世纪70年代，欧洲、亚洲、非洲、拉丁美洲、中东等地区的国家，为抵制美国对国际金融事务的控制和操纵，通过互助合作方式，纷纷建立起区域性的国际金融机构，以适应本地区的实际需要，谋求本地区的经济发展。1957年西欧共同体创立了欧洲投资银行。1960年以后又先后成立了泛美开发银行、亚洲开发银行、非洲开发银行和阿拉伯货币基金组织。前苏联、东欧国家于1963年成立了国际经济合作银行，以后又成立了国际投资银行。

国际金融组织是当今世界经济生活中活动较为频繁、影响较为广泛的重要经济主体，通过有关政策建议和决定对成员国以及世界其他国家或地区有关政策施加影响，或者通过贷款、援助支持一些国家或地区发展，从而对国际金融乃至对整个世界经济产生影响。

二、国际金融机构的分类与作用

(一) 国际金融机构的分类

按地区划分，可分为全球性的国际金融机构和区域性的国际金融机构。

按资本来源，可分为由政府出资兴办的国际金融机构(如国际经济合作银行)、由私人集资兴办的国际金融机构(如西方国家的跨国银行)、由政府资本和私人资本合办的国际金融机构(如亚洲开发银行)。

按职能划分，可分为主要从事国际金融事务的协调和监督的国际金融机构、主要从事各种期限信贷的国际金融机构和主要从事国际结算的国际金融机构。

(二) 国际金融机构的作用

国际金融机构建立以来，在加强国际经济、金融合作，发展世界经济及区域经济方面起了积极的作用，具体表现在：

(1) 促进国际经济，特别是金融事务的协调与合作。

(2) 向会员国提供短期资金，解决有些国家的国际收支逆差，这在一定程度上缓和了国际支付危机。

(3) 提供长期发展建设资金，促进许多国家，特别是发展中国家的经济发展。

(4) 调节国际清偿能力，特别是国际货币基金组织提供普通提款权和分配特别提款权，增强了会员国的偿债能力，适应了世界经济发展的需要。

(5) 稳定汇率，促进国际贸易和国际投资的增长。

然而，必须看到目前的国际金融机构也存在一定的缺陷：国际金融机构的领导权大都掌握在西方工业国家手里，发展中国家的意见和建议往往得不到充分的反映，很少付诸实施。国际金融机构对发展中国家提供贷款的条件过分苛刻，有的要求支付负担颇重的利率，有的还常常干涉贷款国的经济发展计划乃至相关政策措施，更有甚者，这类贷款有时竟还成为发达国家打击和胁迫一些经济落后的国家改变其政治立场的手段。现在发展中国家正通过各种形式来取得在国际金融机构内的平等权利。

第二节　全球性国际金融组织

一、国际货币基金组织

国际货币基金组织(International Monetary Fund，IMF)于 1945 年 12 月 27 日正式成立，

1947 年 3 月 1 日开始工作，1947 年 11 月 15 日成为联合国的专门机构，总部设在华盛顿。国际货币基金组织是为协调国际货币政策，加强货币合作而建立的政府间国际金融组织。

(一) 成立及其宗旨

国际货币基金组织是根据 1944 年 7 月的《国际货币基金协定》而建立的，它是布雷顿森林会议协定的实施结果的重要组成部分。根据该项协定，决定成立一个国际性常设金融机构，商议和促进国际货币合作和各国货币稳定，进一步推动国际贸易发展。1945 年 12 月，国际货币基金组织宣告成立。

该组织的宗旨是通过一个常设机构来促进国际货币合作，为国际货币问题的磋商和协作提供方法；通过国际贸易的扩大和平衡发展，把促进和保持成员国的就业、生产资源的发展、实际收入的提高，作为经济政策的首要目标；稳定国际汇率，在成员国之间保持有秩序的汇价安排，避免竞争性的汇价贬值；协助成员国建立经常性交易的多边支付制度，消除妨碍世界贸易的外汇管制；在有适当保证的条件下，基金组织向成员国临时提供普通资金，使其有信心利用此机会纠正国际收支的失调，而不采取危害本国或国际繁荣的措施；按照以上目的，缩短成员国国际收支不平衡的时间，减轻不平衡的程度等。

(二) 组织结构和会员资格

基金组织的最高权力机构为理事会，由各成员派正、副理事各一名组成，一般由各国的财政部长或中央银行行长担任。每年 9 月举行一次会议，各理事单独行使本国的投票权(各国投票权的大小由其所缴基金份额的多少决定)；执行董事会负责日常工作，行使理事会委托的一切权力，由 24 名执行董事组成，其中 8 名由美、英、法、德、日、俄、中、沙特阿拉伯指派，其余 16 名执行董事由其他成员分别组成 16 个选区选举产生；中国为单独选区，亦占有一席。执行董事每两年选举一次；总裁由执行董事会推选，负责基金组织的业务工作，任期 5 年，可连任，另外还有三名副总裁。

该组织临时委员会被看做是国际货币基金组织的决策和指导机构。该委员会在政策合作与协调特别是在制订中期战略方面充分发挥作用。国际货币基金组织每年与世界银行共同举行年会。

加入国际货币基金组织的申请，首先会由基金组织的董事局审议。之后，董事局会向管治委员会提交有关会员资格决议的报告，报告中会建议该申请国可以在基金中分到多少配额以及条款。管治委员会接纳申请后，该国需要修改法律，确认签署的入会文件，并承诺遵守基金组织的规则。成员国的"配额"决定了一国的应付会费、投票力量、接受资金援助的份额以及特别提款权(SDR)的数量。

中国是该组织创始国之一。1980 年 4 月 17 日，国际货币基金组织正式恢复中国的代表权。截至 2012 年 6 月，中国在该组织中的份额为 95.259 亿特别提款权，占总份额的 4%。中国共拥有 9298 张选票，占总投票权的 3.81%。中国自 1980 年恢复在货币基金组织的席位后单独组成一个选区并派一名执行董事。1991 年，该组织在北京设立常驻代表处。

(三) 职能与作用

自成立之日起，IMF 一直将维护国际金融稳定当做首要和核心任务。60 多年来，国际金融市场上经历了翻天覆地的变化，IMF 的职能也在相应地不断进行调整。

1. 布雷顿森林体系下 IMF 的作用

在布雷顿森林体系下，IMF 的主要作用就是维护成员国之间汇率的稳定，当成员国国际收支出现"根本性失衡"时，IMF 将与其协商调整汇率平价以及提供流动性援助等事宜。在布雷顿森林体系下，IMF 从成立到 20 世纪 70 年代初期，在促进国际货币合作、扩大世界贸易、建立多边支付体系以及稳定国际金融秩序等诸多方而都做出了积极的贡献。但是，由于布雷顿森林体系以美元作为本位货币，而且作为国际货币合作一方的发展中国家在 IMF 中处于弱势地位，因此 IMF 在促进国际经济体系稳定中的作用受到影响。

按照布雷顿森林体系设计者的初衷，IMF 应该是一种国际贷款联盟，当成员国出现流动性困难时，IMF 应动用资源予以援助，这种援助是借助 IMF 的份额实现的。份额由各国经济实力决定，并通过一定的指标和权重计算出来。但是 20 世纪 60～70 年代以后，IMF 的资金储备大幅下降。它干预与调节国际货币汇率的能力也随之下降，使它不能有效地发挥稳定国际金融秩序的功能。根据 IMF 的《国际货币基金协定》，要增加 IMF 的资金储备，就必须调整成员国的基金份额，但由于份额决定着各成员国分配特别提款权(SDR)的比例、投票权和贷款数额，也决定着各成员国在 IMF 的权利和地位，因此调整基金份额并不是 IMF 能轻易做到的事情。

2. 牙买加体系下 IMF 的作用

在牙买加体系下，IMF 不再承担维护固定汇率制的义务，这一阶段 IMF 的主要任务突出表现为经济监督与条件性贷款。当成员国发生金融危机时，IMF 承担起"救火队"的任务；在国际债权人与债务人谈判时，IMF 充当"调解人"的角色。IMF 通过这些工作，维持国际金融体系的稳定，为国际贸易、世界经济的稳定发展创造有利条件。

从 20 世纪 80 年代发生债务危机的拉美国家，到 20 世纪 90 年代发生金融危机的墨西哥及东南亚国家，再到 21 世纪初发生金融危机的阿根廷，都能看到 IMF 为应对危机而奔波的身影。但是，与此同时，人们对 IMF 的指责与批评之声也不绝于耳。IMF 在给危机国提供紧急援助贷款时，往往附带很多苛刻的条件，如要求危机国紧缩货币与财政政策，取消经常项目管制，开放资本市场等。同时，接受 IMF 贷款援助的国家必须接受 IMF 的经济监督。而实际效果表明，许多接受 IMF 贷款条件的国家，虽然其金融体系得到了挽救，但经济却陷于深度衰退之中。半个多世纪以来的事实也说明，IMF 关心的是危机国家的财政和货币政策，而且深深地介入到这些国家的内部事务当中，如要求危机国进行经济结构调整、取消补贴、根除腐败、加强竞争等，这引起了人们的极大质疑。另外，在牙买加体系下，IMF 对危机国是否提供援助、援助程度如何等都要视危机对大国利益的影响程度而定，这使 IMF 受到大国意志的左右。

60 多年来，IMF 在维持国际经济秩序、维护国际金融稳定方面作出了重要贡献，面对国际社会中出现的新问题、新情况，IMF 也在不断地对自身职能进行调整，以更好地适应变化的国际环境，发挥应有的作用。然而不可否认，经过 60 多年的变化，IMF 正从一个成员国之间维持固定汇率制度、为逆差国提供资金援助、建立多边支付体系的互助机构演变成维护国际金融体系稳定的监督机构，而这种监督受大国的影响较大，这一问题已得到国际社会的密切关注。IMF 也在试图规划中期发展战略以改善自身的治理问题，但相关问题的解决需要各成员国的长期共同努力。

(四) 资金来源

国际货币基金组织的资金主要来源于会员国缴纳的基金份额、借款和信托基金。

1. 会员国的基金份额

会员国的基金份额是主要资金来源。每个成员国所缴纳基金份额的多少，根据其外汇储备、对外贸易量和国民收入的大小而定。成员国所缴纳的份额，原规定其中的25%必须以黄金支付。1978年以后改为成员国新增加的份额，可以全部由本国货币缴纳，也可以用本国货币缴纳75%，其余25%用特别提款权或该组织规定的货币缴纳。份额的作用包括决定会员国的借款或提款额度，决定会员国投票权的多少，决定会员国可以分得的特别提款权的多少。

2. 借款

与会员国协商从会员国借入资金，也是对成员国提供资金融通的一个来源。

3. 信托基金

基金组织于1976年1月决定将其所持有黄金的1/6，即2500万盎司分4年按市价出售，以获得的利润中的一部分作为信托基金，用于向最贫困的发展中国家提供优惠贷款。

(五) 主要业务活动

1. 汇率监督与政策协调

为了使国际货币制度能够顺利进行，国际货币基金组织对各成员国的汇率政策要进行检查，以保证它们与国际货币基金组织和其他成员国进行合作，维持稳定的汇率制度。在目前的浮动汇率制条件下，成员国调整汇率不再征求国际货币基金组织的同意。但是国际货币基金组织仍然要对成员国的汇率政策进行全面估价，这种估价要考虑成员国内外政策对调节国际收支、实现持续经济增长的作用。这种汇率监督不仅运用于经济较弱的国家，而且也运用于那些经济实力强大的国家，因为他们的国内经济政策和国际收支状况会对国际货币运行产生重大的影响。基金组织要求其所有成员国，必须将其汇率安排的变化通知基金组织，从而使基金组织能够及时进行监督和协调。

2. 提供各种贷款

提供各种贷款是国际货币基金组织最主要的业务活动，其贷款的特点主要是：贷款的对象限于成员国政府的财政部或中央银行；贷款的用途限于成员国弥补国际收支暂时不平衡；贷款的规模与成员国缴纳的份额成正比关系；贷款的方式分别采用购买和购回的方式，前者是指借款国用相当于借款额的本国货币向基金组织购买弥补国际收支逆差的外汇，后者则指借款国还款时，要用自己原来所借的外汇购回本国货币。贷款无论以什么货币提供，均以特别提款权作为计价单位。

基金组织主要设有普通贷款、中期贷款、补充贷款、补偿与应急贷款、缓冲库存贷款、信托基金贷款、结构调整贷款、补充储备贷款和应急信贷额度贷款等，此外，基金组织还可以根据需要设置特别的临时性的贷款项目，其资金来源由基金组织临时借入。

3. 提供培训咨询服务

国际货币基金组织除对成员国提供贷款外，还负责对成员国进行业务培训、咨询等。为提高成员国专业人员素质，定期对有关业务人员进行培训；根据各国经济、金融发展情况，货币基金组织以派出代表团的形式，对有关成员国提供有关国际收支、财政、货币、银行、外汇、外贸和统计等各方面的业务咨询及技术援助；另外还编辑、出版各种反映世界经济、国际金融的专题刊物，寄发给各成员国，加强成员国间的交流。

阅读材料

国际货币基金组织不断加强监督跨境资本流动

国际货币基金组织(IMF)于 2011 年 1 月 5 日发布的一份报告称，跨境资本流动对国际金融体系的影响日益显著，对全球金融稳定至关重要，IMF 将加强在这一领域的监督职能。

报告称，资本流动在许多国家、尤其是在发达经济体中主导着国际交易，近年来在新兴市场经济的国际交易中也发挥着越来越大的作用。这是国际货币体系的一个关键特点，维护资本流动的稳定是国际货币基金组织职能的重要组成部分。

报告称，IMF 执行董事会经过讨论认为，动荡的资本流动是导致最近金融危机的一个重要原因。执董们认为，有必要加强 IMF 在国际资本流动方面的监督职责。他们呼吁推进对 IMF 成员的双边和多边监督，并且有针对性地提出政策建议。为此，IMF 将建构关于资本流动的统一观点，并制定政策指引，其中的关键因素包括产生资本流动的动因，其对全球流动性的影响，以及对国内政策和全球金融稳定的影响等。

IMF 同时指出，跨境资本流动对全球金融体系产生复杂的相互依赖和政策外溢影响，但是目前并没有管理资本流动的全球统一规则。

【资料来源：http://www.sina.com.cn 中国经济网】

二、世界银行集团

1944 年 12 月，根据布雷顿森林会议通过的《国际复兴开发银行协定》(Articles of Agreement of the International Bank for Reconstruction and Development)，建立了国际复兴与开发银行，简称世界银行。后来陆续建立了国际开发协会、国际金融公司、多边投资担保机构和解决投资争端国际中心等四个附属机构。同 IMF 一样，世界银行也是联合国的专门机构之一。

(一) 国际复兴开发银行(世界银行)

世界银行(World Bank，WB)简称世行，成立于 1945 年 12 月 27 日，1946 年 6 月开始营业，从 1947 年起成为联合国的专门金融机构，总部设在美国的华盛顿，是根据《国际复兴开发银行协定》建立的国际金融机构。按照规定，凡参加世界银行的国家必须是国际货币基金组织的成员国，但国际货币基金组织的成员国不一定都参加世界银行。刚成立时，世界银行只有 39 个会员国，现已发展到 180 多个会员国。中国是该行的创始国之一，1980

年 5 月中国在该行的合法席位才得以恢复。

1. 组织机构

世界银行的最高权力机构是理事会，由每一会员国委派理事和副理事各一人组成。理事、副理事任期 5 年，可以连任。副理事在理事缺席时才有投票权。理事会的主要职权为：批准接纳新会员国；增加或减少世界银行资本；停止会员国资格；决定世界银行净收入的分配以及其他重大问题。理事会每年举行一次会议(即年会)，一般与 IMF 理事会联合举行。同 IMF 相似，在世界银行内，每个会员国均有 250 票的基本投票权，另外，每认缴 10 万美元的股金，则增加一票。世界银行负责领导并处理日常业务的机构也是执行董事会。执行董事会现为 21 人，其中 5 人由持股最多的美、英、德、法、日 5 国指派，其余 16 人由其他会员国按地区分组推选。我国为一独立地区组，指派执行董事和副执行董事各一名。执行董事会选举 1 人为行长，即董事会主席。理事、副理事、执行董事和副执行董事不得兼任行长。行长无投票权，只有在执行董事会表决中赞成、反对票数相等时，可以投决定性一票。行长下有副行长，协助行长工作。世界银行有许多办事机构，并在主要资本主义国家和许多发展中国家设有办事处，办理贷款有关事宜。

2. 世界银行的宗旨

根据《国际复兴开发银行协定》第一条规定，世界银行的宗旨是：

(1) 为用于生产目的的投资提供便利，以协助会员国的复兴与开发，并鼓励不发达国家生产与资源的开发。

(2) 以保证或参加私人贷款和私人投资的方式，促进私人的对外投资。

(3) 鼓励国际投资，以开发会员国生产资源的方法促进国际贸易的长期平衡发展，以维持国际收支的平衡。

(4) 在提供贷款保证时，应与其他方面的国际贷款配合。

总之，世界银行的主要任务是向会员国提供长期贷款，促进战后经济的复兴，协助发展中国家发展生产，开发资源，从而起到配合 IMF 贷款的作用。但在成立之初，它主要是资助西欧国家恢复受到战争破坏的经济。1948 年以后，欧洲各国开始主要依赖美国"马歇尔计划"(Marshall Plan)的援助来复兴战后经济，世界银行便主要转向为亚、非、拉发展中国家提供中长期贷款，帮助它们进行经济开发。

阅读材料

世界银行发布 2011 年世界经济前景报告

世界银行 2011 年 1 月 13 日发布 2011 年世界经济前景报告。报告预计全球经济 2011 年将增长 3.3%，低于 2010 年 3.9% 的预期。其中，发展中国家经济增速将远超发达国家，新兴经济体经济增速 2011 年将达 6%，低于 2010 年 7% 的预期；而发达国家经济增速将仅为 2.4%，低于 2010 年 2.8% 的预期。报告称，发达国家的经济复苏强度不足以解决高失业率问题。世界银行预计，美国经济 2011 年将增长 2.8%。欧洲方面，希腊、葡萄牙等外围国家的债务危机担忧持续抑制欧洲经济复苏步伐，目前希腊、葡萄牙等国的市场融资成本已大幅上涨，并导致市场剧烈波动。世行预计欧元区经济增速将从 2010 年的 1.7%放缓至 1.4%，并指出欧债危机是全球经济复苏的重大风险。在全球经济不稳背景下，美国与欧洲主要国家的央行纷纷将利率降至历史低位。世界银行指责称，这将提升部分发展中国家的汇率水平，因资本大规模流入中等收入国家，将加剧当地货币的汇率压力。

【资料来源：商务部网站 http://www.mofcom.gov.cn】

3. 世界银行的资金来源

1) 会员国缴纳的股金

世界银行规定，每个会员国均须认购股份(Share)。每个会员国认购股份的多少以该国经济、财政力量为根据，并参照其在 IMF 认缴的份额，同世界银行协商，并经理事会批准。按照原来的规定，会员国认购股金分两部分缴付：

(1) 会员国参加世界银行时，先缴股金的 20%，其中的 2%以黄金或美元缴付，世界银行对这部分股金有权自由使用；其余的 18%用会员国本国货币缴付，世界银行将这部分股金用于贷款时，须征得该会员国同意。

(2) 会员国认购股金的 80%是待缴股金，在世界银行催交时，会员国以黄金、美元或世界银行需用的其他货币缴付。世界银行自建立以来，还一直未要求会员国缴付过待缴股金。尽管如此，待缴股金却为世界银行在国际资金市场借款提供了信用保证。最初，世界银行的法定资本为 100 亿美元，每股 10 万美元，1978 年 4 月 1 日以后，每股按 10 特别提款权计算。后来经过几次增资，到 1990 年 6 月 30 日，世界银行的法定认缴股金已达 1253 亿美元。到 1990 年 6 月 30 日，我国认缴世界银行的股金为 42.19 亿美元，实缴股金为 2.99 亿美元，投票权为 35 221 票，占总票数的 3.27%。

2) 通过发行债券取得借款

通过在国际债券市场发行债券来借款是世界银行资金的一个很重要的来源。世界银行贷款资金的很大部分是靠发行债券筹措的。例如，在 1990 年财政年度(1989 年 7 月 1 日—1990 年 6 月 30 日)，世界银行借款为 117 亿美元，而贷款总拨付额为 139 亿美元，前者占后者的 84.17%。世界银行发行债券期限从 2 年到 25 年不等，其利率随国际金融市场行情的变化而变化，但由于世界银行资信较高，利率往往要低于一般公司的债券和某些国家的政府债券。世界银行发行债券除采取通过投资银行、商业银行等中间包销商向私人投资者出售中长期债券方式外，还直接向会员国政府、政府机构或中央银行出售中短期债券。

3) 业务净收益

世界银行几乎年年都有巨额的净收益，它除将一部分净收益以赠款形式拨给开发协会外，其余均充作本身的储备金，成为发放贷款的一个资金来源。

4) 债权转让

从 20 世纪 80 年代以来。世界银行常把一部分贷出款项的债权，有偿地转让给商业银行等私人投资者，以提前收回资金，并转为贷款的一个资金来源。

4. 世界银行的主要业务活动

世界银行最主要的业务活动是向发展中国家提供贷款和技术援助等业务。

1) 提供贷款

第二次世界大战后初期，世界银行的贷款重点在欧洲。20 世纪初 50 年代以后，其重点转向亚、非、拉等发展中国家，当前世界银行的贷款已成为发展中国家发展经济的一条较为重要的资金渠道。然而，要获得世界银行贷款也绝非易事，需满足一定的条件和程序。

(1) 贷款条件。

第一，世界银行只向会员国政府、中央银行担保的公、私机构提供贷款。即使是预期不久将成为会员国的新独立国家，也只能在成为正式会员国后才可申请贷款。但世界银行也曾向某些会员国管辖之下的地区承诺贷款。例如，在 1975 年 9 月巴布亚新几内亚独立之前，世界银行曾向它提供 5 笔贷款，但都由澳大利亚政府担保。

第二，贷款一般与世界银行审定、批准的特定项目相结合。贷款必须用于借款国家的特定项目，并经世界银行审定在技术上和经济上可行，并且是借款国经济发展应优先考虑的项目。只有在特殊情况下，世界银行才发放非项目贷款(Nonproject Loan)。

第三，申请贷款的国家确实不能以合理的条件从其他方面取得贷款时，世界银行才考虑发放贷款、参加贷款，或提供保证。

第四，贷款必须专款专用，并接受世界银行的监督。世界银行的监督，不仅在使用款项方面，同时对工程的进度、物资的保管、工程管理等方面也进行监督。世界银行一方面派遣人员进行现场考察，另一方面要求借款国随时提供可能影响工程进行或偿还借款的有关资料，根据资料与实际状况，世界银行可建议借款国政府对工程项目作政策性的修改。

第五，贷款的期限一般为数年，最长可达 30 年。贷款利率从 1976 年 7 月起实行浮动利率，随金融市场利率变化定期调整，基本按世界银行在金融市场借款的成本再加 0.5%的利息计算。与一般国际贷款收取承担费相似，世界银行对已订立借款契约而未提取的部分，按年征收 0.75%的手续费。

第六，贷款使用的货币。世界银行发放贷款，使用不同的货币：对承担贷款项目的承包商或物资供应商，一般用该承包商、供应商所属国的货币支付；如由借款国承包商供应本地物资，即用借款国货币支付；如本地供应商购买进口物资，即用出口国的货币进行支付。

(2) 贷款程序。

① 银行与借款国探索洽商提供贷款的可能性，以确定申请贷款的项目是否适合银行资助的类型。

② 双方选定具体贷款项目。

③ 双方对贷款项目进行审查和评估。

④ 双方就贷款项目进行谈判、签约。

⑤ 贷款项目的执行和监督。

⑥ 世界银行对贷款项目进行总结评价。

(3) 贷款种类。

第一，项目贷款与非项目贷款。这是世界银行传统的贷款业务，属于世界银行的一般性贷款。项目贷款(Project Loan)目前是世界银行最主要的贷款。它是指世界银行对会员国工农业生产、交通、通信，以及市政、文教卫生等具体项目所提供的贷款的总称。非项目贷款(Nonproject Loan)是世界银行为支持会员国现有的生产性设施需进口物资、设备所需外汇提供的贷款，或是为支持会员国实现一定的计划所提供的贷款的总称。前者如世界银行在建立后初期对西欧国家的复兴贷款，后者如调整贷款和应急性贷款。调整贷款是世界银行在20世纪80年代初设立的，用以支持发展中国家为解决国际收支困难而进行的经济调整，并促进其宏观或部门经济政策的调整和机构改革。应急性贷款是为支持会员国应付各种自然灾害等突发性事件而提供的贷款。

第二，"第三窗口"(The Third Window)贷款。它是世界银行于1975年12月开办的、在一般性贷款之外的一种中间性贷款，是世界银行原有贷款的一种补充。所谓"第三窗口"贷款，意即在世界银行原有两种贷款(世界银行接近市场利率的一般性贷款和国际开发协会的优惠贷款)之外，再增设一种贷款，其贷款条件宽于世界银行的一般性贷款，但优惠条件不如协会贷款，而介于这两种贷款之间。为发放这项优惠贷款，世界银行设立了由发达国家和石油输出国捐资的"利息补贴基金"(Interest Subsidy Fund)，由该基金付给世界银行4%的利息补贴，借款国负担世界银行一般性贷款的利息与4%利息补贴之间的差额。"第三窗口"贷款的期限可长达25年，但只贷给低收入(1972年人均GNP低于375美元)国家。它只开办了两年，到1977年年底结束。

第三，技术援助贷款。它首先是指在许多贷款项目中用于可行性研究、管理或计划的咨询，以及专门培训方面的资金贷款，其次还包括独立的技术援助贷款，即为完全从事技术援助项目提供的资金贷款。

第四，联合贷款(Co-financing)。它是世界银行同其他贷款者一起共同为借款国的项目融资，以有助于缓和世界银行资金有限与发展中会员国资金需求不断增长之间的矛盾。它起始于20世纪70年代中期。联合贷款的一种方式是，世界银行同有关国家政府合作选定贷款项目后，即与其他贷款人签订联合贷款协议。然后，世界银行和其他贷款人按自己通常的贷款条件分别同借款国签订协议，分头提供融资。另一种联合贷款的方式是，世界银行同其他贷款者按商定的比例出资，由世界银行按其贷款程序与商品、劳务采购的原则同借款国签订借贷协议。两种方式相比，后一种方式更便于借款国管理，世界银行也倾向于采用这种方式。

2) 技术援助

向会员国提供技术援助也是世界银行业务活动的重要组成部分。这种技术援助往往是与贷款结合在一起的，该行派出人员、专家帮助借款国进行项目的组织和管理，提高项目资金使用效率。世界银行还设立由该行直接领导的一所经济发展学院，其任务主要是为发展中国家培养中高级管理干部。世界银行也经常帮助会员国制订社会经济发展计划，为某些特殊问题提供咨询意见和解决方案。

阅读材料

世界银行在华发行首只人民币结算SDR债券

中新社北京2016年8月31日电(记者 丁栋)中国人民银行与世界银行31日在北京宣布，世界银行首期特别提款权(SDR)计价债券在中国成功发行，发行规模为5亿SDR，期限为 3 年，结算货币为人民币，这是首只以人民币结算的 SDR 债券，有助于提升人民币国际化水平。

在当天举行的世界银行(国际复兴开发银行)2016 年第一期 SDR 计价债券发行仪式上，中国人民银行副行长、国家外汇管理局局长潘功胜表示本次发行吸引了银行、证券、保险等境内投资者以及境外货币当局、国际开发机构等约 50 家机构的积极认购，认购倍数达到 2.47。

特别提款权(SDR)是国际货币基金组织创立的一种国际储备资产，作为成员国官方储备的补充，目前以美元、欧元、日元及英镑四种货币组成的篮子为计价基准。国际货币基金组织于 2015 年宣布，人民币将于 2016 年 10 月 1 日加入 SDR 货币篮子，将扩大投资者对特别提款权的需求，也是人民币发展成为储备货币的重要一步。

世界银行副行长奥特(Arunma Oteh)表示，SDR 债券令投资者有机会避免单一货币汇率变动带来的风险，支持人民币和 SDR 的广泛使用。

央行称，世界银行首期 SDR 计价债券的成功发行，体现了 SDR 计价债券规避单一货币工具利率和汇率风险、多元境内外投资者资产配置的优势，有利于丰富中国债券市场交易品种，也有利于扩大 SDR 的使用。下一步，央行将继续完善 SDR 计价债券的交易、结算等安排，不断提高 SDR 计价债券流动性，进一步推动中国债券市场的开放与发展。

【资料来源：中国新闻网　http：//www.chinanews.com】

5．中国与世界银行的关系

与国际货币基金组织一样，世界银行建立时，中国也是创始会员国之一。新中国成立后，直到 1980 年 5 月 15 日，世界银行执行董事会才通过恢复我国在世界银行代表权的决定，我国也向世界银行派出了理事与副理事。

我国与世界银行的业务往来要比国际货币基金组织多，这是由世界银行业务性质所决定的。截止到 2003 年 6 月 30 日，世界银行共向中国提供贷款近 366 亿美元(减去取消的贷款)用于 245 个项目，其中约一半项目仍在实施。中国是迄今为止世界银行贷款项目最多的国家。世界银行贷款项目涉及国民经济的各个部门，遍及中国的大多数省(自治区、直辖市)，其中基础设施项目(交通、能源、工业、城市建设等)占贷款总额的一半以上，其余资金投向农业、社会部门(教育、卫生、社会保障等)、环保以及供水和环境卫生等项目。所有这些项目对于减少贫困都发挥着直接或间接的作用。中国也是执行世界银行贷款项目最好的国家之一。在 2003 财政年度(2002 年 7 月 1 日至 2003 年 6 月 30 日)期间，世界银行向中国提供贷款 11.45 亿美元用于 6 个项目，其中包括：新疆公路项目(帮助改善交通基础设施和加强交通部门管理)、湖北公路项目(目的是支持建设从湖北孝感至襄樊全长 243.5 千米的高速公路，改善通往贫困县的支路，强化湖北省的公路管理能力)、宜兴抽水蓄能项目(将基于中国政府电力行业的改革战略，具体制定和实施江苏电力体制全面改革方案，进一步推动发电领域竞争，对试行大用户进行直接购电，从而提高江苏省电力部门行业的总体效益)、天津城市发展与环保(目的是为提高天津市城市污水管理和交通系统的效率和公平使用制定和实施物质和体制措施，从而促进天津市的可持续发展，使之成为中国其他城市的样板)、上海城市环境改善项目(旨在改善上海市的城市环境，提高居民生活质量)和安徽公路项目二期(目的是建设高效、安全、经济的公路基础设施，改善交通条件，从而支持安徽省的社会和经济发展)。

世界银行的中国业务由世界银行驻中国代表处负责管理，代表处现有工作人员 90 多人。世界银行在中国的业务主管部门是财务部，主管世界银行中国援助计划的制订和实施。

(二) 国际开发协会

国际开发协会(International Development Association，IDA)是专门向低收入发展中国家提供优惠长期贷款的一个国际金融组织。按照规定，凡世界银行会员均可加入国际开发协会，但世界银行的会员国不一定必须参加国际开发协会。

1. 宗旨

国际开发协会的宗旨是：对欠发达国家提供比世界银行条件优惠、期限较长、负担较轻、并可用部分当地货币偿还的贷款，以促进它们经济的发展和居民生活水平的提高，从而补充世界银行的活动，促成世界银行目标的实现。

2. 组织机构

国际开发协会会员在法律和会计上是独立的国际金融组织，但在人事管理上却是世界银行的附属机构，故有"第二世界银行"之称。

国际开发协会的管理办法和组织结构与世界银行相同，从经理到内部机构的人员均由世界银行相应机构的人员兼任，世界银行的工作人员也即国际开发协会的工作人员。因此，它与世界银行实际上是两块牌子，一套机构。

国际开发协会会员国投票权的大小同其认缴的股本成正比。成立初期，每个会员国均有 500 票基本票，每认缴 5000 美元增加一票；此后在第四次补充资金时，每个会员国有 3850 票，每认缴 25 美元再增加一票。

1980 年 5 月，我国恢复在国际开发协会的合法席位。到 1990 年 6 月 30 日，我国共认缴股本 3916.8 万美元，有投票权 13 895 票，占总票数的 2.01%。

3. 资金来源

(1) 会员国认缴的股本。协会原定法定资本为 10 亿美元，以后由于会员国增加，资本额随之增加。会员国认缴股本数额按其在世界银行认购股份的比例确定。国际开发协会的会员国分为两组：第一组是工业发达国家和南非、科威特，这些国家认缴的股本需以可兑换货币支付，所缴股本全部供协会出借；第二组为亚、非、拉发展中国家。这些国家认缴的股本的 10% 需以可兑换货币进行缴付，其余 90% 用本国货币缴付，而且这些货币在未征得货币所属国同意前，协会不得使用。

(2) 会员国提供的补充资金(Replenishments)。由于会员国缴纳的股本有限，远不能满足会员国不断增长的信贷需求。同时，协会又规定，该协会不得依靠在国际金融市场发行债券来募集资金。因此，国际开发协会不得不要求会员国政府不时地提供补充资金，以继续进行其业务活动。提供补充资金的国家，既有第一组会员，也有第二组少数国家。在 1991 年至 1993 年三个财政年度里，国际开发协会完成第 9 次补充资金，补充资金达 116.8 亿特别提款权(合 155 亿美元)。

(3) 世界银行的拨款，即世界银行从其净收入中拨给协会的一部分款项，作为协会贷款的资金来源。

(4) 国际开发协会本身业务经营的净收入。

4. 贷款

国际开发协会贷款只提供给低收入发展中国家。按最初规定标准，人均 GNP 在 425 美元以下，2004 年的标准为 2002 年人均 GNP 不超过 865 美元，才有资格获得协会信贷。协会贷款对象规定为会员国政府或公、私企业，但实际上均向会员国政府发放。协会贷款的用途与世界银行一样，是对借款国具有优先发展意义的项目或发展计划提供贷款，即贷款主要用于发展农业、工业、电力、交通运输、电信、城市供水以及教育设施、计划生育等。

国际开发协会贷款的期限分为 25、30、45 年三种，宽限期 10 年。偿还贷款时，可以全部或一部分使用本国货币偿还，贷款只收取 0.75% 的手续费。

国际开发协会的贷款称为信贷(Credit)，以区别于世界银行提供的贷款(Loan)。它们之间除贷款对象有所不同之外，主要的区别在于：国际开发协会提供的是优惠贷款，被称为软贷款(IDA Credit)，而世界银行提供的贷款条件较严，被称为硬贷款(Hard Loan)。

5. 我国与国际开发协会的关系

随着我国在世界银行席位的恢复，也再次成为国际开发协会的会员国。我国派往世界银行的官员同时负责我国与国际开发协会的联系和有关业务工作，截至 1999 年 7 月，国际开发协会对我国的援助项目执行了 69 个，贷款总额为 102 亿美元。

在 20 世纪 90 年代，我国与国际开发协会的业务往来日益密切。国际开发协会对我国的贷款项目主要有：黄埔港项目 2500 万美元、教师培训项目 5000 万美元、大兴安岭森林火灾后恢复项目 5690 万美元、四川公路项目 5000 万美元等。然而在 1999 年财政年度我国从国际开发协会取得最后一项贷款之后，就一直处于"毕业"的状态。

(三) 国际金融公司

国际金融公司(International Finance Corporation，IFC)也是世界银行的一个附属机构，于 1956 年 7 月成立。成立之初有会员国 31 个，截至 2004 年，有 176 个成员国。我国于 1980 年 5 月恢复在 IFC 的合法席位。

1. 宗旨

通过对发展中国家，尤其是欠发达地区的重点生产性企业提供无需政府担保的贷款与投资，鼓励国际私人资本流向发展中国家，支持当地资金市场的发展，推动私人企业的成长，促进成员国经济发展，从而补充世界银行的活动。

2. 组织结构

国际金融公司在法律和财务上虽是独立的国际金融组织，但实际是世界银行的附属机构。它的管理办法和组织结构与世界银行相同。世界银行行长兼任公司总经理，也是国际金融公司执行董事会主席。国际金融公司的内部机构和人员多数由世界银行相应的机构、人员兼管。按照国际金融公司的规定，只有世界银行会员国才能成为国际金融公司的会员国。

3. 资金来源

(1) 会员国认缴的股金，这是国际金融公司最主要的资金来源。国际金融公司最初的法定资本为 1 亿美元，分为 10 万股，每股 1000 美元。会员国认缴股金须以黄金或可兑换货币缴付。每个会员国的基本票为 250 票。此外，每认 1 股，增加 1 票。IFC 也进行了多次增资。

(2) 通过发行国际债券，在国际资本市场借款。

(3) 世界银行与会员国政府提供的贷款。

(4) 公司贷款与投资的利润收入。

4. 贷款与投资

国际金融公司贷款与投资只面向发展中国家的私营中小型生产企业，而且要求会员国政府为偿还贷款提供担保。国际金融公司贷款一般每笔不超过 200 万～400 万美元，在特殊情况下最高也不超过 2000 万美元。公司贷款与投资的部门主要是制造业、加工业和采掘业、旅游业，以及开发金融公司，再由后者向当地企业转贷。

国际金融公司贷款的方式为：

(1) 直接向私人生产性企业提供贷款。

(2) 对私人生产性企业入股投资，分享企业利润，并参与企业的管理。

(3) 上述两种方式相结合的投资。公司在进行贷款与投资时，或者单独进行，尔后再将债权或股票转售给私人投资者，或者与私人投资者共同对会员国的生产性私人企业进行联合贷款投资，以促进私人资本向发展中国家投资。

国际金融公司贷款的期限一般为 7～15 年，还款时需用原借入货币进行支付，贷款的利率不统一，视投资对象的风险和预期收益而定，但一般高于世界银行贷款的利率。对于未提用的贷款资金，国际金融公司按年收取 1% 的承诺费。

5. 我国与国际金融公司的关系

与国际开发协会一样，我国恢复在世界银行的合法席位后，自然也成为国际金融公司的会员国。中国目前是国际金融公司投资最快的国家，是国际金融公司投资的第九大国。截至 2000 年 6 月 30 日，国际金融公司共承诺了 37 个中国项目，项目投资总额为 27 亿美元，其中国际金融公司投入约 9.79 亿美元。国际金融公司还就如何发展私营部门及如何促进外国投资向中国政府提供了技术帮助。

国际金融公司在中国通过向具有示范作用的项目提供融资来推动私营部门的发展。主要投资方向为：

(1) 通过有限追索权的项目融资的方式，帮助项目融通资金；

(2) 促进地方非国有部门的发展；

(3) 促进金融行业的进一步开放及现代化；

(4) 注重向中西部投资；

(5) 鼓励私营企业参与基础设施建设；

(6) 支持国有企业改革。

(四) 多边投资担保机构

多边投资担保机构(Multinational Investment Guarantee Agency，MIGA)成立于 1988 年 4 月，是世界银行集团中最新的成员，其宗旨在于鼓励生产性的外国私人直接投资向发展中国家流动，促进东道国的经济增长。因此，它的主要功能是为跨国投资在东道国可能遇到的非商业性风险提供担保，主要承保的险别有：货币汇兑风险、征用风险、违约风险、战争和内乱风险等。多边投资担保机构对投资项目提供担保前需要对项目进行评估，而评估的重要标准是该投资项目对东道国经济发展的影响程度，其中包括对社会环境、社会经济、自然与生态环境、自然资源的影响。因此对其评估体系的认识和研究，关系到发展中国家引进外资、利用外资战略能否顺利实现。

(五) 解决投资争端国际中心

解决投资争端国际中心(The International Center for Settlement of Investment Disputes，ICSID)成立于 1966 年，它的宗旨是：为解决会员国和外国投资者之间的争端提供便利，促进投资者与东道国之间的互相信任，从而促进国际资本中的私人资本向发展中国家流动。

三、国际清算银行

国际清算银行(Bank for International Settlement，BIS)是英、法、德、意、比、日等国的中央银行与代表美国银行界利益的摩根银行、纽约和芝加哥的花旗银行组成的银团，根据海牙国际协定于 1930 年 5 月共同组建的。刚建立时只有 7 个成员国，现成员国已发展至41 个，遍布世界五大洲。国际清算银行最初创办的目的是为了处理第一次世界大战后德国的赔偿支付及其有关的清算等业务问题。第二次世界大战后，它成为经济合作与发展组织成员国之间的结算机构，该行的宗旨也逐渐转变为促进各国中央银行之间的合作，为国际金融业务提供便利，并接受委托或作为代理人办理国际清算业务等。国际清算银行既不是政府间的金融决策机构，亦非发展援助机构，它实际上是西方中央银行的银行。

(一) 组织机构

国际清算银行是股份制形式的金融组织，其组织机构由股东大会(年会)、董事会和经理部组成。股东大会是最高权力机构，由认缴该行股份的各国中央银行代表组成，股东投票权的多少由其持有的股份决定。董事会由 13 人组成，董事长(兼行长)由其选举产生。董事会每月开一次会，审查银行日常业务。董事会也是主要的政策制定者。经理部包括总经理和副总经理，下设 4 个业务机构，即银行部、货币经济部、秘书处和法律处。

(二) 宗旨

该行最初的任务是负担第一次世界大战后西德赔款和协约国之间债务的清算和清偿工作，现在国际清算银行的主要任务是促进各国中央银行之间的合作并为国际金融业务提供新的便利；根据有关当事各方签订的协定，在金融清算方面充当受托人和代理人。

(三) 资金来源

国际清算银行的资金主要来源于三个方面：

(1) 成员国缴纳的股金。该行建立时，法定资本为 5 亿金法郎，1969 年增至 15 亿金法郎(Goldfrancs)，以后几度增资。该行股份 80% 为各国中央银行所持有，其余 20% 为私人持有。

(2) 借款。向各成员国中央银行借款,补充该行自有资金的不足。

(3) 吸收存款。接受各国中央银行的黄金存款和商业银行的存款。

(四) 主要业务

1. 处理国际清算事务

第二次世界大战后,国际清算银行先后成为欧洲经济合作组织、欧洲支付同盟、欧洲煤钢联营、黄金总库、欧洲货币合作基金等国际机构的金融业务代理人,承担着大量的国际结算业务。

2. 办理或代理有关银行业务

第二次世界大战后,国际清算银行业务不断拓展,目前可从事的业务主要有:接受成员国中央银行的黄金或货币存款,买卖黄金和货币,买卖可供上市的证券,向成员国中央银行贷款或存款,也可与商业银行和国际机构进行类似业务,但不得向政府提供贷款或以其名义开设往来账户。目前,世界上很多中央银行在国际清算银行存有黄金和硬通货,并获取相应的利息。

3. 定期举办中央银行行长会议

国际清算银行于每月的第一个周末在巴塞尔举行西方主要国家中央银行的行长会议,商讨有关国际金融问题,协调有关国家的金融政策,促进各国中央银行的合作。

(五) 我国与国际清算银行的关系

我国于 1984 年与国际清算银行建立了业务联系,此后,每年都派代表团以客户身份参加该行年会。1996 年 9 月 9 日,国际清算银行通过一项协议,接纳中国、巴西、印度、韩国、墨西哥、俄罗斯、沙特阿拉伯、新加坡和中国香港地区的中央银行或货币当局为该行的新成员。中国的外汇储备有一部分是存放于国际清算银行的,这对中国人民银行灵活、迅速、安全的调拨外汇、黄金储备非常有利。自 1985 年起,国际清算银行已开始向中国提供贷款。我国中央银行加入国际清算银行,标志着我国的经济实力和金融成就得到了国际社会的认可,同时也有助于我国中央银行与国际清算银行及其他国家和地区的中央银行进一步增进了解,扩大合作,提高管理与监督水平。

阅读材料

国际清算银行:2017 年人民币有效汇率持续回落 但跌幅明显收窄

环球外汇 2018 年 1 月 19 日讯——2018 年 1 月 18 日国际清算银行(BIS)最新公布,2017 年人民币实际有效汇率累计跌 0.99%,名义有效汇率则累计跌 0.64%,这是 2003 年以来首次连续两年下跌走势,但跌幅明显收窄。

【资料来源:环球外汇 http://www.cnforex.com】

第三节　区域性国际金融组织

一、亚洲开发银行

亚洲开发银行(Asian Development Bank，ADB)简称"亚行"，是亚洲、太平洋地区的区域性政府间国际金融机构。它不是联合国下属机构，但它是联合国亚洲及太平洋经济社会委员会(联合国亚太经社会)赞助建立的机构，同联合国及其区域和专门机构有密切的联系。根据 1963 年 12 月在马尼拉由联合国亚太经社会主持召开的第一届亚洲经济合作部长级会议的决议，1965 年 11 月至 12 月在马尼拉召开的第二届会议通过了亚洲开发银行章程。章程于 1966 年 8 月 22 日生效，11 月在东京召开首届理事会，宣告该行正式成立。同年 12 月 19 日正式营业，总部设在马尼拉。

(一) 组织机构

亚行的组织机构主要有理事会和董事会。理事会是亚行最高权力机构，负责接纳新成员、变动股本、选举董事和行长、修改章程等。行长是该行的合法代表，由理事会选举产生，任期 5 年，可连任。

亚行有来自亚洲和太平洋地区的区域成员，和来自欧洲和北美洲的非区域成员。截至 2002 年 5 月，亚行共有 60 个成员，其中 43 个来自亚洲地区。

亚行每年 4 至 5 月在总部或成员国轮流举行年会，主要议题是探讨亚太地区的经济金融形势、发展趋势和面临的挑战，推动亚行作为地区性开发机构在促进本地区社会经济发展方面发挥作用。同时会议还将对亚行年度业务进行审议，并通过亚行年度报告、财务报告、外部审计报告、净收入分配报告、预算报告等。

1986 年 2 月 17 日，亚行理事会通过决议，接纳中国为亚行成员国。同年 3 月 10 日中国正式为亚行成员，台湾以"中国台北"名义继续保留席位。中国是亚行第三大认股国，认股额为 16 亿美元，拥有 6.096% 的投票权。在 1987 年 4 月举行的理事会第 20 届年会董事会改选中，中国当选为董事国并获得在董事会中单独的董事席位。同年 7 月 1 日，亚行中国董事办公室正式成立。1986 年，中国政府指定中国人民银行为中国对亚行的官方联系机构和亚行在中国的保管银行，负责中国与亚行的联系及保管亚行所持有的人民币和在中国的其他资产。2000 年 6 月 16 日，亚行驻中国代表处在北京成立。

(二) 宗旨

建立亚行的宗旨是促进亚洲和太平洋地区的经济发展和合作，特别是协助本地区发展中成员国以共同的或个别的方式加速经济发展。亚行对发展中成员国的援助主要采取四种形式：贷款、股本投资、技术援助、联合融资及担保，协调成员国在经济、贸易和发展方面的政策，促进亚太地区的经济繁荣。

(三) 资金来源

1. 普通资金(Ordinary Capital)

这是亚行业务活动的主要资金来源，由股本、借款、普通储备金(由部分净收益构成)、特别储备金和其他净收益组成。这部分资金通常用于亚行的硬贷款。

2. 特别基金(Special Funds)

这部分资金由成员国认缴股本以外的捐赠及认缴股本中提取 10%的资金组成，主要用于向成员国提供贷款或无偿技术援助。目前该行设立了下述三项特别基金：

(1) 亚洲开发基金，用于向亚太地区贫困成员国发放优惠贷款；

(2) 技术援助特别基金，为提高发展中成员国的人力资源素质和加强执行机构的建设而设立；

(3) 日本特别基金，由日本政府出资建立，主要用于技术援助与开发项目。

(四) 业务活动

1. 提供贷款

亚行的贷款按贷款条件分为硬贷款、软贷款和赠款。按贷款方式划分，可分为项目贷款、规划贷款、部门贷款、开发金融贷款、综合项目贷款及特别项目贷款等。其中，项目贷款是亚行传统的也是主要的贷款形式，该贷款是为成员国发展规划的具体项目提供融资，这些项目需经济效益良好，有利于借款成员国的经济发展，且借款国有较好的信誉，贷款周期与世界银行相似。

2. 联合融资

联合融资是指亚行与一个或以上的区外金融机构或国际机构，共同为成员国某一开发项目提供融资。该项业务始办于 1970 年，做法上与世行的联合贷款相似，目前主要有平行融资、共同融资、伞形或后备融资、窗口融资、参与性融资等类型。

3. 股权投资

股权投资是通过购买私人企业股票或私人开发金融机构股票等形式，对发展中国家私人企业融资。亚行于 1983 年起开办此项投资新业务，目的是为私营企业利用国内外投资起促进和媒介作用。

4. 技术援助

技术援助是亚行在项目有关的不同阶段如筹备、执行等阶段，向成员国提供的资助，目的是提高成员国开发和完成项目的能力。目前，亚行的技术援助分为：项目准备技术援助、项目执行技术援助、咨询性技术援助、区域活动技术援助。技术援助大部分以贷款方式提供，有的则以赠款或联合融资方式提供。

阅读材料

亚洲开发银行拟投资 10 亿美元设立清洁能源基金

亚洲开发银行(ADB)高级官员近日称，该行计划投资设立清洁能源基金，资金规模不少于 10 亿美元。目前,该行正与英国国际开发署和国际金融集团合作开展基金成立准备工作,预计基金将于 2011 年年初正式成立。该基金将直接投资于亚洲地区公共或私营的可再生能源及清洁能源项目,并将投资与气候变化相关的私募基金。

【资料来源:http://www.mofcom.gov.cn】

(五) 我国与亚洲开发银行的关系

1966 年亚行创建时,台湾当局以中国名义参加。1971 年中国在联合国的合法席位恢复后,台湾当局已不再向该行借款。1986 年 2 月 17 日,亚行理事会通过了接纳中国加入该行的第 176 号决议,同年 3 月 10 日中国成为亚行正式成员国,台湾当局以"中国台北"名义留在该行。中国认缴股本 11.4 万股,约值 13 亿美元,占该行股本总额的 7%,是亚行的第三大认股国。在 1987 年亚行年会上,我国当选为亚行董事国,并于同年 7 月正式在亚行设立董事办公室。

我国成为亚行成员国后,双方的合作发展很快,而且在许多领域取得了较好的效果。亚行主要通过向我国提供有关信贷业务,对我国的工业、环保、扶贫、基础设施等领域的发展予以支持,贷款金额已超过 30 亿美元。亚行也通过有关技术援助,对我国在制定可行性报告、人员的技术培训及聘请咨询专家等方面,发挥了应有的作用。我国除了在信贷方面与亚行进行合作外,还多次与亚行联合举办经济研讨会,开展有关学术交流活动,如加入亚行后第 4 年,成功举办具有重要意义的亚行理事会第 22 届年会,增进了我国与亚行成员国之间的相互了解、友谊与合作。1991 年 12 月我国在北京举办了亚行第 7 次圆桌会议,题为"消除贫困的社会经济政策",广泛地讨论了消除贫困的问题,加强了消除贫困政策的制定与经验交流工作。此外,我国也应亚行邀请,派遣人员到国外参加研讨会或接受短期培训,我国有关人员也由此进一步了解了国际经济的发展情况、其他国家的发展经验以及亚行的业务状况,同时也提高了自身的素质与技术操作水平。

二、非洲开发银行

(一) 成立与机构

1963 年 7 月,非洲高级官员及专家会议和非洲国家部长级会议在喀土穆召开,通过了建立非洲开发银行的协议。1964 年,非洲开发银行(African Development Bank,ADB)正式成立,1966 年 7 月 1 日开业,总部设在科特迪瓦首都阿比让。非洲开发银行是地区性、多边开发银行。

理事会为最高权力机构,由各成员国委派一名理事组成,一般为成员国的财政和经济部长。理事会每年举行一次会议,选举行长和董事长,讨论制订银行的业务方针和政策,决定银行重大事项。董事会由理事会选举产生,为银行的执行机构,负责处理银行的组织和日常业务,由 18 人组成,任期 3 年,一个月召集两次会议。董事长任期 5 年,同时兼任行长,负责处理银行的日常事务。资金来源主要来自成员国的认缴。最初法定资本为 2.5 亿美元,1983 年 6 月对外开放后,增为 65 亿美元。其中非洲国家的资本额占 2/3。这是使领导权掌握在非洲国家中所做的必要限制。1986 年该行理事会批准成立的特别委员会决定将法定资本从 65 亿美元增加到 196 亿美元，并从 1987 年 6 月开始执行。1993 年的法定资本为 222.52 亿美元。非洲地区成员包括非洲 53 个独立国家。1982 年 5 月银行理事会通过决议，欢迎非洲以外的国家参加。非洲以外的 24 个成员国包括：中国、阿根廷、巴西、加拿大、美国、印度、日本、科威特、沙特阿拉伯、奥地利、比利时、丹麦、芬兰、法国、德国、意大利、瑞典、挪威、葡萄牙、瑞士、荷兰、英国、韩国、西班牙。

(二) 宗旨

非洲开发银行的宗旨是：通过提供投资和贷款，利用非洲大陆的人力和资源，促进成员国经济发展和进步，优先向有利于地区经济合作和扩大成员国间贸易的项目提供资金和技术援助，帮助研究、制订、协调和执行非洲各国的经济发展计划，以逐步实现非洲经济一体化。

(三) 业务活动

该行与其附属的非洲开发基金(African Development Fund，ADF)、尼日利亚信托基金(Nigeria Trust Fund，NTF)共同组成非洲开发银行集团(African Development Bank Group，ADB Group)。非洲开发银行行长兼非洲开发银行集团董事长。该行还同非洲及非洲以外的机构开展金融方向的合作，与亚洲开发银行、美洲开发银行业务联系广泛，并与阿拉伯的一些金融机构和基金组织建立融资项目，并在一些地区性金融机构中参股。该行贷款的对象是非洲地区成员国，贷款主要用于农业、运输和通信、供水、公共事业等。

三、欧洲投资银行

欧洲投资银行(European Investment Bank，EIB)是欧洲经济共同体各国政府间的一个金融机构，成立于 1958 年 1 月，总行设在卢森堡。该行的宗旨是利用国际资本市场和共同体内部资金，促进共同体的平衡和稳定发展。为此，该行的主要贷款对象是成员国不发达地区的经济开发项目。从 1964 年起，贷款对象扩大到与欧共体有较密切联系或有合作协定的共同体外的国家。

(一) 组织机构

该行是股份制企业性质的金融机构。董事会是其最高权力机构，由成员国财政部长组成董事会，负责制订银行总的方针政策，董事长由各成员国轮流担任；理事会负责主要业务的决策工作，如批准贷款、确定利率等；管理委员会负责日常业务的管理；此外，还有审计委员会。

(二) 宗旨

欧洲投资银行的宗旨是：利用国际资本市场和欧盟内部资金，促进欧盟的平衡与稳定发展。为此，该行的主要贷款对象是成员国不发达地区的经济开发项目。从 1964 年起，贷款对象扩大到与欧盟有较密切联系或有合作协定的欧盟以外的国家。

(三) 资金来源

欧洲投资银行的资金来源主要有两部分：

(1) 成员国认缴的股本金，初创时法定资本金为 10 亿欧洲记账单位。

(2) 借款，通过发行债券在国际金融市场上筹资，这是该行主要的资金来源。

(四) 业务活动

欧洲投资银行的主要业务活动包括：

(1) 对工业、能源和基础设施等方面促进地区平衡发展的投资项目，提供贷款或贷款担保。

(2) 促进成员国或共同体感兴趣的事业的发展。

(3) 促进企业现代化。其中，提供贷款是该行的主要业务，包括两种形式：一是普通贷款，即运用法定资本和借入资金办理的贷款，主要向共同体成员国政府州私人企业发放，贷款期限可达 20 年；二是特别贷款，即向共同体以外的国家和地区提供的优惠贷款，主要根据共同体的援助计划，向同欧洲保持较密切联系的非洲国家及其他发展中国家提供贷款，收取较低利息或不计利息。

区域性国际金融机构除上述三个外，目前比较典型的还有欧洲复兴开发银行、泛美开发银行及加勒比开发银行等。

阅读材料

亚行和我国进出口银行签署联合融资协议

亚洲开发银行于 2009 年与中国进出口银行签署一项协议，联合融资至少 30 亿美元，用于亚洲发展中国家的建设发展。据悉，该协议旨在使亚洲各国政府、次主权借款人和私营部门的公司更容易地获得融资，特别是对基础设施项目的融资。亚行估计，如果要满足亚洲的发展潜力，该地区在 2006 年至 2015 年期间会需要 47000 亿美元的资金。亚行副行长谢菲尔·普罗伊斯表示，"亚洲的许多地区现在仍然难以获得卫生、供电和交通设施。如果我们要在这些地区减少贫困，就需要投入大量资金。与中国进出口银行签订的协议将确保资金被系统地引入这些领域和其他急需项目，帮助本地区度过目前的困难。"

【资料来源：中国经济网—《经济日报》】

第四节　跨国公司与跨国银行

一、跨国公司概述

(一) 跨国公司的概念

跨国公司(Transnational Corporation)又称多国公司(Multi-national Enterprise)、国际公司

(International Firm)、超国家公司(Supernational Enterprise) 和宇宙公司(Cosmo-corporation)等。20 世纪 70 年代初，联合国经济及社会理事会组成了由知名人士参加的小组，较为全面地考察了跨国公司的各种准则和定义后，于 1974 年作出决议，决定联合国统一采用"跨国公司"这一名称。

(二) 跨国公司的主要特征和经营特点

跨国公司主要是指发达资本主义国家的垄断企业，以本国为基地，通过对外直接投资，在世界各地设立分支机构或子公司，从事国际化生产和经营活动的垄断企业。

跨国公司主要有如下特征：

(1) 一般都有一个国家实力雄厚的大型公司为主体，通过对外直接投资或收购当地企业的方式，在许多国家建立子公司或分公司。

(2) 一般都有一个完整的决策体系和最高的决策中心，各子公司或分公司各自都有自己的决策机构，虽然各子公司或分公司都可以根据自己经营的领域和不同特点进行决策活动，但其决策必须服从于最高决策中心。

(3) 一般都从全球战略出发安排自己的经营活动，在世界范围内寻求市场和合理的生产布局，定点专业生产，定点销售产品，以牟取最大的利润。

(4) 一般都因有强大的经济和技术实力，有快速的信息传递，以及资金快速跨国转移等方面的优势，所以在国际上有较强的竞争力。

(5) 许多大的跨国公司，由于经济、技术实力或在某些产品生产上的优势，或对某些产品、或在某些地区，都带有不同程度的垄断性。

跨国公司作为在国内外拥有较多分支机构、从事全球性生产经营活动的公司，与国内企业相比较，是有其一些区别的。这些区别表现在：

(1) 跨国公司的战略目标是以国际市场为导向的，目的是实现全球利润最大化，而国内企业是以国内市场为导向的。

(2) 跨国公司是通过控股的方式对国外的企业实行控制，而国内企业对涉外经济活动大多是以契约的方式来实行控制。

(3) 国内企业的涉外活动不涉及在国外建立经济实体问题，经济活动的关系是松散的，有较大偶然性，其涉外经济活动往往在交易完成后就立即终止，不再参与以后的再生产过程；而跨国公司则在世界范围内的各个领域，全面进行资本、商品，人才、技术、管理和信息等交易活动，并且这种"一揽子"活动必须符合公司总体战略目标而处于母公司控制之下，其子公司也像外国企业一样参加当地的再生产过程。所以，跨国公司对其分支机构必然实行高度集中的统一管理。

二、跨国公司的竞争与发展

在国际贸易中，传统的竞争手段是价格竞争。即指企业通过降低生产成本，以低于国际市场或其他企业同类商品的价格，在国外市场上打击和排挤竞争对手，扩大商品销路。而今，由于世界范围内尤其是发达国家生活水平的提高、耐用消费品支出占总支出比重的增大，世界范围内的持续通货膨胀造成物价持续上涨，产品生命周期普遍缩短等因素影响，价格竞争已很难为跨国公司争取到最多的顾客，取而代之的是非价格竞争。事实证明，非价格竞争是当代跨国公司垄断和争夺市场的主要手段。非价格竞争是指通过提高产品质量和性能、增加花色品种、改进商品包装装潢及规格、改善售前售后服务、提供优惠的支付条件、更新商标牌号、加强广告宣传和保证及时交货等手段来提高产品的素质、信誉和知名度，以增强商品的竞争能力，扩大商品的销路。跨国公司主要从以下几方面提高商品非价格竞争能力：① 提高产品质量，逾越贸易技术壁垒；② 加强技术服务，提高商品性能，延长使用期限；③ 提供信贷；④ 加速产品升级换代，不断推出新产品，更新花色品种；⑤ 不断设计新颖和多样的包装装潢，注意包装装潢的"个性化"；⑥ 加强广告宣传，大力研究改进广告销售术。

跨国公司经营方式多样化，与一般的国内企业或一般的涉外公司相比较，跨国公司的全球性生产经营方式明显较多，包括进出口、许可证、技术转让、合作经营、管理合同和在海外建立子公司等。其中，尤以在海外建立子公司为开展和扩大其全球性业务的主要形式。

(一) 跨国公司的发展促进了国际贸易和世界经济的增长

1993 年，全球跨国公司已达 37000 家，其海外附属公司总计达 17 万家。自 1982 年以来，跨国公司成长非常迅速，至 1992 年底止，全球海外直接投资额累计达 2 兆美元，其中三分之一掌握在排名前 100 名的大的企业手中。1992 年全球跨国公司海外销售额总计达 5.5 万亿美元，比商品出口额高出 1.5 万亿美元。由此可见，跨国公司的海外投资在世界经济中发挥着比国际贸易更大的作用。事实上，跨国公司已成为当代国际经济、科学技术和国际贸易中最活跃最有影响力的力量。而这种力量随着跨国公司投资总体的呈上升趋势还会得到增强。

(二) 跨国公司对发达国家对外贸易的影响

跨国公司的发展对战后发达国家的对外贸易起了极大的推动作用。这些作用表现在，使发达国家的产品能够通过对外直接投资的方式在东道国生产并销售，绕过了贸易壁垒，提高了其产品的竞争力；从原材料、能量的角度看，减少了发达国家对发展中国家的依赖；发达国家的产品较顺利地进入和利用东道国的对外贸易渠道使其易于获得商业情报信息。

(三) 跨国公司对发展中国家对外贸易的影响

(1) 跨国公司对外直接投资和私人信贷，补充了发展中国家进口资金的短缺。

(2) 跨国公司的资本流入，加速了发展中国家对外贸易商品结构的变化。二战后，发展中国家引进外国公司资本、技术和管理经验，大力发展出口加工工业，使某些工业部门实现了技术跳跃，促进了对外贸易商品结构的改变和国民经济的发展。

(3) 跨国公司的资本流入，促进了发展中国家工业化模式和与其相适应的贸易模式的形成和发展。二战后，发展中国家利用外资，尤其是跨国公司的投资，实施工业化模式和与其相适应的贸易模式，大体上可分为：初级产品出口工业化、进口替代工业化和工业制成品出口替代工业化三个阶段。初级产品出口工业化是指通过扩大初级产品出口促进经济发展的一种工业化战略，也称为初级外向战略。进口替代工业化是指一国采取关税、进口数量限制和外汇管制等严格的限制进口措施，限制某些重要的工业品进口，扶植和保护本国有关工业部门发展的政策。实行这项政策的目的在于用国内生产的工业品代替进口产品，以减少本国对国外市场的依赖，促进民族工业的发展。出口替代工业化是指一国采取各种措施促进面向出口工业的发展，用工业制成品和半制成品的出口代替传统的初级产品出口，促进出口产品的多样化和发展，以增加外汇收入，并带动工业体系的建立和经济的持续增长。

(四) 跨国公司控制了许多重要的制成品、国际技术贸易和原料贸易

跨国公司控制了许多重要的制成品和原料贸易。跨国公司 40%以上的销售总额和 49%的国外销售集中在化学工业、机器制造、电子工业和运输设备等四个部门。

在世界科技开发和技术贸易领域，跨国公司，特别是来自美国、日本、德国、英国等12 个发达国家的跨国公司，发挥着举足轻重的作用。跨国公司掌握了世界上 80%左右的专利权，基本上垄断了国际技术贸易。在发达国家，大约有 90%的生产技术和 75%的技术贸易被这些国家最大的 500 家跨国公司所控制。许多专家学者认为：跨国公司是当代新技术的主要源泉，是技术贸易的主要组织者和推动者。

三、跨国公司的发展规模

跨国公司的影响力日益扩大，实际上充当了经济全球化的主要动力和先锋。许多跨国公司从 20 世纪 90 年代初期开始，从跨国经营转向全球经营的 10 年间，其海外资产、收入和雇员等跨国指数大大提高。1994—2004 年，全球最大的 100 家跨国公司的海外资产从41.1%提高到 53.4%，1995—2004 年全球 100 大跨国公司的跨国指数则从 48.9%提高到56.8%。越来越多的跨国公司把过去的多国发展战略调整为全球发展战略。全球经营已经成为跨国公司企业经营的常态。

跨国公司全球化程度已达到一定高度，如海外资产、海外收入和海外雇员均超过总资产、总收入和总雇员的 50%，实际上这些公司就可以视为全球公司。全球公司通过全球战略、管理架构和理念文化的调整，成功地吸纳融合了全球资源，从而大大提高了全球竞争力和赢利能力。

跨国公司通过在全球设置营销服务、制造组装、研发设计等中心，形成了全球产业链。在跨国公司全球配置资源建立全球产业链的过程中，中国成为跨国公司全球产业链中的重要结点。许多制造业跨国公司把中国作为组装加工基地和主要销售市场。入世以来，越来越多的跨国公司把中国也作为研发设计中心。根据商务部资料，跨国公司在华已经设立了约 800 个研发中心。

通过在全球范围设立营销服务、制造组装和研发设计中心。跨国公司建立了自己的全球产业链。现代市场竞争已经从单一企业间点对点的竞争上升到产业链的竞争。

跨国公司在全球化的舞台上，扮演了世界生产组织者的角色，也伴随全球化进程迅速壮大，全球跨国公司母公司约有 6.5 万家，共拥有约 85 万家国外分支机构。2001 年跨国公司的全球销售额约为 19 万亿美元，是同期全球出口额的两倍多。全球 500 家大企业的产值已占世界总产值的 45%，其内部和相互贸易已占世界贸易总额的 60%以上，投资已占全球

累计直接投资的 90%。

企业的跨国兼并是优化资源配置、产业结构调整的需要，是规模经济的需要，生产在全球组织，竞争也在全球展开，经济全球化创造了企业跨国兼并的条件。始于 1993 年的全球企业兼并浪潮持续至今势头未减。联合国贸发会议报告称，近 20 年来，跨国公司的并购金额以每年 41% 的速度增长。2000 年全球跨国公司并购总额已超过万亿美元规模，达到 1.143 万亿美元。随着发展中国家经济的发展，发展中国家之间、发达国家与发展中国家的企业兼并也会越来越多。20 世纪 80 年代以前，兼并往往是为了击垮竞争对手，被兼并的公司往往被分割出售。90 年代以来，兼并更多地是为了节约经营开发费用，得到新思想、新产品、新技术，实现更好的管理和经济规模，实现企业间的优势互补，以提高竞争实力和占有更大的市场份额。显然，这种兼并有利于资源的优化配置，有利于兼并双方的共同发展。企业的跨国兼并打破了民族国家的壁垒，模糊了民族国家的经济界线。各民族国家在经济上的相互依赖，越来越呈现你中有我、我中有你的局面。从好的方面来说，这有利于世界各国的共同发展，加快发展中国家现代化的进程，如德、法、日、美汽车工业进军中国轿车工业，加快了中国轿车工业现代化的步伐。从坏的方面来说，被兼并国家的经济主权在有些情况下会受到侵害，例如当一个国家国民经济的关键部门：电信、铁路、电力、银行、保险等行业的控股权被外国公司掌握以后，这个国家在非常时期就难以确保自己的政治独立。

跨国公司实行全球化的经营方式，促进了资金、技术和先进管理方式在全球范围的流动，带动了相对落后国家和地区的产业结构调整，从而推动世界经济的持续发展。然而，跨国公司并不是慈善机构，它们以追求最大利润为导向，其资金和技术也只能流向最能使它们获利的地区，并以其雄厚的经济实力和名牌产品影响着各国人民的生产和生活。跨国公司需要发展中国家的资源、廉价的劳动力和广阔的市场，发展中国家则需要跨国公司雄厚的资金、先进的技术和管理经验，通过相互补充，可以达到各取所需的目的。但是，发展中国家更关心以外资促进本国经济的发展，这两者之间无疑是存在矛盾的，如果应对不当，跨国公司就会对该国的国民经济造成巨大冲击。

在新世纪中，全球企业的并购、重组活动还会掀起新的浪潮。为了增强自身的实力和在全球的竞争力，跨国公司将通过并购不断扩大规模，"巨无霸"、"大哥大"式的跨国公司将会不断涌现，并把经营活动的触角进一步扩大到世界各个角落和各个产业。

四、跨国银行发展与主要业务

(一) 跨国银行基本概述

跨国银行(Transnational Bank)是指跨越国界、在世界范围内设有分支和附属机构、具有大金融垄断性质的银行。按照联合国跨国公司中心的定义，必须在五个或五个以上的国家里拥有多数股份的分支、附属机构的银行，才能称为跨国银行。第二次世界大战以后，跨国银行大量出现，以美国最为突出。目前美国的大银行都已发展成跨国银行。欧洲的跨国银行多以银行团的形式出现。

在中国，有学者认为，所谓跨国银行是指业务范围跨国化，同时在一些不同的国家和地区经营银行业务的超级商业银行。

跨国银行的基本特征是通过其所拥有的国际网络，在国际间行使其职能表现出来的。它具体表现在以下几个方面：

(1) 拥有广泛的国际网络；

(2) 经营广泛的国际业务；

(3) 从全球目标出发采用全球经营战略；

(4) 实行集中统一的控制。

跨国银行业务经营过程中，一般都根据各种分支机构的特点，结合东道国的法律规定，从以下 6 种组织结构中作出具体的选择。

(1) 代表处：最简单的分支机构形式，不具有东道国的法人资格。

(2) 经理处：级别高于代表处，但低于分行，不具有东道国的法人资格。

(3) 分行：是跨国银行在国外设立分支机构的最重要形式，不具有东道国的法人资格，是总行的组成部分，受总行的直接控制。

(4) 附属银行：在东道国注册成立，具有东道国的法人资格，是独立于总行的经济实体，既可以由总行全资拥有，也可以合资设立。

(5) 联营银行：其性质与附属银行类似，只不过总行参股份额较少，没有控股权而已，而且联营银行在联营后，仍可采用原有的名称、营业许可证和工作人员。

(6) 银团银行：由两个以上不同国籍的跨国银行作为股东而建立起来的公司性质的合营国际银行，具有东道国的法人资格。

(二) 跨国银行的产生与发展

资本主义国家的银行起源于从事货币兑换业务的商人，银行的跨国经营则是随着资本主义信用制度的确立和世界市场的开拓而逐渐发展起来的。早在 14 世纪到 16 世纪，意大利商人就曾充当了国际金融活动的重要角色。17 世纪以后的国际银行业务则是随着英国、法国、荷兰等国的海外殖民地的扩大和国际贸易活动的增长而开展的。20 世纪初，资本主义制度进入帝国主义阶段，垄断成了这些国家全部经济生活的基础，银行由普通的中介企业变成了万能的垄断者。英国、荷兰、法国以及后来的德国等都在国外，特别是在其殖民地建立了广泛的银行网，以推动其商品输出和资本输出。列宁说："金融资本的密网，可以说是真正布满了世界各国。在这方面起了很大作用的，是设在殖民地的银行及其分行。"

第二次世界大战后，主要资本主义国家的经济实力地位发生了明显的变化。美国成了超级大国，英、法等国相对削弱，帝国主义殖民体系趋于瓦解，原来为宗主国垄断的封闭市场走向开放，新兴的第三世界国家努力发展民族经济，为建立国际经济新秩序而斗争。与此同时，战后科技革命大大提高了世界生产力水平，特别是交通电讯的飞跃发展，使各国经济联系日益密切，国际贸易和国际投资空前增长，国际金融活动也有了新的方式和内容，生产国际化和资本国际化成为世界经济发展的重要趋势。跨国银行就是适应这样的政治经济形势而成为当代国际经济活动中重要角色的。

当代主要资本主义国家国外银行网的形成，是进入 20 世纪 60 年代以后才形成的。二战后初期，西欧处于经济恢复阶段，无力对外扩张，到 60 年代，许多银行才走向国际化。在帝国主义殖民体系瓦解的形势下，英、法等国原殖民地银行有的退出，有的改组，有的被新独立的国家实行国有化了；美国的银行鉴于 20 年代至 30 年代海外经营的失利，直到 50 年代后期才大举向海外扩张；联邦德国和日本由于战败损失，也是在 60 年代才重建国外分支行和附属机构的。经过 20 多年的发展，跨国银行网已密布于资本主义世界。据 1980 年联合国跨国公司中心的调查，1975 年和 1978 年经营存款并在五个和五个以上国家拥有多数股权的分支附属机构的跨国银行有 84 家，其中美国 22 家，英国、日本各 10 家，法国 7 家，联邦德国、加拿大各 5 家，意大利、澳大利亚(与新西兰)各 4 家，比利时、瑞士、荷兰各 3 家，另有 8 个国家和地区各有 1 家。这 84 家银行 1978 年在国外共有分支行附属机构 4333 个，其中 46%分布在发达国家，53%分布在发展中国家和地区，分布在社会主义国家的很少。分支行和附属机构最多的是美国三家银行，即美洲银行公司、城市银行公司和大通曼哈顿银行公司，它们的国外分支附属机构均在 200 家以上。

二战后各国跨国银行的发展也是不平衡的，在 20 世纪 60 年代到 70 年代初，美国跨国银行在国际金融市场上处于绝对优势的地位，其他发达国家的银行活动主要局限于较大的金融中心，包括世界集团旗下的三家银行初期发展也如此。进入 70 年代后，西欧经济共同体国家、日本的银行、世界集团旗下的世界发展银行及亚太集团旗下的亚太银行也都极力开展国际银行业务向外扩张，与美国的多家寡头银行激烈地争夺市场，从而在国际金融市场上形成了三个主要势力集团。十年来，最显著的变化是美国银行的实力相对下降了，而日本银行的资产额与存款额都有较大的增长，其它巨头银行相对稳定。

跨国银行国外分支网迅速扩展的原因是多方面的。从根本上说，二战后国际贸易和国际投资的空前增长，国际间经济往来显著增多，客观上需要有大批的金融机构从事国际资金融通和资本筹集工作。同时，随着战后资本主义信用制度的新发展，跨国银行业务也有了新的内容，不再局限于存款、放款、汇兑、信托、证券发行等传统项目，还增加了一系列的"非银行业务"，以适应工商企业、政府机关等方面的需要。至于直接促使跨国银行在 60 年代后迅速发展的因素，主要有以下 4 点：

(1) 战后工矿业跨国公司积极向国外扩张。跨国公司在世界各地设立分公司、子公司，在世界范围内组织生产、销售，迫切要求银行为它们的跨国经营服务，银行本着"跟随顾客的原则"必然要扩大其海外营业网，以适应这种发展的需要，并可谋取最大限度的利润。

(2) 外汇管制取消，国际间自由兑换恢复。1958 年西欧国家取消了外汇管制，在国际间恢复了自由兑换，资本自由转移，随之出现了欧洲美元市场，到 60 年代发展成为欧洲货币市场，而且逐步扩大到北美、加勒比海地区和远东地区，积聚了资本主义世界最大量的货币资本，吸引了各种类型的金融机构参加，出现了一大批专门经营这类业务的"欧洲银行"。

(3) 在资本主义世界除了少数原有的金融中心外，又出现了许多新的金融中心。这些都是跨国银行开展业务和各国垄断资本集团从事国际垄断竞争活动的据点，跨国银行的营业网就是以这些金融中心为重点而向世界各个角落扩展的。

(4) 战后国家垄断资本主义有了进一步的发展。一些主要资本主义国家所推行的货币政策和管理金融机构的政策，直接或间接地鼓励、支持了跨国银行的对外扩张。有些国家的银行在国内经营受到本国法令的限制，在国外则可以逃避管制；有些国家对本国银行开展国外业务给予多方面的资助，有的银行还受政府的委托经办资金调拨业务，或者为了适应海外驻军或对外经济援助的需要而在国外增设分支机构。

(三) 跨国银行的主要业务

当代跨国银行在国外经营的业务主要有:

(1) 消费者银行业务,向个人或家庭经营小额贷款;

(2) 商业银行业务,主要是向工商企业、跨国工矿业公司或政府经营巨额贷款;

(3) 货币市场和证券市场业务,向其他银行或金融机构投放,承保证券发行或长期投资;

(4) 为国际贸易提供资金,安排出口或进口信贷;

(5) 财务管理业务,经办外汇市场交易,国际现金管理,充当投资代理人等。

此外,还有战后大大发展起来的所谓"非银行业务",如租赁业务、保险业务、代理业务、咨询业务、旅游业务、信息情报业务等。少数最大的跨国银行提供的"全面服务"项目达六七十种,被称为"金融银行"。

✦✦✦✦ 知 识 归 纳 ✦✦✦✦

全球性国际金融组织主要有国际货币基金组织、世界银行集团、国际清算银行等,区域性国际金融组织有亚洲开发银行、欧洲投资银行、非洲开发银行等,本章介绍了它们各自建立的宗旨和主要业务。

国际货币基金组织与世界银行的工作互为补充,它是为协调国际货币政策、加强货币合作而建立的政府间的金融机构。

世界银行主要关注发展和减贫问题,主要由国际复兴开发银行、国际开发协会和国际金融公司组成,三者各自独立,业务上相互补充。

国际清算银行是世界上第一家国际金融机构,是国际中央银行合作的主要中心。同时还具有组织国际货币和金融合作论坛、货币和经济研究中心、代理人和托管人的功能。

亚洲开发银行作为亚洲及太平洋地区的区域性国际金融机构,在减贫战略下,业务活动立足于促进经济的可持续性增长、促进社会发展和高效的政策与机构治理。

跨国公司主要是指资本主义国家的垄断企业以本国为基地,通过对外直接投资在世界各地设立分支机构或子公司从事国际化生产和经营活动的垄断企业。

跨国银行是指跨越国界,在世界范围内设有分支和附属机构的具有金融垄断性质的银行。

习题与思考题

一、单项选择题

1. 国际货币基金组织发放贷款的对象是( )。

A. 成员国的国营银行　　　　　　　B. 成员国政府

C. 成员国的私营企业　　　　　　　D. 成员国的任何企业

2. 国际货币基金组织发放贷款的规模与( )成正相关关系。

A. 成员国缴纳的份额
B. 成员国在国际贸易中所占的比例
C. 成员国人均国民收入
D. 成员国经常项目收支逆差的数额

3. (　　)不是世界银行集团的成员。

A. 国际金融公司
B. 国际开发协会
C. 国际复兴与开发银行
D. 农业发展基金

4. 世界银行的资金主要来源是(　　)。

A. 成员国缴纳的股金
B. 债权转让
C. 通过发行债券从其他国家获得的借款
D. 投资收益

5. 我国于(　　)恢复在国际货币基金组织的代表权。

A. 1949 年　　　　B. 1979 年　　　C. 1980 年　　　D. 2000 年

二、多项选择题

1. 国际清算银行的资金主要来源是(　　)。

A. 股本金
B. 股东国中央银行存款
C. 借款
D. 股东捐款

2. 国际货币基金组织的组织机构主要包括(　　)。

A. 理事会
B. 执行董事会
C. 常务委员会
D. 执行委员会

3. 下列属于国际性金融组织的是(　　)。

A. 亚洲开发银行
B. 国际货币基金组织
C. 世界贸易组织
D. 泛美开发银行
E. 世界银行集团

4. 世界银行的宗旨是(　　)。

A. 鼓励国际投资
B. 促进生产力提高
C. 促进国际收支平衡
D. 改善劳动条件

5. 国际金融公司提供贷款的方式有(　　)。

A. 直接向企业提供贷款
B. 贷款与投资相结合
C. 以参股形式进行直接投资
D. 通过联合贷款的方式向企业提供贷款

三、思考题

1. 简述国际货币基金组织的主要内容。
2. 简述世界银行的宗旨。
3. 简述国际清算银行的主要业务。
4. 为什么说人民币国际化是我国跨国银行发展的重大机遇？
5. 跨国银行有哪几种类型？

四、案例思考题

1997 年，IMF 对泰国提供 170 亿美元贷款的附加条件：

(1) 实施紧缩的财政政策，进一步削减财政开支，提高税收，将增值税率从 7% 提升

至 10%;

(2) 全面改革金融体制,关闭 56 家金融机构,加强资本充足率管理;

(3) 同意全额偿债;

(4) 进行自由化改革,发展外向型经济,包括降低关税、私有化、去除外国投资障碍。

请结合 IMF 的上述贷款条件,讨论发展中国家取得 IMF 贷款是否可以真正解决国际收支面临的困境。

JJ09 案例　　　　　　　　JJ09 习题及参考答案

第十章 "一带一路"与中国金融开放

教学目的和要求

通过本章的学习，掌握中国金融开放和"一带一路"的概念；了解"一带一路"沿线主要国家与中国金融开放的主要业务特点；熟悉我国与"一带一路"沿线主要区域及国家的金融合作。

重点与难点

"一带一路"沿线主要国家与中国金融合作的业务特点

关键词汇

一带一路(The Belt and Road)；中国金融开放(China's Financial Opening)；人民币国际化(RMB Internationalization)；中亚地区(Central Asia Region)；东欧地区(Eastern Europe Region)；东南亚地区(Southeast Asia Region)

引子案例

2018 "一带一路"金融投资论坛举行

4月12日至13日，2018全球治理高层政策论坛暨2018 "一带一路"金融投资论坛在广州举行。此次论坛聚焦"一带一路"金融投资，邀请了来自孟加拉国、埃及等10个"一带一路"沿线主要国家的部长等官员，联合国组织、国际金融机构、企业以及智库代表共300余人深入交流、激荡思想，共同探讨"以融资促进'一带一路'区域联系""'一带一路'机遇开创可持续发展新途径""创新性金融与可持续发展"等议题。

巴基斯坦《论坛快报》12日报道，巴基斯坦央行已许可中国银行巴基斯坦分行在巴设立人民币结算、清算系统，以加强在中巴贸易和外汇流动中使用人民币结算的便利性。根据最新许可，中国银行可在巴基斯坦分支机构开设人民币账户，为处理人民币往来汇款结算提供便利。巴央行还与中国人民银行签署了货币互换协议，推动中巴双方在双边贸易和金融投资领域以本币进行结算。

【资料来源：https://www.yidaiyilu.gov.cn】

案例评析

随着"一带一路"建设倡议的推进，中国与沿线国家在金融与投资领域的合作中取得了显著成就。

第一节　中国金融开放概论

一、金融开放的形成与发展

(一) 金融开放的概念

金融开放从广义上讲是指一国通过法律、法规等规范性法律文件，对国际资本跨境流动、货币兑换和他国或地区在本国金融市场从事交易和开展各种金融业务的准入和行为活动以及本国居民和机构参与国际金融市场上的交易行为进行逐步放松或取消管制的有效管理方案的总和。从狭义上讲，金融开放的判断依据是是否对外国金融要素及活动进入国内(区内)、或国内(区内)金融要素及活动的流出存在行政限制。若存在管制，表示金融开放是不完全的，否则金融开放是完全的。

从以上定义的角度出发可以看到，金融开放包含了两方面的内容：一是资本与金融账户的开放即国际资本的跨境流动和货币兑换的放松或取消管制；二是金融市场或金融服务业的开放，即对他国或地区的金融机构以合资、独资或并购等方式在国内从事银行、证券、保险等金融服务的准入及行为活动，以及本国机构和居民参与国际金融市场的交易进行放松或取消管制。

(二) 金融开放的产生和发展

金融开放的观念源于西方经济学中的金融自由化理论。经过学者们的系统研究后发现一个国家普遍存在政府对信贷的管制、利率的限制、汇率的控制以及对资本流动管制等干预行为，导致其金融市场不完全、资本市场严重扭曲的"金融抑制"现象，严重制约其经济发展。为此，针对金融市场上存在的这种金融抑制现象，主张通过放开利率、汇率的限制，解除信贷管制，消除金融业进入壁垒，允许金融业民营化发展和银行自律管理，放开资本与金融账户的管制，允许国际资本自由流动等一系列的国内金融自由化改革，解除金融抑制，实现金融深化，推动经济增长。金融自由化理论进一步奠定了金融开放的理论基础，开启了金融自由化时代，金融开放随之在全球范围内，尤其是在新兴市场国家兴起。

二、金融开放的步骤

"金融深化"理论的提出者之一麦金农提出了金融开放的四步骤规则：

第一步，平衡中央政府财政，稳定宏观经济。为了避免国内债务危机和通货膨胀，可采取两个措施：① 限制政府的直接支出、削减赤字财政；② 建立有效的税收制度、扩大财政收入，消除财政赤字，稳定物价水平。

第二步，开放国内资本市场，放松对利率的管制，使实际利率为正值。为了把银行恐慌和金融崩溃的可能性降到最小，必须硬化货币与信贷系统，强制长期负债企业偿还债务，并严格限制信贷流动，直到金融条件得到稳定。

第三步，推进汇率的自由化，经常项目的自由兑换应大大地早于资本项目的自由兑换，可采取以下措施：① 应统一所有经常项目交易的汇率，使全部进出口交易都能以相同的有效汇价进行。② 推行贸易自由化，恰当地制定贸易政策，逐步取消扭曲性的配额和其他直接行政控制，代之以适度的进口关税或出口补贴，或者开放几个可以自由进入国际市场的免税区，而在其他地区缓慢地扩大出口商品的外汇留成权。

第四步，允许国际资本自由流动。只有在国内银行自由经营、利率由市场决定、通货膨胀受到控制的条件下，开放资本账户才是有利的，否则就会导致资本外逃或外债堆积，危害经济发展。

金融开放的政策选择步骤不是彼此割裂的，而是相互衔接、相互交叉进行的，是一个统一体，是在国内宏观经济、财政与金融这样一个整体状况下进行的。金融开放要做到国内与国外协调，必须采取审慎渐进的步骤，密切关注开放进程中出现的问题，居安思危。在实施过程中，这些步骤的具体内容大都有一个"渐进"展开的过程，"渐进"意味着每一项具体内容都是一个错综复杂、循序渐进的过程，既要谨慎缜密，不急于求成，又不可因噎废食，坐失良机；既要看到国内状况，又要看到国外状况；既要看到当前局面，又要预测到未来态势；既要看到有利的一面，又要看到不利的一面；既要看到显现的情形，又要看到潜在影响。

三、中国金融开放的新政策

2018 年 4 月 11 日，中国人民银行行长易纲在出席博鳌亚洲论坛"货币政策的正常化"分论坛上，公布了本年度需要达成的 11 项金融开放措施。

(1) 取消银行和金融资产管理公司的外资持股比例限制，内外资一视同仁；允许外国银行在我国境内同时设立分行和子行；

(2) 将证券公司、基金管理公司、期货公司、人身险公司的外资持股比例上限放宽至 51%，三年后不再设限；

(3) 不再要求合资证券公司境内股东至少有一家是证券公司；

(4) 为进一步完善内地与香港两地股票市场互联互通机制，从 2018 年 5 月 1 日起把互联互通每日额度扩大四倍，即沪股通及深股通每日额度从 130 亿元人民币调整为 520 亿元人民币，港股通每日额度从 105 亿元人民币调整为 420 亿元人民币；

(5) 允许符合条件的外国投资者来华经营保险代理业务和保险公估业务；

(6) 放开外资保险经纪公司经营范围，与中资机构一致；

(7) 鼓励在信托、金融租赁、汽车金融、货币经纪、消费金融等银行业金融领域引入外资；

(8) 对商业银行新发起设立的金融资产投资公司和理财公司的外资持股比例不设上限；

(9) 大幅度扩大外资银行业务范围；

(10) 不再对合资证券公司的业务范围单独设限，内外资一致；

(11) 全面取消外资保险公司设立前需开设 2 年代表处要求。

中国金融业进一步开放的最终目标是将中国金融体系打造成为具有竞争力的、能够与中国经济规模及影响力相匹配的金融体系，这其中就包括人民币国际化、建设人民币国际市场等宏伟目标。

第二节 "一带一路"视角下的人民币国际化

一、"一带一路"的概念

"一带一路"(The Belt and Road，B&R)是"丝绸之路经济带"和"21世纪海上丝绸之路"的简称，2013年9月和10月中国国家主席习近平分别提出了建设"新丝绸之路经济带"和"21世纪海上丝绸之路"的合作倡议。"一带一路"不仅充分依靠沿线国家既有的、行之有效的区域合作平台，同时借用古代丝绸之路的历史符号，高举和平发展的旗帜，积极发展与沿线国家的经济合作伙伴关系，共同打造政治互信、经济融合、文化包容的利益共同体、命运共同体和责任共同体。"一带一路"建设与中国金融开放具有相辅相成、相互促进的作用。

二、"一带一路"建设有效促进人民币国际化进程

从"一带一路"倡议建设提出到现在取得的成果表明，借助倡议建设的机遇，实现对外不断开放格局，与沿线国家和地区愈来愈多的经贸合作往来，能够积极推动人民币区域国际化进程的发展，在政策沟通、设施联通、贸易畅通、资金融通、民心相通等方面都可以起到积极推动作用，为人民币区域国际化提供经济支持和社会基础支撑作用。

(一) "政策沟通"为人民币区域国际化创造条件

1. "一带一路"沿线各国政策现状

"一带一路"沿线有60多个国家和地区，其中大多数国家都存在经济、政治、社会转型问题，而且有的国家政局动荡，有的甚至还处在动乱当中，所以国际安全问题和社会稳定问题很重要。要在这样一个大区域的环境中推行人民币实现区域化，必定要建立一个能够被大家认同的政策沟通渠道机制。

2. 政策沟通带来合作机遇

随着中国经济的快速发展，特别是党的十八大召开之后，我国与全球许多国家都建立了全方位的合作伙伴关系。"一带一路"倡议赢得沿线60多个国家和地区以及一些国际组织的积极支持与参与，目的在于共同打造政策沟通，实现互联互通的愿景。而且随着倡议的推进，越来越多的国家和地区与我国签署合作备忘录以及双边投资协定。其成果证明，"一带一路"倡议之下政策沟通带来了合作机遇，为人民币走向区域化奠定了基础。在一些多边合作关系中，例如亚太经合组织、上海合作组织、中亚区域经济合作组织等，都发挥着各自的作用，在一定程度上对"一带一路"倡议关于沿线国家建立政策沟通起到了积极促进的作用。

(二)"设施联通"为人民币区域国际化提供有效支持

1. "一带一路"沿线各国设施现状

我国国内的基础设施联通情况在交通、通信、电网、铁路、航运等方面比较完善，但是与"一带一路"沿线国家之间的基础设施建设仍存在较大区别，就算是同样的基础设施，由于国家之间标准不同，因此也有一定差距，衔接难度较大。道路建设、电力能源、水利设施等都存在一定问题，特别是铁路之间接轨难度大，造成贸易运输不畅通，交易成本增加。

2. 设施建设完善提供贸易发展平台

在"一带一路"建设中，也会使得沿线的各个国家和地区共同形成一个市场一体化的集成局面，专业化越来越强，并且呈辐射式向外扩散。在交通领域方面，各区域交通联系更加紧密。在电力能源方面，中缅合资建设天然气联合循环电厂项目，正泰集团在海外多个国家建立海外光伏电站，三峡集团在巴基斯坦承建卡洛克水电站和科哈拉水电站。在合作产业园方面，中白工业园的建立将辐射欧亚市场成为重要的枢纽节点，中泰罗勇工业园的建立为泰国的经济发展作出了贡献，以及中巴经济走廊上的瓜达尔自贸区等都在为推动区域化建设发挥着重要作用。

(三)"贸易畅通"为人民币区域国际化营造发展前景

1. 中国外贸发展现状

改革开放以来，中国进入经济高速发展时期，外贸拉动经济发展，"一带一路"倡议将外贸重新提出来。对国内而言，贸易畅通便于协调，但是对于国际而言，贸易畅通仍然遇到不少问题，贸易壁垒重重。中国自从 2001 年加入世界贸易组织至今，经济高速发展，对外贸易也不断发展，并且跻身世界外贸大国，成为世界第一出口国和第二大进口国，贸易占比稳步提升，成为世界经济的重要力量，但同时也面临贸易壁垒问题。

2. 贸易畅通提供合作机会

"一带一路"建设给世界贸易带来新的发展局面，为各国经济发展提供贸易畅通合作机会，并且把人民币区域国际化也推向新的历史进程。通过与世界各国的经贸交往，不断地发现问题，并且建立新贸易规则，加强贸易畅通，增强区域间贸易合作，带来互利双赢局面。我国与沿线多个国家签订税收协定，目的在于降低贸易壁垒，使贸易领域结构不断完善，为贸易发展注入新活力。以巴基斯坦为例，共同签署自贸区协定，就贸易问题怎样共同降至零关税产品清单、进口海关关税的消除、关税减让等方面做了详细的补充协议。贸易的发展推动着整个国际经济发展变化以及国际影响力的提升，更多商品依托于跨境电商平台形成新的贸易方式对外发展。贸易体系的不断完善，为推动"一带一路"倡议下人民币区域化提供强大经济支持。

(四)"资金融通"为人民币区域国际化打造经济平台

1. 资金支持助力实现人民币区域化

对于在推动人民币区域国际化的进程中，一些基础设施的建设都离不开强大的经济支持，丝路基金、亚投行、中国—东盟投资合作基金的陆续成立，为"一带一路"沿线国家基础设施建设提供着强大的资金支持。以巴基斯坦为例，在打造中巴经济走廊的时候，一些大型水利设施工程、交通建设都需要大量资金投入。例如卡洛克水电站的建立将带来超过 2000 个直接就业机会，具有深远的社会效益和经济效益。丝路基金支持卡洛克水电站，为其项目贷款提供资金支持并进行多方面金融融资，为大型基础设施建设提供了资金支持，同时也推动了经济发展。

2. 金融平台为人民币区域国际化保驾护航

一系列的金融服务平台、金融机制的创新发展，提供了更多融资机会，实现了贸易的畅通并带来更多的投资机会，活跃了货币的流通机制，不管在对外投资，还是在融资方面都扩大了人民币的需求，促进了人民币区域国际化的进程。例如 2014 年的"沪港通"使得资本可以双向开放，扩大了人民币的使用范围。从更多方面来说，无论是丝路基金还是亚投行等金融平台，都是面向全球开放的投资平台，借助互联互通所创造的机遇，为区域经济发展提供更大的金融平台支持，为实体经济、基础设施建设及扩大人民币区域国际化保驾护航。

(五)"民心相通"为人民币区域国际化建立桥梁

"一带一路"建设的提出，既顺应时代发展的潮流，更符合沿线各国经济发展的需要。民心相通的社会基础得到了大多数人的认可，弘扬了传统的古丝路精神。"一带一路"沿线国家众多，文化和价值观念的差异必定存在。我们必须通过加强文化交流，树立良好的人民币形象，让更多的人了解到人民币区域国际化能够让大家互惠互利，提高各国对人民币的认可度。事实证明，这一倡议取得的成果十分显著。中国旅游业的不断发展，带动了经济发展，更多人愿意到中国了解中国文化与历史，中国民众也不断走出国门去了解其他国家历史和文化。

三、"一带一路"视角下人民币国际化的发展路径

(一) 立足本国经济，确立权威地位

实证证明，一国强大的经济基础是实现人民币国际化的重要条件。推进人民币国际化首先要保证本国经济高度发展，通过国内产业结构升级和技术创新确保本国经济在世界的领先地位。此外，在保证国内经济高速发展的同时完善分配机制，促进资源有效合理分配，优化经济结构，建设健康的经济环境也将助推人民币升值。

(二) 改善贸易结构，推进投资作用

积极推进本国和"一带一路"沿线国家的贸易，扩大贸易额度。"一带一路"沿线双边贸易的稳定和高速发展有助于人民币国际化进程的不断深化。除此之外，具体而言可以利用中国正在施行的"互联网＋"战略，创新贸易方式，挖掘跨境电子商务的潜力。"一带一路"沿线多为亚洲国家，受历史和地缘的双重影响，文化交流障碍较小，可以作为人民币计价跨境贸易建设的重要地区。支持现有的电商网站和跨境支付系统，改变现有的美元标

价方式，转而向人民币—美元双币种计价，逐步推进人民币计价。

"一带一路"沿线共有 64 个国家，其中 57 个是发展中国家，尤其是位于亚洲大陆内部的中亚、西亚的部分国家，基础设施建设严重落后，即便是基础设施建设较好的东南亚地区，其陆上交通仍然需要改善。像新加坡、阿联酋这样各项基础设施建设都比较完善的国家很少，大部分国家的基础设施都需要投资改善。东南亚国家的交通基础设施较好，一方面是由于经济发展活跃，货运量较大；另一方面是其主要运输方式是海运，所以东南亚的陆上交通实际上有待完善。因此在东南亚，我国现在已经在修筑泛亚铁路(中国云南经泰国曼谷到新加坡的铁路，连接我国和东南亚陆上交通)和印尼高铁。除陆上交通之外，我国的基建企业还可以更新修筑东南亚国家的港口设施。除了交通，东南亚的能源、信息、教育方面的基础设施都有待完善。虽然印尼和文莱拥有丰富的石油资源，但其他国家的油气供应和发电供电设施水平并不高，而且互联网宽带、移动通信网络等信息基础设施也尚待完善。这些都可以通过"亚投行"对其投资加以完善，进而扩大该区域内的人民币流动，助力人民币国际化。

(三) 开放资本市场，发挥亚投行作用

充分发挥亚投行的作用，加快深度融合国际金融市场从而推进人民币国际化是亚投行成立的一个重要考量。通过成立亚投行这一契机推动人民币作为对外贸易计价货币，进而推动人民币国际化进程。目前，跨境贸易中人民币结算已经在众多东盟国家(越南、缅甸、柬埔寨、新加坡)中实现，积极发挥了亚投行的作用，并推至更多国家和地区。我国现在已经和许多国家建立了自贸区，签订了一系列货币互换协议、本币支付结算协定等。同时，马来西亚、韩国、印尼、柬埔寨、泰国、澳大利亚等国家现都持有一定的人民币外汇储备。充分发挥亚投行的作用，加速人民币在这些区域内流动，借助"一带一路"契机，率先在这一区域内实现国际化，使人民币按"周边化—区域化—国际化"这一路径推进。

第三节 中亚国家与中国金融开放

中亚国家是古丝绸之路沿线的重要国家，地处欧亚大陆结合部，是欧亚大陆的枢纽，占据着重要的地缘位置。中亚国家总面积约 4 百万平方公里，人口 6600 余万。毗邻中国西北地区，中国与哈、吉、塔三国共同边境线总长度达 3309 公里。中亚地区地跨世界两大巨型成矿带，天然气储量达 19.9 万亿立方米，石油探明储量 42.8 亿吨，是世界石油天然气密集区之一。有色金属和稀有金属矿藏储量也很可观，铀的储量位居世界首位，黄金储量占原苏联储量的一半。中亚国家具有发展绿洲农业和畜牧业的良好条件，棉花生产独具优势。因此，中亚地区被称为 21 世纪的战略能源和资源基地。中国与中亚具有悠久的交往历史。早在 2000 多年前，通过古老的"丝绸之路"，中国与中亚地区就开始了外交和民间往来。然而，自 19 世纪中期沙俄侵占中亚各国后，该地区沦为沙俄帝国的殖民地。苏联时期，该地区作为苏联的加盟共和国，很少直接与外界联系。随着 1950 年中国与苏联达成《中苏友好同盟互助条约》，中国和当时属于苏联的中亚各加盟共和国才开始了经济贸易往来。1959年，中国在新疆地区启动了与苏联中亚加盟共和国的边境小额贸易。但之后随着中苏关系

全面恶化，直到 20 世纪 80 年代初，中国与苏联中亚各加盟共和国的经贸往来基本处于停滞状态。20 世纪 80 年代后，中国积极开展对苏联的直接贸易，新疆也与中亚边境地区进行了直接的易货贸易。1982 年 4 月，中苏两国签订了双边贸易议定书，中国与苏联及其中亚加盟共和国的贸易迅速得到恢复，地方边境贸易开始快速发展。

1991 年，随着苏联解体，中亚国家宣布独立，中国在第一时间予以承认，并迅速与其建立了外交关系。中国和中亚国家的合作关系在 20 世纪 90 年代不断调整提高，一些中国企业还前往中亚国家进行投资，在当地建立了一系列合资或独资企业，满足了当时中亚国家的市场和生活需求，取得了良好的经济效益和社会效益。经过 20 世纪 90 年代的转轨，自 2000 年起，中亚国家不同程度地实现了较快的经济增长，同时在上海合作组织、中亚区域经济合作机制(CAREC)的推动下，中国和中亚国家的合作迎来了大发展时期，双方在贸易、投资、能源、金融、交通等领域的合作不断深化。

一、中国与中亚国家的金融合作的现状及机遇

中国与中亚国家的经济贸易往来离不开金融的支持。经过多年的发展，中国与中亚国家的金融合作已经在多方面取得了初步的成果。

(一) 政府间金融合作与区域投融资机构的建立

政府间多边金融合作与区域投融资机构的建立，为中国与中亚国家的金融合作提供了制度基础和融资来源。上海合作组织(简称上合组织)在成员国金融合作方面发挥了积极作用。中国和除土库曼斯坦之外的中亚四国均是上合组织成员国。上合组织给予成员国的优惠信贷支持，对改善各国经济体系，促进基础设施建设和优化投资环境都产生了积极的影响。如中国政府在 2009 年上合组织峰会期间宣布提供 100 亿美元的信贷支持，支持一系列重大项目的建设，如中—吉—乌公路、塔吉克斯坦南北输变电、吉尔吉斯斯坦南部电网改造项目等。2005 年 10 月，上合组织银行联合体成立，进一步加强了成员国间的多边金融合作，在推动成员国间本币结算和本币贷款，推进区域内交通、能源、通信等重大网络型项目建设以及对农业合作的金融支持，建立支持经济增长和创新的金融投资合作机制等方面做出了积极的努力。截至 2014 年第 1 季度末，作为银联体成员行的中国国家开发银行在中亚支持的项目达 77 个，承诺和发放贷款分别为 378.9 亿美元和 270.16 亿美元,涉及油气、有色金属、航空、电力、农业、中小企业等多个领域。

2004 年 5 月，中国与哈萨克斯坦金融合作分委会成立，这是中哈政府副总理级合作机制下的定期会晤安排。截至 2014 年底，中哈双方共进行了九次会议，对协调和促进两国金融机构合作，扩大中哈本币使用，深化银行、证券及保险监管领域合作，加强法制建设和信息、经验交流，推动两国经济和金融关系全面发展起到了重要的作用。

2010 年 9 月，中国提出设立上合组织开发银行的倡议，绝大多数成员国积极响应。此后，上合组织各成员国政府就筹建上合组织开发银行、上合组织财经合作机制化、成员国间本币结算便利化等领域进行了深入讨论。这对中国与中亚国家的金融合作具有重要意义。

2011 年，中国人民银行正式加入中亚、黑海及巴尔干半岛地区央行行长会议组织，中国与丝绸之路沿线国家，包括中亚国家央行之间的交往上升到一个新阶段。

2013 年 10 月，中国提出筹建亚洲基础设施投资银行(亚投行)的倡议。2014 年 10 月，注资 500 亿美元的亚投行成立。截至 2015 年 4 月，其成员包括中国、哈萨克斯坦、乌兹别克斯坦、塔吉克斯坦、吉尔吉斯斯坦等在内的 57 个国家。亚投行将对促进包括中亚国家在内的相关国家的基础设施建设、深化中国与周边国家经济金融合作发挥积极作用。

2014 年 11 月，在 APEC 工商领导人峰会上，中国宣布将出资 400 亿美元成立丝路基金。丝路基金将为"一带一路"沿线国家，包括中亚国家在内的基础设施建设、资源开发、产业合作等有关项目提供投融资支持。

(二) 本币跨境使用

目前，中国已经与中亚的哈萨克斯坦、吉尔吉斯斯坦、塔吉克斯坦和乌兹别克斯坦四国开展了本币跨境业务合作。

1. 双边本币结算

2003 年中国人民银行与吉尔吉斯斯坦央行签署了边境贸易本币结算协定，2005 年中国人民银行又与哈萨克斯坦央行签署了边境贸易本币结算协定，允许在中国与这些国家的边境贸易结算中使用双方本币。2014 年 12 月，中国人民银行与哈萨克斯坦国家银行又签订了新的双边本币结算与支付协议，中哈本币结算从边境贸易扩大到一般贸易，两国经济活动主体可自行决定用人民币或哈萨克坚戈进行商品和服务的结算与支付。这降低了相关企业和个人的汇兑成本，规避了汇率风险。新疆作为中国和中亚国家开展经贸往来最多的省区，于 2010 年 6 月成为中国第二批跨境贸易人民币结算试点省区并开始运行，9 月新疆又成为全国第一个获准开展跨境直接投资人民币结算的试点省区。新疆跨境人民币业务种类不断拓宽，从货物贸易、服务贸易、贸易融资扩展到对外投资、外商直接投资等方面。这使得新疆与哈萨克斯坦等中亚国家的跨境贸易可以用人民币结算，双方企业也可以使用人民币相互到对方国家投资，对促进中国与这些国家的经贸往来发挥了积极作用。

2. 双边本币互换

在中亚国家中，乌兹别克斯坦中央银行最先与中国人民银行开展货币互换。2011 年 4 月，双方签署了金额为 7 亿元人民币的双边本币互换协议。这次货币互换成为中国与中亚国家开展货币互换合作的起点，具有重要意义。2011 年 6 月，中国人民银行与哈萨克斯坦国家银行签订了 70 亿元人民币的双边本币互换协议，并于 2014 年 12 月续签了该协议。中国与乌兹别克斯坦、哈萨克斯坦签订的本币互换协议虽然规模较小，但协议的签订有利于鼓励双方企业以本币开展各种经贸活动，是中国推进跨境人民币贸易和投融资结算的重要措施。在中国资本项目未完全开放的情况下，货币互换是保证市场有足够流动性、各项人民币金融交易顺利进行的关键，留存在中亚国家中央银行的人民币一定意义上充当了官方外汇储备的职能，货币互换合作为人民币在中亚地区发挥国际储备货币职能奠定了良好的开端。

3. 货币直接汇率机制

在国内，中国银行新疆分行于 2011 年 6 月推出人民币对坚戈直接汇率项下的坚戈现汇业务，这意味着人民币和坚戈间不再需要美元作为中介货币进行套算，可以直接进行兑换，开启了人民币兑坚戈的直接汇率机制。2012 年 6 月，新疆办理了首笔人民币兑坚戈交易的国际贸易结算业务。2013 年 11 月,中国工商银行新疆分行启动哈萨克斯坦坚戈现钞汇率挂牌交易业务,以一日多价的形式提供人民币对坚戈的实时、直接汇率。人民币兑哈萨克斯坦货币坚戈实现现钞挂牌交易,成为全国继俄罗斯卢布之后,第二个实现现汇、现钞双挂牌的小币种货币。在哈萨克斯坦,其国内也实现了人民币与坚戈的直接汇率机制和直接交易化机制,成为哈国 20 多种可以直接交易的货币之一。这些措施大大降低了中哈双方经贸交往中的货币汇率风险和兑换成本,标志着中哈本币交易进入市场化阶段,有助于推动人民币市场化和国际化进程。

4. 人民币清算

中国与中亚国家企业或机构间银行清算方式包含了代理行、清算行和非居民账户(NRA)等多种形式。

1) 代理行模式

代理行模式是指境外人民币业务参加行在境内代理银行开立清算账户(即人民币同业往来账户),当跨境资金通过代理行模式清算时,境外参加银行首先通过 SWIFT 系统将资金收付信息传达给境内代理银行,境内代理银行通过人民银行跨行支付系统或行内清算系统代理境外银行办理资金汇划,境内代理银行通过人民币同业往来账户,完成与境外参加银行之间的资金结算。利用代理行模式进行人民币结算,将缩短人民币跨境结算款项在途时间,使人民币清算更加便利。截至 2013 年 10 月底,中亚有四个国家的商业银行在新疆辖内的代理银行开立了 12 个人民币同业往来账户。除新疆外,中亚国家设立的代理行也遍布中国其他地区。如哈萨克人民银行自 2012 年 4 月开始通过其在摩根大通银行(中国)有限公司上海分行设立的代理账户为法人办理人民币结算业务,以人民币结算的商品和服务现汇及其他账户业务可与在摩根大通银行(中国)7 个地区的分支机构开设有账户的公司进行。

2) 清算行模式

清算行模式是指境外金融机构可以直接在货币发行国中央清算体系开户,与境内金融机构享受同等清算权利,可以参与境内或者跨境人民币的清算。2014 年 9 月,哈萨克中国银行正式在哈萨克证券交易所挂牌,开始开展人民币对坚戈的兑换业务。哈萨克斯坦成为中亚第一个进行人民币挂牌交易的国家,也是目前中国在中亚的唯一一家人民币清算行。人民币坚戈的开盘交易意味着中资企业自此将可以在哈国本地银行用人民币进行贸易结算,而哈国企业也可选择人民币作为外币储备。目前中哈双方的多数贸易通过美元进行结算,不仅手续复杂,还易遭受汇兑风险带来的损失。而现在人民币对坚戈实现了开盘公开交易,许多问题都得到了解决。同时哈国本地银行也可以买卖人民币,扩大了人民币在中亚的使用交易范围。

3) 非居民账户(NRA)模式

非居民账户模式是指经人民银行当地分支行核准,境外企业可申请在境内银行开立非居民银行结算账户,直接通过境内银行行内清算系统和人民银行跨行支付系统进行人民币资金的跨境清算和结算。2011 年 6 月,中国银行新疆分行成功为吉尔吉斯斯坦某贸易公司开立了 NRA 外币账户,这是中行辖内开立的首个 NRA 外币账户。这标志着中亚各国的企业可通过 NRA 账户更加便利地与中国企业开展相关的贸易结算和交易业务。

虽然跨境人民币业务表现出了比较良好的发展势头，但从总体上看，中亚地区人民币结算业务发展仍较缓慢。2012 年，中国与中亚国家人民币结算总量为 18.6 亿元，其中货物贸易人民币结算占同期与中亚国家贸易额比重不足 1%，远低于全国跨境人民币结算量占外贸总额 8.4%的平均水平。

(三) 互设金融机构与项目融资合作

1．互设金融机构

1993 年，中国工商银行(阿拉木图)股份公司成立，它是中国工商银行第一家海外经营性机构，同时也是第一家进入哈国的中资银行。同年中国银行阿拉木图分行在哈萨克斯坦成立，后更名为哈萨克中国银行。国家开发银行(简称国开行)是中国海外业务最大的银行，从 2005 年年底国开行就开始向中亚派遣工作组，目前其业务已涵盖中亚所有国家。中国银联通过与中亚地区重要银行开展合作，受理网络不断拓展。哈萨克斯坦、乌兹别克斯坦、塔吉克斯坦、吉尔吉斯斯坦分别于 2006、2009、2010、2013 年开通使用并发行银联卡。中国银联还计划在哈萨克斯坦的阿拉木图成立哈萨克分公司。截至 2015 年 5 月，哈国近七成 ATM 机和五成商户可以受理银联卡业务。这大大地促进了中亚地区使用人民币进行小额支付，提高了人民币在中亚地区的认可程度。但从数量上看，在中亚地区中国银行的代表处或分支机构才不到 10 家，金融业服务跟不上中国企业在当地发展的需求。

2．项目融资合作

多年来中国向中亚国家提供了大量项目融资贷款和无偿援助，在基础设施、交通、能源、电信、农业等领域援建了大批项目，如中吉乌公路项目、塔吉克斯坦沙尔—沙尔隧道及其南北连接线项目、中亚天然气管道、中亚原油管道、土库曼斯坦天然气田等。2010 年 2 月，国家开发银行新疆分行通过吉尔吉斯 RSK 银行的境外客户人民币贷款业务，为吉尔吉斯工业钢铁公司办理了人民币货款及运费业务，金额达 198.36 万元，成为首笔为中亚国家办理的人民币贷款业务。2012 年 4 月，国开行向哈萨克斯坦企业发放了金额达 3.5 亿元人民币的贷款，这是中国与中亚地区项目融资合作的重大进展。此外，国开行新疆分行先后向塔国储蓄银行提供授信 2850 万美元、3300 万元人民币，用于支持塔国农业发展，受到当地政府和农民的欢迎。

(四) 金融监管合作

2004 年，哈萨克斯坦、塔吉克斯坦、吉尔吉斯斯坦和中国成为欧亚反洗钱与反恐融资小组(EAG)的创始成员国，共同打击洗钱和恐怖融资，这可以说是中国和中亚国家在金融监管领域合作的起步。此后，中国和中亚有关国家继续加强金融监管合作，并签订了金融监管合作协定。2004 年 9 月 21 日中国与吉尔吉斯斯坦签署了《中国银监会与吉尔吉斯斯坦共和国国家银行监管合作协议》；2005 年 12 月 14 日，中国与哈萨克斯坦签署了《中国银行业监督管理委员会与哈萨克斯坦金融市场和金融机构监督管理局关于在银行监管领域开展合作的谅解备忘录》；2010 年 11 月 25 日中国银监会与塔吉克斯坦国家银行也签署了金融监管合作协议。此外，中哈金融合作分委会作为专口的金融合作机制，金融监管合作也是其重要议题，是中哈金融监管合作重要的沟通渠道。

(五) 金融合作对外交流

作为中国—亚欧博览会的重要组成部分,中国—亚欧博览会金融合作与发展论坛成功打造了中国对外金融合作的平台,为中国与包括中亚国家在内的亚欧国家交流金融合作信息、达成金融合作项目创造了机会。该论坛分别于 2011 年和 2013 年成功举办两届。2013年会议期间,有 46 家国内外金融机构和企业进行了项目签约,共计达成 55 项合作成果,签约金额达 1987 亿元人民币,项目涉及对外金融合作、跨境人民币创新试点业务、国内银企授信和非公开定向债务融资工具募投保障房等。该论坛大大促进了中国与包括中亚国家在内的周边国家金融机构间、银企间的金融合作。

此外,中国和中亚国家间不断开展金融业务交流培训。如自 2006 年国开行新疆分行首度邀请吉尔吉斯斯坦金融机构代表团到新疆参加培训班,截至 2014 年初,到中国参加各类培训的中亚国家政府官员、银行高管、企业代表已逾千人次。与此同时,国开行还深入中亚各国,通过案例教学、互动交流、实地调研等开展培训,其中,在哈萨克斯坦的相关活动被当地金融机构称作"上合银联体框架下双边合作的创新典范"。这些举措还为中国在中亚开展金融业务培养储备了专业人才。

总之,从中国与中亚国家目前金融合作的情况看,双边合作较多,多边合作较少;政府主导的合作项目较多,市场主导的合作项目较少;松散型合作较多,紧密型合作较少。因此中国与中亚国家区域金融合作还处于初级阶段,实质性金融合作还有待进一步加强。

二、中国与中亚国家的金融合作面临的挑战

(一) 金融合作基础薄弱

中国与位于"丝绸之路经济带"上的中亚国家都是发展中国家,经济发展水平总体不高,金融发展滞后,一直存在着金融抑制现象。金融对经济发展没有起到应有的支持作用,普遍存在金融市场不发达、融资渠道狭窄、金融创新不足、融资方式单一的问题。另一方面,由于政治、历史、文化等各方面原因,各国的经济发展水平和金融发达程度差距较大。相对而言,哈、中、土三国的经济和金融发展水平较高,乌、吉、塔三国则较低。部分国家过度依赖少数几家商业银行,系统性金融风险高,金融机构经营管理水平、资本充足率水平、抗风险能力都比较低,金融机构缺乏有效监管,信用评级差,汇率不稳定。此外,目前中国与中亚国家之间金融市场开放程度不高,区域资金流动存在限制,难以跟上双方日益深化的经济合作步伐,而且各国的金融监管模式和监管标准差异较大,这些因素将使中国金融机构进入中亚国家市场时面临高风险、高成本、低收益、币值不稳定等不利因素。

可以看出,中国和中亚国家金融合作的基础还比较薄弱,双方金融合作还只是停留在简单的协商对话、签署政策性协议等初级层面,实质性金融合作还没有广泛展开,因而区域金融合作还需进一步加强和深化。

(二) 跨境人民币结算发展缓慢

虽然中国与中亚国家已经签署了有关使用人民币结算的协议,但是在企业实际经营活

动中却采用甚少，大多采用美元结算。2012 年新疆与毗邻的哈、吉、塔三国贸易额为 166.13 亿美元，但使用人民币结算额只占与三国贸易额的不足 1%。中国与中亚国家贸易往来中使用人民币作为结算货币大多是由于政府间签订双边本币协议，而民间对于使用人民币进行贸易支付却较为谨慎。其原因主要有以下几方面：

1. 结算货币选择权有限

从中国与中亚国家的贸易结构可以看出，中国从中亚国家进口的主要产品为石油、天然气和矿产品，对其出口的主要是机电产品和轻工业产品。中国对能源和矿产品的需求存在刚性，且国际能源和矿产品一直来以美元为国际结算货币，导致中国在进口支付中对货币选择权较弱，因此，人民币在中国从中亚国家进口产品中结算份额较小。而中国对中亚国家出口的机电产品和轻工业产品仅占中亚国家同类产品进口额的一成多，技术含量和差异化程度不高，附加值低，国际竞争力小，这就使得中亚客商在选择结算货币时处于主动地位，中方对于货币选择权则较为有限。

2. 人民币缺少回流渠道影响其结算功能

中国资本账户尚未开放，人民币还未实现资本项下的可自由兑换，因此人民币通过投资渠道跨境流通困难。中亚国家企业或居民持有人民币只能用于进口中国商品和服务，或存放银行，无法将持有的人民币用于中国境内的投资以实现保值增值；再加上中亚国家参与香港人民币离岸市场程度低，难以通过香港人民币市场运营人民币资金；其本国企业或居民持有的人民币很难在中国以外的其他国家(地区)交易中使用，其使用人民币范围有限，投资、避险等功能也难以得到有效满足。按照新疆与中亚国家贸易额及人民币付汇占比情况推算，2011 年新疆与中亚国家人民币跨境流出与流入总量约为 308.4 亿元，其中，流出量 257.75 亿元，流入量 50.67 亿元，流出量是流入量的 5 倍多。这意味着，贸易的结果是大量人民币在当地沉淀，人民币跨境回流量有限。因此人民币在中亚国家民间和官方的真正认可度和接受度还不高。中亚地区人民币市场尚未形成规模效应，流通范围小，人民币回流渠道不完善，不能够自我循环和自我平衡，因此导致中国与中亚国家贸易结算时仍大多使用美元。

3. 人民币清算渠道少

尽管中国与中亚国家企业或机构间银行清算方式有代理行、清算行和非居民账户三种主要形式，且中国与哈、乌两国签订了双边本币互换协定，但现在中国与中亚国家还远没有形成完善、统一的人民币清算网络体系。如中亚国家在中国境内开立的人民币往来账户数量较少，中国和中亚国家很多银行之间还没有建立业务关系。截至 2013 年 2 月，中亚国家银行机构在中国共开立了 20 个人民币同业往来账户，只占中国境外金融机构开立人民币同业往来账户的 1.1%，其中，土库曼斯坦还没有在中国设立相关账户，许多贸易结算因此需通过第三国转汇，由于转汇流程繁琐、花费高、风险大，因而影响了人民币跨境结算与流通。此外，中国一些商业银行即使与中亚国家商业银行间建立了代理行关系，这种代理关系大多是按国际清算体系要求，结算使用的货币是美元或其他外汇，并非人民币。对于清算行形式，目前只有哈萨克斯坦中国银行一家正式开展业务，影响力较小。对于开立非居民账户这种形式来说，开立手续通常较为复杂严格，且由于中国规定非居民账户为活期存款账户，导致账户资金大多流到境外人民币市场寻求更高收益，不利于人民币回流；同时，银行在开展境内质押境内融资业务，为 NRA 账户客户开立信用证等业务时，保证金也执行活期存款利率，因此客户办理意愿较低，不利于跨境人民币清算。

4．中国金融机构国际化程度较低

由于中国金融机构走出去开展跨国经营才刚刚起步，金融机构国际化远远落后于企业国际化的步伐。中国金融机构在国际上设立的分支机构数量有限，主要分布在伦敦、纽约、中国香港、新加坡等几个金融中心，在丝路沿线国家金融机构数量较少。目前在中亚国家，中国银行的代表处和分支机构不到十家，这使得中亚国家的人民币贸易结算和金融交易缺乏有力的组织者和推动者。金融业服务跟不上中国企业在当地发展的需求，国外客户也难以通过中资金融机构大量开展人民币业务，不利于人民币结算和人民币国际化。

(三) 金融监管合作有待加强

虽然中国与中亚有关国家已经签署了金融监管领域的相关协议，也建立了打击金融犯罪的相关组织，但这些金融监管合作程度还较低。随着中国和中亚国家在经贸、金融等各领域的深化合作，多种类型金融机构参与进来且大量国际业务的发生，双方金融监管合作也应逐步加强。金融监管领域和内容将越来越宽泛，如资金清算、国际结算、信贷支持、账户开立、金融稳定、反洗钱、现钞供应等。此外，为适应金融合作发展需求，对监管人员业务素质和能力要求将更高，因此，急需提高监管人员业务能力并培养复合型监管人才。

三、中国与中亚国家金融合作的发展路径

(一) 以金融推进贸易投资便利化

金融支持要以贸易投资便利化为着力点，从机制制度层面推进贸易投资便利化。贸易投资合作是"丝绸之路经济带"建设的主要内涵，而贸易和投资都离不开计价、汇兑、结算、套期保值、融资等金融服务和支持。如果中国和中亚国家在经常项目下和资本项目下都采用本币定价、结算或投资，不仅可以降低交易成本，扩大人民币跨境使用规模和范围，还可以增加贸易投资便利性。为此，应在以下几方面继续推进。

1．继续加强本币结算合作

目前，中国只与中亚国家中的哈萨克斯坦、吉尔吉斯斯坦签订了本币结算协定，且与吉尔吉斯斯坦的本币结算协定仅限于边境贸易。中国与中亚国家之间本币结算的范围和广度远远不够，跟不上双方经贸合作发展的需要，因此，中国应与更多中亚国家签订本币结算协议。同时，中国企业要积极在相关国家开立跨境人民币结算账户，积极开展外汇存贷款、结算、信用证、结售汇、贸易融资等业务，建立安全高效便捷的人民币跨境结算网络。此外，随着中国对个人跨境贸易人民币结算业务的放开，还可探索开展此项业务，以便于人民币在进出口贸易结算中使用。

2．扩大货币互换范围与规模

货币互换可以锁定汇率风险，降低融资成本，维护金融市场稳定，提高经济的可预期性。中国与中亚国家的货币互换不仅有利于促进人民币在中亚国家的使用，还可为双方贸

易和投资提供更多便利。但目前，中国只与中亚国家中的哈萨克斯坦、乌兹别克斯坦签订了货币互换协定，且范围与规模都有限，因此，应扩大中国与中亚国家的货币互换范围与规模。

3. 完善人民币清算渠道

第一，深化与代理行合作关系。中国商业银行应积极与中亚国家金融机构合作，建立代理行关系和开立人民币同业账户，实现人民币的直接通汇结算，允许境外代理行向境内代理行申请办理规定额度内的人民币拆借业务，建立人民币供给制度。同时要积极扩展境外人民币结算的代理行，并与各代理行建立广泛的业务合作关系，进一步拓宽跨境人民币结算网络范围。第二，增加人民币清算行安排。目前，中国在中亚只有一家人民币清算行，设在哈萨克斯坦。随着中国与中亚国家经济往来的增加，中国应在中亚更多国家建立清算行，从而方便人民币的回流和在中亚国家间的流通与使用。第三，适当放宽非居民账户的审核条件，酌情考虑为该账户各项业务提供高于活期存款的利率，促进跨境人民币结算。第四，加快建立人民币跨境支付系统(Cross-border Inter-bank Payment System，CIPS)。未来随着人民币国际化进程不断加快，资本项目逐步放开，外汇管制取消，境内和离岸的外汇市场可以提供充分的人民币和外币的流动性，人民币跨境支付系统(CIPS)可替代清算行和代理行模式为客户提供本币。因此，应尽快建立该系统，使之成为人民币全球流动的"高速公路"。

4. 建立人民币与中亚各国货币的直接汇率机制

目前，人民币只实现了与哈萨克斯坦坚戈相互间的直接汇率机制，不需要美元作为中介货币进行套算，这不仅便利了人民币与坚戈的直接交易，也便利了中国与哈国间的经贸往来。但中国与中亚其余四国还未建立直接汇率化制，因此，要鼓励边境地区商业银行尝试加挂人民币与中亚其余四国货币兑换牌价，从而进一步促进国家金融开放。

(二) 加强互设金融机构和货币兑换

中国和中亚国家应放宽金融机构互设准入限制，鼓励互设金融机构。中国应支持国内大型银行在中亚国家开设分支机构和子公司，设立境外机构人民币结算账户，办理跨境人民币结算业务。同时，也支持中亚各国商业银行在中国设立分支机构。积极在中亚国家推广银联卡业务，从而推动人民币小额支付在中亚地区的使用。放开人民币兑换业务，增加本外币自由兑换点也非常重要，尤其在境内外本外币使用密集的地区，更应多设置兑换点和自动存取款设备，以便于小额现金交易，同时也可解除商家对资金无法带回国内的顾虑。

(三) 疏导人民币流通渠道

1. 鼓励人民币"走出去"

针对当前中亚国家与中国贸易结算中人民币使用较少的情况，中国应加大人民币经常项目自由兑换和结算使用范围。在边境贸易中，放宽个人出入境携带人民币现钞额度，提高双边贸易中人民币现钞结算比例，增加人民币在中亚国家的流通规模和留存数量。同时，积极推动人民币对外直接投资和矿产能源等大宗商品采用人民币计价和结算。要开拓涉外货币市场，建立人民币与中亚国家货币的银行间市场交易。要开拓涉外信贷市场，推动中国银行为中亚国家项目提供人民币贷款业务。中亚国家国内贷款利率水平较高，年贷款利率为11%~25%，远高于国际贷款利率(约3%)和中国贷款利率(约6%)的平均水平，可见中国贷款在中亚国家具有明显的利率优势。因此，可以通过向中亚国家发放人民币贷款，或依托货物贸易提供对外融资，来扩大人民币在中亚地区的保有、运用和流通量。还要开拓涉外资本市场，鼓励合格境内机构投资者(QDII)投资中亚资本市场，研究设立人民币海外投资基金，支持中亚国家政府和信用等级较高的企业及金融机构在中国境内发行人民币债券，拓宽人民币跨境投资渠道，促进人民币境外投资的发展。

2. 完善人民币回流机制

由于人民币资本项目未完全实现自由兑换，在中亚国家使用人民币仍受限制。因此，应进一步完善境外人民币回流机制，从而满足境外人民币持有者对人民币使用和保值增值的需要。积极与中亚国家签订清算行协议，设立更多清算行，使人民币可以直接兑换为当地货币。此外，通过非居民入境旅游、探亲消费、劳务支出、在中国国内直接投资、购买不动产、股票资产等渠道，也可实现人民币回流，但根本解决方案应是中国逐步实现资本项目可兑换、开放金融市场和放宽外汇管理制度。

(四) 寻求多渠道融资支持

近年来，处于"丝绸之路经济带"上的中国和中亚国家经贸合作发展迅猛，涉及能源、矿产、交通、基础设施、农业、电力、通信、服务业等领域。但目前区域内项目合作还缺乏充足资金和融资服务，为此，应积极构建区域经贸合作的金融支持体系。

以往中国对中亚国家的项目融资支持大多是通过中国国家开发银行、中国进出口银行等经由上合组织和上合组织银联体这一平台进行的。2010年9月，中国提出设立上合组织开发银行，虽然目前这一倡议还未实现，但其意义重大，它可以为包括中亚国家在内的上合组织成员国提供自有融资平台。这对于中国和中亚国家拓展区域互联互通建设、资源开发、产业合作、促进上合组织成员国经济社会发展，进一步深化中国与成员国尤其是中亚成员国之间的金融合作具有重要的意义。但鉴于中国提议的上合组织开发银行与俄罗斯主导的欧亚银行之间还存在一定博弈，需要一定时间的沟通和协调，中国可先借助"中国—欧亚经济合作基金"等金融平台，在上合组织开发银行尚未启动时，解决上合组织成员国缺乏有效融资平台的问题。同时，中国仍应与俄罗斯保持密切沟通，制定灵活方案，协调好上合组织开发银行与欧亚银行之间的关系，从而推动其尽快建立，为中国与中亚国家经贸合作提供更多融资支持。

此外，亚投行的宗旨是为改善亚洲基础设施互联互通；丝路基金是为支持"一带一路"建设，而中亚国家均是以上二者涵盖的对象。随着亚投行和丝路基金开始投入运行，也可积极争取二者为中亚国家基础设施、资源开发和重大项目提供融资支持。对于能源、矿产等大宗商品的产业融资，可以由国家出资设立专门为能源产业、矿产产业贷款的银行。另外还可以设立能源(矿产)投资基金，如能源(矿产)企业和国家财政合资设立能源(矿产)开发基金、能源(矿产)风险投资基金等，专门用于"丝绸之路经济带"上中亚国家的能源(矿产)产业的开发和投资。此外，在资本市场上还可适时推出以能源(矿产)产业未来收益为保证的证券化产品，为能源(矿产)金融的发展提供多层次的金融支持。

(五) 加强金融监管合作

中亚国家市场制度环境不完善，普遍存在高通货膨胀和经济结构不合理、经济发展不稳定的潜在风险，随着中国和中亚国家各形式金融合作的不断深化，双方在金融监管领域的合作也应随之加强。一是要完善信息披露制度，建立区域金融信息披露管理系统，加强金融信息交换与共享。二是要建立征信评估机制，构建征信评级体系和标准，提高征信动态评估水平，防范信用风险，加强征信管理部门、征信机构和评级机构之间的跨境交流与合作。三是要加强金融风险监测与防范，建立区域金融风险监测指标体系，对货币流动进行实时监控。深入研究区域资本流动规律及其传导机制，密切关注双边贸易方向、贸易结构和国际收支变化，研究境外人民币资产形式、流通形式和规模变化，定期发布区域金融安全评估报告，从而识别可能发生的金融风险，并制定相应的应对方案。四是要建立区域反洗钱、反恐融资合作系统。由于中亚和中国西北地区的走私、贩毒、恐怖活动以及贪污受贿、偷税逃税等行为活跃，洗钱活动也伴随而生。因此，中国和中亚国家应加强反洗钱、反恐融资合作力度，推动区域良好的金融生态环境建设。

第四节 东欧国家与中国金融开放

地理上一般将德国—奥地利—意大利以东至亚欧洲际分界线的区域视作东欧。其中主要包括爱沙尼亚、拉脱维亚、立陶宛、白俄罗斯、俄罗斯、乌克兰、摩尔多瓦等国家。21世纪以来，东欧国家迅速崛起，逐渐成为全球经济的新兴力量。"一带一路"建设将连通中国与东欧，为区域共赢发展带来重大机遇。当前东欧金融资源两极分化，致使东欧金融市场难以有效满足"一带一路"建设融资与风险管理的需求。我国金融机构应该跟随企业迈进东欧市场的步伐，完善区域机构布局与合作代理体系，在产品服务创新等方面积极作为，有针对性地开发风险管理工具，重点关注能源、高新技术、机电设备等行业发展。

世界大国——俄罗斯是东欧地区的典型代表国家，地大物博，化石燃料(如天然气、石油等)资源丰富，与中国相邻的地缘优势凸显了中俄互通有无的重要性。中国和俄罗斯同属世界经济大国，中国是世界上人口最多的国家，俄罗斯是世界上面积最大的国家，中俄两国地理位置毗邻，均为金砖国家，具有很大的发展潜力。到2016年中俄两国建交已经有67年之久，在"丝绸之路经济带"及"21世纪海上丝绸之路"新的发展战略指引下，中国与俄罗斯不仅要维持原有贸易结构、贸易规模和产业合作等，还要做到改善贸易结构，增大能源、航天、基础设施建设、通信设施建设等项目的投入，扩大高科技、农产品、金融服务等领域的合作，以"一带一路"为契机，大力发展中俄金融开放合作，夯实中国—东欧命运共同体。

一、中国与俄罗斯金融合作的现状及机遇

中俄两国均为大国，因此营造中俄两国之间的关系十分重要。与政治关系相比，中俄两国在金融投资领域的合作共识达成比较晚。随着世界政治经济格局的不断变化，"黑

天鹅"事件频出，美国企图用美元来操纵世界经济走势的野心逐渐显现，中俄两个大国之间针对各自的经济金融发展问题所需采取的金融合作的迫切性也逐渐凸显出来。在 2017 年 5 月中旬北京召开的"一带一路"高峰论坛上，中俄之间的金融合作是十分重要的议题之一。

(一) 中俄本币互换与结算

2010 年以来，中国已连续 4 年保持了俄罗斯第一大贸易伙伴国的地位。中俄政府对经济合作的支持使两国的金融合作保持稳步发展，当前两国开展本币结算已经由边境贸易方式扩大到一般贸易。2008 年 8 月，中国开始在东北边境与邻国试点实施人民币贸易结算。2010 年，中俄两国决定在双边贸易中逐渐减少美元结算，而以俄罗斯卢布或人民币作为结算货币，继马来西亚林吉特之后，2010 年卢布成为第二个与人民币由挂牌交易的新兴币种。2011 年，黑龙江省绥芬河市获批成为中国首个卢布现金使用试点市。2014 年，中国人民银行与俄罗斯的央行达成共识，简化本币结算步骤，两国于当年 10 月签署了 1500 亿元人民币(即 8150 亿卢布)的人民币卢布互换协议。

(二) 中俄金融机构合作

近年来，中俄两国在上海合作组织、金砖国家等平台下进行了深入的金融合作，并积极扩大银行业务合作范围。在政策性银行中，中国进出口银行和国家开发银行占据主导地位。特别是国开行已经与俄罗斯的三大金融机构签署了合作协议，为中俄经贸合作提供了全方位融资服务，支持了中俄多个领域的重大合作项目。截至 2014 年年底，国开行对俄罗斯贷款金额近 300 亿美元，涉及基础设施、油气、矿产、林业等诸多领域。中国各商业银行对俄业务合作也正在逐步推进，通过建立代理行关系等方式建立起双边合作机制。当前，信用证、保函、托收等多种国际结算工具已经在中俄双方商业银行中使用，并积极探讨贸易融资、中长期信贷、银团贷款、联合代理发债、银行卡等更多的合作领域。此外，中俄许多商业银行积极在对方国家设立分支机构。例如，俄罗斯外贸银行、外经银行、工业通信银行和天然气工业银行等都在上海或北京设立了代表处或分行；中国银行、建设银行、工商银行等已在莫斯科等城市设立代表处或分行。

(三) 中俄资金融通

2015 年 3 月 28 日，俄罗斯第一副总理伊戈尔·书瓦洛夫在博鳌亚洲论坛 2015 年年会开幕式上表示，俄罗斯总统普京决定俄罗斯将加入亚洲基础设施投资银行(AIIB，简称亚投行)，同年 4 月，俄罗斯政府宣布加入亚投行。亚投行是一个政府间性质的亚洲区域多边开发机构，完全按照多边开发银行的模式和原则运行，目的是为亚洲地区基础设施建设提供资金支持。俄罗斯加入中国首倡建立的亚投行，并成为亚投行的创始成员国，这不仅为中国对俄罗斯投资提供政治信任，也为俄罗斯企业参与亚洲基础设施项目提供一定的可能。2015 年，中国进出口银行、中国国家开发银行与俄罗斯联邦储蓄银行、俄罗斯对外经济银行、俄罗斯外贸银行等多家金融机构签订贷款协议，协议的主要目的是支持大型项目建设的开展。这也是俄罗斯建设项目第一次使用人民币贷款，标志着中俄金融合作迈入了新阶段。2015 年 10 月，第二届中国—俄罗斯博览会"中俄金融合作会议"在哈尔滨成功召开，这次会议标志着中俄金融联盟正式成立，该联盟的成立不仅能够促进中俄经济走廊建设，还有利于两国全面战略伙伴关系的发展。在"一带一路"倡议深入实施的背景下，中俄两国间的金融合作必将不断加强。

由于"一带一路"倡议的实施，除了深化金融合作方式以外，还需要吸引更多的资金来支持建设，这会促进中俄双方不断创新金融合作方式。据亚洲开发银行预测，2010—2020 年亚洲基础设施建设需要投入 8 万亿美元，平均每年需要新增加投资 8000 亿美元。但是世界银行和货币基金组织每年为亚洲提供的发展基金限额远远不能达标，完全不能满足"一带一路"参与国的社会经济发展需要。巨大的资金缺口要求中俄拓宽融资渠道、创新合作模式、不断促进更高层次的金融合作。因此，不断创新的金融产品和金融机制将会成为未来的大趋势。发行各类的证券、设立各类的基金和融资产品将会带来丰富的红利和机遇。中俄双方也可利用互联网金融平台积极引导中俄国内民间资金参与"一带一路"建设。两国政府大力支持金融机构，加快线上金融机构建设，以银团贷款、跨国并购贷款等业务的方式，加大战略支持力度，从而打造全球领先的线上金融交易。与此同时，两国间创新的金融合作可以集中利用社会闲散资金投资，从而有效利用投资期限长、回报率低的保险基金、社保基金、养老基金等民间社会资本投资"一带一路"建设。

二、中国与俄罗斯金融合作面临的挑战

"一带一路"是一个开放的平台，它不仅能够升级中俄现有合作项目，还能为上海合作组织、欧亚经济联盟等区域合作机制注入新动力。中俄双方在"一带一路"倡议的建设中，以基础设施建设为前提、以共同发展为目标、以造福沿线国家为最终目的，努力创建和谐、和睦、合作、发展、共赢的新模式，最终实现中俄两国及亚欧大陆的共同发展。在此过程中机遇与挑战共存。

(一) 俄罗斯金融体系脆弱，业务风险较高

俄罗斯银行资产高度集中，多数银行资产规模较小，信用等级低，常有商业银行破产或被兼并，区域局限性强，整体抗风险能力较弱。另外，俄罗斯的经济社会环境不稳定，中俄跨境金融合作存在较大的市场风险，其中汇率风险尤为突出，卢布走势并不乐观。近年来受俄罗斯经济持续低迷的影响，俄罗斯企业的履约能力下降增加了对俄金融业务的信用风险。而中俄双方银行合作缺乏风险把控机制，双方银行间信任度与信息交流不够，这都增加了中俄两国金融合作的风险。

(二) 配套设施不完善，制度不健全

金融体系相关配套设施不完善及制度的不健全，制约了两国金融合作的步伐，主要表现在四个方面：首先，由于缺乏专业高效的清算平台，人民币区域化的脚步受到制约。目前人民币清算还需借助美元来实现，而在西方国家的制裁下，对俄经贸中美元清算障碍重重。其次，缺乏金融风险担保体系。双方银行交易中的资金交割仍依靠双方信誉，没有法律规定为依据，境内无专业的金融担保机构，导致银行缺乏开展对俄业务的积极性。第三，监测手段的不健全使人民币跨境流通的资金流量与存量难以把控，衍生出地下钱庄、洗钱

等问题。第四，缺少配套的跨境投融资政策和外汇政策，我国离岸金融资质仅限于四大国有银行，使得一些经贸合作中的金融需求得不到满足。

(三) 结算工具匮乏，现钞调运存在瓶颈

中俄双边贸易结算中主要以汇款为主，结算工具单一，企业没有可选择的余地，而俄罗斯又是不接受信用证的国家，双方企业只能通过第三方国家银行进行间接结算，效率低、周期长，增加结算手续费，交易成本高。跨境贸易人民币结算不仅可以规避汇率风险，还能降低交易成本，但由于可开展本币结算的银行较少，致使本币结算规模较小。而关于中俄边境银行间现钞调运，两国的央行与海关虽已签署了相关协议，但运输线路过于单一，北京是唯一的通关地。空运方面，俄罗斯航空规定不承运中方贵重物品导致运输周期拉长，而水路和陆路方面的安保问题难以保障。此外，俄罗斯方面押运公司不愿出境押运，跨境调运仅依靠中方调运公司进行，而俄方的高关税又制约了现钞调运的顺利进行。

(四) 金融合作信息交流机制不健全

目前，定期通报制度无论在国家层面还是省内层面都只是将本币结算进程中的相关信息进行通报，而其背后所涉及的贸易投资、外汇管理及宏观调控政策等并未纳入通报范围，有价值的信息非常有限且时效性差，使法律法规调整的时效性及针对性受到限制。由于金融信息获取的不通畅与滞后性，使两国不能及时就合作中遇到的问题与障碍及时沟通和改善，降低了双方监管效率，使双方金融合作落后于经贸合作的步伐。目前，由于缺乏信息交流机制，严重影响了两国银行对双方企业的投资与信贷，完善信息交流机制势在必行。

三、中国与俄罗斯金融合作的发展路径

随着中俄两国经贸合作的不断深化，金融合作已经取得了突破性的进展，不仅巩固了人民币国际化的成果，而且提高了我国金融业的国际竞争力。在两国政府和国家领导人的推动与支持下，中俄在金融领域除了要深化现有的合作外，还有很大的潜力等待开发，主要表现在以下四个方面。

(一) 扩大本币结算规模

经过两国的努力，截至2016年，中俄两国人民币和卢布相互结算增加了几倍。而在中俄双边结算中，卢布的需求程度远低于人民币，随着人民币加入SDR大家庭，持有人民币的趋势更是得以巩固。2016年前三季度，俄罗斯外贸银行在远东的客户使用人民币结算金额高达3.205亿元人民币，同比增长30.6%。此外，扩大本币结算规模，可以降低交易成本，规避汇率风险，减少对美元的依赖，对中俄双方实现双赢。但目前，中俄本币结算业务仅在俄罗斯的滨海边疆区、哈巴罗夫斯克边疆区、阿穆尔州等口岸银行能办理，而在其他经济相对发达地区，由于缺少开办本币结算业务的银行，限制了本币结算业务的开展。因此，扩大本币结算规模，在中俄境内增设办理本币结算的银行，成为了中俄双方金融合作的共同目标。

(二) 加强资本市场的合作

受西方经济制裁的影响，近年来俄罗斯银行和大型企业对境外负债依赖水平较高，而2015 年和 2016 年俄罗斯共有 800 亿美元到 1000 亿美元的外债到期，中国成为了俄罗斯融资的重要市场，但由于金融合作形式单一，俄罗斯在中国的融资主要以贷款为主。未来，中俄资本市场合作可以从债券走向期权，拓宽合作的业务范围，以吸引更多的投资机构，促进资本市场多样化发展。由于中国对资本市场的限制过多，人民币尚未实现自由兑换等因素，中俄在资本市场的合作还有很大的潜力尚未发掘。未来，中国取消资本跨境流动的限制后，中俄贸易将会实现人民币计价，而俄罗斯也会将人民币纳入外汇储备。目前，中国工商银行已经获得在俄的证券业务牌照，未来中国其他商业银行也会陆续在俄罗斯开展自营、代客交易及托管业务，实现在俄罗斯发行以人民币计价的债券。

(三) 挖掘"能源金融"领域合作的可能性

能源金融是将能源与金融相互融合形成一种新的金融形态，能源与金融看似是两个相互独立的领域，但却有着密切的联系。可以说，能源合作问题很大程度上是金融问题，两国的能源合作并没有实现本币结算，这使得美元可以间接影响两国的能源合作。美国利用美元的地位间接影响国际能源的价格，使俄罗斯"石油美元"得不偿失，俄罗斯意识到这一问题后开始"去美元化"，增加人民币在能源合作中的结算，不仅增强两国能源合作的自主性，同时也规避了汇率的风险。通过整合能源资源与金融资源，实现两个产业资本的优化，推动能源产业与金融产业互联互动发展。

(四) 拓宽区域金融合作空间

随着"一带一路"倡议和"欧亚联盟"的推进，中俄金融合作的需求进一步加强，区域金融合作领域不断拓宽。目前，中方在俄境内已建和在建的中俄合作园区有十多个，到俄罗斯务工的中国人也不断增多，很多城市都建立"中国大市场"，人民币使用需求不断提高，推进俄罗斯的人民币现钞使用试点，设立人民币使用区域势在必行。近年来中俄边境游日益发展，但俄罗斯远东地区很多商户尚不能受理银联卡，游客消费时多有不便，俄罗斯央行与中国银联应在远东地区加强合作。中俄两国在区域金融合作、出口信贷、贸易融资、银行卡等多个领域合作前景十分可观，未来两国应加大力度拓展区域金融合作的空间，提升两国金融合作的层次。

第五节　东南亚国家与中国金融开放

东南亚国家联盟(Association of Southeast Asian Nations，ASEAN)简称东盟，成员国有马来西亚、印度尼西亚、泰国、菲律宾、新加坡、文莱、越南、老挝、缅甸和柬埔寨。在两汉时期，世界上已经出现了有大型风帆的航船，中国与东盟地区和世界其他国家进行广泛海洋贸易的"古代海上丝绸之路"已经出现。一直到明朝实行海禁之前，中国一直是"古代海上丝绸之路"的中心点，连接着从日本列岛到非洲东海岸和欧洲的航路，并保持着与东盟地区频繁的海上贸易。新中国成立后，中国与东盟的大多数国家因意识形态问题，一直没能进行广泛的国际贸易，仅有新加坡和印度尼西亚与中国进行着贸易往来。1965年印度尼西亚发生了严重破坏两国关系的政治事件，彼此的贸易也随即中断。改革开放后，中国加紧了对外开放的步伐，与东盟国家间的政治关系和贸易合作都开始迅速转暖。中国于2001年加入WTO，并与东盟十国积极进行中国—东盟自贸区的谈判，中国—东盟自贸区于2010年正式成立，彼此的贸易关系进入了前所未有的高度。2013年年末，"21世纪海上丝绸之路"被提出，东盟国家成为了"21世纪海上丝绸之路"的起点，在这个大背景和历史机遇下，一些由中国主导的基础设施建设在东盟国家相继启动，中国与东盟国家金融开放合作得到进一步的加强。

一、中国与东盟国家金融合作的现状及机遇

(一) 政府金融管理机构间的合作

在政府金融管理机构的合作层面，中国主要是依托"10+3"(东盟十国与中国、韩国、日本)机制进行合作，合作内容主要体现在金融监督和协调机制的建立、货币合作以及各种金融基础设施的建设。

1．金融监督和协调机制的建立

当今世界经济已处于金融全球化的时代，任何一个国家发生的金融问题必然会引起国际金融市场的动荡，因此各国政府加强金融监督与协调机制的建立是非常必要的。中国与东盟从政府层面建立的政策协调机制有亚太经合组织财长会议、亚欧会议财长机制、"10＋3"财长机制、东亚及太平洋央行行长会议组织，在货币结算支付体系、银行业监管体系和危机救助管理等方面发挥协调功能。金融监管机制设立方面，2000年"10＋3"框架下签署的《清迈倡议》明确加强金融资本流动的监控和信息的交换，并在2001年的"10＋3"财长会议上提出建立早期预警机制，以检测金融系统的安全指数。2011年又成立"10＋3"宏观经济研究办公室，实现对区域内成员国的宏观经济运行情况进行检测并对申请启用货币互换协议的成员国进行评估。

2．货币合作

货币合作主要体现在为保证区域内金融市场平稳的流动性与贸易投资的便利化，中国央行与东盟各成员国央行签署的双边货币互换协议和"10＋3"框架下的东亚外汇储备基金建设。从2001年我国与泰国在《清迈倡议》框架下签署总额20亿美元的货币本币互换协议开始，已经与东盟的泰国、马来西亚、菲律宾、印度尼西亚、新加坡等国签署过货币互换协议，截至2013年9月，我国央行与东盟国家签署双边本币互换协议金额已达14 000多亿元。东亚外汇储备基金则是"10＋3"区域内各成员国为应付金融危机过程中存在的流动性困难，各国按一定出资比例建立的外汇储备基金，目前基金规模已从2009年建立时的800亿美元扩充到2012年的2400亿美元。通过双边与多边货币合作制度的实施，为相关国家提供了流动性的支持，有利于域内国家的经济稳定。

3．金融基础设施的建设

金融基础设施建设涉及面广，既包括双边结算、征信系统、交易平台等"硬件"建设，

又包括金融法制环境、市场服务体系、社会信用环境、各类规则标准等"软件"建设。随着结算规模的扩大，中国建立了中国工商银行中国—东盟人民币跨境结算中心、广西北部湾银行中国—东盟跨境货币业务中心等结算平台，以服务于双边的贸易投资。中国东盟金融基础设施的建设因涉及面广、内容多，目前还处于初级阶段。

（二）商业性金融机构的合作

商业性金融机构合作主要体现为银行间的合作，包括采取互设分支机构、互为代理行以及扩充业务内容等。截至 2012 年 6 月末，中资银行在东盟国家共设立 8 家分行，中资银行机构与东盟各国银行之间建立的代理行、境外账户超过 150 家，东盟国家在华设立 7 家外资法人银行、6 家外国银行分行，东盟在中国银行机构资产总额近 2000 亿元人民币，自 2003 年以来年均增长 38%。就业务内容来看，中国在东盟国家的金融机构开展业务主要是国际结算、拆借、信贷、汇款及发行人民币信用卡，而东盟国家在华的金融机构开展业务主要是中国公民个人理财、代理保险、股票投资和代理金属期货交易等。

二、中国与东盟国家金融合作面临的挑战

（一）大国因素

中国与东盟国家的金融合作为双方带来积极的利益，但同时受到域外力量特别是大国力量的干扰与制约。

（二）经济发展水平存在差异

经济发展水平相当、经济结构趋同的国家就有可能组建金融合作中的经济与货币联盟。然而，目前中国与东南亚国家的经济发展水平差异很大，从 GDP 总量上就呈现很大差异。从 2013 年中国与东盟十国 GDP 看，中国因经济体量大，是 GDP 最小国老挝的 918 倍，东盟十国中印度尼西亚是老挝的 87 倍。因人口的差异，人均 GDP 也存在极大差异，人均值最高的新加坡是最小国柬埔寨的 54 倍。经济发展水平的差异性给中国与东盟国家的进出口贸易、投资造成了很大障碍，一体化的货币政策更难以实施。

（三）东南亚国家传统主权意识和防范心理的制约

金融合作在一定程度上是夹杂政治因素的，金融关系最终反映出主权国家的权力与利益安排。罗伯特·蒙代尔曾说："如果没有一定程度的政治融合，却要求各个国家放弃本国货币转而加入单一货币联盟，在全世界范围内可能都不会成功。"作为东南亚地区国家的一种合作机制，东盟的重要特点就是其对国家主权的强调。东盟将不干预国家内政、不使用武力和不威胁使用武力，强调和平解决争端和互利等原则贯穿于东盟的成立和发展中，这些具体原则在东盟合作的基本文献中都有相应的规定。但是东盟成员国所签订的文件中有关成员权利和义务的规定都没有强制性的条款，即使成员国违反协议也没有明确的惩罚，使得东盟国家的主权意识相当浓厚，在一定程度上影响我国与东盟的金融合作。此外，由于中国改革开放后政治经济实力快速上升，被一些国家别有用心地宣传，使"中国威胁论"

一段时间内在东南亚国家很有市场,比如"中国工业对东盟大多数国家的工业具有竞争优势,中国的廉价农产品和加工食品会对东盟国家造成严重冲击。"这些言论都将东盟国家置于困境,并使之对中国有挥之不去的担心。因此,东南亚国家基于对国家主权的敏感和对中国崛起的片面认识,影响了中国与东盟金融合作的进程。

(四) 中国尚未有主导或独自建立的金融合作机制

从现有中国与东盟国家金融合作的基本方式来看,中国只是作为地区成员之一参与合作,由中国主导的合作机制或合作框架尚未建立。目前,在东南亚各种层次的金融合作中,中国主要是以响应国的角色进行合作。中国作为成员国参与的合作机制有"10 + 3"财长机制、亚太经合组织财长机制、东亚及太平洋央行行长会议、亚欧会议财长机制等。2014 年中国倡导建立旨在改善亚洲国家基础设施建设缺乏资金的亚洲基础设施投资银行,可视为中国积极构建区域金融合作机制的努力,但因各种因素并没有得到所有东南亚国家的支持,且还要面临域外国家美国、日本、印度的竞争与干扰。

(五) 现有金融救助资金的规模及运作机制有待提升

目前,中国与东盟国家的金融救助安排金额有限、限制较多,相对于东亚地区的外汇储备与储蓄资金数额而言,该地区金融合作的规模和各国投入的资源明显不足。就双边货币互换协议而言,虽然可以借此获取较高的互换资金支配权来应付流动性危机,但在实际操作过程中,由于协议框架和贷款条件的限制,难以在短期内克服一国发生的资本危机。以泰国为例,2011 年中国与泰国签署的双边货币互换协议总金额已达 110 亿美元,但在1997 年金融危机严重时泰国向 IMF 寻求的资金援助就高达 172 亿美元。为此中国在与东盟国家金融合作的过程中,也在"10 + 3"框架下探索建立多边货币合作机制,东亚外汇储备基金的筹建便是多边救助机制的尝试。该基金按照中、日、韩负担 80%,东盟国家负担 20%出资,目前基金规模达到 2400 亿美元。但在具体运作过程中,由于与 IMF 挂钩,只有 30%的资金与 IMF 脱钩,还有决策机制中为体现"协商一致"的原则,提高了小国的决策权,但这也不可避免延长了协商时间,降低了救助效率。

三、中国与东盟国家金融合作的发展路径

(一) 优化政策环境,逐步建立统一、协调的区域性金融市场体系

由于中国与东盟国家在政治制度、文化观念、价值观等方面都存在较大差异,各个国家对自身经济体制的理解认识并不相同,而且各国基于现实的利益考量,在追求本国经济利益最大化的条件下,对执行统一的金融市场政策会有很多的顾虑。因此中国可本着区域性、层次性的理念加强与东盟国家的金融政策协调。在构筑金融合作机制方面,中国可根据域内国家不同的经济状况展开不同层次的合作。中国可以优先选择与泰国、马来西亚、新加坡建立密切的金融合作政策和协调机制,因为中国与这些国家有比较密切的经贸关系,基于经贸的便利化,双方之间建立合作协调机制的意愿会相对较强。目前中国所做的基础工作是与东盟国家继续推动清迈倡议多边化、推进货币结算合作和双边本币结算、完善区

域货币互换机制、推动人民币与东盟成员国货币在双边银行间外汇市场的挂牌交易、建立银行间的本币清算合作机制、推进双边本币结算业务的发展，长远目标是逐步建立统一协调的区域金融市场体系。

(二) 构建区域性的符合各国实际情况的货币合作机制

中国与东盟国家金融合作就是针对现行国际货币体系下东亚依赖美元与外部金融市场的货币金融体制及其缺陷，建立起预防和化解外部冲击与金融动荡的机制，减少美元汇率波动等外部经济推动的影响，解决合作双方融资的"双重错配"问题，以维持本地区的金融稳定，为本地区未来的长期经济成长创造良好的货币金融环境。这要求，一方面中国与东盟国家的金融合作进程不应只是在 IMF 等全球性金融稳定框架下运作，应具有一定的独立性，以便能够更加及时、有针对性地解决区域性的金融问题；另一方面，应当适当削弱区域外货币——美元在东亚金融体系中的地位，以减少不对称冲击的消极后果，并通过加强区域内货币的作用降低资产美元化的潜在风险。

(三) 加强金融监管协作，提升抵御区域性金融风险的能力

1997 年的金融危机和 2008 年的国际金融危机给世界各国经济发展造成严重后果，同时也证明在全球化背景下，单靠一个国家的力量很难应对全球性经济危机的影响，因此探索有效抵御中国与东盟国家经济合作中潜在风险的手段势在必行。为此，可采取以下措施：

(1) 加强对跨境资金流动的监管。通过国家间金融监管当局的合作，建立完善能够监测跨境资金流动的管理系统，制定操作规范，明确各方职责，定期监测，达到对各类跨境资金的全方位监管。同时，在已有系统资源的基础上，在实践中应进一步完善功能，提高识别异常信息的准确性。此外，跨境资金流动监管系统应增设预警功能，应加强对包括货物贸易、服务贸易、证券投资、直接投资、外债等多种交易类别的宏观预警，达到对国际游资大进大出的有效控制和风险防范。

(2) 加强双方多部门信息的互换与共享。依托跨境资金监管系统，建立多边信息分析存储中心，负责收集汇总并共享有关信息。

(3) 建立金融监管当局与财政、海关、税务的联动机制。为避免条块分割式的金融监管政策的实施，中国与东南亚国家在加强跨境资金的监管和信息互换与共享的同时，应建立金融监管部门与财政、海关、税务的联动机制，对涉事企业、个人的经济活动做到无缝式监管。

(四) 建立健全金融磋商长效机制，并加强金融产品创新

中国与东盟国家双方的金融管理部门及时就金融合作中存在的问题进行及时有效的沟通，对深化彼此合作意义重大。为此，中国可以倡导有关国家在东南亚区域内设立专门机构，研究制定可为各方接受的金融政策与金融法律。比如可以在中国—东盟金融合作与发展领袖论坛下设立金融政策与金融法律研究论坛，为东南亚国家金融合作提供政策和法律建议，缩短金融政策机制从出台到付诸实施的距离。同时作为金融业的核心主体——银行业也可搭建合作交流平台，2010 年设立的中国—东盟银行家圆桌会议，作为中国—东盟自贸区金融合作的常设机制就是中国与东南亚国家银行业深度交流合作的结果。在建立健全

各类金融磋商长效机制的同时，加强金融产品创新才是中国与东盟国家金融合作的本质内容。为此，可推进债券市场建设，以加快各国债券市场的对外开放，同时探索实行一国政府金融机构和企业到别国市场发行债券；可互设分支机构，在他国尝试开展相关的金融业务(如代理期货交易、住房信贷以及代理保险和股票投资等新业务)；可推动在区域内成立合作基金、合作银行和担保公司；可进行出口保险领域的合作，帮助企业降低出口贸易的风险，深入推动中国—东盟自由贸易区的建设。

第六节 "一带一路"与中国金融开放展望

一、"一带一路"沿线国家与中国金融开放存在的问题

(一) 区域金融合作仍处在初级阶段

当前，中国与"一带一路"沿线大多数国家的金融合作仍处在初级阶段，需要加强实质性的区域金融合作。例如，从中国与中亚国家的金融合作情况看，区域金融合作签订的合作协议较多，而建立的合作实体较少；区域金融合作大部分是双边合作，多边金融合作很少，中国与中亚国家的金融合作主要是中哈两国之间开展的，与中亚其他四国(吉尔吉斯斯坦、塔吉克斯坦、乌兹别克斯坦、土库曼斯坦)的合作较少；区域金融合作大多是通过政策性银行(如国开行)来完成的，缺乏各类商业银行之间的合作；金融机构合作的业务内容单一，创新型业务少。

(二) 各国经济发展水平及政治体制差异较大

"一带一路"沿线国家在经济发展水平上存在较大差异，既有经济总量大国，如中国、印度等，也有经济总量小国，如塔吉克斯坦、吉尔吉斯斯坦等。2013 年，中国 GDP 总额为 9.18 万亿美元，为世界第二大经济体；同年，塔、吉两国 GDP 仅为 85 亿美元和 72.3 亿美元。"一带一路"沿线国家既有高收入国家，如沙特阿拉伯、阿联酋、俄罗斯等能源出口国，也有低收入国家，如孟加拉国、巴基斯坦等南亚国家。沙特、阿联酋 2013 年人均 GDP 分别为 2.62 万美元和 4.8 万美元；同年，巴基斯坦和孟加拉国人均 GDP 分别仅有 1332 美元和 95 美元。由于各国经济和金融发展程度差距较大，导致各国出于自身经济发展的需要，对开展区域经济金融合作的目标、要求各不相同，使得国家间深入开展金融合作面临困难。

另外，"一带一路"沿线国家的政治经济体制差异较大，既有结盟国家，如俄罗斯、白俄罗斯和哈萨克斯坦已成为联盟国家，大部分中东欧国家加入了欧盟，还有大量非结盟国家，其行使决策权的机制各不相同。在经济机制上，虽然大部分国家已经加入了世界贸易组织，但仍有些国家徘徊在多边贸易体制之外。虽然大部分国家采用了市场经济发展模式，但也有些国家仍坚持计划经济。这些差异对经济金融合作机制、方式及进程都会产生影响。

(三) 缺乏多层次相互交织的区域经济合作机制

在"一带一路"沿线国家和地区存在多个层次区域经济合作组织，其国别构成、合作范围与合作机制均存在一定差异。其中，比较有影响的区域经济合作组织有：中亚地区及俄罗斯的独联体自由贸易区、俄白哈关税同盟(或欧亚经济联盟)，西亚地区的海湾合作委员会、阿拉伯合作委员会，南亚地区的南亚区域合作联盟，还有黑海经济合作区和上海合作组织等。这些区域经济合作组织之间形成了比较复杂的关系，不同国家主导了多个层次区域经济合作组织，加大了协调区域经济合作的难度。如何协调各层次区域经济合作组织之间的关系，加强互利合作，是当前迫切需要解决的一个难题。

二、"一带一路"沿线国家与中国金融开放合作的发展路径

2013 年，习近平主席在访问哈萨克斯坦和印度尼西亚时，提出共建"丝绸之路经济带"和"21 世纪海上丝绸之路"的倡议。"一带一路"目前已经提升为新时期中国全方位对外开放倡议。丝绸之路经济带建设需要做到"五通"，其中，货币流通就是深化区域金融开放合作，构建新型金融主体和交易方式。金融作为资金配置的核心机制，对"一带一路"建设的支撑和带动作用重大，发挥金融的资源配置功能也是促进沿线各国共赢发展的前提和保障。随着"一带一路"倡议的稳步实施，未来中国与沿线国家的国际金融合作倡议体系将在"亚洲基础设施投资银行"与"丝路基金"两翼的带动下，发展成为包括跨境贸易金融与能源金融等多重要素于一体的金融合作体系，从而更好地服务于亚太区实体经济，最终共同实现区域经济繁荣发展。

(一) 加强和完善各国金融政策的沟通与协调机制

近年来，我国央行通过参与东亚及太平洋中央银行行长会议组织(EMEAP)、东盟与中日韩(10 + 3)金融合作机制等区域合作机制，提升了在亚太区域金融合作中的参与力度。"一带一路"倡议下构建畅通的政策沟通与协调机制，是以共赢的思维提升国际金融合作水平的根本保证。"一带一路"沿线国家之间可借助"APEC 峰会"、"东亚及太平洋中央银行行长会议组织"等已有平台，在上合组织银联体合作机制的基础上，建立、巩固和完善与各国金融政策协调与业务合作机制、财长对话等机制，通过平等的磋商来解决各成员国之间的金融监管透明度、金融政策协调、相关信息披露，并在此基础上寻求深层次共识，协调推进金融合作进程。中国在正确处理金融开放与国内发展的关系基础上制定了金融开放政策。要继续积极主动加大国内经济金融改革力度，为金融业开放创造一个更为稳定的宏观经济和金融环境，提升资本与金融账户开放的承受能力。此外，在培养金融行业人才、金融信息交换和共享、金融领域项目库建设等方面也可形成相应的协调机制。

(二) 深化与沿线国家金融机构的务实合作

国际金融合作理论强调，通过提高跨境资金和机构的聚集程度可直接推动区域经济的合作与发展。我国与"一带一路"沿线国家在金融机构互设方面尚有很大的合作空间。应

抓住筹建亚洲基础设施建设投资银行、丝路基金等多边新兴金融机构的机遇期，推动我国与境外金融机构互设分支机构。鼓励双边金融机构适时开展跨地区的股权、银团贷款、融资代理等合作，积极为相关合作国家提供战略规划咨询、项目策划、投融资顾问、风险管理集于一体的综合性金融服务，提高与沿线国家金融一体化程度。

(三) 加快推进亚太地区金融市场合作与创新

从亚洲地区长期存在的高储蓄水平来看，各经济体虽然陆续走上工业化发展快车道，但支撑其经济发展的融资结构却相对处于间接融资居主导地位的失衡状态。活跃的金融市场是构建与完善国际金融合作体系的重要部分。到目前为止，全球范围内获批投资我国银行间债券市场的央行共有 26 家，其中有十余家来自丝绸之路经济带地区。EMEAP 机制下的亚洲债券基金和"10+3"金融合作机制下的亚洲债券市场已成为近年来亚洲金融合作最为重要的成果，在拓宽融资渠道、优化地区金融结构、降低金融脆弱性和引导国际投资者方面发挥了积极作用。但由于尚处于初始阶段，以亚洲债券基金为主的区域金融合作产品存在发债币种单一、发债主体有限、资金规模偏小等问题，限制了发展空间。在亚太金融市场基础设施建设普遍滞后的情况下，"一带一路"沿线国家应大力发展各类机构投资者，协商颁行与国际接轨的会计、税收与法律构架，建立便捷的信息网络和区域性的评级体系与担保机制，逐步完善清算系统和清算标准。在此基础上，考虑从债券需求角度和供给角度推动债券品种、发行币种和投资主体向多元化创新的方向发展。

(四) 构建国际金融监管合作体系

构建有效和健全的国际金融合作体系，需要完善的金融监管机制内嵌。一方面，完善"一带一路"区域监管协调机制。通过中日韩、东亚及太平洋中央银行行长会议等机制加强与沿线国家各监管当局间的沟通协调，提升在重大问题上的政策协调和监管一致性，逐步在区域内建立高效监管协调机制。另一方面，构建"一带一路"区域性金融风险预警及应急处理合作机制。"一带一路"沿线各国可以通过加强征信管理部门之间的合作，扩大评级机构之间的交流等方式来培育区域整体征信市场的发展。在征信机构监管、建立信用评级体系和标准、保护信息主体合法权益、防范恐怖融资等方面通过磋商，逐步制定共同的监管标准。监管理念要务必从合规性的监管转移到对金融开放的外源性风险的重点关注上，通过建立科学有效的金融开放风险识别、报警和评估方法体系机制，全面系统地收集各地的经济金融数据，对金融开放风险进行动态分析和综合评估，筛选监控重点，有针对性地制订监管行动计划，分配监管资源，采取监管措施。这样不仅在监管资源有限的情况下提高了监管效率，实现了实时动态监管，还可以通过严格执行监管标准，实现对区域内各类金融风险的有效分析、监测和预警，及时发现并排除风险隐患，确保"一带一路"区域金融安全稳健地运行。

应用案例

银监会已与 32 个 "一带一路" 国家签订备忘录

由国务院发展研究中心主办、中国发展研究基金会承办，以"新时代的中国"为主题的 2018 中国发展高层论坛于 3 月 24 日在北京召开。中国银行和保险监督管理委员会党委委员王兆星在"一带一路"的金融支持分组会上表示,金融是实体经济的血脉,资金融通作为"一带一路"倡导的"五通"之一,是"一带一路"建设的重要保障。而银行业作为资金融通的助力者和践行者,正在积极加快打造"一带一路"的金融服务网络,着力为"一带一路"建设铺路搭桥,保驾护航。

王兆星表示,全球越来越多的国家和国际组织积极响应并参与到"一带一路"中来。在各方的携手推进下,"一带一路"建设正逐步从理念转化为行动,从愿景转变为现实,取得了丰硕的成果。

王兆星指出,下一步银行业将从四个方面来进行努力和探索。一是要继续扩大开放,增强包容与合作。截止 2017 年末,已经有 10 家中资银行在 26 个"一带一路"国家设立了 68 家一级分支机构。"一带一路"倡议提出以来,中资银行共参与了"一带一路"建设相关项目 2600 多个,累计发放贷款超过 2 千亿美元,主要集中于交通基础设施、能源资源和装备制造及出口等方面。

"一带一路"倡导共商、共建、共享理念,欢迎符合条件的"一带一路"国家的银行来华设立机构,开展业务,加强合作,共同参与"一带一路"的建设。截止 2017 年年末,共有来自 21 个"一带一路"国家的 55 家银行已经在华设立了机构。近期银监会正在积极稳妥地推进银行业进一步对外开放,也宣布了一系列对外开放的措施,这将为外资金融机构在华经营提供更大的发展空间。为了加强中国的银行和"一带一路"国家银行的合作,银监会截止到目前已经和 32 个"一带一路"国家的监管当局签订了监管合作备忘录,这将为下一步中资银行和"一带一路"国家银行的合作创造更好的条件,提供更好的保障。

二是要不断创新产品服务和合作方式。在积极拓展海外业务的同时,中资银行也在不断加强在产品、服务和合作模式方面的创新,着力满足"一带一路"建设多元化的金融需求。在产品方面,除提供传统信贷支持外,中资银行积极开展跨境人民币融资业务,发行"一带一路"主题债券,并通过投贷联动等方式开展"一带一路"的项目融资。在合作模式方面,中资商业银行与政治性银行、中资银行与外资同业以及参与多边机构的合作均进行了很多有益的探索。

三是要继续履行好、践行好社会责任和社会义务。中资银行在服务"一带一路"建设时,也在东道国主动承担和履行社会责任与义务,为促进民心相通作出贡献。例如,部分中资银行积极践行绿色金融理念,探索发展绿色信贷和发行绿色债券,为绿色经济提供重要的金融支持。除大型项目外,中资银行还积极支持"一带一路"国家中小企业的发展和民生建设,建立中小企业专项贷款,积极发展和提供普惠金融服务。此外,中资银行提供融资的同时,也注重融智,积极为"一带一路"国家培养和储备本地专业化人才,如发起奖学金项目,举办金融研讨等各种活动。

四是要继续管控好各种金融风险。要坚持和探索政府引导,市场化、商业化运作的模式,管控好各种金融风险,也是为了更好地开放与合作。银行业金融机构支持"一带一路"建设是一项系统工程,中国有句话叫做行稳而致远。

最后,王兆星指出,四年多来,"一带一路"建设已经迈出了坚实的步伐,也为包括中资银行在内的全球金融机构发展带来了巨大的历史机遇。"中方愿与包括与外资金融机构和国际组织的各个方面加强合作,把握共建'一带一路'的契机,共享'一带一路'的成果，为建设一个共同繁荣的世界而不断努力。"

【资料来源：中国一带一路网 https://www.yidaiyilu.gov.cn】

马来西亚与中国金融合作开放

进入新世纪，为了恢复金融行业的稳定和提高金融行业竞争力，马来西亚推出了一系列金融改革措施，推出银行重组和重整计划。东亚各国加强金融合作的愿望也不断增强，在贸易市场、资本市场、金融监管等领域都取得了良好的发展，而中马两国的金融合作走在中国同东盟国家合作的前列。进入新世纪以来，中国银行和马来西亚银行分别在上海和吉隆坡设立了分行，并且中国银行已在马来西亚多个城市设立了 5 家分行。2009年 2 月，中国人民银行与马来西亚国家银行签署了 800 亿元人民币兑 400 亿林吉特的双边贸易协议，该协议是中国与东盟国家间第一个本币互换协议；2009 年，马央行在整个亚洲国家央行中第一个获得"合格境外机构投资者"身份，得以较早进入中国银行间市场。2010 年 4 月，中国工商银行马来西亚分行在吉隆坡开业，8 月两国批准在各自的银行间外汇市场开办人民币兑林吉特的即期交易业务。2012 年 2 月，中国人民银行与马来西亚国家银行续签双边货币互换协议，4 月中国人民银行与马来西亚银行国家银行签署了关于马来西亚国家银行在华设立代表处的协议。2013 年马来西亚央行与中国人民银行签署了跨境担保品协议，11 月马来西亚国家银行在中国北京成立办事处并开始正式运营，建立了中马两国银行监管机构和金融市场的重要联系纽带，促进双方更深入了解彼此经济及金融发展状况。2014 年，中马双边贸易额已超过 1000 亿美元，同时，马来西亚的央行公布了三项措施：(1) 推动人民币资金设施(RLF)，并给予马来西亚国内银行执照，加强人民币在马来西亚国内的流动性；(2) 马来西亚国内符合监管条件的非居民金融机构(如外资银行)可授权与马来西亚银行的合作，提供马币贸易融资，以促进马来西亚居民的国际商品和服务贸易需求；(3) 马来西亚央行已通过与中国央行签署关于建立跨境抵押品安排(CBCA)的谅解备忘录(MOU)，允许企业以本国货币计价的证券或现金作抵押，获取另一国融资。2014 年 11 月，两国签署了人民币清算行谅解备忘录。2015 年 1 月，中国银行马来西亚分行被指定为人民币清算行，月经国务院批准，人民币合格境外机构投资者(RQFII)试点地区扩大到马来西亚，投资额度为 500 亿元人民币。2016 年 8 月，建设行在马来西亚吉隆坡成功举办"2016 中国银行间市场投资论坛"，会议期间，建设银行还与马来西亚联昌银行签署了中马金融市场上第一份商业银行间投资托管协议。两国也在努力推进在货币层面的合作。2010 年，马来西亚林吉特成为第一种在中国外汇交易中心可与人民币直接兑换的新兴市场货币。2013 年 11 月，马央行引入了人民币流动性工具，为马国内银行提供人民币流动性。目前，人民币已被纳入马来西亚的实时清算系统。2015年人民币在马来西亚的日外汇交易量达到约 67 亿元，而在 2014 年这个数字为 23 亿元。2015 年 11 月，中国建设银行(亚洲)成功发行全球首只"21 世纪海上丝绸之路"人民币债券，在马来西亚交易所挂牌交易，这笔 10 亿元规模的债券亦是马来西亚历史上第一只人民币债券。

【资料来源：西部金融，2017 年第 2 期】

案例讨论

请根据以上案例内容分析"一带一路"发展倡议与中国金融开放的关系。

✦✦✦✦　知 识 归 纳　✦✦✦✦

金融开放包含了两方面的内容。一是资本与金融账户的开放即国际资本的跨境流动和货币兑换的放松或取消管制；二是金融市场或金融服务业的开放，即对他国或地区的金融机构以合资、独资或并购等方式在国内从事银行、证券、保险等金融服务的准入及行为活动和本国机构和居民参与国际金融市场的交易进行放松或取消管制。

金融开放的政策选择步骤不是彼此割裂的，而是相互衔接、相互交叉进行的，是一个统一体，是在国内宏观经济、财政与金融这样一个整体状况下进行的。金融开放要做到国内与国外协调，必须采取审慎渐进的步骤，密切关注开放进程中出现的问题，居安思危。在实施过程中，这些步骤的具体内容大都有一个"渐进"展开的过程，"渐进"意味着每一项具体内容都是一个错综复杂、循序渐进的过程。既要谨慎缜密，不急于求成，又不可因噎废食，坐失良机；既要看到国内状况，又要看到国外状况；既要看到当前局面，又要预测到未来态势；既要看到有利的一面，又要看到不利的一面；既要看到显现的情形，又要看到潜在影响。

习题与思考题

思考题

1. 简述金融开放的主要内容及实施步骤。
2. 简述"一带一路"建设对人民币国际化的影响。
3. 简述中亚国家与中国金融开放的发展路径。
4. 简述俄罗斯与中国金融开放的发展路径。
5. 简述东南亚国家与中国金融开放的发展路径。

JJ010 案例　　　　　　　　　　JJ010 习题及参考答案

参 考 文 献

[1] 唐学学. 国际金融[M]. 西安：西安电子科技出版社，2012.

[2] 曹卫东. 中国"一带一路"投资安全报告. 北京：社会科学文献出版社，2016.

[3] 刘园. 国际金融学[M]. 北京：轻工机械出版社，2016.

[4] 姜波克. 国际金融学[M]. 上海：上海人民出版社，2005.

[5] 赵青松. "一带一路"建设下中国与沿线国家的国际金融合作研究[D]. 苏州市职业大学学报，2016(01).

[6] 唐学学. "一带一路"战略下人民币区域国际化动力机制研究[D]. 经济研究导刊，2017(35).

[7] 托马斯·普格尔. 国际金融[M]. 北京：中国人民大学出版社，2018.

[8] 陈雨露. 国际金融[M]. 北京：中国人民大学出版社，2015.

[9] 奚君羊. 国际金融[M]. 上海：上海财经大学出版社，2013.

[10] 吕江林. 国际金融[M]. 北京：科学出版社，2018.

[11] 邓立立. 国际金融[M]. 北京：清华大学出版社，2018.

[12] 新浪网 http://www.sina.com.

[13] 中国金融网 http://www.zgjrw.com.

[14] 中国国家外汇管理局网站 http://www.safe.gov.cn.

[15] 中国人民银行网站 http://www.pbc.gov.cn.

[16] 中国外汇网 http://www.chinaforex.com.cn.

[17] 中国商务部网 http://www.mofcom.gov.cn.

[18] 中国一带一路网 https://www.yidaiyilu.gov.cn.

[19] 中国货币网 http://www.chinamoney.com.cn.

[20] 国家统计局 http://www.stats.gov.cn/.